普通高等院校国际化与创新型人才培养
现代经济学专业课程"十三五"规划系列教材

微观经济学

Microeconomics

张卫东 ◎ 编著

华中科技大学出版社
http://www.hustp.com

中国·武汉

内 容 提 要

本书首先概要地阐述了微观经济学的基本概念、研究的主要问题、研究方法和理论体系。其次，具体介绍了供求的基本原理、价格形成机制及其作用、影响因素等；消费者行为的基本原理、实现效用最大化的理论与数学求解方法；企业生产的原则，实现利润最大化的均衡条件与求解方法；在此基础上，分析了完全竞争市场和非完全竞争市场的基本特征及其短期与长期的均衡条件等。最后，阐述了福利经济学、博弈论、信息经济学等相关内容。本书对原有的微观经济学体系进行了适当调整，更多地体现经济发展现实与新学说的兴起，既反映传统的知识存量，亦重视新近的研究进展；并且采用一些中国典型案例来说明微观经济学的基本原理，使微观经济学的抽象推理与中国鲜活的经济实践相结合，达到了知识性与趣味性统一。

图书在版编目(CIP)数据

微观经济学/张卫东编著. —武汉：华中科技大学出版社，2019.7
普通高等院校国际化与创新型人才培养·现代经济学专业课程"十三五"规划系列教材
ISBN 978-7-5680-5330-3

Ⅰ.①微… Ⅱ.①张… Ⅲ.①微观经济学-高等学校-教材 Ⅳ.①F016

中国版本图书馆 CIP 数据核字(2019)第 117508 号

微观经济学 张卫东 编著
Weiguan Jingjixue

策划编辑：周晓方　陈培斌
责任编辑：肖唐华
封面设计：原色设计
责任校对：曾　婷
责任监印：周治超

出版发行：华中科技大学出版社(中国·武汉)　　电话：(027)81321913
　　　　　武汉市东湖新技术开发区华工科技园　　邮编：430223
录　　排：华中科技大学惠友文印中心
印　　刷：武汉市籍缘印刷厂
开　　本：787mm×1092mm　1/16
印　　张：20.75　插页：2
字　　数：495 千字
版　　次：2019 年 7 月第 1 版第 1 次印刷
定　　价：58.00 元

本书若有印装质量问题，请向出版社营销中心调换
全国免费服务热线：400-6679-118　竭诚为您服务
版权所有　侵权必究

总序

习近平总书记在全国高校思想政治工作会议上指出,要坚持把立德树人作为中心环节,把思想政治工作贯穿教育教学全过程,实现全程育人、全方位育人。根据这一要求,对于致力于世界一流大学和一流学科建设的中国高校来说,其根本任务就是贯彻落实立德树人宗旨,全面促进一流人才培养工作。

为了体现这一宗旨,华中科技大学经济学院制定了教学与人才培养"十三五"规划。基本思路是:贯彻坚守"一流教学,一流人才"的理念,抓好人才分类培养工作,更加重视国际化与创新型拔尖人才的培养。在教学方面,立足中国实际和发展需要,参照国际一流大学经济系本科和研究生课程设置,制定先进的课程体系和培养方案,为优秀的学生提供优质的专业教育和丰富的素质教育,培养具有创新能力的领军人才。为此,我们必须推进教学的国际化、数字化、数量化、应用化,改进教学方式,大力推进研讨式、启发型教学,加强实践性环节,着力培养创新型、领导型人才;进一步推进教学内容与方式的改革,规划建设一流的现代经济学专业系列教材,构建起我们自己的中国化的高水平的教材体系(即这些教材应当具有国际前沿的理论、中国的问题和中国的素材)。与此同时,注重规范教学,提高教学质量,建设并继续增加国家级精品课程及教学团队,组织教学与课程系统改革并探索创新人才培养的新模式。此外,还要加强实践环节,广泛建立学生实习实训基地。以此培养出一批具备扎实的马克思主义理论功底、掌握现代经济学分析工具、熟悉国际国内经济实践、能够理论联系实际的高素质人才,以适应国家和社会的需要。总之,这一规划确立的主题和中心工作就是:瞄准"双一流"目标,聚焦人才培养,积极行动,着力探索国际化与创新型人才培养新方案、新模式与新途径。我们也意识到,高质量的课程是科研与教学的交汇点,没有一流的课程,"双一流"就不可能实现。因此,抓教学改革、抓教材建设,就是实施这种探索的重要体现。

那么,如何做好现代经济学专业课程系列教材编写呢?习近平总书记提出,应按照"立足中国、借鉴国外,挖掘历史、把握当代,关怀人类、面向未来"的思路,着力建设中国特色社会主义政治经济学。根据习近平总书记系列讲话精神,一是要在经济学科体系建设上,着力在继承性、民族性、原创性、时代性、系统性、专业性上下功夫。要面向未来,从教材体系建设入手,从战略层面重视教材建设,总结提炼中国经验、讲好中国故事,教育引导青年学子在为祖国、为人民立德、立言中成就自我、实现价值。要着眼未来学科建设目标,凝练学科方向,聚焦重大问题,在指导思想、学科体系、学术体系、话语体系等方面充分体现中国特色、中国风格、中国气派。二是要研究中国问题。张培刚先生开创的发展经济学植根于中国建设与发展的伟大实践,是华中科技大学经济学科的优势所在。经济学科要继承好、发扬好这个优良传统,要以我国改革发展的伟大实践为观照,从中挖掘新材料、发现新问题、提出新观点、构建新理论,瞄准国家和地方的重大战略需求,做好经济学科"中国化、时代化、大众化"这篇大文章。

编写本系列教材的思路主要体现在如下几个方面。第一,体现"教书育人"的根本使命,坚持贯彻"一流教学,一流人才"的理念,落实英才培育工程。第二,通过教材建设,集中反映经济学科前沿进展,汇聚创新的教学材料和方法,建立先进的课程体系和培养方案,培养具有创新能力的领军人才。第三,通过教材建设,推进教学内容与方式的改革,构建具备中国特色的高水平的教材体系,体现国际前沿的理论、包含中国现实的问题和具备中国特色的研究元素。第四,通过教材建设,加强师资队伍建设,向教学一线集中一流师资,起到示范和带动作用,培育课程团队。

本系列教材编写的原则主要有如下三个。第一,出精品原则。确立以"质量为主"的理念,坚持科学性与思想性相结合,致力于培育国家级和省级精品教材,出版高质量、具有特色的系列教材。坚持贯彻科学的价值观和发展理念,以正确的观点、方法揭示事物的本质规律,建立科学的知识体系。第二,重创新原则。吸收国内外最新理论研究与实践成果,特别是我国经济学领域的理论研究与实践的经验教训,力求在内容和方法上多有突破,形成特色。第三,实用性原则。教材编写坚持理论联系实际,注重联系学生的生活经验及已有的知识、能力、志趣、品德的实际,联系理论知识在实际工作和社会生活中的实际,联系本学科最新学术成果的实际,通过理论知识的学习和专题研究,培养学生独立分析问题和解决问题的能力。编写的教材既要具有较高学术价值,又要具有推广和广泛应用的空间,能为更多高校采用。

本系列教材编写的规范要求如下。第一,政治规范。必须符合党和国家的大政方针,务必与国家现行政策保持一致,不能有政治错误,不涉及有关宗教、民族和国际性敏感问题的表述。第二,学术规范。教材并非学术专著,对于学术界有争议的学术观点慎重对待,应以目前通行说法为主。注意避免在知识产权方面存在纠纷。第三,表述规范。教材编写坚持通俗易懂、亲近读者的文风,尽量避免过于抽象的理论阐述,使用鲜活的案例和表达方式。

本系列教材的定位与特色如下。第一，促进国际化与本土化融合。将国际上先进的经济学理论和教学体系与国内有特色的经济实践充分结合，在中国具体国情和社会现实的基础上，体现本土化特色。第二，加强中国元素与案例分析。通过对大量典型的、成熟的案例的分析、研讨、模拟训练，帮助学生拓展眼界、积累经验，培养学生独立分析问题、解决问题、动手操作等能力。第三，内容上力求突破与创新。结合学科最新进展，针对已出版教材的不足之处，结合当前学生在学习和实践中存在的困难、急需解决的问题，积极寻求内容上的突破与创新。第四，注重教学上的衔接与配套。与经济学院引进版核心课程教材内容配套，成为学生学习经济学类核心课程必备的教学参考书。

根据总体部署，我们计划，在"十三五"期间，本系列教材按照四大板块进行规划和构架。第一板块：经济学基本原理与方法。包括政治经济学、经济思想史、经济学原理、微观经济学、宏观经济学、计量经济学、国际经济学、发展经济学、中国经济改革与发展、现代管理学等。第二板块：经济学重要分支领域。包括国际贸易、国际金融、产业经济学、劳动经济学、财政学、区域经济学、资源环境经济学等。第三板块：交叉应用与新兴领域。包括幸福经济学、结构金融学、金融工程、市场营销、电子商务、国际商务等。第四板块：创新实践与案例教学。包括各类经济实践和案例应用，如开发性金融、货币银行学案例、公司金融案例、MATLAB与量化投资、国际贸易实务等。当然，在实际执行中，可能会根据情况变化适当进行调整。

本系列教材建设是一项巨大的系统工程，不少工作是尝试性的，无论是编写系列教材的总体构架和框架设计，还是具体课程的挑选，以及内容取舍和体例安排，它们是否恰当，仍有待广大读者来评判和检验。期待大家提出宝贵的意见和建议。

华中科技大学经济学院院长，教授、博士生导师

张建华

2017年7月

党的十九大报告中明确提出"使市场在资源配置中起决定性作用",并以此作为体制改革的中心,为中国社会主义市场经济的发展提供了前所未有的条件。在这种背景下,深入研究市场经济的运行规律,吸收人类文化的优秀成果,为中国特色社会主义市场经济的建设提供理论支撑,具有重要的学术与实践意义。

人类对于市场机制的研究与探索,具有悠久的历史,形成了巨大的知识存量。从古代关于价格的思想,到新古典经济学的奠基人马歇尔建立的均衡价格理论,再到 20 世纪 80 年代以来各种关于市场不完全时的机制设计理论,不同时代的思想家与各色学者对市场配置资源的机制与过程提出了诸多卓越的见解,对价格的作用机理进行了详尽的解说。这些成果在当今建设有中国特色社会主义市场经济的过程中无疑具有新的意义。

微观经济学作为一门专门研究市场经济运行的学科,是在上述成果的基础上,对西方发达国家市场经济实践经验进行系统总结与概括而成的理论结晶。因此,学习和借鉴现有微观经济学的成果,有助于我们更好地理解市场经济发展中的各种问题,从而探索出有效的解决办法。这就是写作本教材的初衷。

然而,作为一门比较成熟的学科,目前国内外已有大量微观经济学的教材与著作,并且呈现出以下几个特点:第一,理论体系比较成熟,内容相对固定;第二,知识存量巨大,且在不断增加;第三,同类教材众多,竞争性强,替代性高;第四,数理分析繁琐复杂,大多数理论用方程和图形来表达和推理。显然,要想在现有的大厦上添砖加瓦,殊为不易。

但另一方面,社会需求日益多元化多层次,势必导致微观经济学更新换代速度加快。与这种现状相对应,目前微观经济学表现出一些不适应的问题。第一,现有教材西化色彩浓厚,甚至大多数直接就是原版教材(或翻译本),与中国特色有很大差距;第二,许多教材篇幅巨大——动辄100多万字——不适合现有的课程设置;第三,许多教材知识陈旧,严重脱离中西方经济发展现实,尤其是没有反映互联网经济发展,特别是金融危机以后的新现象、新问题;第四,许多教材新老知识搭配不合理,而且偏重旧知识,几十年不变;第五,教材案例不够鲜活,尤其缺少中国经济发展的一些经典案例;第六,内容结构单一,无法满足多层次多元化的复杂需求。这些问题的存在实际上为后续教材的写作提供了稍许的空间。

本教材力图用更多的中国案例与事实阐述微观经济学的基本原理,以便使微观经济学的抽象推理与中国鲜活的经济实践结合起来,一方面使抽象枯燥的理论变得更为通俗易懂,另一方面也达到为我所用的目的。具体来说,本教材有以下几个特点。

首先,体系的调整。虽然微观经济学的体系已相对成熟,内容比较固定,但本教材还是对原有的体系进行了适当调整,在准确地把握经济学全貌的基础上更多地体现经济发展现实的变化与新学说的兴起。

其次,新老知识的合理搭配。微观经济学是古老的学科,从亚当·斯密的价值理论到马歇尔的均衡价格理论,再到阿罗、德布鲁关于一般均衡体系存在性的证明,特别是20世纪60年代以后博弈论、信息经济学和合约理论的发展,目前已经形成了庞大的知识体系。本书力图在有限的篇幅内,经过合理的取舍,既适当反映传统的知识存量,亦重视新近的发展。

再次,篇幅适中。根据笔者30多年的教学经验,更多地考虑现有的课程设置与社会需求,对内容进行合理的删减。

最后,风格清新。尽量体现通俗易懂、清新可读的风格,展示内容的趣味性与知识性。

总的来看,本书致力于介绍新古典微观经济学的基本理论,而没有将数学表达作为重点。本书力图涵盖最新的理论,同时也不忽视对传统经典理论的阐释,以便读者能够更好地把握当代微观经济学的全貌与脉络。

本书得以出版,首先要感谢华中科技大学经济学院的资助与支持,其次要感谢华中科技大学出版社的精心努力,没有他们的督促,本书是不可能按时完成的。最后还要感谢的是我所指导的一些研究生,博士生潘莉芳和吴燕飞帮助准备了部分初稿;硕士生田溥、卜偲琦、卢惊帮忙搜集了不少案例。由于编者水平有限,书中不足之处在所难免,敬请读者批评指正。

作者

2019 年 3 月 29 日

目录 Contents

第一章 导论 /1
第一节 微观经济学的研究对象 /1
第二节 微观经济学的研究方法 /8
第三节 微观经济学的理论体系 /13

第二章 供求的基本原理 /16
第一节 市场 /16
第二节 需求 /18
第三节 供给 /22
第四节 市场均衡 /27
第五节 弹性理论 /32
第六节 价格管制 /44

第三章 消费者的行为 /48
第一节 消费者偏好与效用 /48
第二节 基数效用理论 /53
第三节 序数效用理论与无差异曲线 /59
第四节 消费者行为的比较静态分析 /69
第五节 显示性偏好理论 /73
第六节 跨时期选择问题 /74
第七节 不确定性条件下的选择 /81

第四章 企业的生产与成本 /87
第一节 企业的基本概念 /87

/91　　第二节　生产函数
/94　　第三节　短期生产函数
/99　　第四节　长期生产函数
/102　　第五节　生产要素的最优组合
/110　　第六节　成本的概念
/112　　第七节　短期成本
/117　　第八节　长期成本

/123　第五章　竞争性市场

/123　　第一节　完全竞争的基本含义
/127　　第二节　完全竞争企业和行业的短期均衡
/133　　第三节　完全竞争企业和行业的长期均衡

/142　第六章　非竞争性市场

/142　　第一节　垄断市场
/155　　第二节　寡头垄断市场
/169　　第三节　垄断竞争市场

/176　第七章　生产要素的价格与收入分配

/176　　第一节　要素价格理论概述
/178　　第二节　要素需求曲线
/185　　第三节　要素供给曲线
/188　　第四节　工资的决定
/193　　第五节　地租的决定
/195　　第六节　利息的决定
/197　　第七节　欧拉定理与收入分配

/203　第八章　一般均衡理论

/203　　第一节　局部均衡与一般均衡
/207　　第二节　竞争均衡的价格
/213　　第三节　埃奇沃斯盒形图与资源配置
/221　　第四节　完全竞争的资源配置效率

第九章　福利经济学 /225

第一节　社会福利函数 /226
第二节　社会选择理论 /228
第三节　社会福利与收入分配 /233

第十章　博弈论 /236

第一节　博弈论概述 /236
第二节　占优策略与纳什均衡 /240
第三节　重复博弈 /247
第四节　序贯博弈 /251
第五节　子博弈精炼纳什均衡 /252
第六节　策略性行为：威胁与置信 /255

第十一章　信息经济学 /260

第一节　信息经济学概述 /261
第二节　逆向选择 /265
第三节　信号发送与信息甄别 /270
第四节　道德风险 /275
第五节　委托-代理问题与激励 /278
第六节　信息搜寻 /284

第十二章　外部性与公共物品 /287

第一节　外部性的概念及分类 /288
第二节　纠正外部性的方法 /292
第三节　外部性和产权——科斯定理 /296
第四节　公共物品的生产 /300

第十三章　拍卖理论 /305

第一节　拍卖理论概述 /306
第二节　独立私人估价模型 /311
第三节　共同价值拍卖与"赢者诅咒" /315
第四节　拍卖与机制设计 /316

参考文献 /322

第一章 导 论

本章概述 经济学研究资源配置问题,微观经济学作为经济学的一个重要部分,通过研究单个经济单位的行为与市场的作用而说明资源配置的具体实现过程。本章从资源的稀缺性与人类的选择出发,引出经济学的研究对象,在此基础上讨论微观经济学研究的主要问题与方法,以及微观经济学理论体系的构建,由此揭示了价格的形成机制及其作用,说明了资源如何通过市场机制的作用实现有效配置。通过本章的学习,掌握微观经济学的基本概念,了解微观经济学研究的主要问题、研究方法与理论体系。

第一节 微观经济学的研究对象

随着互联网的迅速崛起与金融创新的层出不穷,经济世界无疑变得更为复杂与诡异。极富争议的房价、游走的油价、窜动的股价、动荡的汇价,牵动着人们的神经。在余额宝、微信红包、共享单车大行其道的同时,收入分配不公、地区发展不平衡、资源耗竭、环境污染等,亦不断涌现。如果说这些问题已经司空见惯,那么,经济问题的集中爆发——经济金融危机,将会使人们刻骨铭心。1997年的东南亚金融风暴,2008年的美国金融海啸,不仅使社会财富大量缩水,而且使许多人失去了工作。人们在深受其害的同时不禁要问:经济体系到底是如何构建和运行的,以致会出现如此之多的问题呢?政府、企业、个人到底应该如何努力,才能使经济保持健康发展呢?微观经济学的研究试图从一个侧面提供这些问题的一些

经济学为什么重要

可能答案。

一、经济学的研究对象

微观经济学属于经济学的一个部分,因此,要了解微观经济学是研究什么的,首先要了解经济学的研究对象是什么。在当代经济学看来,经济学研究稀缺资源在各种竞争性用途之间的配置问题。之所以这样定义,是因为资源相对于人类需要而言是稀缺的,因而要在各种不同的用途上进行权衡取舍,合理分配和有效利用,以达到最大效率。

所谓资源,传统上又称为生产要素。19世纪的经济学家把生产要素分为三种:劳动、资本与土地。劳动与土地的重要性显而易见。英国古典经济学家威廉·配第曾经说过:劳动是财富之父,土地是财富之母。这两大最古老的生产要素,在人类生产活动中一直起着重要的作用。资本虽然是在劳动产品出现剩余之后才产生的,但随着生产过程中越来越多地运用生产工具,最初以工具形式出现的资本也就具有了特别重要的意义。看一下现代化的大工厂就可以发现奥国学派经济学家庞巴维克所说的长长的"迂回生产"链条,在这里,资本的重要性一览无余,直接地体现在生产过程的各种设施上。在现代社会,随着技术的进步与工艺的升级,生产流程越来越复杂,生产手段越来越先进,相应地资本的需要量也越来越大。在经济发展中,资本积累与资本形成甚至被视为推动经济发展的关键力量。

然而,劳动、土地与资本并不会自动地进行生产,需要有人把它们组织起来。在市场经济中,生产以前一般还需要先发现经济机会。因此,除了上述三要素外,还存在具有组织整合资源作用的第四种要素。传统上,人们把完成这些工作的人称为企业家。因此,马歇尔在三要素的基础上增加了组织这一要素,用以代表企业家的经营管理才能。现在,经济学家一般同意基本生产要素分为四种,并认为这四种生产要素都是稀缺的,因而需要合理配置和有效利用。

那么,资源的稀缺性到底是指什么呢?其实,说资源是稀缺的可能有点误导,因为它只是相对意义上的,并不是绝对的。虽然地球上的资源,除了一部分可以再生的以外,确实是固定的,最典型的是自然资源,如矿藏、耕地,其数量是一个定值——即使是可以再生的,也是需要花费代价才能获得的,如劳动和资本——在消耗一点就少一点的情况下,资源的供给趋于耗竭将不可避免。然而,这可能只是问题的表象。问题的实质在于,假若人类对资源没有需求,资源的稀缺性将不复存在,或者如果人们发现了新的资源,原有的资源可能变得无用。进一步说,如果人类的欲望不是无限的,对资源的需求(其背后是欲望)不是那么欲壑难填,永无止境,那么,世界的资源原本是可以满足人类的需求的。正如印度前领导人甘地所说:世界资源可以满足我们的需求,但不能满足我们的贪婪。因此,资源稀缺性的实质是人类欲望的无限性。这就是说,正是人类需要的无限性使得我们不得不面对资源的稀缺性。从这个意义上说,如何引导并管理人们的欲望是另一个维度的经济问题,只是到目前为止,经济学把人类的欲望看成是天经地义的事情,因而这一个维度的问题还有待研究。

人类需要的无限性可以分三个层次来理解:一是不同的人有不同的需要;二是同一个人有多种需要;三是一种需要被满足以后,马上会产生新的需要。前二者几乎不言自明,第三点则与人类的本性有关。根据马斯洛的需求层次论,人类的需求是从低级向高级不断发展的,低一级的需求一旦被满足,马上会向高一级的需求推进,这个过程永无止境。这意味着,人类的需求是永远不能得到满足的。虽然我们不能排除一些人可以获得暂时的满足,比如,享受一顿美餐,获得一件心爱之物,都可以使一些人心花怒放,甚至欣喜若狂,但从长期和总体来看,人类作为一个群体,其对幸福的追求是无止境的。由此,我们可以观察到,产业结构在不断升级,经济在不断发展,人们可供选择的产品和服务越来越多,人们实际支配和消费的东西也越来越多,但人们的满足感并不一定会相应地提升。今天,人们得到的物质产品和服务比30年前多得多,而人们的满意度比30年前并没有提升多少,甚至还下降了,这在很大程度上是因为人们的欲望也扩大了。由此,萨缪尔森提出了幸福感与欲望呈反向关系的幸福方程式①。

由于人类的欲望是无限的,资源是稀缺的,因而人类面临的问题是必须决定哪些欲望需要先满足,哪些欲望可以放在以后再满足,而哪些欲望是需要克制的。这种决定意味着选择,而选择一旦确定,资源的运用方向也就确定了。所以,资源在各个不同的用途之间进行分配和利用,是由人们对欲望的轻重缓急进行权衡和选择所决定的。决定这种权衡和选择的原则机制是经济学要研究的主题。

二、机会成本与经济学的主要问题

选择意味着放弃。在欲望无限性的约束下,资源的稀缺性决定了一种资源选择一种用途而必须放弃其他用途,这种放弃在经济学中称为机会成本。概括起来说,机会成本就是人们因选择一种机会而丧失其他机会所损失的收益。当然,有时人们选择一种用途,需要放弃很多的其他用途,比如,一块土地可以用来种粮食,也可以用来盖房子,还可以用于建广场或工厂,等等,用途可能数之不尽。但这些用途可能是相互冲突的,因而人们在选择其中的一些用途时就会放弃其他一些用途。每选择一种用途,也就放弃了其他用途的收益。这样看来,当资源用途很多时,选择一种用途,需要放弃的东西很多,由此机会成本也有很多项。为了区别,经济学一般把机会成本定义为放弃的各种收益中最大的收益。例如,一笔投资在A、B、C、D四种用途中获得的收益分别为1 000元、800元、750元和600元,则选择A用途的机会成本就是800元,而选择B、C、D的机会成本均为1 000元,所以选择A的机会成本最小,也可以说选择A是损失最小的。

从机会成本的角度来看,选择的问题也就是使机会成本达到最小的问题。

【案例1-1】 会议的机会成本

企业经常忽略考虑他们的一个最重要的机会成本,这就是他们的高级雇员的时间。根据一家私营机构对美国最大的1 000家企业的200名老总所做的调查,老总们估计在

---

① 萨缪尔森的幸福方程式:幸福感=效用/欲望。在这个方程式中,分子为效用,即得到的满足;而分母则为人们的欲望。这意味着,当欲望增加时,只有效用增加得更快,幸福感才会增加。

他们每天的工作时间中,平均 15 分钟用于打电话,32 分钟用于阅读或抄写不必要的备忘录,72 分钟用于不必要的会议。假设这些老总们每年平均工作时间是 48 周(休假 4 周),每周工作 5 天,那么每年他们用于打电话的时间就是 60 小时,读写备忘录用 128 小时,而不必要的会议就占 288 小时。

也许读者会觉得,这些数字顶多算是某种有趣的描述,并不是精确的估算。试问有谁能预言即将召开的会议纯粹是浪费时间?无可否认,每个会议都具有一定的目的,通常我们只能在会后对会议的必要性下结论。要命的是,企业在安排会议的时候,常常因为不必为参加会议的人额外付钱,便相信会议的成本为零。他们忘了,如果不开会,这些薪水很高的老总们会去做别的有用的事情。

如何纠正人们对会议成本的认识,加强与会者的紧迫感,进而提高会议的效率?有人提出了一种简便易行的方法,就是在会议室显眼处设置一块计时牌,预先录入每个与会者每小时的薪金数额,从他们到会议室的时刻开始计时,累计并显示全体与会者的薪金消耗数额,直到会议结束。举例来说,20 个时薪平均为 45 美元的行政人员参加的会议,每小时的成本就是 900 美元。此外,还可以加上诸如会议室的使用成本和传达开会通知的费用等项目。有了这块分秒必争的计时牌,"时间就是金钱"便真正成为一种压力。试想,当薪金数字跳到四位数时,还有哪个大老板愿意继续付钱让一群职员毫无成效地空坐下去?还是长话短说为妙,趁早结束会议,把职员送回各自岗位上为公司多干活吧!

摘自:斯蒂格利茨.《经济学》小品和案例[M].王泽柯,等译.北京:中国人民大学出版社,1998:7-8.

【分析】机会成本是经济学中特有的概念。在会计账户中,我们是看不到机会成本的。但在经济世界里,只要人们要做出选择,就存在机会成本。问题是,这种成本由于不像生产成本那样需要人们直接付钱,人们往往会忽略。在上面这个例子中就出现了这种情况:由于会议主持者不必为花费了每个与会者的时间而付钱,他们不会考虑开会的机会成本。但从社会的角度来说,职员坐在一起开会,就牺牲了他们从事其他活动的收益,这就是一种成本,而且是典型的机会成本!

在经济世界,人们每天都在进行选择,因而每天都面临如何使机会成本最小的问题。例如,政府必须决定在其总收入中多少用于国防,多少用于教育,多少用于增加公务员的收入和社会福利,等等;企业必须决定雇佣多少员工,使用什么技术,生产什么产品,等等;家庭必须决定其收入多少用于购买食物,多少用于购买衣服,多少用于旅游等。这些决定预示着资源配置的方向,因为一旦做出决定,就形成了经济活动的目标,接下来就需要生产相应的产品和服务满足这些目标;而生产产品和服务就需要动员和使用资源。经济学研究资源配置问题,实际上就是要使这一过程达到最优化。从这个意义上来说,经济学就是选择的科学,或者节省的科学。

从一个经济体系来看,人类要做出的选择很多。

第一是生产什么和生产多少的问题。由于人们需要的产品和服务数之不尽,全部生产几乎是不可能的,需要从众多对象中进行筛选,比如我们应该生产多少粮食,生产多少计算机,生产多少房子,生产多少汽车,生产多少武器?从政府来说,航天方面的投入和教育投入应占多少比例?社会保障和医疗呢?从个人来说,教育的消费与旅游消费应各占多少?这些方面的选择不仅有数量的问题,还有质量的问题。进一步说,其实社会选择还存在有无的问题。例如,要不要生产克隆人,要不要生产毒品,要不要禁止卖淫嫖娼,就涉及必要性的问题。显然,对这些问题的回答不仅关乎人类基本需求的范围,也关乎一个社会的价值观念。

第二是用什么方法生产或如何生产的问题。在许多场合,生产要素是可以相互替代的,例如,传统的农业耕种工作主要是手工劳动,现在则大多实现了机械化;公共售票处既可以用人工售票,也可以用机器自动售票;运送工作既可以用汽车,也可以用火车,还可以用轮船和飞机。在即将来临的人工智能时代,一个重要的选择问题是我们到底是大量使用智能机器人,还是使用真正的人工。从大的方面讲,可以发展资本密集型产业,也可以发展劳动密集型产业,这就意味着可以选择不同的生产方法,而生产方法的选择既涉及技术可行性,也涉及成本的大小。

第三是在什么地方生产的问题。在日益全球化的今天,随着资本在世界范围内越来越频繁地流动,产业不断从高成本的地区向低成本的地区转移。一个啤酒企业可以在国内生产啤酒,然后出口到国外,也可以直接在国外设厂进行生产,然后在当地销售。纺织服装、计算机、手机,甚至汽车,都是如此。在互联网联通世界的同时,人们从网上购买的物品可以来自世界上任何一个地方。因此,一个企业到底在何处生产,既应考虑各国相关的政策环境与法律规定,也要考虑由政策环境和工资水平决定的经营成本。

第四是为谁生产的问题。也就是说,生产出来的产品和服务由谁来消费,取得的收入如何分配?在市场经济条件下,产品和服务的分配是通过市场来完成的,因而一个人能消费多少物品是由收入分配来决定的。那么,收入分配又是由什么决定的呢?经理的收入为什么比工人要高?医生的收入为什么比护士要高?科技精英与普通员工的收入差距应该保持多大?为什么各阶层、各地区之间存在着明显的收入差距?这取决于人们的努力程度,更取决于相关的制度安排。

第五是通过什么样的方式来组织生产的问题。从大的方面来说,是用资本主义的生产方式来生产,还是用社会主义的生产方式来生产?从小的方面来说,人们是选择自给自足,还是为市场而生产?这些决定涉及经济体制问题。在不同的体制下,资源配置的权力掌握在不同的人手里。在中国,过去一些由政府官员决定的事情,现在则由经理厂长来决定了。在美国,许多经济决策是分散做出的,比如价格主要由市场来决定,生产计划主要由企业来决定。在当前有中国特色的社会主义市场经济体制下,"规划先行,市场运作"使得市场的"无形之手"与政府的"有形之手"有机地结合起来了。在这种体制下,虽然一些价格仍然由政府来决定,许多的投资决策也是由政府来做出的,但市场在大多数资源与产品的供求中起着重要作用。

不同的体制形成不同的资源配置方式和运用方法,但也会造成不同的效果。目前经济学得到的结论是,经济体制对经济效率具有至关重要的作用!然而,一国到底选择何种经济体制,却是由非常复杂的系统决定的。

【案例1-2】 俄勒冈在医疗保险上的艰难抉择

现代医疗的奇迹并不便宜。20世纪80年代,消费品价格上升大约50%,医疗保险费用却加倍。20世纪90年代初,美国每年在医疗保险方面的支出超过7 000亿美元。与此同时,估计约有3 000万美国人仍然没有医疗保险。

1990年,俄勒冈州决定着手解决许多人医疗保险支出高昂而其他人几乎不能享受医疗保险的问题。该州设想通过一个平衡成本和效益的计算机程序给1 600种医疗项目划分等级,减少那些费用偏高、不合比例的医疗项目的支出,从而使州政府可以将享受医疗补助计划的人数加倍,这个计划专为穷人提供基本医疗保险。

当然,这个等级具有争议性。比如艾滋病病毒的检测与免疫的等级很高,应该向所有人提供这一医疗项目,但是对于濒于死亡的艾滋病病人的治疗可能就被大幅度减少。其他一些治疗项目可能会被从医疗保险中剔除,例如肝脏移植、慢性疾病、睡眠失常和静脉曲张等。实施这一等级表不可避免地意味着该州将不得不拒绝帮助那些需要某些特定医疗的病人,因此他们可能更快地死亡。

但是,要是通过向俄勒冈州居民征税,从而确保可以为所有的人提供他们期望的医疗保险也是不合理的。稀缺性不可避免,问题是如何做这个艰难抉择。

今天,那些具有私人医疗保险或者享受例如医疗补助等计划补贴的人可以接受许多昂贵的医疗手段,那些没有私人医疗保险而又不够贫穷、不能享受医疗补助的人就好像从两端的缝隙里掉下去一样没能得到应有的关注。俄勒冈州的计划是,建议将医疗保险费用的额外部分转移到可以为公众健康带来更大好处的医疗项目上去。这真是在生存和死亡之间进行的边际分析。

摘自:斯蒂格利茨.《经济学》小品和案例[M].王则柯,等译.北京:中国人民大学出版社,1998:8-9.

【分析】这是一个典型的选择问题。由于政府的财政资源是有限的,在一个项目上支出多了,在另一个项目上支出必然要减少。在本案例中,各种疾病对人们健康的影响,特别是对生命的影响是不同的。由于不可能解决所有的问题,如何进行取舍,就变成了"生死存亡"的问题。显然只有对它们进行正确的排序,才能得到比较满意的答案。

以上五个方面的问题是任何一个经济体系都必须解决的问题,经济学的目的就是要说明经济体系是如何解决这五个方面的问题的,以及通过何种机制解决这些问题才能得到有效的结果。前者可称为实证的经济理论,后者可称为规范的经济理论。从这些问题的研究范围进行划分,经济学的研究又可以分成宏观与微观两个不同的部分。前者从总体来看问题,后者则从个体来看问题。

三、微观经济学的研究对象

微观经济学又称为个体经济学或个量经济学,它研究的是经济个体的行为及其形成的市场均衡。具体来说,消费者、生产者和市场构成微观经济学研究的基本单元,其目的是说明消费者和生产者是如何进行选择的,这种选择又是如何影响市场运行的,反过来,市场的运行又如何影响生产者和消费者的选择。微观经济学的典型问题是,石油的价格为什么总是波动不定?消费者为什么喜欢购买进口奶粉而不购买国产奶粉,即使国产奶粉的价格更低?企业为什么倾向于不断推出新的产品而不是一成不变地生产原来的产品?更一般地,当一个人挣的钱更多时会如何改变消费?这些问题都具有个别性质,因为它们都只涉及单个家庭如何进行选择,单个企业如何进行生产,单个市场如何运行等问题,而不涉及整个经济体系的运行。

与此相对,宏观经济学则研究整个经济体系的运行,涉及的是一个社会的总体情况,因而又称为总体经济学或总量经济学。宏观经济学研究的问题是,一个经济体系如何维持增长状态?怎样保证社会每个成员都有就业机会?如何保持物价稳定或防止通货膨胀?如何保持国际收支平衡?研究这些问题的目的在于理解和把握整个经济体系的运行态势。

当然在个体与总体二者之间还存在一些问题,如行业发展问题或地区发展问题。就中国近期来说,东北地区如何振兴,中部地区如何崛起?战略性新兴产业如何发展?怎样抢占人工智能发展的制高点?这些问题既不是总体的,也不是个体的,而是属于一个行业或一个地区的局部问题。

然而,总体、个体与局部又不是截然分开的,三者可能相互联系,甚至相互重叠。一方面,从微观经济学与宏观经济学的研究对象可以看出,如果说微观经济学研究的是人体的细胞,那么宏观经济学研究的就是整个人体;如果微观经济学研究的是树木,那么宏观经济学研究的是由树木构成的整个森林。从这个角度看,微观经济学是宏观经济学的基础。另一方面,微观经济学研究的消费者、生产者和市场并不是抽象存在的,而是一定经济背景下的现实实体,因而宏观经济学又构成了微观经济学的前提。这意味着,微观经济学与宏观经济学是相辅相成的,因为前者是从个体来看问题,后者是从总体来看问题,没有个体的把握,很难精准地掌握总体;没有总体的了解,也很难理解个体。比如,要理解一个经济体系的物价水平,必须首先了解单个产品的价格是如何决定的;要评估一个企业的经营状态,也要参考整个行业和经济的运行态势;要了解劳动力就业状况,必须分析劳动力市场的供给、需求与工资水平。诸如此类的问题,使宏观经济学与微观经济学紧密地联系在一起。

微观经济学与宏观经济学的研究均有助于回答前述五大选择问题,或者说是围绕以上五大问题而展开的。关于宏观的选择问题如国家的货币政策、财政政策与汇率政策,将在宏观经济学中阐述。这里只讨论微观经济学是如何研究选择问题的。在微观经济学看来,一个社会生产什么、生产多少、用什么方法生产、在什么地方生产和为谁生产,在市场经济条件下都是由经济代理人(家庭或企业)的选择决定的。具体来说,消费者的选择决定了产品的需求,生产者的选择决定了产品的供给,二者在市场上相互作用,形成价格。价格一旦形成又反过来引导生产和消费者的选择,由此资源在价格机制的引导下流向各个领域,完成资源配置过程。因此,微观经济学又称为价格理论。

以劳动力资源为例,个人(或家庭)的选择决定了劳动力的供给,企业的生产活动决定了劳动力的用工需求。在劳动力市场上,个人和企业交换劳动力的使用权,形成劳动力的价格。劳动力的价格一旦形成,又会成为一种信号,引导企业对劳动力的需求与家庭对劳动力的供给。于是,劳动力将在价格的引导下流向价值最高的地方——工作条件或报酬待遇最好的企业或岗位,企业则努力寻找廉价而优质的劳动力,以降低用工成本,提高效率。由此,劳动力将会在各个部门和企业之间得到合理的分配。其他资源(土地、资本与组织)和产品(包括服务)的分配亦遵循同一原理。

从上述过程可以看出,市场及其价格在资源配置中起着关键作用。微观经济学的主要任务就是要说明市场上价格是如何形成的,又如何引导资源配置的过程。自亚当·斯密到马歇尔的传统理论认为,由于经济代理人是自利的,总会把资源用于最大价值的用途,这样,不需要政府的任何干预,在价格机制这只"无形之手"的作用下,社会资源会自动实现最优配置。但20世纪30年代的大萧条说明市场的自发作用并不能总是保证资源得到充分利用,因此,20世纪30年代英国经济学家凯恩斯提出了国家干预经济以保证充分就业的政策主张,在此基础上形成了现代宏观经济学。从总体上看,现代宏观经济学试图在发挥市场机制调节资源配置的基础性作用的基础之上,运用政府的经济政策维持整个经济体系的稳定和增长。然而,什么样的方式可以最好地解决资源配置问题,仍然需要进一步的探索。

第二节 微观经济学的研究方法

微观经济学要研究价格和市场的作用,说明经济资源是如何通过经济代理人的选择来完成配置过程,需要借助一定的方法。历史上,不同时期的经济学家喜欢使用不同的方法,例如从抽象演绎法到归纳法、历史分析法、比较分析法再到案例研究法等,都曾被不同的经济学家使用过。现代经济学则比较强调模型和数量方法。在理论分析方面,其主要内容或特征是首先建立经济模型,然后利用模型来进行分析。在经验方面,主要是通过计量经济学的分析,揭示经济变量之间的相关关系。微观经济学作为一种理论分析的逻辑体系,主要使用经济模型方法进行分析,在经济模型的基础上,为了研究不同状态下的经济因果关系,又发展出多种具体的分析方法。

一、理性经济人的假设

微观经济学的一个重要假设是理性人或经济人。理性人的概念由亚当·斯密最先提出,是指个人在自利动机的驱使下追求个人利益的最大化。换言之,人不会做于己不利的事情。由于有利无利涉及价值判断的问题,不同的人对利的看法不同,导致他们具有不同的行为。例如,有的人喜欢损人利己,有的人喜欢帮助别人;有的人喜欢获得更多的金钱,有的人喜欢耗费金钱来获得更大的权力或更多的尊重。这些活动有利于自己,也可能有利于别人。即使有些活动是有利于别人而损害自己的某种利益的,也是出自于某种自利的动机。在这一层面上,所有的活动都是自利的。

然而,所有这些活动是否都是最大程度地有利于自己,即实现了最大化呢?这就不一定了。最大化的实现取决于他(或她)是否足够聪明,是否具有完全的信息。当一个人的聪明程度有限,或者不知道具体情况如何时,尽管他(或她)在主观上希望获得最大化,但实际上却可能无法实现最大化,此时获得的只能是有限的最大化。经济学把这种有限的最大化称为约束条件下的最大化。由此,约束条件就成了经济学需要研究的重要问题。

在理性人的假设下,经济学家可以分析经济主体或经济代理人的最优化行为。因此,好的假设可以使问题变得简化,更有利于我们进行分析。假若人不是理性的,那么人的行为逻辑是什么呢?结果可能是使分析具有了无限的可能性。显然,目前经济学还不能没有任何假设地处理这种具有无限可能性的情况。

二、经济模型

经济模型是用来描述经济变量之间相互依存关系的理论结构。传统的经济模型一般用文字来表示,如亚当·斯密的分工理论、马尔萨斯的人口理论、马克思的剩余价值理论、马歇尔的价格理论,都可以看成是一个经济模型。现代的经济模型多用函数关系或一组方程式来表示,因而有时又把经济模型看成是经济理论的数学表述。当代微观经济学的许多理论,例如均衡价格理论、消费者行为理论、企业均衡理论、一般均衡理论、要素价格决定理论等,都是用数理模型来表示的。如果加以综合,整个微观经济学就是一个大的理论模型。

经济模型是经济现实的简化。这实际上是说,之所以需要运用经济模型来进行分析,是因为现实世界的情况十分复杂,各种因素和变量相互交织,相互作用,相互影响,除非把次要因素和变量排除在外,否则就不能进行理论分析。因此,经济模型作为一种分析方法,是用较为简单的理论框架对现实世界的情况进行模拟和描述。这意味着,要建立经济模型,必须做出某些假设,排除次要因素,然后对假设所规定的特殊场景进行分析。

具体来说,一个经济模型包括四大要素:假设、推理、结论和检验。

第一是假设。假设就是排除次要因素或暂时不打算研究的因素,使得注意力只集中于某一重要因素。然而,不现实的假设却可能把重要的因素舍弃掉了,由此得出的结论就缺乏现实性。尤其是,一些假设条件过于理想化,因而得到的理论分析往往是理想状态的情况,一旦涉及一些具体约束,理论结论就不成立。例如,当假设企业是理性的时候,就有了利润极大化的行为分析,但同时却无法解释在国有企业或现代股份公司的条件下,一些企业表现出的非利润最大化行为。因此,一个模型的价值取决于其假设是否简化了问题并符合现实。

第二是推理。在假设的基础上,经济学家可以运用模型进行推断,说明变量之间的作用机理,以得出变量之间的因果关系。推理是经济模型的主体部分,也是建立模型的重要目的。通过推理,变量之间的因果关系得以揭示,相关的理论得以形成。例如,当假设企业利润最大化的时候,就可以对利润函数进行求导,得出函数有最大值时的结果。当假设消费者效用最大化的时候,可以分析为了获得最大效用,将如何采取行动。

第三是结论。根据上述推理过程,可以得出模型的基本结论。结论应该简单明确。有时候结论有多个,还应该讨论哪些结论是重要的,有什么政策含义。

第四是检验。在相关的理论建立以后,还要检验其是否正确。如果事实与模型揭示的理论相符,则说明模型得出的理论可以成立;若事实与模型揭示的理论不符,则说明模型存在问题,就要检查到底是推理过程出现了错误,还是模型的假定不够现实。在找到造成的原因以后,再进行修改,直到模型得出的理论与现实相符为止。检验一般属于经验研究的内容。可以用历史事实进行检验,也可以用相关案例进行检验。当代最流行的方法是运用计量模型,通过序列数据来进行检验。

举例来说,影响一种商品价格的因素有很多,如季节、气候、消费者偏好、生产技术水平、制度环境、政府政策,等等,如果经济学家把这些因素都考虑在内建立模型,就可能导致因素太多而无法准确推断价格的变化趋势。实际上,上述因素中有一些因素是长期起主导作用的因素,一些因素是短期偶然起作用的因素。因此,经济学家在众多因素中只挑选了需求、供给和价格三个基本因素来建立模型,这就是均衡价格模型。通过均衡价格模型,经济学家们可以分析价格的变化如何导致供给和需求的变化,也可以分析需求与供给任何一方的变化如何导致价格的变化。由于模型舍弃了一些因素,它只能解释有限的现象。例如,在简单的均衡价格模型中,由于预期、收入、其他产品的价格被"保持不变",因而就不能解释在一些场合为什么价格下降时需求反而减少(如萧条时期商品的价格),而在另一些场合价格上升需求反而增加(如经济泡沫时期资产的价格)。因此,经济模型总是"在假定其他因素不变时,一个因素的变化会导致另一个因素的相应变化"。

经济模型要研究的因素又称为变量。在经济模型中,一般把变量分为几种类型:内生变量、外生变量和参数。内生变量是指该模型所要决定的变量。外生变量指由模型以外的因素所决定的已知变量,它是模型据以建立的外部条件。内生变量可以在模型体系内得到说明,内生变量决定外生变量,外生变量本身不能在模型体系中得到说明。参数通常是由模型以外的因素决定的,因此也往往被看成外生变量。例如,在均衡价格模型中,$P=a+bQ$,表示价格与数量的关系,其中,a、b是参数,都是外生变量;P(价格)、Q(需求数量)是模型要决定的变量,所以是内生变量。除此之外,其他有关变量如相关商品的价格、人们的收入等与模型有关的变量,都是外生变量。

三、均衡分析

运用经济模型进行分析,首先涉及均衡问题。均衡分析是现代经济学的一种常见方法,虽然常常伴随着争议。所谓均衡,原本是一个物理学的概念,是指两个大小相等、方向相反的力量相互作用时保持一种平衡状态。均衡被借用到经济学表示的是这样一种经济状态:经济代理人已处于一种最优状态或稳定状态,若其改变决策或行为,将不会带来任何好处或增加收益,故他将维持现有的决策或行为不变。在前述均衡价格模型中,一旦市场处于均衡状态,需求与供给就会相等,此时的价格可称为均衡价格。均衡价格之所以称为最优价格,是因为一旦偏离均衡价格,市场就会出现过剩或短缺。在消费者行为模型中,消费者均衡实际上是指消费者达到最优状态(用最大效用表示),此时消费者的需求如果发生改变,消费者的效用将会下降。在企业均衡模型中,均衡状态是企业的生产已获得最大利润,任何偏离均衡的产量都会使企业的利润下降。

那么,均衡分析主要是分析什么呢?概括起来说,均衡分析实际上是分析达到均衡所需要的条件与均衡达到时所出现的情况。例如,在均衡价格模型中,主要应讨论:在什么情况下,市场才能达到均衡;均衡一旦达到,产量和价格是多少,以及这一产量和价格是否会保证资源达到最优配置。所以,均衡分析实际上包括实证与规范两个方面的内容。从实证来看,是均衡条件的揭示与均衡结果的计算;从规范方面来看,是对均衡的结果进行评判,说明这种均衡是有效率的还是无效率的。

四、静态分析、比较静态分析、动态分析

经济模型可以分为静态模型和动态模型,相应地,均衡分析也可以具体分为静态分析、比较静态分析和动态分析,其中与静态模型相联系的方法有静态分析方法和比较静态分析方法,与动态模型相联系的方法是动态分析方法。这些方法是针对分析问题的不同运动状态而提出的。

(一) 静态分析

所谓静态分析就是分析经济现象的均衡状态以及要达到均衡状态的各有关经济变量所需具备的条件,它完全忽略了时间因素和具体的变化过程,是一种静止地、孤立地考察某种经济事物的方法。如前述均衡价格模型,就舍弃了时间、地点等因素,并假设影响均衡价格的其他因素,如消费者偏好、收入及相关商品的价格、生产技术水平、投入要素价格等因素是静止不变的,单纯分析商品供求关系的作用对均衡产量和均衡价格的影响。简单地说,静态分析就是抽象了时间因素和具体变动的过程,静止地考察经济现象在某一时点的情况。在微观经济学中常用静态分析法来对经济现象达到均衡时的状态和均衡条件进行考察。例如,均衡价格理论、消费者行为理论和企业均衡理论等,大多采用静态分析。

(二) 比较静态分析

与静态分析方法相对应的另一种分析方法就是比较静态分析。比较静态分析是研究外生变量改变时内生变量的变化,分析比较不同数值的外生变量下内生变量的不同数值。这么说也许有点抽象。实际上,比较静态分析与静态分析相同的是也假设变量的调整时间为零,但与静态分析不同的是,比较静态分析主要研究在已知条件发生变化以后经济现象的均衡状态的相应变化,以及有关的经济变量为达到新的均衡状态所需的变化,即对经济现象有关的外生变量一次变动的前后进行比较。例如,已知某商品的供求状况,通过静态分析可以得出市场均衡时的均衡价格与均衡数量。此时,如果消费者的收入突然发生变化,导致消费者对该商品的需求增加,而这种增加表现为需求曲线向右平移,由此出现新的均衡。与原均衡点相比较,新的均衡价格和新的均衡产量都发生了

变化。这里,对新均衡所达到的价格和需求量与原均衡的价格和需求量进行比较分析,便是比较静态分析。

从数学模型的角度看,静态分析与比较静态分析都是根据外生变量分析内生变量,且都不考虑时间因素。但是,静态分析是根据既定的外生变量分析内生变量,而比较静态分析是分析发生变化的外生变量对内生变量的影响。

从均衡的分析角度看,静态分析与比较静态分析都用于分析均衡状态时的特征。不同的是,静态分析是研究在既定条件下变量达到均衡时的特征,而比较静态分析是研究新旧均衡点的差别。

(三) 动态分析

在经济学中,动态分析是对经济变动的实际过程所进行的分析,其中包括分析有关变量在一定时间序列过程中的变动,以及这些经济变量在变动过程中的相互作用关系。动态分析法的一个重要特点是考虑时间因素的影响,并把经济现象的变化当做一个连续的过程来看待。

动态分析研究在假定生产技术、投入要素、消费者偏好等因素随时间发生变化的情况下经济活动的变化过程。应用动态分析法的经济学称为动态经济学,其中著名的有蛛网模型,它分析了价格体系在受到外力干扰的情况下而偏离均衡点时的发展路径。

动态分析与静态分析具有重要的区别,例如:二者分析的前提不同,动态分析以时间变动作为分析的基本条件,静态分析忽略时间的影响;二者适用的条件不同,动态分析主要研究经济变量的变动过程,而静态分析主要研究均衡时的状态和均衡条件。因此,二者得出的结论常常不一致,甚至相反。这里必须记住的是:静态分析的结论是不能用动态资料来验证的,也是不能用动态资料来证伪的。

举例来说,我国股票市场每天上午 9 点 30 分开盘,中午 11 点 30 分收盘,下午 1 点重新开盘,3 点收盘。分析上午 9 点 25 分的集合竞价和下午 3 点的收盘价可视为静态分析,因为这两个价格都是在这两个时点供求达到均衡时的结果。但如果对这个价格进行比较,并不涉及如何从一个价格变动到另一个价格的过程,只是考察两者的异同,则为比较静态分析。如果考察一个股票如何从开盘价运动到收盘价的实际过程,则为动态分析。

动态分析需要考虑各种经济变量随时间变化对整个经济体系的影响,难度较大。在微观经济学中,迄今占有重要地位的仍是静态分析和比较静态分析方法;而在宏观经济学中,特别是在经济周期和经济增长研究中,动态分析方法占有重要的地位。

五、边际分析

边际分析也是经济学常用的分析方法,在微观经济学中应用尤其广泛。所谓边际,是在原来的基础上再增加或额外增加某一数量。如边际效用就是指在原来消费的基础上再多消费 1 单位某种产品所取得的效用;边际成本就是指在原有产量的基础上再多增加 1 单位产量所带来的成本增加量;边际收益是指在原有销售量的基础上再多销售 1 单位所取得的收益。边际既可以指某个变量的一定数量中已经加上去的最后 1 单位,也可以指在一定数量的基础上追加的下 1 个单位。如 1 个人消费 3 块面包的边际效用就是他消费第 3 块面包时得到的效用。

从数学上说,边际分析就是微积分中的求导问题。在微积分中,一个函数的自变量的微小变化将引起因变量的相应变化,这个相应变化就是我们所说的边际量。通过考察边际量,可获得所需要的结果,例如,当一阶导数等于零时,函数将获得极值。现代西方经济学把这一方法应用于经济领域,把经济问题转换成数学问题,通过建立相应的函数,经济学中的最优化问题也就转换成微积分中的极值问题。这种转换有其原因,因为经济学是关于选择的科学,而选择就是"两利相权取其重,两害相权取其轻",或者说是寻求利益最大化,这样,只要找到选择函数,最优选择借助于微积分方法也就迎刃而解。实际上,很多经济决策都具有在边际位置进行调整的性质,很少属于要么全有,要么全无的性质。例如,企业家通常不是在做生产或不生产的决定,而是在做生产多少的决定;消费者通常不是考虑是否购买衣服和食物的问题,而是购买多少的问题;大学生通常考虑的不是学习与不学习的问题,而是考虑用多少时间学习,用多少时间娱乐或从事其他活动的问题。这些问题其实都是边际调整问题,因而可以用边际分析法。在微观经济学中,经济代理人的最大化都是用边际条件来表示的。

当然,全有或全无选择不适用于边际分析,因为它分析的对象不是在边际上进行调整,而是一种超边际选择。例如,大学毕业生是决定继续读研还是去找工作,企业在萧条时是决定关门大吉还是继续坚守,消费者是把一笔钱用于消费还是用于投资,等等,都具有超边际选择的性质。对于许多超边际选择,边际分析往往力不从心。而且,在许多决策中,并不知道边际量是多少。例如,企业可能不知道多生产 1 单位产品的边际成本是多少,消费者也不知道多消费 1 单位的边际效用是多少,因而,真正的最优化实际上很难达到。

第三节 微观经济学的理论体系

现代微观经济学把整个经济体系看成是由家庭(消费者)和企业(生产者)两个行为主体组成的自由市场经济。在这一经济中,家庭拥有生产资源(如劳动、资本、土地、企业家管理才能等),家庭依靠转让其拥有的生产资源获得收入,然后用收入购买产品和服务,以满足自己的需求;企业从市场上购买各种生产要素作为投入,在企业家的组织下生产产品和服务,然后在市场上销售产品和服务,以获得利润。家庭出售要素和企业购买要素形成要素市场,企业出售产品和家庭购买产品形成产品市场,通过这两个市场,家庭和企业联系起来,整个经济成为一个循环系统。

在这个循环系统中,起关键作用的是价格,包括产品价格和要素价格。价格是联系生产者和消费者的纽带,也是这个循环得以运转的工具。在要素市场上,家庭根据要素价格决定要素的供给,要素的供给又决定了家庭能够支配的收入;企业根据要素价格来决定要素的需求,要素的需求又决定了企业的投入和成本。在产品市场上,家庭根据产品的价格决定产品的需求,通过消费产品实现自己的效用;而企业根据价格决定产品的供给,通过销售产品实现自己的利润。由此,消费者和生产者都受价格信号的引导,价格既调节要素的供求,也调节产品的供求。通过价格的调节作用,要素市场和产品市场达到均衡,企业和家庭实现自己的目标。在这一过程中,资源从家庭流向企业,产品从企业流向家庭,完成资源配置和产品分配过程。循着这种逻辑,微观经济学研究了价格的决定及其作用,建立了体系严密的价格理论。这一严密体系包括六大组成部分:均衡价格理论、消费者行为理论、生产与成本理论、市场结构理论、要素价格理论、一般均衡理论与福利经济学。

第一是均衡价格理论。均衡价格理论将决定价格的因素抽象为供给和需求两大要素,说明任何产品的价格是由需求与供给决定的,由此研究了影响需求与供给的因素及其变动,从而揭示了均衡价格的形成过程及价格机制的作用。

第二是消费者行为理论。在均衡价格理论的基础上,微观经济学研究了消费者行为问题,以说明市场需求背后的影响因素,由此得到了消费者行为理论。消费者行为理论在边际效用递减规律的前提下说明了消费者在不同约束条件下获得最大效用的均衡过程,揭示了支配消费者需求的根本原则。

第三是生产与成本理论,也称企业理论。企业理论是对企业行为的研究,这一研究也是从市场供给背后的影响因素引出来的。生产与成本问题的核心是企业在现有的技术约束下如何用一定的投入生产出最大的产量,或者在产量一定时如何使成本最低。这两个看似不同的问题其实是一个问题,即企业如何生产才能最有效率,或者获得最大利润。因此,生产和成本理论揭示了企业利润最大化的生产原则。

第四是市场结构理论。在讨论了需求与供给背后的因素以后,微观经济学把生产者和消费者综合起来,讨论二者在不同类型的市场上如何相互作用,形成价格,以实现资源配置过程,由此得到市场结构理论(也称市场组织理论)。市场结构理论的核心在于说明在消费者和企业的经济行为相互作用下,当市场类型不同,企业在不同的价格水平获得均衡,由此导致不同的资源配置效果。

第五是要素价格理论。上述四个部分可称为产品价格理论。产品价格由家庭的需求和企业的供给决定,而家庭的需求取决于收入,企业的供给取决于成本,这两部分都涉及要素价格,因此,不讨论要素价格的决定就不能完整地说明产品价格的决定,更不能很好地说明资源配置过程。劳动、资本、土地、企业家才能等四种生产要素的价格也是由供给和需求决定的,只是要素市场上的需求与供给具有一些特殊性,同时各国的经济体制与政府的收入分配政策对要素市场施加重要影响,使各种要素的定价变得更为复杂。

第六是一般均衡理论与福利经济学。前述五个部分的分析可称为局部均衡,这种分析都是在假定其他条件不变的情况下对单个市场、单个经济代理人的行为进行分析。由于各个市场和各个代理人是相互联系、相互影响的,有必要把它们综合在一起考察。一旦这种综合成为主题，家庭、企业、要素市场和产品市场的同时均衡问题也就进入画面，分析这种同时均衡的理论就称为一般均衡理论。一般均衡理论主要研究了实现一般均衡所需要的条件以及一般均衡实现后所达到的效率。一般均衡理论认为，只要达到一定的边际条件，一般均衡一定能够达到，而这一结果也是最有效率的。

最后，在上述理论的基础上推导政策含义，建立了微观经济学的经济政策理论。在现实世界，由于存在外部性、垄断、公共物品和信息不对称等市场失灵，因而市场不能有效地发挥作用，由此需要相应的微观经济政策进行干预，以改善市场运行的效率。例如，垄断导致了市场无效率，政府的反垄断法对垄断行为进行结构修正与行为修正，以改善垄断条件下的市场效率。同样，在信息不对称的世界里，政府可以做的事情也很多。

20世纪六七十年代以来，关于这一领域又涌现了诸多的新理论，如博弈论、信息经济学、产业组织理论、产权与交易费用理论、拍卖理论与机制设计等，其中一些甚至独立出来，成为经济学的重要分支。这些发展使微观经济学成为最具活力的领域之一。

复习思考题

1. 经济学的研究对象是什么？为什么说经济学是选择的科学？
2. 如何理解欲望的无限性？
3. 资源是否稀缺？为什么在现实生活中我们总是看到各种各样的资源浪费现象？
4. 什么是机会成本？它与选择有什么关系？
5. 什么是经济模型？一个经济模型包括哪些要素？举例说明如何运用经济模型进行分析。
6. 什么是均衡分析？为什么要运用均衡分析？
7. 微观经济学的主要问题是什么？其体系是如何构建的？

本章关键术语

欲望（wants） 稀缺（scarcity） 选择（choice） 资源配置（allocation of resources） 机会成本（opportunity cost） 经济模型（economic model） 均衡分析（equilibrium analysis） 静态分析（static analysis） 比较静态分析（comparative static analysis） 动态分析（dynamical analysis） 边际分析（marginal analysis）

者获得最大效用水平或满足程度的均衡点。我们借助图3-11来进一步分析这一问题。

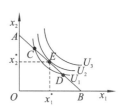

图 3-11 消费者均衡

在图 3-11 中，AB 表示在某消费者收入和价格既定时的预算线，U_1、U_2 和 U_3 表示消费者有代表性的三条无差异曲线。在预算约束下，消费者的预算空间为三角形 OAB 围成的面积。在假定消费者将全部收入用于消费的情况下，消费者一定会在 AB 上寻找消费点。另一方面，由于消费者是理性的，因而他总是试图尽可能地达到最高的效用水平。这样一来，消费者只有在预算线 AB 与无差异曲线 U_2 相切点 E 进行消费，才是在给定预算约束下所能获得的最大效用的均衡点。此时商品组合为 (X_1^*,X_2^*)。

为什么只有 E 点才是消费者效用最大化的均衡点呢？这是因为，对于无差异曲线 U_1 来说，它与无差异曲线相交于 C、D 两点。这两点的效用水平低于无差异曲线 U_2 代表的效用水平，即消费者选择 C、D 两点间的任意一点的商品组合，虽然所消耗的收入是一样的，但其效用水平却较低。此时，如果沿着 AB 线段从 C 点向右或从 D 点向左运动，效用都可以增加，直到达到 E 点以后才不会再增加，因此，E 点就是代表效用水平最高的均衡点。同理，对于无差异曲线 U_3 来说，虽然它的效用水平高于 U_2 所代表的效用水平，但是它与消费约束线既无交点也无切点，这表明 U_3 上的任意一点的消费组合所花的收入都是消费者无法承担的，或者说在现有收入下无法实现的。综合起来，只有 E 点才是消费者在既定预算约束条件下获得最大效用的均衡点。

我们再仔细审视一下均衡点。在均衡点，无差异曲线与消费者预算线相切，表明两条线的斜率相等。无差异曲线的斜率的绝对值就是商品的边际替代率，预算线的斜率的绝对值可以用两种商品的价格之比来表示，因此，在均衡点，

$$\mathrm{MRS}_{12} = \frac{P_1}{P_2} \tag{3.14}$$

这个等式可称为消费者效用最大化的均衡条件。它表示，在一定的预算约束下，为了实现消费者的最大效用，消费者应该选择的最优商品组合必须达到这样的状态：两种商品的边际替代率等于两种商品的价格之比。在消费者的均衡点上，消费者愿意用 1 单位的某种商品去换取若干数量的另一种商品。如果不相等，那么就应该增加或减少一种商品的消费量。

例如，当 $\mathrm{MRS}_{12} > \dfrac{P_1}{P_2}$ 时，假设 $\mathrm{MRS}_{12} = \dfrac{1}{0.5}$，$\dfrac{P_1}{P_2} = \dfrac{1}{1}$。从市场上看，消费者减少 1 单位的商品 2 的购买就可以增加 1 单位的商品 1 的购买。而对于消费者个人来说，减少 1 单位的商品 2 时，只要增加 0.5 单位的商品 1 就可以维持其原有的满足程度。这样，消费者就会因为多消费 0.5 单位的商品 1 而使总效用增加。所以，在这种情况下，理性的消费者会不断减少商品 2 的数量而增加对商品 1 的购买，从而获得更高的效用水平，直到 $\mathrm{MRS}_{12} = \dfrac{P_1}{P_2}$ 时，消费者达到均衡。

相反，当 $\mathrm{MRS}_{12} < \dfrac{P_1}{P_2}$ 时，假设 $\mathrm{MRS}_{12} = \dfrac{1}{1}$，$\dfrac{P_1}{P_2} = \dfrac{1}{0.5}$。从市场上看，消费者减少 1 单

成一个群体,而饮料的卖者也并没有聚在一起提供饮料,只是在不同的地方提供有所差别的饮料,但是饮料的卖者和买者确实形成了一个市场。在这个市场,每个买者都知道有一些卖者在提供产品供自己选择,每个卖者都知道其他卖者生产的饮料和自己的产品是相似的。但是,饮料的价格和销售量却并不是由任何一个买者或卖者决定的,而是由所有的买者和卖者在市场上的相互作用决定的。

买者和卖者的这种相互作用就是市场机制,市场是一种现实的存在,市场机制才是经济学要研究的核心问题,它其实是由商品的供求规律、价格机制、竞争机制共同构成的,反映买者和卖者的相互作用以及价格形成和交易数量决定的经济关系。现实存在的市场多种多样,但其本质都可以通过市场机制得到反映。

二、产品市场与要素市场

根据市场上销售品的不同,市场可以被分为产品市场和要素市场。

在产品市场上,交易的主要是一些供消费用的最终产品,如大米、计算机、图书等。在这里,家庭是消费者,或者说是产品的买者或需求方;企业是生产者,或者说是产品的卖者或供给方。家庭对于产品的需求和企业对于产品的供给,共同决定了产品市场的价格与销售数量;食品、住房、衣服等最终产品都是产品市场的交易对象。

在要素市场上,交易的则主要是生产要素。由于家庭是要素所有者,也就成为要素的卖者,或者说供给方;而企业则是要素的买者,或者说需求方。家庭对于要素的供给和企业对于要素的需求,共同决定要素市场的价格与销售数量;而劳动、土地、资金等都是要素市场交易的对象。

当然,有一些产品可能既是消费品,也是生产的要素或中间品。如汽车,当家庭购买时,它就是消费品;当出租公司购买时,它就成了设备(资本)。

三、竞争

市场不仅是消费者和生产者相互作用的场所,也是生产者和消费者相互竞争的场所。特别是,当市场只有少量卖者而有大量买者时,买者为了获得所需要的东西,往往会展开竞争。例如,在拍卖市场上,为了获得某种独一无二的拍卖物,买者往往不断地提高价格进行竞争。相反,当市场有大量卖者而只有少量买者时,卖者为了把东西卖出去,也往往压低价格与其他卖者竞争。有时候,买者和卖者也相互竞争。在某种意义上,竞争无处不在,只是时间与地点不同,竞争的方式与强度不同。为了简化问题,本章所讨论的市场都假定为完全竞争市场,这种市场具有如下特殊的性质:①市场上存在大量的买者和卖者,任何买者和卖者进入或退出都不会影响市场的价格;②市场上销售的产品都是同质的。根据假设,完全竞争市场上的买者和卖者接受市场决定的价格,也就是说,他们都是价格接受者。这两点是重要的。当然,完全竞争还有一些其他方面的性质,我们将在后面进一步阐述。

完全竞争市场是一种极端的市场组织形式。在现实生活中,并不存在真正意义上的完全市场,但很多市场可以看成是近似的完全竞争市场。例如,在玉米市场上,有很多出售玉米的农民和很多购买玉米及玉米产品的消费者。由于没有一个买者或者卖者可以影响玉米的价格,所以每个人都可以视为价格的接受者。

但是,并不是所有的市场都可看成完全竞争市场。当市场上只有一个卖者时,我们称这个市场是垄断市场。例如一个城市的自来水公司,由于没有其他竞争对手存在,这个垄断者可以自行决定市场价格。

大多数市场都介于完全竞争市场与垄断市场之间。如果市场的卖者只由几个企业承担时,称之为寡头垄断市场,例如通讯市场。在我国,通讯市场的龙头是移动、联通与电信三家厂商,他们共同主宰整个市场。如果市场的卖者有许多,并且每个卖者提供的产品略有差别,也就是每个卖者都有某种决定自己产品价格的能力,但是其替代产品非常多时,称之为垄断竞争市场。例如方便面市场,虽然红烧牛肉面和酸辣鸡丝面是有差别的,每个厂商都可以确定自己的价格,但是这两种方便面的替代性很大。

本章假设市场都是完全竞争的,旨在首先建立一个分析的基准模型,然后以这种基准模型为参照,分析其他类型的市场。在现实生活中,大多数市场都存在一定程度的竞争,因而对完全竞争市场条件下的供给与需求分析也适用于较为复杂的市场。

第二节　需　求

市场是由需求和供给两种力量形成的,这意味着要解释市场,首先要了解什么是需求和供给,以及二者如何作用于市场,形成市场价格。

供给与需求是经济中两个重要的主体——家庭和企业——相互交易时的行为。在市场中,企业作为一个群体决定提供何种商品和劳务在市场上进行销售;而家庭作为另一个群体决定了何种商品和劳务在市场上是被需要的。我们从产品市场中买者的行为开始对市场进行研究。在这里,我们将看到是什么因素决定家庭对某种物品的需求数量,以及在某些因素改变时商品的需求量将如何变动。

一、需求量与需求函数

首先定义什么是需求。需求指消费者在一定时期内在商品的某一价格水平上愿意并且能够购买的商品数量。它包括两层含义:第一,个人具有购买的意愿;第二,个人具有支付能力。只有购买欲望没有购买能力,是不能算作需求的。需求这种行为的发生,是购买欲望与支付能力的统一,两者缺一不可。

那么,消费者对某种产品的需求有多少呢?这决定了生产者到底要生产多少才是合适的这一问题。这就需要对影响需求量的因素进行分析。从理论上来看,影响某种商品需求量的因素有很多,其中最主要的有该商品的价格、消费者收入、消费者偏好、相关商品的价格及消费者对商品价格的预期等。这些因素对商品需求量的影响方向不尽相同,强度也不一样。

(1) 商品的价格　一般来说,如果一种商品的价格越高,该商品的需求量就会越小;相反,如果商品的价格越低,则需求量就会越大。也就是说,商品的价格与商品的需求量负相关。想象一下,在"双11"和圣诞节,消费者对打折商品趋之若鹜,就可以理解价格在消费者心目中的地位。

(2) 消费者收入　消费者是以收入作为后盾来购买产品的,因此对于大多数商品,当消费者的收入水平提高,则会增加需求;消费者收入减少,则会降低需求。收入与需求量呈正相关的商品被称为正常商品。但并不是所有商品都是正常商品。如果当收入减少时,一种商品的需求量反而增加,我们就称该商品为低档商品或劣等品。

(3) 消费者偏好　人们的消费行为往往与他们的个人偏好有很大关系。在其他条件相同的情况下,喜欢吃素的人对蔬菜的需求自然大于喜欢吃肉的人。同样,当消费者对某种商品的偏好程度增加时,该商品的需求量就会增加;当消费者对某种商品的偏好程度减少时,该商品的需求量就会下降。

(4) 相关商品的价格　当一种商品的价格不变,而与它相关的其他商品的价格发生变化时,这种商品的需求量也会产生变化。比如,在其他条件不变时,当汽油的价格上升时,汽车的需求量就会下降;当牛肉的价格上涨时,猪肉的需求量就会上涨。

(5) 消费者对商品价格的预期　当消费者预测某种商品的价格会上涨时,就会增加对商品的需求。相反,如果消费者认为某种商品的价格会下降时,就会减少对该商品的需求。消费者对价格的预期影响消费者对商品需求的例子以金融产品最为典型。例如,股票的需求在某种程度上完全受预期左右:当投资者估计某只股票的价格上涨时,他们会买进;反之,当他们估计价格要下跌时就会卖出。因而,股市总会随着人们预期的变化而波动。

除了上述列举的因素之外,商品的需求还可能受到其他很多偶然性因素的影响,如季节、人口等。如果把商品的需求量与上述各个因素的关系用一个函数形式来表示,可以写成以下函数式:

$$Q_d = f(P, Y, P_0, P_e)$$

其中:Q_d表示某种商品的需求量,P表示商品自身的价格,Y表示消费者的收入,P_0表示相关商品的价格,P_e表示对商品的价格预期。这个函数称为需求函数。

由于在所有影响需求的因素中,商品自身的价格的影响最为直接重要,因此在简单的经济分析中,需求函数通常是指商品的需求量与该商品价格之间的一一对应关系,用函数表示为:

$$Q_d = f(P)$$

二、需求曲线与需求定律

在不同的价格下,商品的需求量与价格存在一定对应关系。例如,当商品价格为1元时,商品的需求量为800单位;当价格上升为2元时,商品的需求量下降为700单位;当价格上升为3元时,商品的需求量继续下降为600个单位……如表2-1所示。

表 2-1 某商品的需求表

价格/元	需求量
1	800
2	700
3	600
4	500
5	400
6	300

如果把表 2-1 所描述的价格与需求量之间的对应关系描绘在以价格为纵坐标,以数量为横坐标的平面坐标系上,就可得到如图 2-1 所示的一条曲线。这条描绘价格与需求量相关关系的向下方倾斜的曲线,被称为需求曲线。

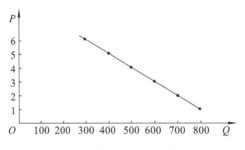

图 2-1 某商品的需求曲线

图 2-1 中的需求曲线是一条直线。实际上,需求曲线可以是直线型,也可以是曲线型的。当需求函数为线性函数时,相应的需求曲线就是一条直线,在这条直线上各点的斜率是相等的。如果需求函数是非线性函数时,相应的需求曲线就是一条曲线,曲线上各点的斜率是不相等的。在微观经济学中,在不影响结论的条件下,为了简化分析,我们常使用线性需求曲线进行分析。

另外,需要指出的是,图 2-1 中的需求曲线是在其他条件不变的情况下画出来的,这条需求曲线表明,只要价格发生变动,该商品的需求量会相应地发生变化。它是在假设消费者的收入、偏好、预期以及相关产品的价格都不变的情况下得出来的。需求曲线向右下方倾斜的情况揭示了需求函数的一个重要特征,即需求数量与价格呈负相关,这种关系又被称为需求定律。

需求定律的正式表述如下:在其他条件不变的情况下,商品的需求数量与其价格呈反向变动关系,即价格上升,需求数量下降;价格下降,需求数量上升。用数学语言表示为,需求量对价格的一阶导数小于零,即 $dQ/dP<0$。这里所说的其他条件不变是指除了研究的价格这一变量外,所有相关的变量都保持不变。需求曲线向右下方倾斜是因为在其他条件相同时,价格较低则意味着需求量较多。

三、个人需求与市场需求

上述需求曲线主要用于说明单个消费者对于某种商品的需求。为了分析市场如何运行,还需要确定市场的需求,而某种商品市场需求是所有个人对该种商品需求量的总和。

假设经济社会中有两个消费者 A 与 B,表 2-2 为这两个消费者对某种商品,如巧克力的需求表。在某一价格水平下,市场的需求量等于两个买者的需求数量之和。当价格为 1 元时,消费者 A 的需求量为 8 块,消费者 B 的需求量为 4 块,故市场的需求量为 12 块。

由于市场需求是由个人需求加总推导而出的,市场的需求不仅取决于一种物品的价格,还取决于消费者的收入、偏好、预期以及相关商品的价格等因素。另外,当更多的消费者加入市场时,市场的需求量也会增加。从表 2-2 还可以看出,在其他条件不变时,随着价格的上升,个人与市场的需求量逐渐减少;反之,当价格不断下降时,个人与市场的需求量均逐渐增加。换句话说,市场的需求量与商品的价格符合需求定律。

表 2-2 个人与市场的需求表

巧克力的价格/元	消费者 A 的需求量/块	消费者 B 的需求量/块	市场需求量/块
0	10	5	15
1	8	4	12
2	6	3	9
3	4	2	6
4	2	1	3
5	0	0	0

将表 2-2 表示的个人需求与市场需求之间的关系用图形表示就可以得到图 2-2。这里的市场需求曲线是将所有个人的需求曲线水平相加得到的。也就是说,在任一价格水平上,把个人需求曲线所对应的个人需求量相加即可得到相应的市场需求量。市场的需求曲线表示了一种商品的总需求量与该商品价格的变动关系。

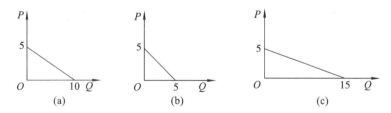

图 2-2 个人需求曲线与市场需求曲线
(a)消费者 A 需求曲线;(b)消费者 B 需求曲线;(c)市场需求曲线

下面我们用数学语言对上述个人需求与市场需求加以描述。假设某种商品的个人需求为 q_i^d,市场上有 n 个消费者,每个消费者的需求函数都相同,则市场的需求为:

$$Q_d = \sum_{i=1}^{n} q_i^d$$

如果个人的需求函数为 $q_i^d = 8 - P$，市场中有 10 个消费者，每个消费者的需求函数都相同，则市场需求为：

$$Q_d = \sum_{i=1}^{n} q_i^d = 80 - 10P$$

四、需求的变动

在经济学文献中，有两个较为近似的词汇，需求量的变动与需求的变动。这是两个相互联系又相互区别的概念。无论是需求量的变动还是需求的变动都会引起需求的实际变动，它们的区别在于引起变动的因素是不同的，可以清楚地从图 2-3 中看到这一点。

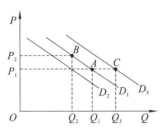

图 2-3 需求量变动与需求变动

需求量的变动是指在其他条件不变时，商品价格的变动而引起的商品需求数量的变动。在图 2-3 中，假设初始需求曲线为 D_1，当商品价格由 P_1 上升到 P_2 时，需求的数量沿 D_1 由 Q_1 下降至 Q_2，这种需求数量的变动表现为商品的价格与数量组合点由 A 点移动到 B 点，是沿着同一条既定的需求曲线运动的。

而需求的变动是指在某种商品价格不变的条件下，其他因素发生改变而引起的商品的需求数量变动。这里的其他因素是指消费者的收入、偏好、相关商品价格变动、消费者对商品价格的预期、买者的数量等。比如，当消费者的收入水平提高时，消费者会增加对该商品的消费数量，表现在图 2-3 中就是商品的价格与数量组合由 A 点移动至 C 点，需求曲线由 D_1 变动至 D_3。

简而言之，需求量的变动是商品的价格变动而引起的需求数量的变动；而需求变动是非商品价格因素引起的需求数量的变动。表现在图形上是，需求量的变动是沿既定需求曲线移动，而需求变动是需求曲线的移动。当需求增加时，需求曲线向右移动；当需求减少时，需求曲线向左移动。

第三节 供 给

在研究了需求以后，我们对参与市场的另一方进行研究，这就是生产者的供给。在这里，我们将分析是什么因素决定生产者对某种商品的供给数量，以及在一些因素改变时，商品的供给量将如何变动。为了研究的方便，我们继续以巧克力市场为例，观察决定供给的各种因素。

一、供给量与供给函数

首先必须定义什么是供给。供给是指生产者在一定时期内在商品的某种价格水平上愿意并且能够提供出售的商品数量。它包括两层含义：第一，生产者具有生产的意愿；第二，生产者具有生产能力。只有生产意愿而不具有生产能力，是不能被算作供给的。供给是生产意愿与生产能力的统一，两者缺一不可。

影响某种商品供给量的因素有很多。其中最主要的有：该商品的价格、生产要素的价格、生产技术水平、相关商品的价格、生产者对商品价格的预期，及政府税收、补贴与管制等。它们对商品供给量的影响方向各不相同，具体情况如下。

(1) 商品价格 一般来说，如果一种商品的价格越高，企业出售该商品就越有利可图，因此该商品的供给量就会越大。相反，如果商品的价格越低，企业的供给量就会越小。也就是说，商品的价格与商品的供给量是正相关的。

(2) 生产要素的价格 为了生产某种商品，企业必须投入各种生产要素，因此，如果生产要素的价格上升，即生产成本上升时，在商品价格不变的条件下，企业的利润就会减少，企业就会减少对该商品的供给量；相反，当生产要素的价格下降时，生产成本下降，在商品价格不变的条件下，企业就会增加该商品的供给量。

(3) 生产技术水平 生产技术水平会影响企业在生产要素投入既定下的产量。一般情况下，生产技术水平的提高可以降低生产成本，提高生产效率，增加企业的利润，从而促使企业增加供应量。

(4) 相关商品的价格 当一种商品的价格不变，但与它相关的其他商品的价格发生变化时，这种商品的供给量也会产生变化。比如，在其他条件不变时，当汽油的价格上升而汽车的价格不变时，汽车的供应量会下降。同样，当苹果的价格不变而梨的价格上涨时，对于一个种植苹果和梨的农户来说，他就可以增加梨的供给量同时减少苹果的供应量。

(5) 生产者对价格的预期 当生产者预期到某种商品的价格会上涨时，就会扩大生产，增加对商品的供给。相反，如果生产者认为某种商品的价格会下降时，生产者就会缩减生产，减少对该商品的供给。中国的农产品经常发生价格波动，实际上很大程度上是由预期的变化造成的。例如，如果农民预期到猪肉的价格在半年后上涨，那他就会增加对生猪的养殖，半年后将增加对猪肉的供给。

(6) 政府税收、补贴与管制 政府的行为在一定程度上也会影响生产者对某种商品的供给量。例如，当政府为增加财政支出而需要向企业增税，或者政府要求企业改进生产安全措施时，企业的成本增加，就会减少对商品的供给量。而当政府对企业实行投资税抵免政策或出口退税政策时，企业就会增加产品的供给量。

除了上述列举的因素之外，商品的供给还受到其他很多因素的影响，如生产季节、自然灾害等。如果把商品的供给量与各个因素的关系用一个函数形式来表示，则可表示为：

$$Q_s = f(P, P_0, P_e)$$

其中，Q_s 表示某种商品的供给量，P 表示商品自身的价格，P_0 表示相关商品的价格，

P_e 表示对商品的价格预期。这个函数称为供给函数。由于在所有影响供给的因素中,商品自身的价格的影响最为直接重要,在经济分析中,供给函数通常是指商品的供给量与该商品价格之间的一一对应关系,用函数表示为:

$$Q_s = f(P)$$

二、供给曲线与供给定律

在不同的价格下,商品的供给量与价格存在一定对应关系,如表 2-3 所示。当商品价格为 1 元时,商品的供给量为 300 单位;当价格上升为 2 元时,商品的供给量上升为 400 单位;当价格上升为 3 元时,商品的供给量继续上升为 500 个单位……

表 2-3　某商品的供给表

价格/元	供给量
1	300
2	400
3	500
4	600
5	700
6	800

如果把表 2-3 所描述的价格与供给量之间的对应关系描绘在以价格为纵坐标,以数量为横坐标的平面坐标系上,就可得到如图 2-4 中的一条曲线。这条描述价格与供应量之间相互关系的向右上方倾斜的曲线被称为供给曲线。

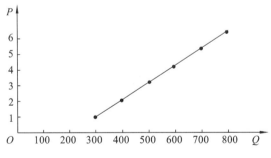

图 2-4　某商品供给曲线

需要指出的是,这条供给曲线是在其他条件不变的情况下画出来的。在图 2-4 中,这条供给曲线表明,当只有价格变动时,该商品的供给量会发生什么变化。这条曲线是在假设生产者的要素投入、技术水平、对价格的预期、相关产品的价格,及政府税收、补贴与管制都不变时得出来的。供给曲线向右上方倾斜的情况揭示了供给函数的一个重要特征,即供给数量与价格呈同方向变化,这被称作供给定律。

供给定律可表述如下:在其他条件不变的情况下,商品的供给数量与其价格呈同向变动关系,即价格上升,供给数量上升;价格下降,供给数量下降。用数学语言表示为,供给量对价格的一阶导数大于零,即 $dQ/dP>0$。

这里所说的其他条件不变是指除了研究的价格变量外,所有相关的变量都保持不变。供给曲线向右上方倾斜是因为在其他条件相同时,价格越高意味着供给量越多。

三、单个厂商的供给与市场供给

上述供给曲线主要是针对单个生产者对某种商品的供给。为了分析市场如何运行,我们还需要确定市场的供给,而某种商品市场供给是所有生产者对该种商品供给量的总和。

假设经济社会中有两个生产者 A 与 B,表 2-4 为这两个生产者对某种商品如巧克力的供给表。在某一价格水平下,市场的供给量等于两个生产者的供给数量之和。当价格为 1 元时,生产者 A 的供给量为 2 块,生产者 B 的供给量为 1 块,故市场的供给量为 3 块。

表 2-4　个人与市场的供给表

巧克力的价格/元	生产者 A 的供给量/块	生产者 B 的供给量/块	市场供给量/块
0	0	0	0
1	2	1	3
2	4	5	9
3	6	9	15
4	8	13	21
5	10	17	27

由于市场供给是由单个企业加总推导而出的,市场的供给不仅取决于一种商品的价格,还取决于生产者的要素投入、对商品价格的预期、相关商品的价格等因素。另外,当更多的生产者加入市场时,市场的供给量也会增加。从表 2-4 还可以看出,在其他条件不变时,随着价格的上升,单个生产者与市场的供给量均逐渐增加;反之,当价格下降时,单个生产者与市场的供给量均逐渐减少。换句话说,市场的供给量与商品的价格符合供给定律。

将表 2-4 表示的单个厂商供给与市场供给之间的关系用图形表示就可以得到图 2-5。需要指出的是,这里的市场供给曲线是将所有企业的供给曲线水平相加得到的。也就是说,在任一价格水平上,把单个企业供给曲线所对应的单个企业对商品的供给量相加即可得到市场的供给量。市场的供给曲线表示了一种商品的总供给量与该商品价格的变动关系。

用数学语言对上述厂商供给与市场供给描述为:假设某种商品的厂商供给为 q_i^s,市场上有 n 个生产者,每个生产者的生产函数都相同,则市场的供给为:

$$Q_s = \sum_{i=1}^{n} q_i^s$$

如果单个生产者的供给函数为 $q_i^s = -2 + P$，市场中有 20 个生产者，每个生产者的供给函数都相同，则市场供给为：

$$Q_s = \sum_{i=1}^{n} q_i^s = -40 + 20P$$

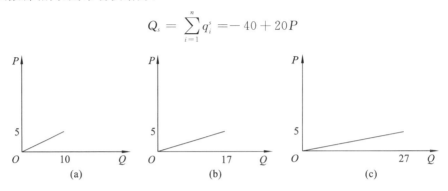

图 2-5　单个厂商供给曲线和市场供给曲线
(a)生产者 A 供给曲线；(b)生产者 B 供给曲线；(c)市场供给曲线

四、供给的变动

跟需求与需求量的变化一样，供给变动与供给量的变动也是两个既相互联系又相互区别的概念。无论是供给量的变动还是供给的变动都会引起供给的实际数量发生变动，它们的区别在于引起变动的因素是不同的，我们仍可利用图形清楚地说明这一点，如图 2-6 所示。

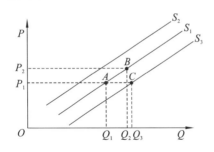

图 2-6　供给量的变动和供给变动

供给量的变动是指在其他条件不变时，因为商品价格的变动而引起的商品供给数量的变动。在图 2-6 中，假设初始供给曲线为 S_1，当商品价格由 P_1 上升到 P_2 时，供给的数量沿 S_1 由 Q_1 上升至 Q_2，这种供给数量的变动表现为商品的价格与数量组合点由 A 点移动到 B 点，是沿着同一条既定的供给曲线运动的。

而供给的变动是指在某种商品价格不变的条件下，由于其他因素发生改变而引起的商品的供给数量变动。这里的其他因素是指生产者的要素投入、相关商品价格变动、生产者对商品价格的预期、生产者的数量等。例如，当生产者的要素投入价格下降时，生产者成本降低，利润增加，生产者就会增加该商品的生产数量，表现在图 2-6 中就是商品的价格与数量组合点由 A 点移动至 C 点，供给的数量由 Q_1 上升至 Q_3，供给曲线由 S_1 变动至 S_3。

简而言之，供给量的变动是商品的价格变动而引起的供给数量的变动；而供给变动是非商品价格因素引起的供给数量的变动。表现在图形上是，供给量的变动是沿既定供给曲线移动，而供给变动是供给曲线的移动。当供给增加时，供给曲线向右移动；当供给减少时，供给曲线向左移动。

第四节 市场均衡

在介绍了需求曲线和供给曲线以后,我们可以将这两者综合考虑来分析市场的均衡。

需求曲线反应了消费者对某种商品在每一价格下的需求量是多少,而供给曲线说明了生产者在每一个价格下的供给量是多少,但是,只有其中任何一方都不能说明商品的价格是如何决定的。价格是市场交换的比率,因而只有将二者结合起来才能说明价格的形成。微观经济学将这种结合而成的价格称为均衡价格。显然,均衡价格是在商品的市场需求和市场供给两种力量共同作用下形成的。

一、均衡的含义

均衡的一般意义是指经济事物中的有关变量在一定条件的相互作用下所达到的一种相对静止的状态。如同物理学中的平衡状态一样,在平衡状态时,物体所受的各种相互作用力的合力为零,从而物体处于相对静止状态,因为各种力虽然相互作用,但也相互抵消。在经济变量处于均衡状态时,经济事物的各参与者的力量也可以相互制约相互平衡,使得处于均衡状态下的经济行为者的目标获得满足,不再有进一步采取行动的愿望。

均衡分析方法是经济学分析的一种重要研究方法。微观经济学将市场的均衡分为局部均衡和一般均衡。局部均衡分析单个市场(产品市场或要素市场)中供求与价格之间的相互关系以及达到均衡所需的各种条件。本书前几章的内容都是局部均衡分析。一般均衡分析是将所有相互联系的各个市场看成一个整体来进行分析。我们将在本书的后面章节介绍一般均衡分析。

二、均衡价格与均衡产量

一种商品的均衡价格是指该商品的市场需求量与市场供给量相等时的价格,而均衡价格下的供给量或需求量亦称为均衡产量。在均衡价格时,消费者愿意而且能够购买的商品数量正好与生产者愿意而且能够出售的商品数量相等。从几何图形上看,一种商品的均衡在该商品的市场需求曲线和供给曲线的交点处达到,该点被称为均衡点。均衡点对应的价格即为均衡价格,对应的产量即为均衡数量。市场的供给量与市场的需求量相等的状态又被称为市场出清状态。因为在这种状态下,市场上每个人的意愿都得到了满足:消费者得到了他想买到的商品,生产者出售了他想卖出的商品。

我们继续沿用前几节所用的巧克力的例子,将图2-2(c)市场需求曲线和图2-5(c)市场供给曲线结合在一起,用图2-7来说明均衡价格的决定。

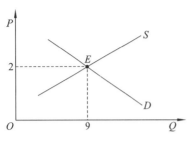

图 2-7 均衡价格和均衡数量

在图 2-7 中，D 曲线为市场的需求曲线，S 为市场的供给曲线。供给曲线与需求曲线相交于 E 点，即为均衡点，此时，均衡价格为 $P=2$ 元，均衡数量为 $Q=9$。也就是说，在均衡价格为 2 元时，消费者的购买数量与生产者的供给数量均为 9 块，并且这样的一种状态是使消费者和生产者都感到满意并愿意维持下去的均衡状态。当消费者或生产者的行为偏离了均衡点时，其自发的行为会使其向均衡点移动。

首先，我们假设市场价格高于均衡价格的情况。假设 $P=3$ 元，此时相对于均衡点，生产者的供给数量增加至 15 块，而消费者的需求量减少至 6 块，商品存在过剩，即在现行价格水平上，生产者不能销售出其愿意出售的所有商品，如图 2-8 所示。因此，生产者会降低商品价格，从而，消费者需求量也会不断上升，两种力量不断作用，直到价格回到市场均衡点为止。

其次，我们假设市场价格低于均衡价格的情况。假设 $P=1$ 元，此时相对于均衡点，生产者的供给数量减少至 3 块，而消费者的需求量增加至 12 块，商品存在短缺，即在现行价格水平上，消费者不能购买到其愿意消费的所有商品，如图 2-9 所示。因此，消费者为了得到商品而不断提高商品价格。随着商品价格的提高，生产者也会不断增加商品生产。两种力量不断相互作用，直到价格回到市场的均衡点为止。

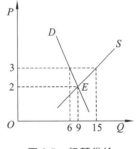

图 2-8 超额供给

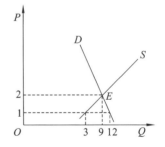

图 2-9 超额需求

因此，我们可以说市场均衡点是稳定的，因为市场本身存在自我恢复均衡的功能，一旦偏离均衡，经济的作用力会自发地起作用，使其向均衡点靠拢，直至回到均衡点为止。

在这里，需要补充一下超额供给与超额需求的概念。当市场价格高于均衡价格使市场的供给大于市场需求导致商品过剩的情况，即为超额供给；当市场价格低于均衡价格使市场的需求量大于市场的供给量导致商品短缺的情况，即为超额需求。超额供给与超额需求的存在表明市场是不均衡的，因此，从另一角度定义，当市场的超额供给或超额需求为零时，市场出清。

从数学角度，我们以前两节列举的需求函数与供给函数为例来求解市场的均衡价格与均衡数量。

需求函数：
$$Q_d = \sum_{i=1}^{n} q_i^d = 80 - 10P$$

供给函数：$$Q_s = \sum_{i=1}^{n} q_i^s = -40 + 20P$$

均衡要求需求与供给相等，由此可以解出均衡价格 $P=4$，将其代入需求函数或供给函数，即可得到均衡数量 $Q=40$。

【案例 2-1】 蔬菜价格的决定

1. 蔬菜供给状况

受可得数据范围的限制，我国通常用蔬菜产量代替蔬菜供给量。相关统计数据显示，2000—2007年，我国蔬菜产量持续增长，2007年有所回落，2007年总产量为56 452.00万吨，较2000年增长了33.14%，年均增长4.73%，增长幅度比较明显，这是自十一届三中全会以来实施"菜篮子工程"战略的成果。与此同时，单产水平也在逐步提高。2004年以前，蔬菜面积增长率高于单产增长率，这表明当时我国蔬菜生产还处于面积扩张、土地密集型阶段；2004年开始，我国蔬菜单产水平大幅度提高，除2006年外，其他年度单产增长速度均超过种植面积的增长速度。

2. 蔬菜需求状况

蔬菜需求包括居民直接消费需求、出口需求、餐饮需求、蔬菜加工、损耗、储存等。由于餐饮需求、蔬菜加工、损耗、储存等数据缺乏有效来源，此案例以居民直接消费需求和出口需求为主进行分析。

(1) 居民直接消费需求　2000年以来，我国人口总量逐年增加，从2000年的12.67亿增加到2006年的13.14亿。与此同时，人口结构也在发生变化：农村人口逐年减少，由2000年的80 837万人减少到2006年的73 742万人，年均减少1.46%；城镇人口不断增加，由2000年的45 906万人增加到2006年的57 706万人，增长了25.7%，年均增长4.28%。随着人口数量和结构的变化，居民的蔬菜直接消费需求也在不断变化。2000年以来，农村居民的蔬菜消费总量呈下降趋势，而城镇居民蔬菜消费总量则逐年上升，年均增长率为4.32%。

(2) 出口需求　近年来，我国蔬菜出口在数量和金额上都有所增加。我国蔬菜出口量由2000年的269.90万吨增加到2006年的577.99万吨，增加了114.15%。但是，出口量增长速度表现出递减趋势，尤其是2004年出口增速大幅度下跌，之后2005年和2006年虽有所回升，但较2003年前超过20%的出口增速仍有较大差距。

3. 蔬菜价格的变动

近年来我国蔬菜价格呈现出上涨的态势，全国蔬菜平均价格由2000年的每千克1.50元上涨到2007年的2.37元，涨幅高达58%，上涨幅度明显。从前面的分析可知，我国蔬菜产量呈增长态势，因此蔬菜价格的上涨不是来自供给方面，而城镇居民直接消费需求、蔬菜出口需求有所增加，是导致蔬菜价格上涨的因素之一。

除此之外，近年来蔬菜价格上涨还受到以下诸因素的影响。

(1) 通货膨胀因素　2000—2007年，我国的通货膨胀率分别为0.4%、0.7%、0.8%、

1.2%、3.9%、1.8%、1.5%和4.8%,其中2004年和2007年的通货膨胀率较高。将蔬菜名义价格(即市场价格)和实际价格(即剔除通货膨胀因素后的价格)进行比较后可以看出:2000—2007年,蔬菜名义价格和实际价格都呈上涨趋势;剔除通货膨胀因素后,蔬菜价格的上涨幅度有所下降,这说明通货膨胀是影响蔬菜价格上涨的因素之一。另外,2003年后名义价格与实际价格差明显增大,说明通货膨胀因素主要是在2003年以后开始发挥作用。

(2) 生产成本　蔬菜的生产成本主要包括直接生产成本(包括购买种子、肥料、农膜等生产资料的费用)、人工成本、设备成本和土地成本等。近年来,各种生产资料尤其是肥料价格大幅度上涨,使得直接生产成本增长显著,另外人工成本也有显著增加。2000—2006年蔬菜生产成本变化在价格变化中的比重,除2002年外均为正值,说明生产成本的增加是导致蔬菜价格上涨的影响因素。

(3) 运输成本　运输成本包括过桥过路费、燃油费、包装费、司机收入和车辆折旧等费用,近年来都有所增加。绿色通道政策是我国在确保农产品顺畅流通方面实施的重要举措,可是在具体执行过程中却存在不少问题,如罚款高、"越罚款越超载"的怪圈等,致使过桥过路、罚款等费用越来越高昂。另外,流通中甚至高达30%的蔬菜损耗量也会增加运输成本。调查显示,过桥过路费和燃油费的增长在运输成本上涨中所占的比例较大,自2000年以来,我国汽油和柴油价格持续上涨。可见,运输成本的大幅增加对蔬菜价格的上涨影响较大。

4. 小结

2000年以来,我国蔬菜供给量呈增长态势,这是我国实施"菜篮子工程"的显著成果。同一时期,城镇居民蔬菜消费量、蔬菜出口量逐年增加,而农村居民的蔬菜消费量则逐年下降。通过前面的数据可知,我国蔬菜供给总量与城镇居民和农村居民蔬菜消费量、蔬菜出口量之间存在相当大的差距,这往往会使人们认为我国蔬菜已经供大于求,但是实际情况未必如此。原因在于蔬菜需求量中还应包括餐饮、加工、损耗等用途的需求量,虽然目前还没有这些数据的准确统计,但是我们知道,伴随着近年来我国经济的持续发展和人民生活水平的提高,蔬菜加工业也在不断发展,外出就餐家庭数和家庭外出就餐次数也不断增加,使得蔬菜的加工、餐饮需求量不断增加。另根据笔者的实际调查,蔬菜损耗量非常大,通常占到产量的30%甚至更多。因此,不能简单地判断说我国蔬菜已经处于供大于求的局面,发展蔬菜生产依然是今后一项重要的农业生产任务。发展蔬菜生产不仅能解决好人们的吃菜问题,还有利于农民的增收。

2000—2007年,我国蔬菜平均价格由每千克1.50元上涨到2.37元,上涨幅度显著。其原因可以归结为成本推动、需求拉动和通货膨胀三个方面。要想稳定蔬菜价格,必须完善流通体系建设,降低流通成本。政府也可以考虑在关键点给予适当补贴,降低生产成本。此外,政府有关部门还应加强信息及技术服务,加快建设健全、统一的市场体系。

资源来源:我国蔬菜供给、需求现状及价格变动分析.上海农业网.

http://www.shac.gov.cn/zxzx/scfx/hqfx/200908/t20090831_1251906.html

三、均衡的移动

市场的均衡点是由市场供给曲线和市场需求曲线的交点决定的。因此,市场需求曲线和市场供给曲线的移动会使均衡点发生移动,从而均衡价格与均衡产量发生变动。我们已经学习了需求曲线和供给曲线移动的部分,下面我们就来分析需求曲线移动和供给曲线的移动对市场均衡价格的影响。

(一)需求变动对均衡价格的影响

假定供给不变,需求增加会使需求曲线向右移动,新的需求曲线与供给曲线相交于新的均衡点,此时均衡价格上升,均衡数量增加;若需求曲线向左移动,新的需求曲线与供给曲线相交于新的均衡点,此时均衡价格下降,均衡数量下降。

在图 2-10 中,供给曲线 S 与需求曲线 D_1 相交于均衡点 E_1,均衡价格为 P_1,均衡数量为 Q_1。需求减少使得需求曲线向左平移至 D_2,新的需求曲线与供给曲线 S 相交于新的均衡点 E_2,此时均衡价格下降为 P_2,均衡数量下降为 Q_2。相反,如果需求增加则会使需求曲线向右移动至曲线 D_3,新的需求曲线与供给曲线 S 相交于新的均衡点 E_3,此时均衡价格增加为 P_3,均衡数量增加为 Q_3。

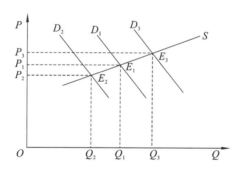

图 2-10 需求变动对均衡价格的影响

(二)供给变动对均衡价格的影响

在分析了需求变动对均衡价格的影响后,我们来分析供给的变动对均衡价格的影响。在需求不变的情况下,供给增加会使供给曲线向右移动,新的供给曲线与需求曲线相交于新的均衡点,此时均衡价格下降,均衡数量增加;若供给曲线向左移动,新的供给曲线与需求曲线相交于新的均衡点,此时均衡价格上升,均衡数量下降。

在图 2-11 中,初始的供给曲线 S_1 与需求曲线 D 相交于均衡点 E_1,均衡价格为 P_1,均衡数量为 Q_1。假设供给减少,从而供给曲线向左平移至 S_2,新的供给曲线与需求曲线 D 相交于新的均衡点 E_2,此时均衡价格上升为 P_2,均衡数量下降为 Q_2。相反,如果供给增加则使供给曲线向右移动至 S_3,新的供给曲线与需求曲线 D 相交于新的均衡点 E_3,此时均衡价格下降为 P_3,均衡数量增加为 Q_3。

将上述需求变动与供给变动对均衡价格和均衡数量的影响结合在一起,就得到了供求定律:在其他条件不变的情况下,需求变动引起均衡价格与均衡数量的同方向变动;供给变动引起均衡价格的反方向变动,引起均衡数量的同方向变动。

需要指出的是,如果需求与供给同时变动,则商品的均衡价格与均衡数量是无法确定的。需要进一步结合具体情况来加以分析。下面以图 2-12 为例来进行分析。

假设消费者的收入水平提高引起商品需求增加,需求曲线由 D_1 向右平移至 D_2;同时,厂商技术水平提高促使厂商的供给曲线也向右平移,供给曲线由 S_1 移动至 S_2。虽然初始的供给曲线 S_1 分别与需求曲线 D_1 和需求曲线 D_2 相交于 E_1 和 E_2 点,验证了需求的增加会增加均衡价格,初始的需求曲线 D_1 分别与供给曲线 S_1 和供给曲线 S_2 相交于 E_1 和 E_3 点,验证了供给的增加会降低均衡价格,但两种因素共同作用下的均衡价格则取决于需求和供给增长的幅度。在图 2-12 上,需求曲线 D_2 和供给曲线 S_2 的交点 E_4 表明,供给的增长幅度大于需求的增长幅度,最终均衡价格下降。

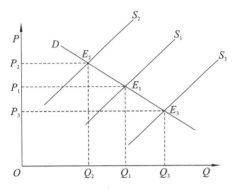

图 2-11 供给变动对均衡价格的影响

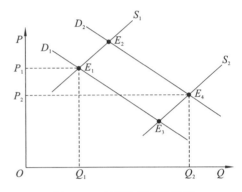

图 2-12 新旧均衡点的比较

第五节 弹性理论

前几节我们主要介绍了需求与供给在决定市场均衡价格时的作用机理。在任何一个竞争性市场中,我们以向右上方倾斜的供给曲线代表生产者行为,以向右下方倾斜的需求曲线代表消费者行为。当一种商品价格调整时,生产者和消费者虽然都会对此做出反应,但反应的程度可能不同。为了表明这种程度的差别,我们引入弹性的概念,以度量反应的大小。

一、弹性的定义

在经济学中,我们使用弹性这一概念来表示因变量对自变量变化的反应程度。具体来说,它是这样一个数字,当某经济变量发生 1% 的变动时,由它所引起的另一个经济变量变动的百分比。弹性的一般公式为:

$$\text{弹性系数} = \frac{\text{因变量的相对变化}}{\text{自变量的相对变化}} \quad (2.1)$$

假设两个经济变量之间的函数关系为 $Y=f(X)$，弹性公式还可写为：

$$e = \frac{\frac{\Delta Y}{Y}}{\frac{\Delta X}{X}} = \frac{\Delta Y}{\Delta X} \cdot \frac{X}{Y} \quad (2.2)$$

其中，e 为弹性系数，ΔX、ΔY 分别为变量 X、Y 的变动量。这一弹性公式被称为弧弹性公式。

当经济变量的变化量趋于无穷小时，我们可以用微分的方式将弹性公式变化为：

$$e = \lim_{\Delta X \to 0} \frac{\frac{\Delta Y}{Y}}{\frac{\Delta X}{X}} = \frac{\frac{dY}{Y}}{\frac{dX}{X}} = \frac{dY}{dX} \cdot \frac{X}{Y} \quad (2.3)$$

这一公式实际上是表示在某一点上因变量对自变量的反应程度，因此，我们称这一公式为点弹性公式。

需要说明的是，根据弹性的定义，弹性是自变量与因变量的变动比值，因此，弹性只是一个比率数值，它与自变量和因变量的度量单位无关。

二、需求弹性

需求方面的弹性主要包括需求的价格弹性、需求的收入弹性和需求的交叉价格弹性。其中，需求的价格弹性常常被简称为需求弹性。

（一）需求的价格弹性

需求的价格弹性是指在一定时期内一种商品的需求量变动对于该商品的价格的变动的反应程度，或者说，在一定时期内，当一种商品的价格变化1%时所引起的该商品需求量变化的百分比，用公式表示为：

$$\text{需求的价格弹性系数} = \frac{\text{需求量的变动率}}{\text{价格的变动率}}$$

需求的价格弹性可以分为点弹性和弧弹性。

1. 需求的价格弧弹性

需求的价格弧弹性表示某商品的需求曲线上两点之间需求量的变动对于价格变动的反应程度。它表示需求曲线上两点之间弹性。我们假定需求函数为 $Q=f(P)$，用 ΔQ 和 ΔP 分别表示需求量的变动量和价格的变动量，以 e_d 表示需求价格弹性，则需求价格弧弹性公式为：

$$e_d = -\frac{\frac{\Delta Q}{Q}}{\frac{\Delta P}{P}} = -\frac{\Delta Q}{\Delta P} \cdot \frac{P}{Q} \quad (2.4)$$

由于商品的需求量和价格是反方向变动的，为了便于比较，我们在上式中加了一个负号，从而使需求的价格弹性系数 e_d 为正值。

对于需求的价格弧弹性的计算,需要注意的问题是,选择的需求曲线上任意两点的起点、终点不同,计算出来的弧弹性的结果就是不同的。如图 2-13 中的需求曲线 $Q_d = 1\,800 - 300P$,曲线上有两个点 a,b,对应的两个价格分别为 5 和 4,相应的需求量分别为 300 和 600。当商品价格由 a 点下降到 b 点时,根据公式(2.4),可计算其需求的价格弧弹性为:

$$e_d = -\frac{\Delta Q}{\Delta P} \cdot \frac{P}{Q} = -\frac{600-300}{4-5} \times \frac{5}{300} = 5$$

当商品价格由 b 点上升到 a 点时,根据公式(2.4),可计算其需求的价格弧弹性为:

$$e_d = -\frac{\Delta Q}{\Delta P} \cdot \frac{P}{Q} = -\frac{300-600}{5-4} \times \frac{4}{600} = 2$$

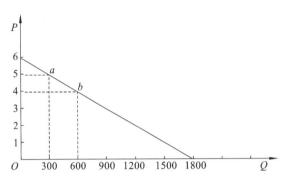

图 2-13 需求价格弧弹性

显然,由 a 点下降到 b 点和由 b 点上升到 a 点其需求价格弧弹性系数是不同的。其原因在于:虽然在上面两个计算中,ΔQ 和 ΔP 绝对值相等,但由于 P 和 Q 所取的基数值是不相同的,两个计算结果也不相同。也就是说,在同一条需求曲线上,涨价和降价的需求的价格弧弹性值是不同的。

有时,如果我们仅为了一般地计算某一段需求曲线上的需求的价格弧弹性,而不强调这种需求的价格弧弹性是涨价的结果还是降价的结果,我们会选择两点价格的平均值和两点需求量的平均值来代替式(2.4)中的 P 值和 Q 值,从而避免上述产生的不同需求的价格弧弹性的计算结果,故上述需求的价格弧弹性还可以写为:

$$e_d = -\frac{\Delta Q}{\Delta P} \cdot \frac{\frac{P_1+P_2}{2}}{\frac{Q_1+Q_2}{2}} \tag{2.5}$$

式(2.5)也被称为需求弧弹性的中点公式。

根据式(2.5),上例中 a、b 两点间的需求的价格弧弹性为:

$$e_d = \frac{300}{1} \times \frac{\frac{5+4}{2}}{\frac{300+600}{2}} = 3$$

需求的价格弧弹性有五种类型。当需求弹性大于 1 时,需求量变动的比例大于价格变动的比例时,需求是富有弹性的。当需求弹性小于 1 时,需求量变动的比例小于价格变动的比例时，需求是缺乏弹性的。当需求弹性等于1时，需求量变动的比例等于价格变动的比例时，需求是单位弹性。需求的价格弹性反应的是需求量对于价格的反应程度，因此，需求曲线的斜率大小与需求曲线的价格弹性密切相关。需求曲线越平坦，需求的价格弹性就越大；相反，需求曲线越陡峭，需求的价格弹性就越小。极端的情况，当需求曲线为垂线时，需求完全无弹性，即 $e_d=0$；当需求曲线水平时，需求具有完全弹性，即 $e_d=\infty$。

用图形来表示需求价格弹性的各种类型，如图2-14。图(a)表示完全无弹性，图(b)表示富有弹性，图(c)表示单位弹性，图(d)表示缺乏弹性，图(e)表示完全有弹性。

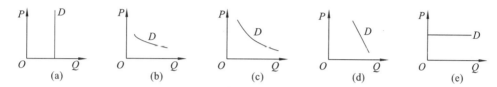

图 2-14 需求的价格弧弹性的五种类型

虽然我们是以弧弹性为例分析需求弹性的五种类型，事实上，对于需求的点弹性，这五种基本类型也同样存在。

2. 需求的价格点弹性

当需求曲线上的两点之间的变化量趋于零时，需求弹性可以用需求的点弹性来表示。需求价格的点弹性是用在需求曲线上的某一点对应的需求量的无穷小变动率对于价格的无穷小变动率来表示的。假设需求函数为 $Q=f(P)$，需求的点弹性公式为：

$$e_d=-\frac{\dfrac{dQ}{Q}}{\dfrac{dP}{P}}=-\frac{dQ}{dP}\cdot\frac{P}{Q} \tag{2.6}$$

我们仍以需求函数为 $Q_d=1\,800-300P$ 为例来说明这一需求价格的点弹性的计算。根据式(2.6)，可计算 a 点的需求价格点弹性为：

$$e_d=-\frac{dQ}{dP}\cdot\frac{P}{Q}=-(-300)\times\frac{5}{300}=5$$

b 点的需求价格点弹性为：

$$e_d=-\frac{dQ}{dP}\cdot\frac{P}{Q}=-(-300)\times\frac{4}{150}=2$$

另外，我们还可以通过几何方法得到需求价格点弹性，如图2-15所示。图中有一条线性的需求曲线，它与纵坐标和横坐标分别交于 A、B 两点，令 M 点为该需求曲线的任意一点。从几何意义上看，根据点弹性的定义，M 的需求价格点弹性可以表示为：

$$e_d=-\frac{dQ}{dP}\cdot\frac{P}{Q}=\frac{EB}{ME}\cdot\frac{ME}{OE}=\frac{EB}{OE}=\frac{MB}{AM}=\frac{FO}{AF} \tag{2.7}$$

因此，可以通过上述推导得到这样一个结论：在线性需求曲线上任意一点的点弹性，从几何意义上看，都可以表示为需求曲线上被该点分成两段的线段长度的比值，或者可以通过由该点向价格轴或数量轴引垂线的方法来计算。那么显然的是，该线性需求曲线

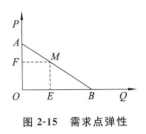

图 2-15 需求点弹性

的中点的点弹性等于1,为单位弹性。而在中点以下的部分,任何一点的点弹性都小于1,为缺乏弹性;在中点以上部分,任何一点的点弹性都大于1,为富有弹性。线性需求曲线与价格的交点,其点弹性为无穷大,具有完全弹性;与数量轴的交点,其点弹性为零,完全无弹性。我们可以通过图 2-16 来说明这五种线性需求函数的点弹性的类型。

在图 2-16(a)中,在线性需求曲线的中点 M 处,$e_d = 1$;在曲线中点以下部分的任意点,如 F 点,$e_d < 1$;在曲线中点以上部分的任意一点如 E 点,$e_d > 1$;而 A 点处,$e_d = \infty$;B 点处,$e_d = 0$。也就是说,价格与数量的组合点在由 B 点沿需求曲线向 A 点运动的过程中,需求的点弹性值由零逐渐上升至无穷大,即在线性需求曲线上,每一点的点弹性都是不相等的。这一结论对于除了即将说明的两种特殊形状的需求曲线(见图 2-16(b)和图 2-16(c))外的其他所有线性需求曲线都是适用的。

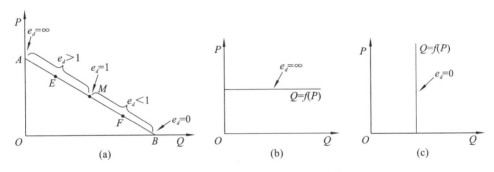

图 2-16 线性需求曲线点弹性的五种类型

图 2-16(b)中的需求曲线为水平线,在这条需求曲线上的任意一点其点弹性均为无穷大,即 $e_d = \infty$。而在图 2-16(c)中,需求曲线为垂直直线,在这条需求曲线上的任意一点其点弹性均为零,即 $e_d = 0$。

下面,我们来说明非线性需求曲线上任意点的点弹性。假设有一条非线性需求曲线,如图 2-17 所示,在这条非线性需求曲线上的任意一点,如 M 点,通过 M 点作需求曲线的切线,分别交价格轴和需求量轴于 A 点和 B 点。于是,我们可以将 M 点需求点弹性同样用式(2.7)来表示。

在非线性需求曲线中有一种特殊的需求曲线叫做直角双曲线。如图 2-17。在需求直角双曲线上的任意点其点弹性总是1。这是因为对于任何直角双曲线其需求函数形式为 $Q = \dfrac{K}{P}$ 来说,不管价格的变化率是多少,需求数量总会以相同的比率反方向变化,从而使得在需求直角双曲线上的每个点,其点弹性系数均为1。

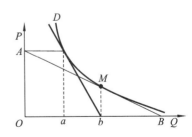

图 2-17 需求直角双曲线的点弹性

3. 影响需求价格弹性的因素

影响需求价格弹性的因素有很多，主要有以下几种。

第一，商品的替代性。一般而言，如果一种商品的可替代产品越多，该商品的需求价格弹性就越大。相反，则该商品的需求价格弹性越小。

这是因为，当一种商品的可替代产品越多时，如果该商品价格上涨，就会导致消费者增加其替代产品的消费，减少购买该商品，从而也就说明这种商品的需求价格弹性越大。相反，如果一种商品其替代品很少，即使该商品价格上涨，其需求量也不会减少很多，因为没有其他同类商品可以替代。

第二，商品对消费者生活的重要性。如果一种商品是居民生活的必需品，其需求弹性较小，比如一些生活必需品（大米、白面、食盐等）。相反，一些非生活必需品的价格弹性就比较大，如电影票等。

第三，商品的消费在消费者预算支出中所占的比重。当一种商品在消费者预算支出中所占的比重越大，该商品的需求价格弹性就越大；反之，则越小。

第四，时间因素。一般而言，如果一种商品的购买需要花费较长的时间进行考察，其需求的价格弹性就可能越大，因为在长期内消费者更容易找到替代品。相反，如果一种商品的购买只需花费较短时间进行考察，则该商品的需求价格弹性就可能越小。

对于一种商品的需求弹性来说，上述各种因素都会产生影响，最终的需求弹性大小是各种因素共同作用的结果。因此，在分析一种商品的需求价格弹性时，需要根据具体情况全面进行考察。

【案例2-2】 奢侈品需求的惊人弹性

1990年，作为力图削减财政赤字的一揽子计划的一部分，美国国会同意对价格昂贵的奢侈品征收10%的奢侈品税。这样的奢侈品包罗万象，几个明显的例子如豪华游艇、私人飞机、高级轿车、珠宝首饰和皮革制品等。不过，这样温和的税收能否取得预期的效果，为政府带来额外的收入，则完全取决于奢侈品的需求弹性。如果奢侈品需求的价格弹性很高，那么奢侈品税只能导致奢侈品价格的轻微上升，并同时带来奢侈品需求的大幅度下降。这就是说，购买奢侈品的人将会大幅度减少，政府实际上没有多少征税的机会，国库收入也就不会明显增加。

事实证明，奢侈品的需求确实具有很大的弹性。到了次年，也就是1991年初，有钱人为了逃避税收转而前往邻国巴拿马等地购买游艇，导致美国东海岸度假胜地南佛罗里达地区的游艇销量迅速下降90%，这一结果令人吃惊。与此同时，包括德国奔驰和日本凌志在内的高级轿车的销量也出现急剧下降的趋势。加上1991年开始出现的经济衰退，有钱人的投资收入下降，这对于奢侈品的销售无异于雪上加霜，需求曲线向左移动，总体销量继续下降。

奢侈品需求的高弹性有些出人意料，而且为美国经济带来了两个负面影响：一是与政府的愿望背道而驰，原本预期由有钱人承担的税负最后落在有关产品的生产者和销售者身上,而这些人多半并不会富有到可以支付奢侈品税的地步;二是这一新税项带来的收入远远小于预期的数额。美国国会预算办公室曾经估计这一税项可以在未来 5 年内为国库带来大约 15 亿美元的进账,平均每年应该是 3 亿美元。然而,就在第一年,即 1991 年,有钱人总共才为购置奢侈品上缴了 3 000 万美元的税金,只有预期平均值的 1/10。如果将在全国范围内设立和实施这一税项所消耗的费用计算在内,这 3 000 万美元有可能还不敷支出,美国政府实际上倒赔了钱。经过这么一番简单的考虑,当我们知道美国政府在两年后的 1993 年便宣布撤销了这一税项,使其成为最短命的税项之一时,就不应感到惊奇了。

摘自:斯蒂格利茨.《经济学》小品和案例[M].王则柯,等译.北京:中国人民大学出版社,1998:18-20.

【分析】在本例中,奢侈品的需求弹性确实高得超出常人的想象。由于奢侈品具有超高的需求弹性,征税带来的奢侈品价格上升会使奢侈品的需求大幅度下降,这样税基自然跟着缩小,政府可征收的税收也就寥寥无几了。不仅如此,政府设置此税项的目的原本是想向富有的消费者征收,但实施起来,最后却落在相关产品的生产者和销售者身上,而他们往往并没有能力支付奢侈品税,这一结果与政府的初衷可谓南辕北辙。这个案例说明,如果决策者们具有需求弹性的概念,在决定征税前估计一下税收将会导致的价格上升幅度,及价格上升后消费者需求变化的程度,那么他们也许就不会犯这样的错误了。当然,估算需求弹性所需要的资料可能比较难找,这就导致了我们在许多情况下只有在事后才能知道一些商品的需求弹性。

4. 商品的需求价格弹性与企业的销售收入

在实际生活中,我们常常看到企业降价销售产品,也许你认为这是一种薄利多销的做法,而企业对这种行为乐此不疲。那么,是不是每次降价销售都能给企业增加销售收入呢? 在这里,弹性分析将提供这一问题的谜底。

我们已经知道,需求的价格弹性表示商品需求量的变化率对价格变化率的反应程度,而生产者的销售收入等于商品的价格乘以商品的需求量。在此,我们假定商品的销售量即为商品的需求量。那么,厂商的销售收入就可以表示为 $P \cdot Q$,其中 P 表示商品价格,Q 表示商品的需求量。如果商品的价格 P 发生变化,这种商品的需求量 Q 也会相应地变化,从而销售收入 $P \cdot Q$ 就会受到影响。由于 P 与 Q 是反向变化的,商品的需求弹性大小将直接影响生产者销售收入的大小。下面,我们分情况讨论。

第一种情况,假设 $e_d > 1$。对于一种富有弹性的商品,降低价格会引起需求量的增加率大于价格的下降率。也就是说,价格下降所造成的销售收入的减少量小于需求量增加所带来的销售收入的增加量。从而,降价最终带来的是销售收入 $P \cdot Q$ 的增加。相反,当生产者提价时,销售收入是减少的。也就是说,商品的价格变化与企业的销售收入呈反方向变化。这与我们现实生活中的感觉是一样的,即薄利多销最终为企业带来的是销售收入的增加。

第二种情况,假设 $e_d < 1$。这意味着需求缺乏弹性,故降低价格会引起需求量的增加率小于价格的下降率。也就是说,价格下降所带来的销售收入的减少量大于需求量增加所带来的销售收入的增加量。从而,降价最终带来的是销售收入 $P \cdot Q$ 的减少。相反,当厂商提价时,销售收入才是增加的。也就是说,商品的价格变化与企业的销售收入呈同方向变化。这一结论与我们平常的感觉是相左的,即薄利多销的行为最终为厂商带来的是销售收入的减少。换句话说,厂商的降价促销也可能会导致厂商销售收入的损失。

第三种情况,假设 $e_d = 1$。对于单位弹性的商品而言,降低价格或者提高价格对于厂商的销售收入无影响。这是因为,价格下降(上升)所引起的商品销售收入的减少量(增加量)等于需求量增加(减少)所带来的销售收入的增加量(减少量)。因此,无论是厂商涨价还是降价,其销售收入 $P \cdot Q$ 是固定不变的。这一结论,也与我们认为的薄利多销的行为最终为企业带来的是销售收入的提高是不同的。

如果把 $e_d = \infty$ 和 $e_d = 0$ 的情况也考虑在内,我们可以将商品的需求价格弹性与厂商的销售收入之间的关系用表 2-5 来加以说明。

表 2-5 需求价格弹性与企业的销售收入

销售收入 价格 \ 需求弹性	$e_d = 0$	$e_d < 1$	$e_d = 1$	$e_d > 1$	$e_d = \infty$
降价	同比例于价格的下降而减少	减少	不变	增加	既定价格水平,厂商销售收入可无限增加,故不会降价
涨价	同比例于价格的上升而增加	增加	不变	减少	销售收入减少为零

这样看来,对企业而言,只有需求弹性大于1,即需求富有弹性时,薄利多销才是可行的销售策略。

(二)需求的收入弹性

在分析了需求价格弹性后,我们来分析需求的收入弹性。需求的收入弹性是用来衡量消费者对某种商品需求的变动对于消费者收入的变动的反应程度。用公式表示为:

$$需求的收入弹性 = \frac{某商品需求量的变化率}{消费者收入变化率}$$

设消费者的需求函数为 $Q_d = f(m)$,其中 m 表示消费者的收入,Q_d 表示消费者的需求量,则我们可以将需求的收入弹性用公式表示为:

$$e_m = \frac{\frac{\Delta Q}{Q}}{\frac{\Delta m}{m}} = \frac{\Delta Q}{\Delta m} \cdot \frac{m}{Q} \tag{2.8}$$

或者

$$e_m = \lim_{\Delta m \to 0} \frac{\Delta Q}{\Delta m} \cdot \frac{m}{Q} = \frac{dQ}{dm} \cdot \frac{m}{Q} \qquad (2.9)$$

需要说明的是,我们可以根据需求的收入弹性符号将商品分为两类:一类是正常商品,另一类是劣等商品。正常商品的需求量是随着消费者收入水平的增加而增加的,而劣等商品的需求量是随着消费者收入水平的提高而减少的,即正常商品的需求收入弹性为正,劣等商品的需求收入弹性为负。并且,我们把正常商品中需求收入弹性大于1的商品称为奢侈品;把正常商品中需求收入弹性小于1的商品称为必需品。

西方经济学中的恩格尔定律指出:在一个家庭或在一个国家中,食物支出在收入中所占的比例随着收入的增加而减少。用弹性的概念表述为:对于一个家庭或国家来说,富裕程度越高,则食物支出的收入弹性就越小,反之,则越大。

(三) 需求的交叉价格弹性

一种商品对于自身价格的弹性称为需求的价格弹性,相应的是,商品对于其相关商品价格的弹性称为需求的交叉价格弹性。交叉价格弹性表示,在其他因素都不发生变化时,一种商品的需求量变化对于它的相关商品价格变动的反应程度。

我们假设商品 X 的的需求量 Q_X 是它的相关商品 Y 的价格 P_Y 的函数,即 $Q_X = f(P_Y)$,则商品 X 的需求交叉弹性弧弹性系数为:

$$e_{XY} = \frac{\dfrac{\Delta Q_X}{Q_X}}{\dfrac{\Delta P_Y}{P_Y}} = \frac{\Delta Q_X}{\Delta P_Y} \cdot \frac{P_Y}{Q_X} \qquad (2.10)$$

其中,ΔQ_X 为商品 X 的需求量变化量;ΔP_Y 为相关商品 Y 的价格变化量;e_{XY} 为当 Y 商品的价格发生变化时的 X 商品的需求的交叉价格弧弹性系数。

我们还可以用 X 商品需求量的无穷小的变化量 ΔQ_X 对相关商品价格的变化量 ΔP_Y 无穷小变化量的反应程度来表示商品 X 的需求交叉价格点弹性系数:

$$e_{XY} = \lim_{\Delta P_Y \to 0} \frac{\dfrac{\Delta Q_X}{Q_X}}{\dfrac{\Delta P_Y}{P_Y}} = \frac{\dfrac{dQ_X}{Q_X}}{\dfrac{dP_Y}{P_Y}} = \frac{dQ_X}{dP_Y} \cdot \frac{P_Y}{Q_X} \qquad (2.11)$$

需求的交叉价格弹性系数可能取正值,也可能取负值,其符号的正负取决于所考察的两种商品的相互关系。

如果两种商品之间可以相互替代以满足消费者的某种欲望,则称这两种商品之间存在替代关系,两种商品互为替代品,如百事可乐和可口可乐。互为替代品的两种商品之间的需求交叉价格弹性系数为正值。这是因为,当一种商品的价格上升时,人们自然会减少对该商品的购买转而购买其替代品,从而增加了对于替代品的需求量。

如果两种商品必须同时使用才能满足消费者的某种欲望,则称这两种商品之间存在互补关系,称为互补品,如磁带与录音机,汽车与汽油等。互补品的需求交叉价格弹性系数为负值。因为,当一种商品的价格上升时,消费者会减少对该商品的购买,由于互补品必须同时使用才能满足消费者的某种欲望,因此消费者也会减少对其互补品商品的购买,从而降低了该商品的互补品的需求量。

若两种商品之间不存在任何相关关系,那么就称这两种商品为无关品。其中任何一种商品的需求量都不会对另一种商品的价格变动做出反应。也就是说,无关品之间的需求交叉价格弹性系数为零。

可以将两种商品间的需求交叉价格弹性总结在一张表中,如表 2-6 所示。

表 2-6 需求交叉价格弹性的分类

两种商品相互关系	互为替代品	互为互补品	无关品
需求的交叉价格弹性	$e_{XY} > 0$	$e_{XY} < 0$	$e_{XY} = 0$

三、供给弹性

供给弹性是与需求弹性对称的概念,它包括:供给的价格弹性、供给的交叉价格弹性和供给的成本弹性及供给的预期价格弹性等。我们这里主要介绍供给的价格弹性和供给的交叉价格弹性。

(一) 供给的价格弹性

与需求的价格弹性相对称,供给的价格弹性是指在一定时期内一种商品的供给量变动对于该商品的价格变动的反应程度。或者说,在一定时期内当一种商品的价格变化 1% 时所引起的该商品供给量变化的百分比,用公式表示为:

$$供给的价格弹性系数 = \frac{供给量的变动率}{价格的变动率}$$

供给的价格弹性也可以分为点弹性和弧弹性。

1. 供给的价格弧弹性与点弹性

供给的价格弧弹性表示某商品的供给曲线上两点之间供给量的变动对于价格变动的反应程度。它表示供给曲线上两点之间弹性。我们假定供给函数为 $Q = f(P)$,用 ΔQ 和 ΔP 分别表示供给量的变动量和价格的变动量,以 e_s 表示供给价格弹性,则供给价格弧弹性公式为:

$$e_s = \frac{\frac{\Delta Q}{Q}}{\frac{\Delta P}{P}} = \frac{\Delta Q}{\Delta P} \cdot \frac{P}{Q} \tag{2.12}$$

供给价格点弹性公式为:

$$e_s = \frac{\frac{dQ}{Q}}{\frac{dP}{P}} = \frac{dQ}{dP} \cdot \frac{P}{Q} \tag{2.13}$$

由于在一般情况下,商品的供给量和商品的价格总是同向变动的,供给量的变化量与价格的变化量符号是相同的,所以,在上述两个公式中,计算结果 e_s 为正值。

与需求价格弹性一样,供给的价格弹性也可以分为五个类型。$e_s = 0$ 表示完全无弹性;$e_s < 1$ 表示缺乏弹性;$e_s = 1$ 表示单位弹性;$e_s > 1$ 表示富有弹性;$e_s = \infty$ 表示完全弹性。在图 2-18 中,我们可以看到供给弹性的五种不同类型。

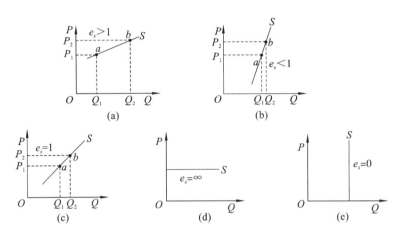

图 2-18 线性供给曲线的五种弹性

在计算供给的价格弹性时,其具体过程与需求的价格弹性是类似的。给定具体的供给函数时,我们可以根据式(2.12)计算供给的价格弧弹性,或者用中点公式计算,用公式表示为:

$$e_s = \frac{\Delta Q}{\Delta P} \cdot \frac{\frac{P_1 + P_2}{2}}{\frac{Q_1 + Q_2}{2}} \tag{2.14}$$

供给的价格点弹性公式可根据式(2.13)计算得到。

我们同样也可以利用几何方法得到供给的价格点弹性。在此,我们假设某线性供给函数为 $Q = -500 + 100P$,对应图 2-19 中的供给曲线。

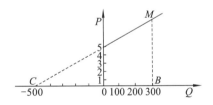

图 2-19 供给的价格点弹性

根据式(2.12)可得,供给曲线上 M 点的点弹性为:

$$e_s = \frac{\mathrm{d}Q}{\mathrm{d}P} \cdot \frac{P}{Q} = \frac{CB}{MB} \cdot \frac{MB}{OB} = \frac{CB}{OB} = \frac{800}{300} \approx 2.67$$

因此,我们可以得到这样的规律性结论:若线性供给曲线的延长线与数量轴相交于坐标原点的左边,则该供给曲线上的所有的点弹性都大于1;若相交于坐标原点的右边,则该供给曲线上的所有的点弹性均是小于1。若线性供给曲线的延长线与数量轴相交的交点恰好为坐标原点时,则该供给曲线上所有的点弹性都等于1。

对于图 2-18(d)中供给曲线为水平线,供给具有完全弹性 $e_s = \infty$。在图(e)中,供给曲线为垂直线,供给曲线完全无弹性 $e_s = 0$。

对于非线性供给曲线上任意点的弹性,可利用式(2.12)来求得。假设有一非线性供给曲线 S 如图 2-20 所示。为求 M 点的供给弹性,我们通过 M 点作 S 曲线的切线,交横轴于 A 点。于是,我们可以利用供给点弹性的几何意义求得:

$$e_s = \frac{\mathrm{d}Q}{\mathrm{d}P} \cdot \frac{P}{Q} = \frac{AB}{MB} \cdot \frac{MB}{OB} = \frac{AB}{OB}$$

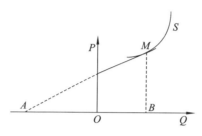

图 2-20 供给点弹性

2. 影响供给弹性的因素

影响供给弹性大小的因素主要包含以下几个方面。

第一,生产者进入或退出一个行业的难易程度。如果生产者进入或者退出某一个行业较为容易,则该商品的供给弹性就较大;反之,如果生产者进入或退出某一行业较困难,则该商品的供给弹性就较小。

第二,时间因素。在影响供给的价格弹性中,时间是一个较为重要的因素。当商品的价格变化时,生产者对产量的调整需要一定的时间完成。如果在很短的时间内,生产者根据商品的涨价或降价调整产量较为困难,则在短期该商品的供给弹性较小。但是,在长期内,生产者一般都可以通过调整生产规模和要素投入来对价格的变动做出反应,也就是说长期内供给的价格弹性较大。

第三,生产成本的变化情况。当产量的增加只引起产品成本的轻微提高时,供给的价格弹性较大;相反,当产量的增加会引起产品成本的较大提高时,供给的价格弹性较小。

第四,生产周期的长短。在一定时期内,对于一个生产周期较短的商品来说,生产者可以根据市场价格的变化及时调整供给量,因此,供给价格弹性较大;相反,对于一个生产周期较长的商品来说,商品的供给价格弹性较小。

(二) 供给的交叉价格弹性

与需求的交叉价格弹性相对应,供给的交叉价格弹性是指,在其他因素都不发生变化时,一种商品的供给量变化对于它的相关商品价格变动的反应程度。

假设商品 X 的供给量 Q_X 是与它相关的商品 Y 的价格 P_Y 的函数,即 $Q_X = f(P_Y)$,则商品 X 的供给交叉价格弧弹性系数为:

$$e_{XY} = \frac{\frac{\Delta Q_X}{Q_X}}{\frac{\Delta P_Y}{P_Y}} = \frac{\Delta Q_X}{\Delta P_Y} \cdot \frac{P_Y}{Q_X} \tag{2.15}$$

其中,ΔQ_X 为商品 X 的供给量的变化量;ΔP_Y 为相关商品 Y 的价格变化量;e_{XY} 为当 Y 商品的价格发生变化时 X 商品的供给的交叉价格弧弹性系数。

我们还可以用 X 商品供给量的无穷小的变化量 ΔQ_X 对相关商品价格的变化量 ΔP_Y 无穷小变化量的反应程度来表示商品 X 的供给交叉价格点弹性系数：

$$e_{XY} = \lim_{\Delta P_Y \to 0} \frac{\frac{\Delta Q_X}{Q_X}}{\frac{\Delta P_Y}{P_Y}} = \frac{\frac{\mathrm{d}Q_X}{Q_X}}{\frac{\mathrm{d}P_Y}{P_Y}} = \frac{\mathrm{d}Q_X}{\mathrm{d}P_Y} \cdot \frac{P_Y}{Q_X} \tag{2.16}$$

供给的交叉价格弹性系数可能取正值，也可能取负值，其符号的正负取决于所考察的两种商品的相互关系。互为替代品的两种商品之间的供给交叉价格弹性系数为负值。这是因为，当一种商品的价格上升时，生产者会增加对该商品的供给量而减少对其替代品的供给，从而减少了对于替代品的需求量。互补品的供给交叉价格弹性系数为正值。这是因为，当一种商品的价格上升时，生产者会增加对该商品的供给，由于互补品必须同时使用才能满足消费者的某种欲望，因此生产者也会增加对其互补品的供给，从而增加了该商品的互补品的供给量。

若两种商品之间不存在任何相关关系，那么就称这两种商品为无关品。其中任何一种商品的供给量都不会对另一种商品的价格变动做出反应，也就是说，无关品之间的供给交叉价格弹性系数为零。

我们将两种商品间的供给交叉弹性总结在一张表中，如表 2-7 所示。

表 2-7 供给的交叉价格弹性分类

两种商品相互关系	互为替代品	互为互补品	无关品
供给的交叉价格弹性系数	$e_{XY} < 0$	$e_{XY} > 0$	$e_{XY} = 0$

第六节 价 格 管 制

在一个自由市场里，价格在需求和供给两种力量的作用下上下波动，随时调节着市场的均衡。在均衡状态，商品的生产者和消费者的欲望都将得到满足。然而，这种自由波动状态并不是随时随地地存在。由于种种原因，在现实生活中，价格常常不是自由波动的，而是被政府所管制。这可能是由于各种原因，比如政府希望价格稳定，以防止价格大起大落，损害生产者或者消费者的利益；也可能政府认为现有的价格对消费者或生产者不利，因而需要帮助某一方。但无论哪种情况，一旦政府对价格进行管制，市场就会处于非均衡状态，或者进入一种特殊的情形。

政府出于某种目的而对价格进行干预，一般分为两种：最高限价和最低限价，如图 2-21 和图 2-22 所示。

一、最高限价

最高限价是政府为某种商品所制定的最高价格,此时能达到的最高价格也低于市场的均衡价格。图2-21表示政府对某种商品实行最高限价的情况,当市场处于均衡状态时,其均衡价格为P_e,均衡数量为Q_e。在政府实行最高限价后,该商品的最高价格为P_h。由于最高限价低于均衡价格,市场的需求量大于市场的供给量,由此出现短缺或超额需求。

政府实行最高限价往往是想控制某些产品价格的上涨。这可能是因为这些商品的价格上涨使低收入阶层无法承受,也可能单纯是为了实现某些社会政治目的。例如,一些垄断性较强的行业的价格,尤其是生活必需品,如果不加以管制的话,价格可能失控,由此造成社会问题。在政府的最高限价的情况下,市场出现超额需求或短缺,由此需要政府运用票证来分配有限的供给,消费者可能会排队购买,生产者可能会降低产品质量,甚至出现黑市。

二、最低限价

最低限价也叫支持价格,它是政府为了帮助生产者而制定的最低价格,因此最低价格总是高于市场的均衡价格。由于最低限价高于均衡价格,在最低限价的价格水平上,市场的需求量小于市场的供给量,市场出现了超额供给。图2-22说明了最低限价的情况。

为了维持最低限价,必须处理超额供给问题,因此政府往往收购多余的产品或者限制这一行业的产量。

政府实行最低限价的最初目的是扶持某些行业的发展,维护生产者的利益。农产品价格支持就是西方一些国家普遍采取的政策,它主要是通过政府购买市场上过剩农产品来实现农产品的最低限价,以维持农民的收益,并稳定农业生产。

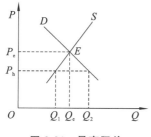

图2-21　最高限价

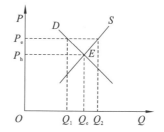

图2-22　最低限价

在农业的生产活动中,往往存在这样一种现象:在农作物获得丰收的年份,农民的收入反而减少了。这种现象被称为"谷贱伤农"。这种现象之所以发生,原因在于农产品的需求弹性。

前面讨论需求价格弹性和销售收入的关系时曾得到这样一个结论:对于缺乏弹性的商品来说,商品的价格变化与生产者的销售收入呈正向变动。运用到农产品市场上,造成"谷贱伤农"现象的根本原因就在于:农产品的需求是缺乏弹性的。在丰收的年份,农产品供给量的增加导致市场上农产品价格下降。由于农产品价格下降所带来收入的减少大于由于农产品销售量增加所带来的收入的增加,因此,农民的收入反而下降了。

这里,我们用更为直观的几何图形加以描述,如图2-23所示。在丰收年份,农产品的供给曲线由 S_1 移动至 S_2,农产品的均衡价格由 P_1 下降至 P_2,农产品的均衡数量由 Q_1 上升至 Q_2,总收入的减少量为图中矩形 $OP_1E_1Q_1$ 和 $OP_2E_2Q_2$ 的面积之差。相反,在歉收的年份,农产品均衡数量减少的程度将小于它均衡价格的上升幅度,致使农民总收入增加,相当于供给曲线由 S_2 移动至 S_1 位置。

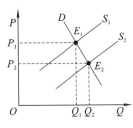

图 2-23 谷贱伤农图解

因此,为了维持农民的收入水平,一些发展中国家建立了"缓冲储存",一些农业生产条件好的发达国家则采用"休耕计划"。前者在丰收的年份收购农产品,在歉收的年份出售农产品,以减少产品价格的波动;后者则直接减少农产品种植面积,以维持农产品价格。

复习思考题

1. 什么是需求?什么是供给?为什么说培养经济学家就是"教鹦鹉说供求"?

2. 已知某一时期内某商品需求函数为 $Q_d=25-5P$,供给函数为 $Q_s=-15+5P$。

(1) 求均衡价格 P 和均衡产量 Q,并画出几何图形。

(2) 假定供给函数不变,由于消费者收入水平提高,使需求函数变为 $Q_d=35-5P$,求相应的均衡价格 P 和均衡数量 Q,并画出几何图形。

(3) 假定需求函数不变,由于技术水平提高,使供给函数变为 $Q_s=-5+5P$,求相应的均衡价格 P 和均衡产量 Q,并画出几何图形。

3. 试分析和比较影响需求和需求弹性的因素。

4. 弹性和总收益的关系如何?定价时如何运用弹性的概念?

5. 价格的作用有哪些?这是否意味着只有实现自由市场价格才能最好地调节商品的供求?

6. 假定某一产品的市场供给和需求函数分别为:$P=2Q$ 和 $P=60-Q$。

(1) 求该产品的均衡价格和产量。

(2) 当价格为 20 元时,有多少数量的产品可成交?当价格升到 30 元时,又有多少数量的产品可成交?

7. 假设某商品的需求函数为 $Q_d=50-10P$,其在一定价格范围内的需求表如下:

价格/元	1	2	3	4	5
需求数量	40	30	20	10	0

(1) 求价格为 2 和 4 时的需求价格弧弹性。

(2) 求 $P=3$ 时的需求价格点弹性。

(3) 根据该需求函数作出几何图形,利用几何方法求出 $P=3$ 时的需求价格点弹性。试与结果(2)比较之。

本章关键术语

完全竞争(perfect competition)　需求(demand)　供给(supply)　均衡价格(equilibrium price)　需求定律(law of demand)　需求弹性(elasticity of demand)　供给弹性(elasticity of supply)　价格管制(price regulation)

第三章 消费者的行为

本章概述 消费者作为一个重要的市场主体,其主要目标是购买产品进行消费,以获得效用,因而可以在效用最大化的假设下分析消费者的行为。基数效用论和序数效用论分别用不同方式研究了消费者的行为,给出了最大效用的均衡条件,并进一步应用到不确定的状态与跨时期的选择。通过本章的学习,了解消费者行为的基本原理,掌握消费者在不同条件下实现效用最大化的理论与数学求解方法。

第一节 消费者偏好与效用

中国人为何爱买奢侈品

本章也可以称为"市场需求曲线的背后",主要是研究消费者行为的原则,以解释市场需求的形成依据。我们首先介绍消费者的行为假设,然后推导消费者效用最大化的条件,最后应用它们来分析更为具体的问题。

在西方经济学中,一般假设家庭既是产品的消费者,也是要素的供给者。作为商品的需求者,家庭购买产品进行消费,以获得效用;作为生产要素的供给者,家庭出售要素以获得进行消费所需要的收入。本章假定家庭的收入是既定的,在此前提下假定家庭是追求效用最大化的经济单位。那么,消费者如何实现效用最大化呢?这要看消费者的偏好是什么。

一、消费者偏好的定义

所谓偏好,就是爱好和喜欢的意思。消费者喜欢或厌恶什么,喜欢或厌恶的程度如何,是由价值观与某些生理特质来决定的。消费者偏好是消费者根据自己的意愿对可能消费的商品组合进行排序。一个商品组合可以是多种商品,也可以是一种商品。假设有两个商品组合 A 和 B,如果消费者认为 A 组合给消费者带来的满足程度大于 B 组合,我们就说消费者偏好 A 组合。

推广到一般状态,对于任意两组商品 X、Y,消费者的偏好可以分为以下几种情况:严格偏好(也称强偏好)、弱偏好和无差异。所谓严格偏好,就是消费者喜欢 X 组合超过 Y 组合,如果让他在 X 和 Y 之间选择,他会选择 X;弱偏好就是对消费者来说,X 组合至少与 Y 组合一样好,他会先考虑 X,但 Y 也可以考虑;无差异就是消费者认为 X 组合和 Y 组合一样好,因而可以任意选择。

二、关于偏好的假设

对于消费者偏好,一般作如下假定,以便进行更严格的数学推导。

第一是偏好的完备性。它是指任意两组商品组合 X、Y 都是可以比较的,而且 X 与 Y 比较的结果,也只能是以下三种判断中的任何一种:对 X 的偏好大于 Y 的偏好,或者对 Y 的偏好大于 X 的偏好;或者认为 X 与 Y 两组合是无差异的。偏好的完全性假定确保了消费者总是可以在面对不同商品时对自己的偏好进行准确的排序。

第二是偏好的传递性。对于任意三种商品组合 X、Y 和 Z,如果消费者对 X 组合的偏好大于对 Y 组合的偏好,并且对 Y 组合的偏好大于对 Z 组合的偏好,那么,消费者必定对 X 组合的偏好大于对 Z 组合的偏好。偏好的传递性确保了消费者偏好的一致性,这意味着消费者不仅可以进行选择,而且可以依据逻辑选择。

第三个是偏好的非饱和性。该假定认为,如果两个商品组合的区别仅在于其中一种商品的数量是不同的,那么消费者总是偏好那个拥有这种商品更多数量的商品组合。也就是说,消费者对每一种商品的消费都没有达到饱和点,或者说,对于任何一种商品,消费者总是偏好更多数量的商品。例如,存在两个组合,其中衣服和食品的数量分别为 (4,10)、(6,12)。根据该假设,消费者总是喜欢第二个组合,即使是 (4,10) 与 (4,12) 的组合,消费者仍然喜欢第二个组合。

此外,对消费者行为的假设还包括连续性、单调性等,已超出本书的介绍范围,感兴趣的读者可以选看相关资料。

【案例 3-1】 全球 1/3 奢侈品被中国人买了,国人为何如此热衷于大牌?

最新数据显示,中国消费者的奢侈品年支出超过 5 000 亿元人民币,全球约有 1/3 的奢侈品被中国人买了。那么中国人为何如此热衷于大牌呢?

1. 中国人爱买奢侈品

根据《2017 中国奢侈品报告》显示,2016 年有 760 万户中国家庭购买了奢侈品,超过了马来西亚或荷兰的家庭总数。其中,家庭年均奢侈品消费达 7.1 万元人民币,是法国或意大利家庭的 2 倍。

据胡润数据,LV在全球的销量有一半都是中国人买的,当然销售地未必是中国。生产卡地亚首饰和万宝龙笔的Compagnie Financiere Richemont公司,其销售额的1/4来自中国。

如果再考虑到中国的GDP只有美国的1/2,而人均GDP只有美国的1/8,中国人的购买力是惊人的。当年北京奥运会时,中国的奢侈品消费仅占全球的12%;九年过去了,疯狂地直冲30%。

2. 境外奢侈品购买占主要位置

随着代购和境外游的热潮,越来越多的人选择在国外购买奢侈品。Bain & Company的一份调查报告已显示,中国人是世界第一的奢侈品消费者。中国人的奢侈品购买60%没有在大陆而是发生在海外。根据财富品质研究院统计,2016年中国人全球奢侈品消费额达到1 204亿美元,其中境外消费奢侈品928亿美元(约合6 400亿元人民币)。

换句话说,在2016年中国人买走了全球近一半的奢侈品,同时连续5年超过70%的奢侈品购买发生在中国境外。

巴黎春天百货公司的代购贝特朗·勒加尔说:"他们在独自一人时有多得多的时间去消费和照顾自己的需求。"该公司的客户名单中有2 000多位高消费客户,其中近70%是中国人。

有人做过下面这样的调查,是什么吸引你到大陆以外的地点购买奢侈品?有近一半的人选择了价格更加优惠(图3-1)。拿同样一件产品来对比,国内和境外购买有时甚至会相差40%左右,既然如此,同样的东西为什么不选择境外购买省点钱呢?如此看来,各类代购的热度仍将持续下去。

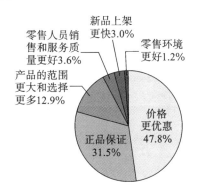

图3-1 在中国大陆以外的地点购买奢侈品的主要原因分析图

3. 中国人为什么喜欢买奢侈品?

中国人对奢侈品的痴迷,让我们不禁想问,究竟是为什么呢?

在大环境上,中国对奢侈品的需求发展明显要晚于西方国家。在过去的一二百年中,中国乃至整个亚洲都处在世界经济和政治被动的时期。在服饰领域,欧洲的奢侈品牌成为无形的标杆,在国内被很多人看做是一种上流文化的标志,也是中国人多年梦寐以求的奢侈品。

因此人们会经常模仿这一群体的穿着,从而引发对这一无法触及的奢侈品领域的追捧和热爱。但对于西方人来说,长辈们都追求过时尚,到了自己这一代也自然不是什么稀罕事,毕竟早就过了对奢侈品的狂热年代。

而对中国人而言,这一切才刚刚开始——1978年春天法国著名设计师皮尔·卡丹(Pierre Cardin)应邀在北京民族文化宫举行了一场服装表演,给台下还在保守年代的中国观众带来了前所未有的冲击。

中国人爱买奢侈品,另一个无法忽视的主要原因,就是中国的富裕人群越来越多。中国的富人群体数量位居全球第二。胡润的数据显示,2014年中国大陆资产超过1 000万元的有82.5万人,超过1亿元的有5.1万人,超过10亿元的有将近2 000人。

奢侈品的价值不在于产品本身,而在于产品带来的社会承认感。东亚文化里个人价值需要社会承认,这就是为什么奢侈品在此特别畅销的原因。这现象在日本尤为典型。当然说到贫富差距,美国跟中国差不多,5%最富家庭收入占全国总收入的27.6%。但消费习惯的不同很大程度是来自文化。美国文化崇尚个人主义,崇尚与众不同,所以比较不在意他人眼光。美国人崇尚人人平等,不喜欢追求高人一等的感觉。他们的社会主流就是自食其力的中产阶级,并没有特别多的闲钱可供挥霍。这些原因导致美国人对奢侈品无感。

2017年2月份,意大利奢侈品行业协会发布了最新的《全球奢侈品消费者洞察报告》。将中国、美国、欧盟和日本放在一起比较可以发现,美国只有时尚达人更愿意花钱在奢侈品上,欧洲体验型的奢侈品消费者则更多,整体而言各类人数较为平均。日本的数据则有些奇怪,购买奢侈消费品的主力人群是那些有钱随意买的人。相比之下,中国的奢侈品购买主力大部分都是白手起家,不仅没有历史流传的财富积淀,多数的审美也算不上成熟,可以说基本都是暴发户了。

手袋是中国消费者最喜欢购买的奢侈品类之一,因为炫耀性消费依然是奢侈品的需求之一。据RBC Capital Markets 2016年12月调查显示,Gucci已成为中国富有女性消费群体首选的奢侈品牌。在手袋的调查中,Gucci成为50%受访者愿望清单中的首选品牌,排在其后的分别为Chanel、Prada、Louis Vuitton和Hermès。

受访消费者表示,产品设计、品牌声誉和品牌的魅力都是他们选购时的重要因素,其次是购物体验和产品合理的价格。据报告显示,90%的受访女性年龄在25至44岁之间,70%的受访消费者拥有2至5个奢侈品手袋,预计未来中国消费者30%的奢侈品消费将贡献给手袋。

据贝恩报告分析指出,多年来,购买奢侈品在中国市场已逐渐演变成"交易型"而非"体验型"。由于对中国市场缺乏重视和培养,一味采用折扣、低价等手段来刺激消费,中国的消费者更关心价格,名品折扣店目前是中国消费者购买低价奢侈品的重要渠道。至于品牌所引以为傲的文化内涵、历史、手艺和工匠精神等这些应该被追逐的东西,统统被价格挡在了后面。

而美国、欧盟和日本作为老牌的发达国家,不仅有钱人众多,审美相对成熟,还有占国民人数主体的庞大中产阶级,自然暴发户就不是很多了。在富裕人群购买奢侈品的带动下,越来越多的普通人攒钱买奢侈品,假货也适时出现。《中国经济周刊》指出,奢侈品假货在市场上的可见度是正品的6倍之多,街上随处可见的奢侈品牌绝大部分都是假货。爱马仕CEO帕特里克·托马斯最近接受法国媒体采访时表示,"80%在互联网上以爱马仕之名贩售的商品都是假货,这绝对是耻辱。"

特别要提到的群体是千禧一代。现在,千禧一代也成为了奢侈品消费的主力军之一,大牌们也往往喜欢取悦这一群体。贝恩公司的顾问说,"他们过去购买奢侈品是为了炫富,现在则是想彰显自己的好品味以及所购买的奢侈品业能够提供的最顶级商品。"报道称,上述调查表示,中国人在海外的奢侈品消费正在增加,而他们正发生改变的品味关系到许多新晋品牌。

一组来自贝恩的最新数据表明:2016年中国消费者越来越多地转向体验式奢侈消费,奢华酒店/度假村、豪华邮轮、豪华水疗等越来越受欢迎。

资料来源:LADYMAX,2017年07月07日

三、偏好与效用

在这些假设下,消费者的偏好关系可以用效用函数来表示。而效用函数是一个很好的工具,由此我们可以更好地用数学来研究消费者的行为,得出消费者实现最大效用的均衡条件。

所谓效用,在经济学中是指一种商品或服务满足人的消费欲望的能力,或者说,是指消费者在消费某种商品时所获得的满足程度。例如,如果有两种商品组合,X组合与Y组合,消费者偏好X组合大于Y组合,那么,我们认为X组合的效用大于Y组合的效用。

一种商品对消费者是否具有效用,取决于两个方面,一方面是消费者是否具有消费这种商品的欲望,另一方面是这种商品是否具有满足消费者欲望的能力。前者与消费者的主观心理有关,后者则取决于商品本身的特质。例如,一个人购买一件衣服,他从中获得的满足不仅取决于他的审美观与自身感觉,也取决于衣服本身的品质(如款式、质量、色彩)。

效用本身不具备道德伦理上的意义。一种商品是否具有效用是看它能否满足消费者的欲望,而不论及这种欲望是好的还是坏的。比如说,按一般道德标准,毒品是坏东西,但是由于它可以满足人的某种欲望,因此,它也是具有效用的。

但是,同一种商品对于不同的人,其效用是不同的。除非给出特殊假定,我们是不能把不同的人消费同一种商品的效用进行比较的。而对于同一个人,我们可以比较不同商品的效用。

因此,接下来,我们直接分析消费者的效用最大化,而不是偏好最大化。在这种语境下,消费者进行消费是为了获得效用,或者说是为了最好地实现偏好。功利主义认为社会的目标就是效用最大化;在新古典经济学中,经济代理人的理性行为被理解为效用最大化。最初对消费者行为的研究是建立在边际效用递减规律的基础上的,称为基数效用论。随后,英国经济学家希克斯拓展到序数效用论,再后来,这一分析进一步拓展到跨期选择与不确定条件下的选择。

第二节 基数效用理论

根据效用的度量方法不同,可以把研究效用的基本理论分为两种:基数效用论和序数效用论。

一、基数效用论

西方经济学家提出基数效用和序数效用的概念来度量效用的大小,并在此基础上,提出了分析消费者行为的两种方法,即基数效用论的边际效用分析法和序数效用论的无差异曲线分析法。

基数效用论认为,效用像长度、重量等概念一样,是可以精确计量和加总的。它的大小可以用 1,2,3……自然数来表示,因此,对两个效用量之间作比较是有意义的。而效用的计量单位被称为效用单位。例如,假设吃一支冰激凌的效用是 10 个效用单位,看一部电影的效用是 20 个效用单位,那么,后者的效用是前者效用的 2 倍,且吃一支冰激凌和看一部电影的效用之和为 30 个效用单位。

由于主观范畴的效用实际上是不可能进行精确计量的,但可以进行排序,如苹果比香蕉好一点,香蕉比柑桔好一点等,因此,希克斯、帕累托等人提出了序数效用论。在现代微观经济学中,通常使用的都是序数效用理论。

二、总效用、边际效用与边际效用递减规律

基数效用论者把效用分为总效用(TU)和边际效用(MU),在此基础上提出了边际效用递减规律。边际效用递减规律贯穿整个基数效用理论,是解释消费者需求的基础。

所谓总效用,就是指消费者在一定时期内从一定数量的商品消费中所得到的效用量总和。消费者获得的,可以是消费若干单位某种产品的总效用,也可以是消费不同产品的总效用。例如,吃一餐饭的总效用是多少?开车去旅游的总效用是多少?显然,它是指在某一特定时间各种消费活动的效用总和。

所谓边际效用,是指消费者在一定时期内增加一单位商品的消费所得到的效用量的增加量。也就是说,在其他条件不变的情况下,随着消费者对某种物品消费量的增加,他从该物品连续增加的每一消费单位中所得到的满足程度称为边际效用。

边际效用一词,由奥国学派维塞尔首创,用来概括满足人的最后的也即最小的欲望的那一单位的商品的效用。这一概念当时被用来解释亚当·斯密的价值悖论或价值之谜——钻石与水的矛盾。1854 年德国经济学家 H. H. 戈森提出人类满足需求的三条定

律:①欲望或效用递减定理,即随着物品占有量的增加,人的欲望或物品的效用递减;②边际效用相等定理,即在物品有限条件下,为使人的欲望得到最大限度的满足,务必将这些物品在各种欲望间作适当分配,使人的各种欲望被满足的程度相等;③在原有欲望已被满足的条件下,要取得更多享乐量,只有发现新享乐或扩充旧享乐。这三条原则后来被称为戈森定律。现代经济学家进一步把它概括为边际效用递减规律,并认为这是一种不言而喻的主观心理现象,这实际上是一般人所说的审美疲劳。

边际效用递减规律的规范表述是:在一定时期内,在其他商品的消费数量保持不变的条件下,随着消费者对某种商品消费数量的增加,消费者从该商品连续增加的每一消费单位中所得到的效用量是递减的。例如,一个人在非常饥饿的时候,吃第一个馒头给他带来的效用是很大的。然而,当他吃的馒头的数量连续增加时,虽然总快乐(总效用)是增加的,但每一个馒头所带来的快乐却是减少的,直到某个临界点,再吃馒头几乎没有任何快乐的感觉,这意味着边际效用已经为零。此时如果还要他继续吃馒头的话,就会感到不适,这表明新吃的这个馒头为他带来的边际效用是负值,同时,总效用也开始下降了。

上述描述可以用数学的方式更精确清楚地表达出来。设消费者对某种商品的消费数量为 Q,则总效用函数为:

$$\mathrm{TU} = f(Q) \tag{3.1}$$

相应地,边际效用函数为:

$$\mathrm{MU} = \frac{\Delta \mathrm{TU}(Q)}{\Delta Q} \tag{3.2}$$

当商品的增加量趋于无穷小即 $\Delta Q \to 0$ 时,边际效用函数还可写为:

$$\mathrm{MU} = \lim_{\Delta Q \to 0} \frac{\Delta \mathrm{TU}(Q)}{\Delta Q} = \frac{\mathrm{dTU}(Q)}{\mathrm{d}Q} \tag{3.3}$$

用数学的语言表示边际效用递减规律为: $\frac{\mathrm{dMU}}{\mathrm{d}Q} < 0$。

根据这种数学表达,我们可以进一步研究商品的总效用和边际效用之间的关系,如表 3-1 所示。

表 3-1 某商品的效用表

消费量	总效用	边际效用	需求价格
0	0		
1	15	15	5
2	27	12	4
3	36	9	3
4	42	6	2
5	45	3	1
6	45	0	0
7	42	−3	

从表 3-1 可以看出,当商品的消费量由 0 增加为 1 时,总效用由 0 增加为 15 效用单位,总效用的增加量即边际效用为 15 效用单位。当商品的消费量由 1 增加为 2 时,总效用由 15 效用单位上升为 27 效用单位,边际效用下降为 12 效用单位。依此类推,当商品的消费量增加为 6 时,总效用达最大值 45 效用单位,而边际效用已经递减为 0。当商品的消费量再增加为 7 时,边际效用下降为负值——−3 效用单位,总效用水平也下降至 42 效用单位。

如果把表 3-1 所描述的总效用和边际效用的关系用以效用量为纵轴,以商品数量为横轴的坐标系内的曲线来表示,就可得到如图 3-2 所示的效用曲线。

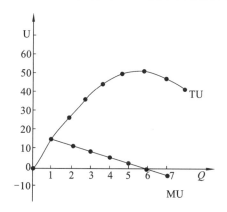

图 3-2 某商品的效用曲线

在图 3-2 中,TU 和 MU 曲线分别为总效用曲线和边际效用曲线。MU 曲线是向右下方倾斜的,这是由于边际效用递减规律的作用。相应地,总效用曲线 TU 是以递减的速率先上升后下降的。当边际效用为正值时,总效用曲线呈上升趋势;当边际效用为零时,总效用达到最大值;当边际效用继续递减至负值时,总效用曲线呈下降趋势。如果效用曲线是连续的,则每一消费量上的边际效用就是总效用曲线上相应点的斜率。

三、消费者效用最大化

消费者行为理论旨在说明消费者是如何进行消费活动的,其中最关键是如何安排他的支出,购买使他能够获得最大满足的商品和服务。当代微观经济学把这一问题概括成如下的理论结构:在商品现行价格和不变的消费者收入条件下,消费者如何将有限的收入分配在各种商品的购买中,以获得自身效用的最大化。换句话说,消费者行为理论就是研究消费者在既定收入水平下实现效用最大化的均衡条件。

根据基数效用论的观点,消费者要实现效用最大化,就必须按照如下原则调整自己的购买行为:在既定的收入和商品价格下,消费者分配在各种商品支出的原则是使得自己花在各种商品上的最后一元钱所得到的边际效用相等。如果不相等,那么,消费者总是可以通过增加边际效用较高的产品的消费而增加总效用。因此,这一原则是消费者购买商品得到最大效用的必要条件。

假定消费者的既定收入为 I,购买的 n 种商品价格分别为 P_1、P_2、P_3、…、P_n,以 X_1、

X_2、X_3、$\cdots$、X_n 分别表示 n 种商品的数量,MU_1、MU_2、MU_3、$\cdots$、MU_n 分别表示 n 种商品的边际效用,λ 为不变的货币的边际效用,则上述消费者效用最大化均衡条件可用公式推导出来。消费者消费各种产品的目标是效用最大化,可表示为效用函数 U:

$$U = f(X_1, X_2, X_3, \cdots, X_n) \tag{3.4}$$

消费者的购买能力可用预算方程式来表示:

$$P_1 X_1 + P_2 X_2 + \cdots + P_n X_n = I \tag{3.5}$$

由此,消费者的问题实际上可转换成数学中约束条件下求目标函数的最大值问题。利用拉格朗日方法将上述两式联立求解,得到下列均衡条件:

$$\frac{MU_1}{P_1} = \frac{MU_2}{P_2} = \cdots = \frac{MU_n}{P_n} = \lambda \tag{3.6}$$

式(3.6)的均衡条件表明,消费者选择的最优商品组合是使得自己花费在各种商品上的最后一元钱所带来的边际效用相等,并等于货币的边际效用。

在两种商品情况下消费者效用最大化的均衡条件可简化为:

$$\frac{MU_1}{P_1} = \frac{MU_2}{P_2} = \lambda \tag{3.7}$$

我们也可以将式(3.7)表示为:

$$\frac{MU_1}{MU_2} = \frac{P_1}{P_2} \tag{3.8}$$

式(3.8)表明,消费者效用最大化时两种商品的边际效用之比应等于其价格之比。由于式(3.8)的左边是消费者对两种商品的主观评价,而右边是商品市场的客观评价,因此,消费者的效用最大化实际上是消费者必须使自己的主观评价与市场的客观评价达到一致。

那么,一旦这一条件并不满足,消费者将会如何调整自己的消费,以恢复效用最大化呢?

首先假设 $\frac{MU_1}{P_1} < \frac{MU_2}{P_2}$。对于消费者来说,此时同样一元钱用于购买商品 1 所带来的边际效用小于购买商品 2 所带来的边际效用。因此,理性的消费者就会调整这两种商品的购买数量,增加对商品 2 的购买而减少对商品 1 的购买。在这种调整过程中,一方面,由于减少商品 1 所带来的边际效用减少量小于商品 2 所带来的边际效用的增加量,因而总效用是增加的;另一方面,在边际效用递减规律的作用下,商品 1 的边际效用会随着它购买量的不断减少而逐渐增加,商品 2 的边际效用会随着它购买量的不断增加而逐渐减少。当消费者用同样 1 元钱购买两种商品,其所带来的边际效用相等,即 $\frac{MU_1}{P_1} = \frac{MU_2}{P_2}$ 时,他便得到了由减少商品 1 的购买和增加商品 2 的购买所带来的总效用增加的全部好处,即消费者获得了最大的效用,调整过程停止。

其次,当 $\frac{MU_1}{P_1} > \frac{MU_2}{P_2}$ 时,消费者会进行与 $\frac{MU_1}{P_1} < \frac{MU_2}{P_2}$ 时完全相反的操作,增加对商品 1 的购买而减少对商品 2 的购买,直到 $\frac{MU_1}{P_1} = \frac{MU_2}{P_2}$ 时为止。

将上述含义推广至多种产品,则对于 $\frac{MU_i}{P_i}=\lambda$, $i=1,2,\cdots,n$ 来说,当 $\frac{MU_i}{P_i}>\lambda$ 时,消费者用 1 元钱购买第 i 种商品所得到的边际效用小于这 1 元钱的边际效用。也可以说,消费者对于第 i 种商品的购买数量太少,以至于他总可以增加该种产品的消费而增加总效用,在边际效用递减规律的作用下,直至 $\frac{MU_i}{P_i}=\lambda$ 为止。相反,当 $\frac{MU_i}{P_i}<\lambda$ 时,消费者会进行相反的操作,减少对第 i 种商品的购买,直至 $\frac{MU_i}{P_i}=\lambda$ 为止。

这里需要注意的是,均衡条件是要求每一元钱所得到的边际效用都相等,而不是每一种商品的边际效用都相等。事实上,每一种商品的边际效用都相等并不能保证消费者获得最大效用,因为每种商品的价格是不同的。

举一个具体的例子来说明上述消费者行为。如表 3-2 所示,假设在某一时期内,消费者的收入水平为 15 元,商品 1 的价格为 3 元,商品 2 的价格为 2 元,使消费者效用达到最大化的商品组合是什么呢?

表 3-2 消费者的边际效用表

商品数量	1	2	3	4	5	6	7	8	9
商品 1 的边际效用	12	10	8	6	4	2	0	−2	−4
商品 2 的边际效用	13	12	11	10	9	8	7	6	5

从表中可以看出,当商品 1 的价格为 3 元,商品 2 的价格为 2 元时,消费者在 15 元支出的约束下购买 1 单位的商品 1 和 6 单位的商品 2 可以使总效用达到最大化。因为,在这一商品组合下,消费者均衡的必要条件为 $\frac{MU_1}{P_1}=\frac{MU_2}{P_2}=4$。在给定的 15 元总收入约束下,其他任何商品组合为消费者带来的总效用一定会小于消费者均衡条件时的总效用。

四、基数效用论对需求的解释

基数效用论者以边际效用递减规律下消费者效用最大化为基础,推导消费者的需求曲线。假定消费者收入不变,某种商品的价格发生了变化,消费者追求效用最大化的行为将会导致需求量相应地发生变化。

这里,我们定义商品的需求价格是消费者在一定时期内对一定量的某种商品所愿意支付的最高价格。根据基数效用论的观点,如果某种商品一单位的边际效用越大,则消费者为购买这一单位商品所愿意支付的价格就越高;反之,如果某种商品一单位的边际效用越小,则消费者为购买这一单位商品愿意支付的价格就越低。在边际效用递减规律的作用下,随着消费者对某种商品消费数量的不断增加,该商品的边际效用是递减的,因此,消费者为购买这种商品的需求价格就越来越低。

另一方面,根据 $\frac{MU_i}{P_i}=\lambda$,其中 λ 是货币的边际效用,假定 λ 为不变量,因此,为保证这一等式成立,商品的需求价格一定同比例于 MU 的递减而递减。

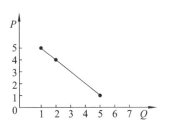

图 3-3　单个消费者的需求曲线

我们仍以前面表 3-1 为例进行说明。假定表中的 $\lambda=3$。为了实现均衡条件，当商品 1 的消费数量为 1 时，边际效用为 15，则商品的需求价格为 5。当商品的消费量为 2 时，边际效用为 12，商品的需求价格下降为 4。依此类推，直到商品的消费量为 5 时，边际效用为 3，需求价格为 1。把商品的需求价格列在表 3-1 的最后一列，可以看到，随着商品消费量的不断增加，商品的需求价格不断下降。把消费量与需求价格的这种对应关系画在几何图形上得到单个消费者的需求曲线，如图 3-3 所示。

在图 3-3 中，横轴为商品消费量，纵轴是需求价格，向右下方倾斜的直线就是需求曲线。它表示：商品的需求量与商品价格呈反方向变动关系。当商品价格上升时，商品需求量下降；当商品价格下降时，商品需求量增加。

五、消费者剩余

边际效用分析还提出了消费者剩余的概念，进一步说明为什么价格下降时消费者的需求增加。消费者剩余是指消费者为消费某种商品而愿意付出的总价格与实际支付的总价格之间的差额。

由于消费者在购买某种商品时，随着购买的某种商品的数量增加，商品的边际效用会递减，从而消费者对这种商品所愿意支付的最高价格是逐步下降的。但是，市场的实际价格是由最后那 1 单位商品的边际效用决定的。也就是说，消费者购买时是按最后价格支付的。这意味着，消费者愿意支付的最高价格与实际的市场价格之间存在一个差额，这个差额就是消费者剩余。比如，根据边际效用递减的原理，消费者购买第 1 单位时愿意支付 10 元，购买第 2 单位时愿意支付 9 元，购买第 3 单位时愿意支付 8 元……如果消费者购买 3 单位的话，他总共愿意支付 27 元。但实际上，当购买量为 3 单位时，市场价格下降到每单位 8 元，购买 3 单位只用支付 24 元，其中少支付的 3 元就是消费者剩余。再比如，消费者愿意花费 50 元看一场电影，但到电影院发现每张电影票的实际价格为 30 元，其中的差额 20 元，也是消费者剩余。下面我们进一步用数学和图形来表示消费者剩余的概念。

如果需求函数为 $P_d = f(Q)$，当市场价格 $P = P_0$ 时，消费者剩余为：

$$CS = \int_0^{Q_0} f(Q) dQ - P_0 Q_0 \qquad (3.9)$$

在几何图形上，消费者剩余可以用需求曲线以下、市场价格线以上的面积来表示，如图 3-4 中阴影部分的面积。

图 3-4 表示的是单个消费者的剩余。当这一分析可以扩展至整个市场时，市场的消费者剩余是市场需求曲线下、市场价格线以上的部分。需要说明的是，消费者剩余只是消费者的一种主观心理感受，

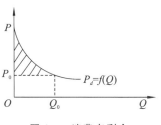

图 3-4　消费者剩余

反映消费者消费商品所感受到的状态的改善。后面我们将用这一概念度量和分析社会福利的变化问题。

第三节 序数效用理论与无差异曲线

一、序数效用

序数效用理论认为,效用是消费者的一种心理现象,不能客观地予以度量,但消费者在消费时可以根据偏好的程度进行排序。从这个意义上看,效用的大小只与偏好的排序有关,而不必具体知道效用的绝对值是多少。例如,消费者对两种不同款式的衣服进行比较,他可能并不知道他购买每一件衣服的效用具体是多少,但他却知道自己更喜欢哪一种款式的衣服,这意味着他对不同款式的衣服进行了排序。序数效用论就建立在这种排序的基础上。

根据序数效用理论,消费者的效用也可以用效用函数来表示,但此时的效用函数只表示一种排序,而不是具体的数量。

与基数效用论相同的是,对于序数效用论而言,边际效用递减规律仍然成立,只是此时的边际效用并不代表真实的数量关系,而只代表效用的先后顺序。

二、无差异曲线

(一)无差异曲线的定义与特点

序数效用论分析的基本工具是无差异曲线。无差异曲线是用来表示消费者偏好相同的两种商品的不同数量组合的曲线。也就是说,它表示能给消费者带来相同满足程度或效用水平的两种商品的不同数量的各种组合。在同一条无差异曲线上,任意两点的效用水平都相同,所以无差异曲线有时也被称为等效用线。

下面我们来研究无差异曲线的几何表示。假设效用函数为 $U = U(X_1, X_2) = U_0$,其中 X_1 和 X_2 分别为商品 1 和商品 2 的数量。无差异曲线表示的是序数效用,因此,这里的 U_0 仅表示某一个效用水平,而不涉及数值的大小。进一步,我们假定某消费者的无差异表如表 3-3 所示,它是某消费者关于商品 1 和商品 2 的数量的一系列组合所构成的无差异表。在该表中,商品 1 和商品 2 有 6 种不同数量的组合,但每一组合给该消费者带来的效用水平都是相等的,即均为 U_0。例如,A 组合中有 20 单位商品 1 和 120 单位商品 2,B 组合中有 30 单位商品 1 和 100 单位商品 2,等等。消费者对这 6 种商品组合是无差异的,也就是说,这 6 种商品组合给他带来的效用水平相同。

表 3-3　某消费者的无差异表

商品组合	商品 1 的数量(X_1)	商品 2 的数量(X_2)
A	20	120
B	30	100
C	40	87
D	50	78
E	60	73
F	70	69

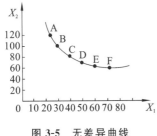

图 3-5　无差异曲线

我们把这 6 种产生相同效用水平的组合,通过描点作图画在二维坐标上,就得到了一条无差异曲线,如图 3-5 所示。在以商品 1 的数量为横轴,以商品 2 的数量为纵轴的坐标系中,无差异曲线上各点所代表的商品组合为消费者带来相同的效用水平。

无差异曲线具有以下特点。

第一,在一般情况下,无差异曲线的斜率是负的。这是因为,为了维持消费者效用水平不变,一种商品减少的同时必须增加另一种商品的消费,并且使一种商品消费数量减少所导致的效用的下降被另一种商品消费数量增加所带来的效用的增加所抵消,从而保证消费者的效用水平不变。

第二,根据消费者不同的消费组合,可以在同一坐标平面内作出多条不同的无差异曲线。如果把消费者对所有的消费组合按照偏好顺序进行排列,就会得到无数条无差异曲线。这些无差异曲线将覆盖整个坐标平面。根据偏好的非饱和性,消费者总是偏好含有更多数量的商品组合,因此,代表更多数量商品组合的无差异曲线其效用水平也更高。在图形上表示为离原点越近的无差异曲线其效用水平越低,离原点越远的无差异曲线代表的效用水平越高。

第三,在同一坐标平面内,任意两条无差异曲线不能相交,因为每条无差异曲线都代表不同的效用水平。这一点,我们可以使用图形用反证法加以说明。在图 3-6 中,我们假设两条无差异曲线相于交 A 点。由于 A 点与 B 点在同一条无差异曲线 U_1 上,因此 A 点与 B 点的效用水平相同;而由于 A 点与 C 点在同一条无差异曲线 U_2 上,因此 A 点与 C 点的效用水平也相同。所以,B 点与 C 点的效用水平相同。但是,

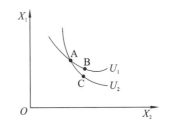

图 3-6　违背偏好假设的无差异的曲线

由于 C 点的商品组合所代表的两种商品数量都小于 B 点的商品组合,根据消费者偏好的非饱和性原理,消费者会偏好 B 甚于 C。这样,就违反了消费者偏好完备性假定。故在同一坐标平面上,两条无差异曲线不会相交。

第四,无差异曲线是凸向原点的。无差异曲线凸向原点,意味着随着商品数量的连续增加,无差异曲线的斜率的绝对值是递减的。无差异曲线的这一特征可以由商品的边际替代率递减来解释。下面介绍商品的边际替代率递减规律。

(二) 边际替代率

商品的边际替代率是指在维持消费者效用水平不变的条件下,消费者每增加一单位的某种商品的消费所需放弃的另一种商品的消费数量。用公式表示商品1对商品2的边际替代率为:

$$\mathrm{MRS}_{12} = -\frac{\Delta X_2}{\Delta X_1} \tag{3.10}$$

其中,MRS_{12} 表示商品1对商品2的边际替代率,ΔX_1 和 ΔX_2 分别表示商品1和商品2的变化量。由于 ΔX_1 和 ΔX_2 的符号是相反的,因此,我们在公式前面加上负号从而保证边际替代率为正值。下面用图3-7加以说明。

在图3-7中无差异曲线所对应的效用函数为 $U = f(X_1, X_2) = U_0$。当消费者的商品组合沿这条无差异曲线由 A 点移动至 B 点时,效用水平不变化。

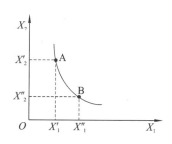

图 3-7 边际替代率

而商品1的数量由 X_1' 增加到 X_1'',商品2的数量相应地由 X_2' 减少至 X_2''。因此,两种商品的变化量之比的绝对值,即 $\left| -\frac{\Delta X_2}{\Delta X_1} \right|$,即是由 A 点到 B 点时商品1对商品2的边际替代率。

假设商品数量的变化率趋近为0时,即当 $\Delta X \rightarrow 0$ 时,商品的边际替代率为:

$$\mathrm{MRS}_{12} = \lim_{\Delta x \rightarrow 0} -\frac{\Delta X_2}{\Delta X_1} = -\frac{\mathrm{d} X_2}{\mathrm{d} X_1} \tag{3.11}$$

而 $\frac{\mathrm{d} X_2}{\mathrm{d} X_1}$ 是商品无差异曲线上任意点的斜率,因此只要在无差异曲线任意点上作该点处的切线,其斜率的负值即为边际替代率。

需要注意的是,消费者为了得到1单位商品1要放弃较多单位的商品2时,边际替代率是较高的。如果消费者为了得到1单位商品1要放弃较少单位的商品2时,边际替代率是较低的。

商品边际替代率递减规律是指,在维持效用水平不变的条件下,随着消费者对某一种商品消费数量的连续增加,消费者为得到每一单位的这种商品所必须放弃的另一种商品的消费数量是递减的。边际替代率递减的背后原因是边际效用递减。这就是,当消费者对某一种商品的拥有量不断增加时,消费者想要获得更多这种商品的愿望就会递减,或者说他从额外1单位商品中获得的效用是递减的,从而他为了获得更多1单位的这种商品所愿意放弃的另一种商品的数量就会越来越少。例如,当消费者处在商品1数量较少而商品2较多的商品组合 A 点时,消费者拥有的商品1数量较少,因而他对每一单位的商品1的效用较多,同时,对每一单位商品2的效用更低一些。因此,他愿意拿较多的商品 2 去换 1 单位的商品 1。

从几何意义上讲,由于商品的边际替代率是无差异曲线斜率的绝对值是递减的,因此,无差异曲线是凸向原点的。

(三) 特殊形状的无差异曲线

无差异曲线是描述在相同效用水平下,一种商品对另一种商品的替代程度。无差异曲线的一般形状是凸向原点的曲线。但由于消费者偏好的特殊性,也存在一些极端形式的无差异曲线。

第一种,完全替代品情形。完全替代品是指两种商品之间的替代比例是固定不变的。因此,这两种商品之间的边际替代率 MRS_{12} 是一个常数。而相应的无差异曲线是一条斜率不变的直线。例如,一个苹果的含糖量等于一支香蕉的含糖量,消费者对二者的喜欢程度也完全一样,所以两者之间总是以 1∶1 的比例相互替代,此时的无差异曲线如图 3-8 中的(a)图。

第二种,完全互补品情形。完全互补品是指两种商品必须按照固定的不变的比例同时使用,比如眼镜架和镜片必须配合使用。在这种完全互补品的情况下,无差异曲线的形状为直角形状,如图 3-8 中(b)图所示。对于水平部分的无差异曲线,其意义是 $MRS_{12}=0$,它表示在一副眼镜架配两个眼镜片的条件下,消费者不会放弃任何一副眼镜架而去换取多余的眼镜片。垂直部分的无差异曲线意味着 $MRS_{12}=\infty$,表示在一副眼镜架配两个眼镜片的条件下,消费者会放弃所有超额的眼镜架。

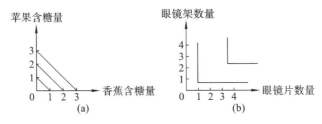

图 3-8　特殊形状的无差异曲线

三、预算线

消费者的无差异曲线描述了消费者的偏好,由此表达了消费者的消费愿望,但消费者实际能够购买和消费的数量却取决于他的购买力。这就是说,消费者在购买商品时的实际选择还要受到自己的收入水平及市场价格的影响,由此出现"我喜欢这个商品,但不喜欢它的价格"这种现象。在经济学中,这被描述为预算约束。

(一) 预算线

预算约束表示消费者的收入可以购买到的各种商品的数量。为了便于分析,我们暂且假定消费者只购买两种商品,由此我们可以用预算线来表示,它的意思是在消费者收入和商品价格既定的条件下,消费者的全部收入所能购买到的两种商品的各种不同组合。

假定某个消费者的收入为 1 200 元,全部用于购买商品 1 和商品 2,商品 1 的价格为

$P_1=40$ 元,商品 2 的价格 $P_2=60$ 元。若消费者将全部收入用于购买商品 1,可得到 30 个单位;若全部购买商品 2,可得到 20 个单位。由此可得预算约束线为图 3-9 中的线段 AB。

在图 3-9 中,OA 代表将全部收入购买商品 1 的数量,OB 代表将全部收入购买商品 2 的数量,预算线的斜率为两种商品的价格之比即 $-\frac{P_1}{P_2}$。预算线 AB 将整个坐标平面划分为三个区域:AB 这条线代表的区域,AB 以外的区域,AB 以内的区域。在 AB 以外的区域,任意一点所代表的商品组合都是消费者现有收入无法购买到的;在 AB 以内区域,任意一点的商

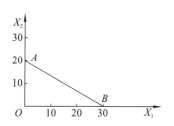

图 3-9 消费者预算约束线

品组合都是消费者完全可以购买并有剩余收入的;在 AB 上,消费者可以购买,并且恰好将全部收入花完,不多也不少。通常,我们将后两种情况构成的区域加在一起,称为预算集或预算空间。

如果我们以 I 表示消费者的既定收入,用 P_1 和 P_2 分别表示商品 1 和商品 2 的价格,用 X_1 和 X_2 分别表示商品 1 和商品 2 的数量,那么,消费者预算约束方程就可写成:

$$P_1 X_1 + P_2 X_2 = I \tag{3.12}$$

它表示,消费者全部收入等于他购买商品 1 和商品 2 的总支出。

此外,我们还可以将预算方程改写为:

$$X_2 = -\frac{P_1}{P_2} X_1 + \frac{I}{P_2} \tag{3.13}$$

在这里第二种商品的消费量用收入和第一种商品的消费量来表示。进一步,我们可以得到预算线的斜率为 $-\frac{P_1}{P_2}$,其中 $\frac{I}{P_2}$ 为预算线在纵轴上的截距。

如果消费者消费 n 种商品或服务,则可得到一般化的预算方程式:

$$P_1 + P_2 + P_3 + \cdots + P_n = I$$

(二) 预算线的变动

根据上述分析可以看出,在消费者的收入和两种商品价格给定的情况下,消费者预算线的位置和形状也就确定了。因此,如果这三个变量的任意一个变量发生变化,消费者预算线也会相应地发生变动。图 3-10 描述了这种变化。

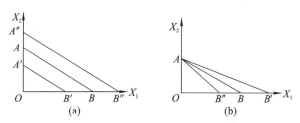

图 3-10 预算线的移动

首先，假定商品价格不变，消费者收入发生变化，消费者购买两种商品的数量可以同时变化。此时，预算线的斜率 $-\frac{P_1}{P_2}$ 并未发生变化，横截距 $\frac{I}{P_1}$ 和纵截距 $\frac{I}{P_2}$ 发生变化，预算线的位置发生平移。当消费者收入水平增加时，预算线向右上方移动，它表示消费者的全部收入用于购买其中任何一种商品的数量都增加了；当消费者收入降低时，预算线向左下方移动，它表示消费者的全部收入用于购买其中任何一种商品的数量都减少了，如图 3-10(a) 所示。

其次，假定消费者收入不变，商品价格发生变化。这又可以分为两种情况，一种是两种商品的价格同比例、同方向变化。另一情况是，其中一种商品价格不变，而另一种商品的价格发生变化。下面分情况讨论。

在第一种情况下，预算线的斜率 $-\frac{P_1}{P_2}$ 没有发生变化，预算线的截距 $\frac{I}{P_1}$ 和 $\frac{I}{P_2}$ 发生变化，所以变化仍可以用图 3-10(a) 表示。在两种商品的价格同比例下降时，消费者预算约束线向右上方平移。相反，若两种商品的价格同比例上升时，消费者预算约束线将向左下方平移。前者表示用全部收入购买其中任何一种商品的数量都同比例于价格的下降而上升，后者表示用全部收入购买其中任何一种商品的数量都同比例于价格的上升而下降。

在第二种情况下，假设商品 1 的价格发生变化。此时，预算线的斜率 $-\frac{P_1}{P_2}$ 发生变化，横截距 $\frac{I}{P_1}$ 也发生变化，但纵截距 $\frac{I}{P_2}$ 保持不变，如图 3-10(b) 所示。当商品 1 的价格下降时，预算线从 AB 移至 AB'，表示全部收入用来购买商品 1 的数量因为商品 1 的价格下降而增加了；反之，当商品 1 的价格上升时，预算约束线由 AB 移至 AB''，它表示全部收入用来购买商品 1 的数量因为商品 1 的价格上升而减少了。

最后，我们来讨论当价格和收入同时变化时的情况。在这种情况下，预算线的变动要结合具体情况加以分析。一种特殊的情况是，消费者的收入 I 与两种商品价格 P_1 和 P_2 都同比例同方向变化时，预算线保持不变，因为此时收入的增加被价格的上升所抵消，消费者的全部收入用来购买任何一种商品的数量都未发生变化。从图形上看，此时，预算线的斜率 $-\frac{P_1}{P_2}$ 没变，预算线的截距 $\frac{I}{P_1}$ 和 $\frac{I}{P_2}$ 也未发生变化。

四、消费者效用最大化理论

无差异曲线和预算线是序数效用论分析消费者均衡的主要工具。现在我们把这两条线结合起来说明消费者的效用最大化选择。

（一）消费者均衡

根据序数效用论者的观点，消费者效用最大化的购买行为必须满足两个条件：第一，最优的商品组合必须是能够给消费者带来最大效用的商品组合；第二，最优的商品购买必须是恰好消耗完收入，不多也不少。第二个条件要求消费者按照预算线进行选择。将这两个条件加起来，我们很容易知道，只有在预算线与无差异曲线的切点，才可能是消费者获得最大效用水平或满足程度的均衡点。我们借助图3-11来进一步分析这一问题。

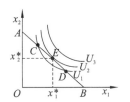

图 3-11 消费者均衡

在图3-11中,AB表示在某消费者收入和价格既定时的预算线,U_1、U_2和U_3表示消费者有代表性的三条无差异曲线。在预算约束下,消费者的预算空间为三角形OAB围成的面积。在假定消费者将全部收入用于消费的情况下,消费者一定会在AB上寻找消费点。另一方面,由于消费者是理性的,因而他总是试图尽可能地达到最高的效用水平。这样一来,消费者只有在预算线AB与无差异曲线U_2相切点E进行消费,才是在给定预算约束下所能获得的最大效用的均衡点。此时商品组合为$(X_1{}^*, X_2{}^*)$。

为什么只有E点才是消费者效用最大化的均衡点呢?这是因为,对于无差异曲线U_1来说,它与无差异曲线相交于C、D两点。这两点的效用水平低于无差异曲线U_2代表的效用水平,即消费者选择C、D两点间的任意一点的商品组合,虽然所消耗的收入是一样的,但其效用水平却较低。此时,如果沿着AB线段从C点向右或从D点向左运动,效用都可以增加,直到达到E点以后才不会再增加,因此,E点就是代表效用水平最高的均衡点。同理,对于无差异曲线U_3来说,虽然它的效用水平高于U_2所代表的效用水平,但是它与消费约束线既无交点也无切点,这表明U_3上的任意一点的消费组合所花的收入都是消费者无法承担的,或者说在现有收入下无法实现的。综合起来,只有E点才是消费者在既定预算约束条件下获得最大效用的均衡点。

我们再仔细审视一下均衡点。在均衡点,无差异曲线与消费者预算线相切,表明两条线的斜率相等。无差异曲线的斜率的绝对值就是商品的边际替代率,预算线的斜率的绝对值可以用两种商品的价格之比来表示,因此,在均衡点,

$$\text{MRS}_{12} = \frac{P_1}{P_2} \tag{3.14}$$

这个等式可称为消费者效用最大化的均衡条件。它表示,在一定的预算约束下,为了实现消费者的最大效用,消费者应该选择的最优商品组合必须达到这样的状态:两种商品的边际替代率等于两种商品的价格之比。在消费者的均衡点上,消费者愿意用1单位的某种商品去换取若干数量的另一种商品。如果不相等,那么就应该增加或减少一种商品的消费量。

例如,当$\text{MRS}_{12} > \frac{P_1}{P_2}$时,假设$\text{MRS}_{12} = \frac{1}{0.5}, \frac{P_1}{P_2} = \frac{1}{1}$。从市场上看,消费者减少1单位的商品2的购买就可以增加1单位的商品1的购买。而对于消费者个人来说,减少1单位的商品2时,只要增加0.5单位的商品1就可以维持其原有的满足程度。这样,消费者就会因为多消费0.5单位的商品1而使总效用增加。所以,在这种情况下,理性的消费者会不断减少商品2的数量而增加对商品1的购买,从而获得更高的效用水平,直到$\text{MRS}_{12} = \frac{P_1}{P_2}$时,消费者达到均衡。

相反,当$\text{MRS}_{12} < \frac{P_1}{P_2}$时,假设$\text{MRS}_{12} = \frac{1}{1}, \frac{P_1}{P_2} = \frac{1}{0.5}$。从市场上看,消费者减少1单

位的商品 1 的购买就可以增加 1 单位的商品 2 的购买。而对于消费者个人来说，减少 1 单位的商品 1 时，只要增加 0.5 单位的商品 2 就可以维持其原有的满足程度。这样，消费者就会因为多得到 0.5 单位的商品 2 而使总效用增加。所以，在这种情况下，理性的消费者会不断减少商品 1 的数量而增加对商品 2 的购买，从而获得更高的效用水平，直到 $\mathrm{MRS}_{12} = \dfrac{P_1}{P_2}$ 时，消费者达到均衡。

概言之，只有当消费的主观偏好所决定的商品的边际替代率与市场上两种商品的价格之比相等时，消费者才处于一种既不想增加也不想减少任何一种商品购买量的均衡状态。

如果把序数效用论的无差异曲线分析与基数效用论的边际效用分析比较一下，我们可以发现，两者虽然使用了不同的分析方法，但得到的消费者均衡条件实质上是相同的。

从消费者均衡分析中，我们可看到，消费者效用是在预算约束条件下选择效用最大的商品组合。当消费者偏好、收入和商品价格这三个因素发生变化时，消费者均衡点就会发生变化。下面我们将分别考察价格变化和收入变化时，消费者均衡将发生什么变化。

(二) 价格变化与需求曲线

上述分析建立在消费者收入与价格保持不变的基础上，但这是不现实的，因为价格与收入都可能发生变化。那么，一旦这些因素处于变化之中，消费者将会如何反应呢？他是相应改变自己的消费选择，还是保持不变呢？根据理性人的假设，一旦约束条件发生变化，个人必然相应地做出变化，以适应变化了的约束条件。因此，可以推测，如果收入和价格发生变化，消费者的选择必然相应地变化。这是因为，假若消费者已处于最大化状态，价格与收入的变化必然使消费者不再能够达到效用最大化，而只有调整自己的行为，才能重新达到最大化。让我们分析价格变化的情况。

假定消费者的货币收入不变，商品的相对价格发生变化，此时，消费者必然会用价格降低的商品代替价格没变或上升的商品，从而使自己的效用达到最大化，因此，商品的相对购买量将发生变化，消费者的均衡点发生移动。当价格不断变化时，均衡点亦不断地发生移动。我们将这些均衡点连接起来，就得到了价格-消费曲线。因此，价格-消费曲线表示在消费者偏好、收入及其他商品价格不变的条件下，由于商品相对价格发生变化而导致的各种不同商品组合均衡点的轨迹。

价格-消费曲线可以借助图 3-12 来说明。假设有两种商品，商品 1 和商品 2。商品 1 的价格连续变化，而商品 2 的价格不变。商品 1 的初始价格为 P_1^1，消费者预算约束线为 AB，消费者均衡点为 E_1。当商品 1 的价格由 P_1^1 下降为 P_1^2 时，相应的预算线由 AB 移至 AB'，新的消费者均衡点为 E_2。当商品 1 的价格继续下降为 P_1^3 时，相应的预算线由 AB' 移至 AB''，新的消费者均衡点为 E_3。依此类推，随着商品 1 的价格不断变化，我们可以得到无数个均衡点，将它们连接起来，就是价格-消费曲线。

在得到价格-消费曲线后，我们可以从中导出消费者的需求曲线。以图 3-12 为例，在商品 1 的价格不断下降的过程中，预算线斜率的绝对值不断缩小。把商品 1 的价格与需求量之间的对应关系画在以价格为纵轴、数量为横轴的坐标系中便得到了消费者对商品 1 的需求曲线。

在图 3-12 中,在均衡点 E_1 时,当商品 1 的价格为 P_1^1 时,商品 1 的需求量为 X_1^1;当商品的价格由 P_1^1 下降为 P_1^2 时,在均衡点 E_2 处,商品 1 的需求量由 X_1^1 增加为 X_1^2;当商品 1 的价格继续下降为 P_1^3,在均衡点 E_3 处,商品 1 的需求量由 X_1^2 继续增加为 X_1^3。把商品 1 的价格和需求量之间的这种对应关系,画在以价格为纵轴、数量为横轴的坐标系中,便得到了单个消费者的需求曲线,对应的数学函数为 $X_1 = f(P_1)$。

这条单个消费者的需求曲线是向右下方倾斜的,它表示商品的价格与需求量之间呈反方向变化,并且这条需求曲线上与每一个价格水平相对应的商品需求量都是可以给消费者带来最大效用的均衡数量。

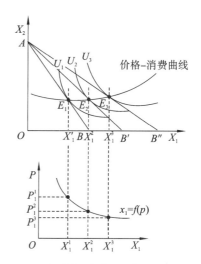

图 3-12　由价格-消费曲线推导需求曲线

需要补充说明的是,我们已经知道了如何从单个消费者需求曲线推导市场需求曲线,在此,由单个消费者需求曲线水平加总得到的市场需求曲线,是可以给全体消费者带来最大效用水平或满足程度的市场需求量。

(三) 收入变化对消费者均衡的影响

当消费者的收入发生变化时,消费者的支付能力提高,所以他的消费行为必然会发生变化。

1. 收入-消费曲线

假定商品的价格不变,消费者的收入水平发生变化,这必然扩大他的预算集,或者说使他的预算线平行移动,因为收入增加意味着他能够购买的两种商品数量都更多了。当预算线平行移动时,预算线必然与更高的无差异曲线相切,由此导致消费者均衡点发生变化。当收入不断上升时,预算线不断地与更高的无差异曲线相切。我们将这些切点连接起来,就得到了由消费者收入变化而引起的消费者均衡点变化的收入-消费曲线。因此,收入-消费曲线表示在消费者偏好、商品价格不变的条件下,与消费者的不同收入水平相联系的消费者效用最大化的均衡点的轨迹。

我们可以借用图 3-13 来分析由于消费者收入变化而产生的收入-消费曲线。假设有两种商品:商品 1 和商品 2。随着消费者收入水平的增加,预算线由 AB 移动至 $A'B'$,再继续移动至 $A''B''$,从而形成了三个不同收入水平下的消费者效用最大化的均衡点 E_1、E_2 和 E_3。当收入水平的变化是连续的时,就可以得到无数个均衡点的轨迹,形成图 3-13(a)中的收入-消费曲线。图 3-13(a)中的收入-消费曲线是向上方倾斜的,它表示随着收入水平的增加,两种商品的需求量都是增加的,也就是说图中的两种商品都是正常商品。

在图 3-13(b)中,描绘了另一条收入-消费需求曲线,随着收入水平的增加,它的形状是向右弯曲的。这条线表明,随着消费者收入水平的增加,消费者开始会增加商品 1 的需求量,但是当收入上升到一定水平后,消费者减少对商品 1 的需求量,即在一定收入水平上,商品1由正常品变为劣等品。

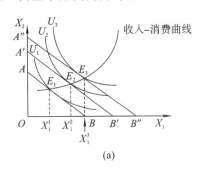
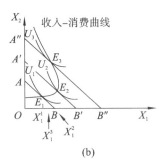

图 3-13 收入-消费曲线

2. 恩格尔曲线

由消费者的收入-消费曲线我们可以推导出消费者恩格尔曲线。它表示消费者在每一收入水平上对某种商品的需求量。与恩格尔曲线对应的函数为 $X=f(I)$,其中 I 表示消费者收入,X 表示某种商品的需求量。

以商品1为例。如图 3-13(a)所示,在均衡点 E_1,当消费者收入水平为 I_1 时,商品1的需求量为 X_1^1;当消费者收入水平增加至 I_2 时,均衡点变为 E_2,商品1的需求量由 X_1^1 增加为 X_1^2;当消费者收入继续增加至 I_3 时,均衡点变为 E_3,商品1的需求量由 X_1^2 继续增加为 X_1^3。我们可以把消费者收入和商品1的需求量之间的对应关系,画在以价格为纵轴、数量为横轴的坐标系中,由此得到的曲线称为恩格尔曲线。由于商品1是正常商品,因此,商品1的需求量与收入水平同方向变动。若商品1是劣等品,采用与图 3-13(a)相类似的方法,我们可以得到劣等品的恩格尔曲线。这条曲线表明,在较低的收入水平时,商品1的需求量与收入水平同方向变动;在较高的收入水平时,商品1的需求量与收入水平反方向变动。

【案例 3-1】 收入水平的提高对消费的影响

2003 年,天津市城市居民收入水平不断提高。据对天津市城市 1 500 户居民家庭的抽样调查结果显示,一季度,天津市城市居民家庭人均可支配收入为 2 692.05 元,比上年同期增长 10.5%。从收入构成上看,工薪收入、经营净收入、财产收入、转移性收入等均呈增长趋势。

收入增长的直接结果是居民家庭消费支出活跃,消费领域进一步拓宽。

受居民家庭收入增长的拉动作用,居民家庭消费支出也出现了较快增长势头。一季度,天津市城市居民家庭人均消费性支出为 1 920.08 元,比上年同期增长 18.8%,增幅比上年同期上升了 13 个百分点。居民的吃、穿、用、住消费向优质、高档迈进。恩格尔系数由 2002 年一季度的 42.1% 降至 2003 年同期的 41.8%,同比下降 0.3 个百分点。

在各项消费支出中,交通通讯类支出增幅居首位。2003 年一季度,居民家庭人均交通通讯类支出为169.50元,比上年同期增长42.9%,占消费性支出的比重为8.8%,比上年同期上升了1.5个百分点。其主要原因有两个方面。一是人均交通费支出有较大增长。随着天津市道路状况和交通设施的不断改善,居民家庭出行更加方便、快捷,加上节日期间居民家庭外出旅游、走亲串友人数增加,一季度交通费支出大幅增长,家庭人均40.40元,同比增长48.8%,其中出租车费人均支出同比增长34.9%。二是通讯消费支出增速加快。随着通讯工具的不断普及和居民上网获取信息及发短信的增加,一季度天津市居民家庭的通讯支出出现大幅增长,家庭人均101.10元,同比增长33.1%,其中电信费支出同比增长33.8%。到3月末,百户已拥有手机53.6部,比上年同期增长52%,比上年末增长18.6%。

其次,杂项商品和服务支出显著增长。一季度,居民家庭杂项商品和服务支出人均为69.61元,比上年同期增长37%。主要是居民家庭用于丧葬、美容、美发、办理各种公本费等支出较高,使得杂项服务费支出增加,家庭人均36.08元,同比增长76.4%。

再次,教育文化娱乐服务支出依旧高涨。随着收入水平的提高,居民家庭在满足吃、穿等消费后,教育文化娱乐服务消费已成为消费热点。一季度,居民家庭用于教育文化娱乐服务支出人均为206.61元,比上年同期增长32.8%,占消费性支出比重为10.8%,比上年同期上升了1.2个百分点。

最后,居民用于吃、穿消费增长。2003年一季度,居民家庭人均食品类支出为802.20元,比上年同期增长17.8%。受元旦、春节等假日消费的影响,一季度居民家庭食品消费保持了强劲增长。居民家庭的饮食结构也发生了变化,副食消费比重继续提高,鲜活及绿色食品受到欢迎,居民人均用于购买肉、禽、蛋、水产品类食品支出同比分别增长13.9%、4.6%、7%和13.8%;由于2003年以来鲜菜同比价格上涨,居民鲜菜购买支出增多,加之消费量的增长,1—3月份居民人均购买鲜菜支出同比增长41.9%;人均购买干鲜瓜果类支出同比增长16.5%;人均购买鲜奶支出同比增长55.2%;人均购买酒及饮料类支出同比分别增长21.5%和27%。生活质量的改善,使得居民家庭在外用餐明显增加,人均支出153.69元,比上年同期增长22.3%。

资源来源:http://www.enorth.com.cn(记者/刘雁军)

第四节　消费者行为的比较静态分析

在第二章讨论市场的时候曾经提到了需求定律,那么,价格下降消费者需求为什么会增加呢？其具体的作用机理是什么？本节的分析将表明，这是效用最大化的消费者理性选择的结果。具体来说，当价格下降时，消费者同样的货币将购买更多的商品，因而若边际效用不变，则其总效用将增加；反之，当一种商品的价格上升时，由于同量的货币只能购买更少的商品，其总效用将减少。这一逻辑反过来理解是，当消费者消费某种产品的数量更多时，其边际效用是递减的，因而他只愿意付出较低的价格；当他消费量较少时，其边际效用较高，他愿意支付较高的价格。这一作用机理又被分为替代效应和收入效应。本节将对不同商品类型的替代效应和收入效应进行分析，并讨论不同类型商品的需求曲线的形状特征。

一、替代效应和收入效应的含义

在消费者寻求效用最大化的假设下，当一种商品的价格发生变化时，会对消费者产生两种影响：一种是替代效应，一种是收入效应。所谓替代效应是指，当各种商品的相对价格发生变化时，消费者会用价格便宜的商品代替相对昂贵的商品，由此商品需求量发生变动。所谓收入效应是指，当某种商品的价格发生变动时，同量的货币所能购买到的商品数量发生变化，如价格下降时可以购买到更多的商品，价格上升时只可以购买到更少的商品，这实际上等于消费者的收入发生变动，因而被称为收入效应。收入效应也会使消费者的需求量发生变化。替代效应与收入效应之和被称为总效应。这种关系用方程来表示又称为斯勒茨基方程。

二、正常品的替代效应与收入效应

我们可以借助图 3-14 来分析正常品的替代效应与收入效应。在图 3-14 中，横轴和纵轴分别表示商品 1 和商品 2 的数量，其中商品 1 是正常商品。我们以商品 1 的价格下降为例来分析正常品的替代效应和收入效应。

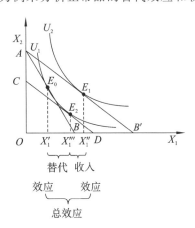

图 3-14 正常品的替代效应和收入效应

在商品 1 的价格变化之前，消费者的预算约束线为 AB，它与无差异曲线 U_1 相切于 E_0，E_0 点为消费者效用最大化的一个均衡点，此时，商品 1 的需求量为 X_1'。现假设商品 1 的价格水平下降使预算约束线的位置由 AB 移至 AB'。新的预算线与代表更高效用水平的无差异曲线 U_2 相切于 E_1，E_1 点为商品 1 价格下降后消费者效用水平下降以后的均衡点，此时，商品 1 的需求量为 X_1''。比较新旧两个均衡点，商品 1 的需求量增加量为 $X_1'X_1''$，这就是商品 1 价格下降产生的总效应，它是替代效应和收入效应之和。接下来，我们来逐一分析商品 1 的替代效应和收入效应。

要想分析商品 1 价格下降产生的替代效应，我们假设可以调整消费者的收入，使得他的实际收入在价格下降前后一样，那么就可以剔除收入变化的影响，从而得到价格下降的替代效应。为此,我们需要引入补偿预算线的概念。补偿预算线是当商品价格发生变化导致消费者实际收入水平发生变化时,用假设的货币收入的增减来维持消费者实际收入水平不变的一种分析工具。或者说,补偿预算线是用以维持在商品价格变化时消费者效用水平不变而假设的货币收入增减的工具。当商品价格下降时消费者的实际收入水平增加,补偿预算线假设可以取走消费者的一部分收入,从而保持他的实际收入水平不变,即效用水平不变。当商品价格上涨时消费者的实际收入水平减少,补偿预算线假设可以增加消费者的收入,从而保持他的实际收入水平不变,即效用水平不变。在图3-14中,CD曲线即是补偿预算线,这是一条平行于预算线AB'且与无差异曲线U_1相切的直线。此时,假设的货币收入的减少恰好使消费者回到原有的效用水平,而商品1的价格为降价以后的价格水平,补偿预算线的斜率与AB'的斜率相同。补偿预算线与无差异曲线相切点为E_2点,与初始均衡点E_0相比,商品1需求量的增加$X'_1X'''_1$,这就是商品价格变化所引起的替代效应。替代效应为正值,表明正常品的替代效应与价格反方向变动。

由于总效应是替代效应和收入效应之和,因此,需求量的变化量$X'''_1X''_1$即为收入效应。从另一个角度说,当消费者预算约束线从补偿预算线平移至AB'的位置时,消费者效用最大化的均衡点从E_2点变化至E_1点,相应的商品1的需求量增加量为$X'''_1X''_1$必然是收入效应,因为它是商品1的价格变化所引起的消费者实际收入水平的变化量,它提高了消费者的效用水平。此时,收入效应也为正值,因此,我们可以得出结论:收入效应与价格也反方向变动。

综上,对于正常商品来说,替代效应和收入效应都与价格反方向变动,从而总效应也与价格反方向变动。正常品的需求曲线是向下方倾斜的。

三、劣等品的替代效应和收入效应

与分析正常品的替代效应和收入效应的方法类似,我们借助图3-15来分析劣等品的替代效应与收入效应。在图3-15中,横轴和纵轴分别表示商品1和商品2的数量,其中商品1是劣等商品。这里可以以商品1的价格下降为例来分析劣等品的替代效应和收入效应。

在商品1的价格变化之前,消费者的预算约束线为AB,它与无差异曲线U_1相切于E_0点,E_0点为消费者效用最大化的一个均衡点,此时,商品1的需求量为X'_1。现假设商品1的价格水平下降使预算约束线的位置由AB移至AB'。新的预算线与代表更高效用水平的无差异曲线U_2相切于E_1,E_1点为商品1价格下降后消费者效用水平下降以后的均衡点,此时,商品1的需求量为X''_1。比较新旧两个均衡点,可以看出,商品1的需求量增加量为$X'_1X''_1$,这就是商品1价格下降后产生的总效应,它是替代效应和收入效应

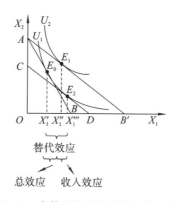

图3-15 劣等品的替代效应和收入效应

之和。接下来，我们来逐一分析商品1的替代效应和收入效应。

通过作补偿预算线 CD，我们将总效应分为替代效应和收入效应。由于商品1价格的下降而引起商品相对价格的变化，使得消费均衡点由 E_0 移动至 E_2，相应的需求量增加量为 $X_1'X_1'''$，它是一个正值。由于商品1价格水平的下降而导致的消费者实际收入水平的增加使消费者均衡点从 E_1 移动到 E_2，商品1的需求量从 X_1''' 减少到 X_1''，这是收入效应。收入效应为负值是因为随着商品1价格的下降导致消费者实际收入水平的提高，从而减少了对劣等品的需求量。因此，劣等品的收入效应与价格同方向变动。

由于替代效应 $X_1'X_1'''$ 的绝对值大于收入效应 $X_1''X_1'''$ 的绝对值，因此，总效应 $X_1'X_1''$ 为正值。也就是说，对于劣等品，其替代效应与价格反方向变动，收入效应与价格同方向变动，并且在大多数情况下，收入效应小于替代效应，总效应与价格反方向变动，相应的需求曲线是向右下方倾斜的。

但是，在少数情况下，会出现某劣等品的收入效应超过替代效应，从而出现需求曲线向右上方倾斜的现象，这就是吉芬商品。

四、吉芬商品的替代效应和收入效应

在1845年爱尔兰地区发生灾荒时，土豆价格上升，但土豆的需求量却增加了，这一现象被经济学家们概括为"吉芬难题"，这种需求量与价格同方向变动的特殊商品也被称为吉芬商品。吉芬商品存在一般依赖两个重要的条件：一是具有较少的替代品，因而替代效应较弱；二是其支出占收入比重很大，因而收入效应较强。最终导致收入效应超过替代效应，产生需求曲线向右上方倾斜的现象。

我们可以借助图3-16来分析吉芬商品的替代效应和收入效应。在图中，横轴和纵轴分别表示商品1和商品2的数量，其中商品1是吉芬商品。当商品1的价格水平由 P_1 下降到 P_2 时，消费者均衡点由 E_0 移动至 E_1 点，相应的商品1的需求量由 X_1' 减少至 X_1''，这就是总效应。借助补偿预算线 CD 可得，$X_1'X_1'''$ 是替代效应，它是一个正值；$X_1''X_1'''$ 是收入效应，它是一个负值；而且负的收入效应 $X_1''X_1'''$ 的绝对值超过替代效应 $X_1'X_1'''$，所以，总效应 $X_1'X_1''$ 为负值。

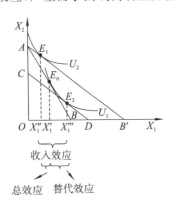

图3-16 吉芬商品的替代效应和收入效应

作为一种特殊的劣等品的吉芬商品，其替代效应与价格反方向变动，收入效应与价格同方向变动，并且收入效应很大，以至超过替代效应，从而使得总效应与价格同方向变动，这就是吉芬商品的需求曲线向右上方倾斜的原因。

如果将正常品、劣等品和吉芬商品的替代效应和收入效应放在一起比较，我们便可得到表3-4。

表 3-4　各类商品的替代效应和收入效应

商品类别	替代效应与价格关系	收入效应与价格关系	总效应与价格关系	需求曲线形状
正常品	反方向变化	反方向变化	反方向变化	向右下方倾斜
劣等品	反方向变化	同方向变化	反方向变化	向右下方倾斜
吉芬商品	反方向变化	同方向变化	同方向变化	向右上方倾斜

第五节　显示性偏好理论

由于效用与偏好在实践中不可观察和测度,因此经济学家们怀疑立足于偏好的消费者效用最大化理论是否有效。对此,美国经济学家萨缪尔森提出了显示性偏好理论,以说明消费者的偏好可以从消费者行为中推断出来。根据显示性偏好理论,消费者偏好可以从市场中观察到的购买活动中体现出来。例如,如果观察到某消费者购买了商品组合 M 而不是 N,而 M 并不比 N 便宜,那么对于该消费者来说,M 一定优于 N。

显示性偏好理论是指:如果存在两个消费组合 M 与 N,在一定的价格和收入水平上,消费者有能力支付 M 和 N,而消费者选择 M,此时,就认为 M 相对于 N 而言是显示性偏好。这表明,在任何价格-收入的排序下,相对于 M 而言,N 永远不会是显示性偏好。如果在一定的价格-收入水平下,消费者实际选择 N,那一定是因为消费者无力支付 M。假设有两种商品,商品 1 和商品 2,若消费者预算约束线为 AB,在 N 也可被支付的情况下,消费者选择 M,那么,相对于 N 组合,M 组合具有显示性偏好;如果在预算约束 $A'B'$ 下,N 组合被实际支付,则是因为 M 组合不能被支付,如图 3-17 所示。

如果把消费组合推广到 n 个时,就可得到显示性偏好强公理:如果 0 组合相对 1 组合是显示性偏好,1 组合相对 2 组合是显示性偏好,……$n-1$ 组合相对 n 组合是显示性偏好,那么 n 组合相对于 0 组合就不能成为显示性偏好。

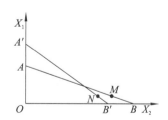

图 3-17　显示性偏好理论

根据消费者的购买行为,我们可以建立基于观察事实的消费者选择函数,在此基础上可以证明消费者的选择函数实际上就是消费者马歇尔需求函数。而马歇尔需求函数是立足于偏好理论,从消费者最大化的均衡模型中推导出来的。因此,显示性偏好理论得出的结论恰好与立足于偏好的消费者效用最大化均衡理论相吻合。

第六节 跨时期选择问题

在前几节中,我们主要通过分析消费者在约束条件下最大化自己效用的方法,来研究消费者怎样在特定的收入、价格和个人偏好下决定自己对某种商品的消费量。其实,这种方法也可以用来研究消费者的其他选择问题,跨时期选择问题就是很好的一例。在这里,我们还是运用预算线和无差异曲线,但分析的却是消费者在两个时期的消费量是如何决定的。

一、利率与预算约束

小王是一个工人,收入比较稳定,今年的收入是 10 000 元,明年的收入将是 12 600 元。他可以把消费剩下的钱以年利率 5% 存在银行,或者当消费超过收入时选择贷款消费。那么,小王在这两年内如何安排他的支出呢?他有很多选择:首先,他可以选择在每年用掉自己的收入,不存款也不贷款;其次,可以选择将今年的消费控制在 10 000 元以内,剩下的钱存在银行供明年使用;此外,他还可以选择在今年消费大于 10 000 元,不足的部分向银行贷款,用明年的收入来偿还。把小王可以选择的各个点连接在一起,就得到小王的跨时期消费的预算线。

假设消费者今年的消费量为 C_1,收入为 M_1,明年的消费量为 C_2,收入为 M_2,则消费者在这两个时期的收入和消费应该相等:$C_1+C_2=M_1+M_2$。但是,C_1 和 C_2 以及 M_1 和 M_2 是代表不同时间的货币价值,是不可以直接相加的。要使这两个时期的货币价值具有可加性,必须用反映时间价值的因子即利率来换算,由此便得出下列等式:

$$(1+r)C_1+C_2=(1+r)M_1+M_2 \qquad (3.15)$$

或者

$$C_1+C_2/(1+r)=M_1+M_2/(1+r) \qquad (3.16)$$

式(3.15)是将所有的收入和消费换算成未来值计算的,因此称为未来值表达式;式(3.16)则是将所有的消费和收入换算成现值计算的,故称为现值公式。

现在我们来讨论消费者如何就两个时期的消费进行决策。

首先假定消费者今年存款以供明年使用,那么消费者今年的存款加上一年的利息就是明年能超额消费的量:

$$C_2=M_2+(M_1-C_1)+r(M_1-C_1)$$

在上例中,小王明年的消费量是:

$$C_2=12\ 600+(1+5\%)(10\ 000-C_1)$$

其次假定消费者今年贷款消费,并用明年的收入来偿还,那么今年的贷款额加上一年的利息就是明年消费者要偿还的量,则明年的消费就是:
$$C_2 = M_2 - (C_1 - M_1) - r(C_1 - M_1)$$
在上例中,小王明年的消费就是:
$$C_2 = 12\ 600 - (1+5\%)(C_1 - 10\ 000)$$

我们发现,这两种情况的预算线方程式是一样的,其经济学的解释也是一样的,那就是收入的现值等于消费的现值,收入的未来值等于消费的未来值。所不同的是,当$C_1 < M_1$时,消费者将今年的一部分收入储蓄起来,明年消费更多。我们可以用图形将消费者在两个时期的消费选择表示出来。图3-18就把小王在两个时期的选择空间刻画出来了,图中的直线就是他的预算线。

在图3-18中,如果不涉及在两个时期之间进行选择,则每个时期的消费等于每个时期的收入,消费者将在 A 点消费(即第二节分析的情况)。但当消费者可以在两个时期间进行选择时,从理论上说,他就能够在这条预算线的任何一点消费。比如,他可以在今年消费22 000元,明年一点也不消费,也可以今年不消费,明年消费23 100元,或者在这两种极端选择之间的任何一点消费。

这条预算线的斜率就是 $-(1+r)$,因此,当利率发生变化时,上述预算线就会发生移动。不过,无论利率如何变化,预算线都要经过 $A(10\ 000, 12\ 600)$ 这个点。其实,只要对这个式子稍加研究就能发现,利率变化后,预算线只是围着(10 000,12 600)这个点转动,因为不管利率怎么变,小王总有这样一种选择:每期用完自己的收入,不存款也不贷款,从而和银行不发生关系。当利率上升时预算线将顺时针转动,由此变得更为陡峭。这是因为,当利率上升时,今年每消费1元钱等价于更多的明年消费;当利率下降时,今年每消费1元钱等价于更少的明年消费,如图3-19所示。因此,消费者在进行跨时期的消费选择时,需要考虑的一个重要变量是利率。

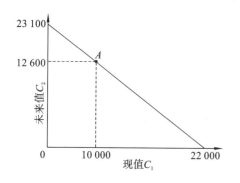

图3-18 两个时期消费的预算线

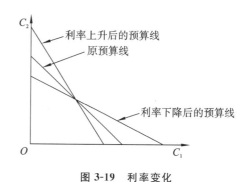

图3-19 利率变化

二、时间偏好与消费者均衡

消费者一般都希望每个时期都消费一些,他对两个时期消费的偏好,就像第二节中的消费者对两种商品的偏好一样,也是可以用无差异曲线来表示的,而且根据我们的假定,此时的无差异曲线的边际替代率是递减的,即无差异曲线是凸向原点的。然而,不同

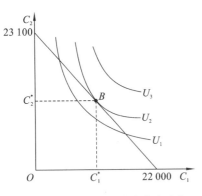

图 3-20 跨时期选择的消费者均衡

的消费者具有不同的时间偏好,这取决于个人的经济状况与价值观念。一些人更看重当前的消费,其生活哲学是"今朝有酒今朝醉";而另一些消费者则更看重未来的消费,其生活哲学是"勤俭持家"。这两种消费者具有不同的无差异曲线,因而在均衡时也就具有不同的消费组合。不过,无论哪一种消费者,其均衡都是在预算线和一条无差异曲线的切点达到的,图 3-20 说明了典型消费者的均衡情况。

在图 3-20 中的 B 点,消费者实现了均衡。这种均衡可能是消费者选择今年储蓄,也可能是选择今年贷款。当然,也可能是既没有储蓄,也没有贷款,即消费者均衡点在 (10 000,12 600) 处。

运用本章第二节的式(3.8),在均衡点上有:

$$\frac{MU_1}{MU_2}=\frac{P_1}{P_2}$$

这就是说,消费者均衡时的边际替代率等于两种商品的价格比。那么,这里的边际替代率是什么呢?在这里,边际替代率还是一种价格比,是今年 1 元钱的消费相当于明年多少元的消费,其实也就是 $1+r$。由现值和未来值的计算公式可知,此时的 $1+r$ 就是预算线斜率的相反数。由此可见,利率在消费者跨期选择中具有关键作用。

三、利率变化对消费者均衡的影响

利率变化将怎样影响消费者的选择呢?当利率发生变化后,消费者在本期的消费是增加还是减少呢?这里,我们以利率下降为例,分析消费者是存款者的情况。我们首先要假定,C_1 和 C_2 都是正常品,也就是说,假如消费者的收入上升,那么两者的消费量都会上升。

对一个存款者来说,利率下降首先会有一种替代效应,也就是消费者愿意用本期的消费来替代将来的消费。因此,替代效应的作用是使本期的消费上升,将来的消费减少;同时,利率下降对存款者来说等于总收入减少了,因此收入效应是同时减少 C_1 和 C_2。结果,利率下降后,存款者肯定会减少未来消费,但本期消费如何变化还不确定,这要看是收入效应大于替代效应,还是替代效应大于收入效应。各种可能的变化情况可归纳为表 3-5。

表 3-5 利率下降对存款者消费的影响

存款人:利率下降	替代效应	收入效应	总效应
本期消费	上升	下降	不确定(存款趋势不确定)
未来消费	下降	下降	下降

相应地,我们可以推导出其他情况(见表 3-6)。

表 3-6 利率变化对消费者消费的影响

存款人:利率上升	替代效应	收入效应	总效应
本期消费	下降	上升	不确定(存款趋势不确定)
未来消费	上升	上升	上升
贷款人:利率下降			
本期消费	上升	上升	上升(增加贷款)
未来消费	下降	上升	不确定
贷款人:利率上升			
本期消费	下降	下降	下降(减少贷款)
未来消费	上升	下降	不确定

四、债券的价值

债券是一种借贷合同,它是债券发行人同意向债券购买者定期支付一定利息并到期偿还本金的债务合同。对发行人来说,它是一种借贷行为,而对购买者来说则是一种储蓄行为。那么,对投资者来说,债券的价值应该如何计算呢? 例如,一个公司发行 10 年期面值为 1 000 元的债券,每年支付利息 100 元,10 年到期时偿还本金 1 000 元。那么,对购买者来说,这一债券的价值是多少呢?

要知道债券的价值,首先要知道利率。有了利率,我们就可以把每年的收益及到期时的本金换算成现值,这一现值就是债券的价值。因此,上述债券的价值可以通过下列式子来计算:

$$PDV = 100/(1+r) + 100/(1+r)^2 + 100/(1+r)^3 + \cdots + 100/(1+r)^{10} \quad (3.17)$$

式中的 PDV 为贴现值,也就是换算后的债券的现期价值。从这一等式可以看出,债券的价值取决于利率。利率越高,债券的价值越低;利率越低,债券的价值越高。在式(3.17)中,当利率为 5% 时,该债券的价值为 1 386 元,当利率为 15% 时,该债券的价值为 749 元。对投资者来说,如果知道利率,知道债券的每年收益及到期时的本金,就可以计算债券的价值。如果债券在市场上的价格高于价值,就不值得购买;如果债券的价格低于价值,就可以购买。

上述例子说的是有期限的债券的情况。还有一种是没有期限的永久债券,那么,对于没有期限的永久债券,其价值又如何计算呢? 永久债券的特点是,每年支付一个固定数额,并一直支付下去。我们可以用一个简单的式子来计算永久债券的价值:

$$PDV = R/r \quad (3.18)$$

在式(3.18)中,R 为每年的固定支付数额,r 为利率。假若每年的固定支付额为 100 元,利率为 5%,该永久债券的价值是 2 000(100/0.05)元;若利率为 10%,则价值为 1 000 元;若利率为 20%,则该永久债券的价值就是 500 元。

几乎在每一个证券交易所都有债券的交易,政府债券和许多公司的债券都是上市交易的,但是每种债券的价格并不一样。债券的价格实际上就是投资者认可的债券价值,而债券价值又是通过利率和债券的收益计算出来的。在证券市场上,投资者往往知道债券的交易价格,也知道债券能带来的收益(即每年的利息和到期的本金),但他要决定以现在的交易价格来购买债券是否合算(即与其他投资工具相比,投资债券是否更有利可图),这就要比较债券的收益率和其他投资工具的收益率。那么,怎样计算投资的收益率呢?

实际上,在式(3.18)中,将 PDV 以价格 P 来代替,就可以计算式中的 r。如果是永久债券,则债券的收益率就由下式给出:

$$r = R/P \tag{3.19}$$

式(3.19)说明,债券的收益率与债券的价格成反比。将这一收益率与其他投资工具的收益率相比较,就可以确定投资债券是否合算。但问题是,当我们计算各种债券的收益率时,我们发现不同债券的收益率有很大的差别。公司债券的收益率一般比政府债券的收益率高,而某些公司的债券收益率又比另一些公司高。为什么会这样呢?为什么收益率低的债券也卖得出去呢?仔细观察后我们发现,各种债券的风险是不一样的。风险高的债券存在到期不能偿付利息和本金的更大可能性,要使它在市场上有吸引力,就必须有高的收益率。而风险低的债券,由于违约支付本金和利息的可能性小得多,因而只需较低的收益率就能具有足够的市场吸引力。这样看来,各种债券的不同收益率实际上反映了债券的不同风险程度,高收益率中实际上有一部分是投资者承担风险的报酬。

五、跨时期决策的几个例子

(一) 投资决策的净现值标准

企业所面临的最重要决策是投资。面对着不同时期的报酬流量,投资者如何决定是否进行一项投资呢?这里,我们用净现值的方法来回答这个问题。

在决定是否进行一项投资时,首先要考虑的是这项投资是否值得,即预期从该投资中取得的收益是否大于投资的成本。假若预期的投资收益大于成本,那么,这项投资就是值得的,否则就不值得投资。投资的成本是已知的,预期的投资收益却要在将来才能知道,那么,怎样将这些将来的收益换算成现有的收益呢?这就需要计算这些收益的现值,由此得到的标准就是投资决策的现值标准。将这种现值减去投资成本,就是净现值。因此,投资的净现值标准可以表述为:如果一项投资的预期收益的现值大于投资的成本,那就可以进行投资。

假定一项投资的成本为 C,它在未来 10 年内产生的收益分别为 $R_1, R_2, \cdots, R_{10}$,而同期的利率为 r,则该投资的净现值就是:

$$NPV = R_1/(1+r) + R_2/(1+r)^2 + R_3/(1+r)^3 + \cdots + R_{10}/(1+r)^{10} - C \tag{3.20}$$

在式(3.20)中,NPV 代表净现值,r 为贴现率,也就是利率。如果计算的结果大于零,则说明该项投资值得进行;如果计算的结果等于或者小于零,则说明该投资不值得进行。

当一个企业面临着几个投资项目,却只能选择其中一项进行投资时,也可以通过净现值的比较来决定选择哪一个投资项目。请看下面的例子。

假若现有两个投资项目 A 和 B,其投资成本相等,时间均为 3 年,但其收益却是在不同时间实现的,如表 3-7 所示。

表 3-7 投资决策的净现值标准

时间	项目 A 投资收益/元	项目 B 投资收益/元
第 1 年	10 000	0
第 2 年	10 000	0
第 3 年	10 000	30 500

表面看来,投资项目 A 的收益要小一些,投资项目 B 的收益则更大一些,因为前者只有 30 000 元,而后者却有 30 500 元。实际上我们不能作这样简单的比较,正确的方法是把它们贴现,都换算成现值以后再进行比较。利用前述的贴现公式,然后根据一定的利率,就可以计算出每种投资项目的收益现值。通过计算,我们可以知道,利率为 0 时,B 项目的收益大于 A 项目,因而投资 B 项目更为合算;利率为 1% 时,B 项目的收益仍然大于 A 项目;而利率为 2% 或更大时,A 项目的收益就会超过 B 项目。

当然,在进行了这种计算后,还要考虑每种投资项目的风险问题。如果风险相同,则通过上述比较就可以直接得出结论。如果风险不同,对于风险规避者,则风险更大的投资项目只有在收益更大的情况下才可以考虑进行。

(二) 可耗竭资源的开采

前面简单地介绍了跨时期消费决策问题,其实跨时期决策是多方面的,我们下面再举一个例子。

假设你有一口油井,油井里有 5 000 桶石油,那么,是现在就把石油全部开采出来卖掉,还是等一段时间再开采呢?

很明显,如果油价是不变的,你会尽快将所有的油开采出来卖掉,这样将钱存在银行里还可以生息。但你知道,这是不可能的,因为如果这样,过一段时间市场上就没有油卖了,那时油价就可能飙升。

因此,预期石油价格将会上升是比较合理的。但是,石油价格会以多大的幅度上升呢?预期石油价格会以这样一种速度上升:当所有的生产商都按这种预期而最大化自己的利润时,他们的行为不影响这种预期的实现。这样说有点抽象,下面我们具体讨论。

设石油的开采成本为 C,而利率保持不变且为 r;再设 t 时期的石油价格为 P_t。那么,关于石油价格的预期要满足如下方程,这种预期才能够真正实现:

$$(P_{t+1}-C)/(P_t-C)=1+r \tag{3.21}$$

在式(3.21)中,$P_{t+1}-C$ 是下一期开采石油的利润,P_t-C 是本期开采石油的利润,当这种利润的增长等于利率的时候,任何一个石油生产商都觉得没有必要调整生产计划,因此这种预期是可行的。

如果石油生产商预期 $(P_{t+1}-C)/(P_t-C)>1+r$,也就是说利润的增长快于利率的话,那么所有的石油生产商都会减少现在的石油开采,因为他们觉得把石油留到以后开采会更合算,而这样做的结果是造成当前油价的上升,直到目前的油价满足式(3.21)为止。

同理,如果石油生产商预期$(P_{t+1}-C)/(P_t-C)<1+r$,也就是说利润上升的速度没有利率快,那么石油生产商会觉得尽快把石油开采出来比较合算,但这样做的结果是造成当前石油价格的下跌,并一直下跌到式(3.21)成立,即石油生产商觉得什么时候开采都无所谓的时候为止。

需要说明的是,这里的价格、利润都是预期的,不一定是最后真正达到的水平,因为实际的价格往往会受到一些出乎意料的因素的影响,造成价格的突然上升或者下跌。譬如近年的恐怖事件和各种危机,都造成了石油价格的大幅波动。但是,一旦这些突发因素被价格消化以后,对石油价格的预期仍然应该符合上述等式。

(三) 森林的砍伐

森林和石油不同,森林是可以再生的,也就是说,森林被采伐以后可以种上新的树苗,几年以后又成了一片森林,因此我们不能预期木材的价格像石油一样必定是上涨的。为了使讨论的问题更为简单,我们假定木材的价格不变。现在的问题是,假如木材的价格是不变的,而利率水平为r,那么,我们应该怎样实现一片森林的最大效益呢?也就是说,我们什么时候该砍伐树木,并栽上新的树苗呢?虽然森林和石油不同,但我们处理这类问题的思路还是一样的,那就是:如果资产价值的增长慢于利率水平,就应该变现资产;如果资产价值的增长快于利率水平,就应保留资产。不同的是,对于石油,资产价值增长是通过价格增长实现的;而对于森林,资产价值增长是通过树木的成长实现的。

我们知道,树木在不同时期的成长速度是不同的,在树木很小的时候,长得很快,而当树木变老的时候,就长得很慢了,最后,生长会停止,甚至死亡腐烂。一般地,我们可以合理地认为树木的年龄与体积之间有如图 3-21 所示的关系。

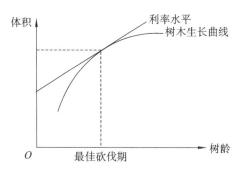

图 3-21　森林的砍伐时机

在图 3-21 中,树木生长速度开始时快,随后逐渐变慢。其体积的增长速度在一个时期会等于利率。假设利率为 5%,那么树木的生长速度也会在一个时期为 5%,然后越来越低。显然,砍伐树木不能太早,也不能太晚,最好就是在树木的体积增长速度等于利率的时候。因为在这之前,树木增值很快,让树木自然生长,比把树木砍伐后取得的收入存入银行合算;而在这之后,就是砍伐树木把钱存到银行里更合算了。

第七节 不确定性条件下的选择

在现实的经济生活中,经济主体面临的选择环境往往不像前文中我们所描述的那样,是一种确定的情况。世界是不确定的,在这种不确定的条件下,消费者将如何选择呢?显然,由于种种不确定性因素的存在,消费者的选择将面临着风险。在风险存在的情况下,消费者的态度和行为将会发生什么变化呢?本节将引入不确定性来探讨这一问题。

一、不确定性与风险

在前面的分析中,我们隐含了一个假设条件,即完全信息假设。完全信息是指从事经济活动的人都掌握了与其所从事的经济活动有关的所有变量的全部信息。而不确定性是指经济活动的人并不能准确地知道自己的某种决策结果。换句话说,当经济行为者的一种决策的可能结果有多种时,就会产生不确定性。

风险是指我们不仅知道各种可能的结果,还知道各种可能结果发生的概率。概率是一个事件重复发生的频率。比如说,掷一枚硬币,试验表明,当我们掷的次数很多时,正面朝上和背面朝上的次数大约各占一半,也就是说正面朝上和背面朝上的概率都是二分之一。另外,值得注意的是,概率又分为客观概率和主观概率。客观概率是统计概率,它是以试验中重复事件发生的频率为依据的。例如,飞机失事的概率是通过飞机失事的次数与飞行次数进行对比而得到的,因而是一种客观概率。而主观概率是人对可能性大小的主观性判断。例如,宇宙探险、海洋石油开采,是一种从来没有进行过的风险事业,其成功的概率就是一种主观概率。

经济学中对不确定性条件下的选择进行研究,始于冯·诺伊曼与摩根斯坦,他们提出了期望效用理论,以解释不确定条件下人们的选择行为。

二、期望效用与期望值效用

为了介绍不确定条件下消费者的行为,我们有必要引入两个重要的概念:期望效用和期望值效用。下面以彩票市场为例说明这两个概念。

(一)期望效用

与确定条件下消费者追求效用最大化一样,在不确定的条件下,消费者的目标仍是获得最大效用。但由于消费者事先并不知道哪种结果会发生,因此,他只能以期望效用为目标,以期得到最大化的效用。

假设消费者面对的风险是一张彩票,而该彩票有两种结果,当第一种结果发生时,该消费者拥有货币财富为 W_1,p 表示第一种结果发生的概率,$0<p<1$;当第二种结果发生时,该消费者拥有货币财富为 W_2,$1-p$ 表示第二种结果发生的概率。于是,这张彩票就可以表示为 $L=[p;W_1,W_2]$。

对于这张彩票而言,它的期望效用函数为:

$$E\{U[p;W_1,W_2]\} = pU(W_1) + (1-p)U(W_2) \tag{3.22}$$

也可将上式简写为:

$$E[U(W_1,W_2)] = pU(W_1) + (1-p)U(W_2) \tag{3.23}$$

期望效用函数也被称为冯·诺依曼-摩根斯坦效用函数。它是消费者在不确定条件下可能获得的效用的加权平均数。经济学家们认为,消费者在不确定条件下,就是追求期望效用的最大化。

(二)期望值效用

与期望效用不同的是,彩票的期望值效用是彩票在各种可能的结果下消费者所拥有的平均货币财富量,这一货币财富量是一种期望值,消费者对这一期望值也具有效用。

对于一张彩票 $L=[p;W_1,W_2]$,其期望值为 $pW_1+(1-p)W_2$,相应地,期望值效用为 $U[pW_1+(1-p)W_2]$。

三、消费者对待风险的态度

对于同一个具有不确定结果的事物,每个消费者对待风险的态度是不同的,这使他们的行为选择也各不相同。根据风险理论,消费者对风险的态度可以划分为三类:风险规避者、风险爱好者和风险中立者。判断一个消费者属于哪种类型,可以比较其期望效用与期望值效用。这就是,假设消费者在无风险的情况下能获得的确定性收入与他在有风险的情况下能够获得的期望收入相等,如果消费者相对于有风险条件下的期望收入更偏好确定性收入,那么该消费者是风险规避者;如果消费者相对于确定性收入更偏好有风险条件下的期望收入,那么该消费者是风险爱好者;如果消费者对于确定性收入的偏好等于有风险条件下期望收入的偏好,那么该消费者是风险中立者。下面仍以彩票为例来具体分析。

假设消费者在无风险条件下所获得的财富等于彩票的期望值 $pW_1+(1-p)W_2$,如果某消费者认为无风险情况下的确定收入的效用大于风险条件下彩票的期望效用,即 $U[pW_1+(1-p)W_2]>pU(W_1)+(1-p)U(W_2)$,则该消费者为风险规避者;如果某消费者认为无风险情况下的确定收入的效用小于风险条件下彩票的期望效用,即 $U[pW_1+(1-p)W_2]<pU(W_1)+(1-p)U(W_2)$,则该消费者为风险爱好者;如果某消费者认为无风险情况下的确定收入的效用等于风险条件下彩票的期望效用,即 $U[pW_1+(1-p)W_2]=pU(W_1)+(1-p)U(W_2)$,则该消费者为风险中立者。

上述结果可以分别用图 3-22 来表示。

另外,我们还可以根据效用曲线的形状来判断消费者的风险态度。假设消费者的效用函数为 $U=U(W)$,W 为货币财富量,且效用函数为增函数。对风险规避者而言,其效

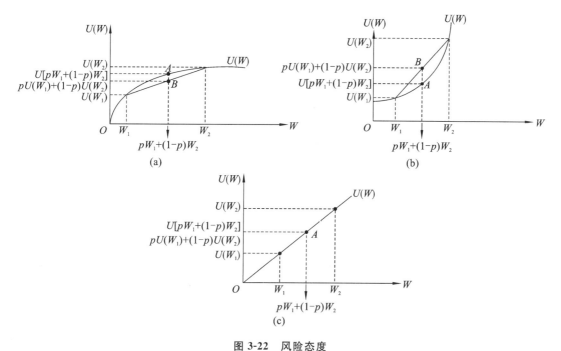

图 3-22 风险态度

(a)风险规避效用函数；(b)风险爱好效用函数；(c)风险中立效用函数

用曲线是严格凹的，即任意两点间的弧都高于这两点间的弦。图 3-22(a)中的 A 点代表消费者在无风险条件下一笔确定的货币财富量的效用 $U[pW_1+(1-p)W_2]$，而 B 点代表拥有一张具有风险的彩票的期望效用 $pU(W_1)+(1-p)U(W_2)$，A 点高于 B 点。而对于风险爱好者而言，其效用曲线是严格凸的，如图 3-22(b)中效用曲线。而风险中立者的效用函数是线性的，如图 3-22(c)所示。

虽然理论上消费者对待风险的态度各不相同，但在实际生活中，大多数的消费者都是风险规避者。并且，消费者在对待不同的决策结果，或者在财富增加的不同阶段，其风险态度可能是不同的。

四、规避风险的方法

由于在现实生活中大多数经济行为都具有不确定，作为经济活动的主体只能通过获取信息来减少不确定性，或采取各种途径来转移风险和分散风险。一般来说，规避风险的方法有三种：多样化、购买保险和获取信息。

（一）多样化

所谓多样化是指从事经济活动的主体，在面临风险时，可以采取多样化的行动，以便降低风险。例如，人们可以持有更多种类的资产来避免因持有单一资产所面临的风险。分散投资的作用在于投资于不同行业不同项目的同时也使风险分散了。换句话说，分散投资虽然不能避免风险，但它可以减少风险可能造成的损失。资产组合理论证明，资产组合风险随着组合内所包含的资产数量的增加而减少。

(二) 购买保险

在面临风险时,消费者可放弃一部分收入去购买保险,使消费者可以在一定程度上规避或化解自己的风险,从而使自己处于一种稳定可靠的状态。

下面我们以家庭财产保险为例,分析消费者和保险公司是如何在自愿的基础上展开保险活动的。假设某消费者家庭财产为 $W=10\,000$ 元,一旦发生风险,例如失窃、火灾等风险,消费者将会蒙受损失。假定风险发生的概率为 $p=0.1$,消费者损失的财产为 $I=5\,000$ 元。如果消费者购买保险,他将需要支付保险费为 h。那么在消费者购买保险后,无论是否发生风险,其所拥有的财产数量都是确定的,都为 $W-h=10\,000-h$。如果消费者不购买保险,他将持有的财产是不确定的。在不发生风险条件下,其财产为 $W=10\,000$;在发生风险条件下,其财产为 $W-I=5\,000$。表3-8描述了消费者在各种情况下所持有的财产状况。

表 3-8 不同风险下的消费者财产状况

	发生风险	不发生风险
购买保险	$W-h$	$W-h$
不购买保险	$W-I$	W
概率	p	$1-p$

如果该消费者是一个风险规避者,他选择向保险公司购买保险来规避风险,那么,他支付多少保费 h 是合适的呢?

如果投保人与保险公司之间是公平交易,那么消费者应该使得自己所支付的保险费等于自己财产的期望损失,也就是:

$$h = p \cdot I + (1-p) \cdot 0 = pI \tag{3.24}$$

其中,h 为消费者的保险费,pI 是消费者财产的期望损失,这里 $h=pI=500$ 元。

换个角度来讲,在购买保险后,消费者所持有的确定性财产额应该等于他不购买保险时持有财产的期望值,即:

$$W - h = p(W-I) + (1-p)W \tag{3.25}$$

式子左边是消费者购买保险后所持有的确定性财产额,式子右边是他不购买保险时持有财产的期望值。代入数值,仍可计算得出 $h=500$。也就是说,在消费者购买保险后,无论是否发生风险,其所拥有的财产数量都是确定的,都等于9 500。

对于风险规避者而言,一笔可以确定获得的财产所产生的效用是大于不确定性财产所产生的效用的,因此消费者会倾向于购买保险。

(三) 获取信息

在不确定情况下,消费者的决策是建立在有限的信息基础上的。对于某一特定的事件,一切有助于消费者选择的知识和经验都是有用的信息,通过信息的获取可以减少行为的不确定性。因此,经济行为主体总想方设法获取更多的信息,从而保证决策结果的最优。

由于获得新信息而增加正确决策的可能性所带来的经济效益被称为信息的价值。假设某个经营考试专用书的书店准备从出版社订购一本证券从业资格考试的辅导用书,该书定价为50元。如果订购100本,能够以8折优惠价格进货;如果订购200本,能够以7折优惠价格进货。可问题是,书店老板并不知道这本书的受欢迎程度如何。如果等到证券从业考试结束后,该书就只能半价甩卖。在没有完全足够信息情况下,书店老板只知道,当书的售价为50元时,售出100本的概率为0.6,售出200本的概率为0.4。表3-9显示了可能的收益。

表3-9　书的销售利润

	售出100本	售出200本	期望利润
订购100本	1 000	—	1 000
订购200本	500	3 000	1 500
概率	0.6	0.4	

在没有更多信息的情况下,风险中立者一定会选择订购200本。此时,期望利润为1 200,订购大于100本时的期望利润1 000。但如果是风险规避者,就会订购100本,因为这样他可以稳定地获得1 000元的利润。

但如果书店老板拥有完全信息,他就可以做出正确的抉择。如果销量是100本,他就会订购100本,获得利润1 000元;如果销量是200本,他就会订购200本,获得利润为3 000元。在完全信息时,书店老板的预期收入为1 000×0.6+3 000×0.4=1 800元。

复习思考题

1. 请解释下列概念:总效用,边际效用,边际效用递减规律,无差异曲线,边际替代率,预算线,消费者均衡,替代效应,收入效应,显示性偏好理论。

2. 假设一张CD的价格是8元,一张电影票的价格是15元,在某消费者关于这两种商品的效用最大化的均衡点上,一张CD对电影票的边际替代率MRS是多少?

3. 假定某消费者的效用函数为 $U = 3X_1^{\frac{1}{2}} X_2^{\frac{1}{2}}$,两种商品的价格分别为 P_1、P_2,而消费者的收入为 M。试求消费者关于商品1和商品2的需求函数。

4. 利用图形分析正常商品、劣等商品和吉芬商品的替代效应、收入效应及总效应。

5. 利率在跨时期选择中起什么作用?

6. 决定森林何时砍伐与石油何时开采的主要因素是什么?

7. 试分析风险规避者、风险爱好者和风险中立者的判断条件。

消费者偏好(consumer's preference) 总效用(total utility) 边际效用(marginal utility) 基数效用(cardinal utility) 序数效用(ordinal utility) 消费者均衡(consumer's equilibrium) 消费者剩余(consumer's surplus) 无差异曲线(indifference curve) 边际替代率(the marginal rate of substitution) 收入-消费线(income-consume curve) 价格-消费线(price-consume curve) 收入效应(the effect of income) 替代效应(the effect of substitution) 期望效用(expected utility) 现值(present value)

第四章 企业的生产与成本

本章概述 企业是另一个重要的市场主体,其目标是利润最大化。为了实现这一目标,企业在现有的技术约束下把生产要素组织起来进行生产,遵循产量最大化与成本最小化的原则,将投入转化为产出。本章研究了这种转化的规律,阐述了企业产量最大化与成本最小化的均衡条件与求解方法。通过对生产者行为的分析,我们推导出供给曲线,为下一章分析商品市场的均衡问题奠定基础。

第一节 企业的基本概念

在西方经济学中,企业或生产者又称为厂商,是指能够做出统一生产决策,并以获得利润为目标的经济实体。这样的经济实体在现实中范围很大,并且以各种形式出现,例如互联网平台、百货商店、银行、钢铁厂、化肥厂、废品站,等等。初看起来,这些企业的组织形式各不相同,生产的产品与服务也千差万别。那么,它们的共同点是什么呢?它们的活动遵循哪些一般规律呢?为什么有的企业很大,有的企业很小呢?本章将详细讨论这些问题。

企业是什么

一、企业的组织形式

企业是由不同的人来经营的,有的是所有者自己经营,有的是职业经理人帮忙打理。在中国,国有企业的主管一般由政府委派,而在西方,发达的经理人市场为各类企业提供CEO、CFO。这表明,不同的企业具有不同的组织形式与产权结构。

理论上,企业的组织形式一般可以分为三种类型:个人业主制、合伙制和公司制。

所谓个人业主制企业是由所有者自己经营的企业。在这种企业中,所有者即企业的业主,拥有企业的所有权,并且实际负责经营管理,对企业的经营风险负有无限责任。目前大量的中小企业都是个人业主制企业。这种企业的所有权与经营权合二为一,不存在现代企业中的所谓委托代理问题,是企业组织形式中最初始的一种方式。由于一个人(或一个家庭)的资金实力有限,个人业主制企业往往资产量不大,人数较少,利润动机明确,决策灵活,易于管理。正是由于一个人(或一个家庭)拥有企业,这种企业也不利于分散风险,同时限制了企业的发展壮大。

合伙制企业是指两个或两个以上个人合资经营的企业。在合伙制企业里,合伙人具有无限责任;合伙人事先约定好每个人资产的比例、管理权的分配和利润的分配;所有合伙人共同决定企业的重大经营决策。与个人企业相比,合伙制企业由于能够吸引更多人的资金,因而可以从事规模较大的经营,在分工和专业化方面都得到加强,且风险得到一定的分散。由于人数不多,合伙制企业也比较易于管理,但是合伙制企业的资金和规模仍相对有限,在一定程度上仍不利于企业的进一步发展。在实际生活中,会计、律师等需要专业知识的行业最容易出现合伙制企业。

公司制企业是按公司法建立和经营的具有法人资格的经济组织,其中,每个所有者都以其最初出资承担法律责任,分为有限责任公司和无限责任公司两种。有限责任公司的股东以出资为限承担有限的债务责任,而无限责任公司的股东则对债务承担无限责任。如果公司的股票在市场公开交易,就是公开公司;公司的股票不公开交易的公司则为封闭公司。不论是哪种类型的公司,企业都是由众多出资者共同拥有的。公司的总资本被分为若干股,每一股象征着对公司资产的一部分所有权。股票所有者是公司的股东,公司由股东所有,股东有权利参加公司的管理和索取公司的利润,也有义务承担公司的损失,但公司的经营权则属于董事会监督下的总经理。在资本市场上,公司制企业是一种非常有效的融资组织形式,它主要的融资方式为债券和股票。公司的债券所有者并不是公司的所有者,也不参加管理。

相对于前两种企业形式而言,公司制企业可以充分利用各种社会资金,因而能够从事大规模的生产经营活动,也有利于进一步分工与专业化,同时还有效地分散风险,因而公司制是现代企业的主要组织形式,在当代经济中起着越来越重要的作用。大企业几乎都是公司制企业,其中许多是股票公开交易的上市公司。

概括起来,我们可以把各种企业形式的优缺点进行综合比较,结果如表4-1所示。

表4-1 各种类型企业的优缺点

企业类型	优点	缺点
个人业主制	①所有者与经营者合二为一,易于管理; ②决策灵活; ③利润动机明确	①规模有限,规模经济缺乏; ②分工和专业化不强; ③风险分散能力差

续表

企业类型	优点	缺点
合伙制	①分工和专业技能得到较好发挥； ②决策成本较低； ③委托代理问题不明显	①资金和规模有限； ②合伙人之间容易出现矛盾； ③所有者都承担风险
公司制	①所有者有限责任； ②融资容易,风险分散； ③专业管理,不受所有者能力限制； ④公司生命不受自然人寿命限制； ⑤规模经济明显	①委托代理问题严重,激励问题突出； ②管理成本极高； ③股权分散,易带来效率损失

二、企业的目标

微观经济学假定企业的目标就是追求最大化的利润。其实,在现实生活中,由于企业的产权结构千差万别,企业的治理结构各不相同,企业的目标是多元化的。一些企业确实是以利润最大化为目标的,但也有一些企业是以令人满意的利润为目标的,还有一些企业甚至以完成政府的任务为目标,至于以扩大资本规模、增加销售收入、经济利益最大化为目标,更是司空见惯,这是由企业的产权性质与治理结构决定的。然而,考虑了所有这些复杂性之后,假定企业以利润最大化为目标,依然具有一定的合理性。

第一,这一假定符合经济人的行为结果。由于理性人都是希求以最小的代价换取最大的收益,因此,企业的最终目标都是追求利润最大化。虽然有时候企业也会追求其他目标,但只有获得利润才是它最适当的行为原则。

第二,如果一些企业不以利润最大化为目标,那么在市场竞争下,那些以利润最大化为目标的企业就会占据优势,给那些不以利润最大化为目标的企业造成压力,迫使它们要么转向以利润最大化为目标,要么破产或被收购。因此,在市场经济条件下,通过市场竞争而生存下来的企业,均以利润最大化为目标的。

当然,现实是复杂的,在一些约束条件下,企业看起来不一定是利润最大化,而实际上在表面追求其他目标下隐藏着长期的利润最大化。

典型的一种情况是不完全信息。在信息不完全的条件下,企业面临的市场需求可能是不确定的,并且由于企业对产量变化所引起的生产成本的变化并不能及时掌握,企业通常的作法是基于长期经验的决策。它可能是以实现销售收入最大为目标,或以占有最大的市场份额为目标,而不是以利润最大化为目标。而且,在现代企业组织中,企业的所有者往往并不是企业的真正经营者,一般的决策是由企业所有者的代理人——经理决定的。因此,在信息不对称性的条件下,所有者并不能完全监督和控制经理的行为。而经理也不一定为实现所有者的利润最大化而努力工作,他可能只为追求自身效用的最大化或豪华的办公环境等；也可能经理是以追求销售收入最大化,以此扩张自己的权利等。但是,经理对利润最大化的偏离会受到企业所有者的制约,在企业经营不善的情况下,董事会可能会直接解雇经理。此外,企业的员工也可能追求收入最大化和轻松愉快的工作条件;地方政府也可能要求企业承担一定的社区责任;上市公司的股东可能希望企业具有诱人的前景,以便股票获得高的估值和股价上涨;创业者则希望通过新的技术与赢利模式或业态,获得投资者的融资……显然,在企业这种合约的联结中,各个利益相关者都有自己的目标。然而,这一切都是以企业获得利润为基础的。尽管表面看起来扑朔迷离,一些高科技企业甚至可以长期亏损,但企业如果现在或未来不能获得利润,那么最终一定是消失或者被收购。

西方经济学认为,也许一个企业在短期内可能会偏离利润最大化的原则,但是在长期内,一个不以利润最大化为目标的企业终将被市场所淘汰。因此,把实现利润最大化假定为企业生存的目标是必要且可行的。

三、企业的限制与效率

企业追求利润最大化,必须进行生产经营活动,而生产经营活动是在一定的环境限制下进行的。企业面临着技术限制、信息限制与市场限制。

技术限制是指企业进行生产经营活动时使用的方法。这种方法可能体现为一种新的机器设备与使用技巧,或者是一种新的劳动力配置方式,或者是一种新的配方与产品设计,还可能是一种新的通信手段或运送方法。

掌握新技术是企业获得竞争的利器。现代技术日新月异,互联网、物联网、区块链、人工智能等令人眼花缭乱,企业必须适应这种变化,利用这些技术进步的成果,才能在市场中处于不败之地。当代的科技巨头苹果、微软、思科、甲骨文、强生、高通等正以惊人的速度抢占新技术的制高点与刚刚萌芽的投资风口,一般企业要么紧跟,要么被淘汰,甚至这些科技巨头也可能会被更新的技术所替代,技术成为企业生存的重要法则。即使传统产业,也需要不断运用新的技术进行升级换代。为了生产更多的产量,降低成本,开拓新的市场需求,企业必须不断地进行技术革新。

当然,技术并不是越先进越好。适宜的技术可以实现低成本扩张,引爆市场;而高冷技术尽管新颖尖端,但可能因为成本太高而变得不经济,或者市场狭小而无法获益。

所谓信息限制,是指企业在进行生产经营活动尤其是决策时需要了解各种信息。这些信息包括但不限于:客户在哪里,资金如何获得,需要的人才在哪里,需要的技术在哪里,会遇到什么样的竞争对手,下一步消费者的需求与市场将会如何变化等。在企业内部,企业的管理者还要了解机器设备与原材料是否得到了合理的分配与利用,员工是否在努力工作。企业只有了解了这些信息,才能更好地进行决策,才能提高效率。

在风云变幻的经济世界,信息正变得越来越重要。一些企业正是由于一些关键信息的缺乏而失去了机会;一些企业则准确地捕捉到未来变化的风口,提前布局,抢占了先机。在未来,人工智能成功的基础也在于各种数据信息的获取。可以推测,技术动态、投资机会、盈利方法与客户流量,都将成为具有重要商业价值的信息,能够有效地获取这些信息的企业,将获得前所未有的发展机会。

市场限制,就是企业必须了解它所面临的市场到底有多大?企业要想获得规模效益,必须要有足够大的市场,就像互联网在中国的发展一样,人口众多成为其一个独到的优势。然而,一些市场很小,几乎容纳不了太多的产量;一些市场虽然很大,但竞争者众多;一些市场过分成熟,几乎没有扩大的可能;一些市场还处于潜在状态,需要开拓与引爆。这表明,企业要想获得利润,必须了解市场,研究市场,发掘市场。

以上三大限制无处不在,企业正是在克服这些限制的条件下追求利润最大化,因而企业行为的复杂性大多可以从这些方面得到解释。

企业克服以上限制,以最小成本生产既定产量,或者以既定的成本生产出最大的产量,称为实现了有效的生产。这种有效可以从两个角度来理解:技术效率与经济效率。技术效率注重的是投入与产出之间的关系:当企业用一定的投入生产出最大的产量,或者生产一定的产量使用的投入为最少时就实现了技术效率。经济效率则注重是否以最低代价完成了某项任务:当企业用最小的成本生产了既定的产量,或者以既定的成本生产了最大的产量时,就实现了经济效率。从某种角度看,技术效率和经济效率是等同的。例如,如果一个生产中使用的各种投入存在一个固定的配合比例,那么这些投入的使用在符合这种配合比例的条件下,既实现了产量最大化,也实现了成本最小化。然而,在大多数情况下,技术效率与经济效率并不相同。技术效率强调一定投入所带来的产量,经济效率则强调要使用成本最低的投入,避免使用高成本的投入,因此,当生产中使用的各种投入比例可以变化时,要素之间的替代就可能发生,那么,最大限度地使用廉价要素的生产方法才可能具有经济效率。

概言之,技术效率只取决于技术可行性,而经济效率取决于投入的相对价格(这种价格决定了成本);当投入的价格发生变化时,经济上有效率的方法要求尽可能少地使用昂贵的要素而尽可能多地使用廉价要素,只有这样,才能保证企业利润最大化。

第二节 生产函数

要了解企业的利润最大化,首先要考察企业的技术限制。企业的技术限制一般是用生产函数来描述的。

一、固定投入和可变投入

在讨论生产函数之前,让我们介绍一下企业生产经营所需要的基本条件。任何生产都需要劳动、资本、土地等要素,这些要素被称为投入。根据产量变化时投入要素的使用是否变化,生产投入可分为两种类型:固定投入和可变投入。固定投入是指使用量不随产量变化而变化的投入。例如,生产使用的厂房、设备等,在短期内,不论产量是多少,这些投入是不变的。可变投入是指当产量变化时,使用量也要相应变化的投入,例如,工业生产中所使用的原料、水、电等,一般来说,产量增加,这些投入量也要增加。在长期内,所有要素投入都是可变的,因此并不存在固定投入。

这里所说的短期和长期并不是日历的时间,而是以固定资产是否更新、生产规模是否发生变化为标准来划分的。短期是指生产者来不及调整全部生产要素的数量,至少有一种生产要素的数量是固定的时间周期;而长期则是指企业可以调整全部生产要素的数量的时间周期。在短期内,由于一种或多种投入是固定的,因此产量的变化完全取决于可变要素投入的变化。例如在服务行业,短期内企业的厂房、设备是固定的,而劳动的投入是变动的。当企业决定在短期内增加产出,只能通过增加劳动来实现;若企业减产,也只能通过解雇工人来完成。不同的是,当企业在长期内想要扩大产量,可以选择扩大厂房、增加设备而不只是通过增加劳动来实现;若企业在长期内减少产量,也可以处置一些厂房和机器设备。

可以看出,不同行业的长期和短期是不同的,铁路设施的更新时间较长,可能20年才算长期;而一些服务设施更新时间比较短,可能半年就算长期了。在中国,我们经常看到"五年规划"和一些中长期规划,这是从政府工作与整个国民经济发展的角度来界定的。这表明,长期和短期并不是一个绝对的尺度,随着分析问题的性质变化,长期与短期的绝对长度也不同。更重要的是,从微观生产单位与市场变化来看,在不同的时间内,产量对市场价格变化的反应是不同的,或者说价格调节产量的能力是不同的。在短期内,价格变化,由于固定投入存在,产量的调整受到限制;但在长期内,价格变化则产量可以相应调整,最终只受资源的约束。

二、生产函数

企业进行生产的过程就是从生产要素的投入到产品产出的过程。企业通过运用各种生产要素,为经济生活提供各种实物产品和无形产品。为了简化分析,经济学分析常假定生产中只使用劳动和资本两种生产要素。

所谓生产函数是指,在一定时期内,在一定技术水平下,生产中所使用的各种生产要素的数量与其所能生产的最大产量之间的关系。之所以这样定义,是因为使用一定的投入,在不同的约束条件下可以生产不同的产量,例如生产技术变化,生产的产量也会变化;生产要素的使用方式和使用程度变化,生产的产量也会变化;产权安排不同,获得的产量也不同,等等。这些变化往往会形成新的生产函数,因此,每一个生产函数代表一种固定的技术水平。

假设 $X_1, X_2, X_3, \cdots, X_n$ 依次表示某产品生产过程中所使用的 n 种生产要素的投入数量,Q 表示生产的最大产量,则生产函数表示为:

$$Q = f(X_1, X_2, X_3, \cdots, X_n)$$

该生产函数表示在一定时期内在既定的生产技术水平下,生产要素组合$(X_1, X_2, X_3, \cdots, X_n)$所能生产的最大产量为 Q。

在短期内,如果其他要素固定,只有劳动(用 L 表示)一种生产要素可以变化,则生产函数可写成:

$$Q = f(L)$$

如果劳动(L)和资本(用 K 表示)两种生产要素可以变化,则生产函数可以写为:

$$Q = f(L, K)$$

需要指出的是,生产函数所描述的投入与产出的关系说明技术具有有效性,但并不一定达到了经济上的有效性。当投入一定要素组合后根据技术水平生产已达到最大的产量,如果不追加要素投入,就不能增加产量时,就实现了技术的有效性。

三、常见的生产函数形式

这里我们介绍几种常见的生产函数形式,在今后的学习中,我们会经常使用到。

(一)线性生产函数

线性生产函数的形式为:

$$Q = aL + bK \tag{4.1}$$

其中,L 表示劳动,K 表示资本,Q 表示产量,常数 a 和 b 分别为劳动和资本的生产技术系数,这一函数表示生产一单位产量时所需要的劳动投入量和资本投入量的简单相加。

(二)固定投入比例生产函数

固定投入比例生产函数表示在每一个产量水平上,任何一对要素投入量之间的比例是固定不变的。仍假定生产中只使用两种生产要素劳动 L 和资本 K,则固定投入比例生产函数的形式为:

$$Q = \min\left(\frac{L}{u}, \frac{K}{v}\right) \tag{4.2}$$

其中,L 表示劳动,K 表示资本,Q 表示产量,常数 u 和 v 分别为劳动和资本的生产技术系数,分别表示生产一单位产量所需要的固定的劳动投入量和固定的资本投入量。

从式(4.2)可以看出,生产的产量取决于 $\left(\frac{L}{u}, \frac{K}{v}\right)$ 中比值较小的那一个。这是因为,常数 u 和 v 作为劳动和资本的生产系数是给定的,也就是说生产过程中劳动和资本是按照固定的比例进行的,当一种要素的数量给定,另一种生产要素的数量即使再多,也不能增加产量。一般情况下假定生产要素满足最小要素组合要求,即

$$Q = \frac{L}{u} = \frac{K}{v} \tag{4.3}$$

进一步变化为:

$$\frac{L}{K} = \frac{u}{v} \tag{4.4}$$

式(4.4)清楚地表明,在固定比例生产函数中,劳动和资本按固定比例投入生产的性质。这里,两种要素的固定比例等于其生产技术系数的比率。

在以劳动为横轴、资本为纵轴的坐标系中,固定投入比例生产函数是以从原点出发,经过 A、B、C 点的射线 OR 表示,如图 4-1 所示。

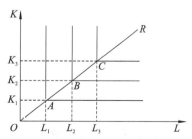

图 4-1 固定投入比例生产函数

(三) 柯布-道格拉斯生产函数

柯布-道格拉斯生产函数(Cobb-Douglas production function)是以两位经济学家柯布(Charles W. Cobb)和道格拉斯(Paul H. Douglas)的名字命名的。柯布－道格拉斯生产函数被认为是一种具有良好性质的生产函数形式,因而在经济学中是一种常用的生产函数,其一般形式为:

$$Q = AL^{\alpha}K^{\beta} \tag{4.5}$$

式中,Q 表示产量,L 表示劳动投入量,K 表示资本投入量,A、α 和 β 为三个参数,其中 $0<\alpha<1$,$0<\beta<1$。

柯布-道格拉斯生产函数中的 α 和 β 分别表示劳动和资本在生产过程中的相对重要程度。当 $\alpha+\beta=1$ 时,企业为规模报酬不变;当 $\alpha+\beta>1$ 时,企业为规模报酬递增;当 $\alpha+\beta<1$ 时,企业为规模报酬递减。

(四) 不变替代弹性生产函数

不变替代弹性生产(constant elasticity of substitution)函数简称 CES 函数,其形式为:

$$q = A(\delta_1 K^{-\rho} + \delta_2 L^{-\rho})^{-1/\rho} \tag{4.6}$$

其中,$A>0$,$0<\delta<1$,$-1<\rho\neq 0$。对于 CES 函数,其替代弹性是一常数。关于替代弹性我们在后面会有介绍。

第三节 短期生产函数

微观经济学的生产理论可以分为长期生产理论和短期生产理论。如前文所述,我们可以根据生产要素调整变化的情况来划分短期和长期。短期是指企业无法调整全部生产要素的数量,至少有一种要素的数量在此期间内无法改变。在短期中,我们把生产要素的种类分为不变要素和可变要素。而在长期内,企业可以调整全部生产要素数量,调整企业规模,甚至可以决定退出行业,完全停产。因此,在长期就不存在可变要素和不变要素的区分。

上述情况也可以用生产函数来表示。我们一般使用短期生产函数或者说一种可变生产要素的生产函数来考察要素投入发生变化后产量如何相应变化的情况,以长期生产函数或者说多种可变要素的生产函数来考察长期的投入-产出的关系。

一、短期生产函数形式

在生产函数 $Q=f(K,L)$ 中,假定资本投入量是固定的,用 $\overline{K}$ 来表示,而劳动的投入

量是可变的,用 L 来表示,则生产函数就可以写成:

$$Q = f(\overline{K}, L) \tag{4.7}$$

这就是短期生产函数的形式,它也被称为一种可变生产要素的生产函数。短期生产函数主要描述短期内某种投入与产出的关系,说明随着可变投入的变化,产量相应变化的规律。

二、总产量、平均产量和边际产量

根据短期生产函数 $Q = f(\overline{K}, L)$,可以得到劳动的总产量、平均产量和边际产量的概念。

总产量(total product)用 TP 或 q 来表示,它是指与一定的可变要素——劳动的投入量相对应的最大产量。由于总产量随着可变要素投入量的变化而变化,因此,我们常把总产量看成是可变要素的总产量。假定资本在短期内是固定不变的,而劳动要素的投入量是可变的,我们把总产量 TP 看作是劳动的总产量,表示为 TP_L,其表达式为:

$$TP_L = q = f(L, \overline{K}) \tag{4.8}$$

平均产量(average product)用 AP 表示,是总产量与可变要素投入量的比值。在短期生产函数中,平均产量是指劳动的平均产量,其表达式为:

$$AP_L = TP_L / L \tag{4.9}$$

劳动的平均产量又称为产出-劳动比。

边际产量(marginal product)用 MP 表示。一种可变要素的边际产量是该要素的增加量所带来的总产量的增量。根据边际产量的定义可知,只有可变要素的边际产量才会为正,不变要素的边际产量总为零。就式(4.8)生产函数而言,劳动的边际产量为:

$$MP_L = \Delta TP_L / \Delta L \tag{4.10}$$

或者

$$MP_L = \lim_{\Delta L \to 0} \frac{\Delta TP_L}{\Delta L} = \frac{dTP_L}{dL} \tag{4.11}$$

类似地,如果生产函数的形式为 $Q = f(\overline{L}, K)$,则资本的总产量、平均产量和边际产量的表达式分别为:

$$TP_L = q = f(L, \overline{K}) \tag{4.12}$$

$$AP_L = TP_L / L \tag{4.13}$$

$$MP_L = \Delta TP_L / \Delta L \tag{4.14}$$

或者

$$MP_L = \lim_{\Delta L \to 0} \frac{\Delta TP_L}{\Delta L} = \frac{dTP_L}{dL} \tag{4.15}$$

由以上公式,我们编制了一张关于可变要素劳动的生产函数总产量、平均产量和边际产量的表,如表 4-2 所示。

表 4-2 劳动的总产量、平均产量和边际产量

劳动的投入量	劳动的总产量	劳动的平均产量	劳动的边际产量
0	0	0	0
1	20	20	20

续表

劳动的投入量	劳动的总产量	劳动的平均产量	劳动的边际产量
2	50	25	30
3	100	100/3	50
4	140	35	40
5	160	32	20
6	170	85/3	10
7	170	170/7	0
8	150	75/4	−20
9	110	110/9	−40

根据表 4-2 可以得到劳动的总产量、平均产量和边际产量曲线,如图 4-2 所示。

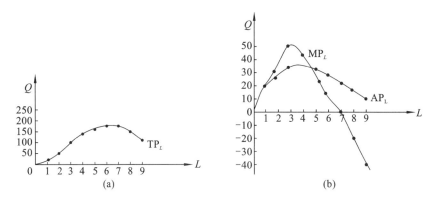

图 4-2 劳动的产量曲线

图中横轴表示劳动的投入量,纵轴表示产量 Q。TP_L、AP_L 和 MP_L 分别为劳动的总产量曲线、劳动的平均产量曲线和劳动的边际产量曲线。三条曲线均呈现抛物线形式,先上升,在达到最大值后再下降。

三、边际报酬递减规律

从表 4-2 和图 4-2 中我们可以看到,对于一种可变生产要素的生产函数来说,边际产量变化最重要的特征是先上升后下降,这种特征被称为边际报酬递减规律,或边际生产力递减规律。

用规范的语言定义是,在技术水平不变的条件下,连续等量增加某种可变要素的投入量,而其他生产要素投入量不变时,当可变要素的投入量小于某一特定值时,增加一单位可变要素的投入量所带来的边际产量是递增的;当可变要素的投入量超过这一特定值时,增加一单位可变要素的投入量所带来的边际产量是递减的,这就是边际报酬递减规律。例如,对于给定的一块土地,开始时,随着化肥使用量的增加,农作物产量增加,化肥的边际产量是增加的。当化肥的使用量不断增加,其边际产量会逐步增加,直到最大的边际产量后,随着化肥使用量继续增加,就会对农作物产生不利影响,化肥的边际产量就会下降。甚至在化肥过度增加后,会毁坏农作物,导致负的边际产量。

边际报酬递减规律是短期生产的一条基本规律。在任何产品的生产过程中,可变要素的投入量和不变要素的投入量之间都存在一个最优的数量组合比例。在开始时,由于可变要素投入量为零,而不变要素的投入量固定,不变要素的投入量所能达到的最大生产能力没有得到充分利用,此时,随着可变要素投入量的增加,生产要素的投入比例向最优数量组合比例靠近,故随着可变要素投入量的增加,其边际产量不断增加。当可变要素的数量不断增加,可变要素与不变要素的配合比例逐渐达到合理,一直到可变要素的投入和不变要素的投入量之比达到最优数量配合比例时,不变要素的生产能力得到最充分的发挥,其边际产量达到最大值。此后,随着可变要素投入量的继续增加,只会使生产要素组合越来越偏离最佳配合比例,使得可变要素的边际产量出现递减趋势。

需要指出的是,在任何一种产品的短期生产中,随着一种可变要素投入量的增加,边际产量最终必然出现递减现象。也就是说,边际产量在递增之后必然会出现边际产量递减的阶段。边际报酬递减规律决定了边际产量曲线呈倒 U 形,即先上升后下降,如图 4-2(b)所示。

四、总产量、平均产量和边际产量三者的关系

下面,我们来分析总产量、平均产量和边际产量三者之间的关系,如图 4-3 所示,它反映了短期生产中有关产量的曲线之间的相互关系。

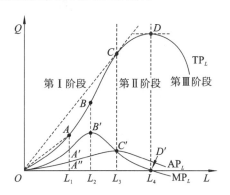

图 4-3 短期生产函数产量曲线

根据边际报酬递减规律,显然,劳动的边际产量 MP_L 呈现先递增至最高点,然后再递减的趋势。

(一)边际产量和总产量之间的关系

根据边际产量的数学公式 $MP_L = \dfrac{dTP_L}{dL}$ 可知,过 TP_L 曲线上的任意点的切线的斜率就是 MP_L,如图 4-3 所示。当劳动的投入量为 L_1 时,过 TP_L 曲线上的 A 点的切线的斜率就是相应的 MP_L 值,它等于 $A'L_1$ 的高度。

每个劳动投入量上的边际产量 MP_L 都是相应的总产量 TP_L 曲线的斜率,因此在图 4-3 中,边际产量 MP_L 曲线与总产量 TP_L 曲线存在这样的对应关系:开始时,总产量 TP_L

随着劳动投入量的增加而增加，总产量 TP_L 曲线的斜率 MP_L 的值为正值；当劳动的投入量大于 L_4 时，总产量随着可变要素劳动的投入量的增加而递减，总产量 TP_L 曲线的斜率 MP_L 的值为负值；当劳动的投入量恰好为 L_4 时，总产量 TP_L 达到最大值，总产量 TP_L 曲线的斜率 MP_L 为零。在图上表示为，MP_L 为零的点 D' 和 TP_L 曲线的最大值点 D 相对应。也可以这样理解：只要边际产量为正，总产量总是随着可变要素劳动的投入量的增加而增加；当边际产量为负时，总产量总是随着可变要素劳动的投入量的增加而递减；当边际产量为零时，总产量达到最大值。

进一步地，我们考虑边际产量 MP_L 曲线的最高点 B' 点，在 B' 点之前边际产量 MP_L 不断增加，即总产量 TP_L 曲线的斜率不断增加，在达到 B' 后边际产量 MP_L 不断下降，即总产量 TP_L 曲线的斜率不断下降，因此，在 B' 点，MP_L 曲线达到最大值，恰好与 TP_L 曲线的拐点相对应。

（二）总产量曲线和平均产量曲线之间的关系

根据平均产量的数学公式 $AP_L = TP_L/L$ 可知，连接 TP_L 曲线和坐标原点的线段的斜率就是平均产量 AP_L。例如，在图 4-3 中，连接 A 点与坐标原点得到线段 OA，这一线段的斜率就是对应劳动投入量为 L_1 时的平均产量 AP_L 的值，它等于线段 $A''L_1$ 的高度。当 AP_L 达到最大值时，必有一条从原点出发连接 TP_L 的最陡的切线，相切 TP_L 曲线于 C 点。

（三）平均产量曲线与边际产量曲线之间的关系

从图 4-3 可以看出，平均产量 AP_L 曲线与边际产量 MP_L 曲线相交于 AP_L 曲线的最高点 C' 点。在 C' 点以前，平均产量 AP_L 曲线低于边际产量 MP_L 曲线；在 C' 点以后，平均产量 AP_L 曲线高于边际产量 MP_L 曲线。同时，虽然它们都是倒 U 形曲线，但无论是上升还是下降，边际产量 MP_L 的变化总是快于平均产量 AP_L 的变化。

平均产量 AP_L 曲线与边际产量 MP_L 曲线之间存在这种关系的原因在于：就任何一对边际量和平均量而言，只要边际量大于平均量，边际量就可把平均量向上拉；只要边际量小于平均量，边际量就会把平均量向下拉。

举一个简单的例子：对某个班级的平均数学成绩而言，如果新转入本班的学生张某，其数学成绩高于本班的平均数学成绩，张某的加入就会使这个班级的平均数学成绩上升；反之，如果其数学成绩低于本班的平均数学成绩，那么他的加入就会使这个班级的平均数学成绩下降。因此，就平均产量 AP_L 与边际产量 MP_L 来说，当 $MP_L > AP_L$ 时，AP_L 曲线上升；当 $MP_L < AP_L$ 时，AP_L 曲线下降；当 $MP_L = AP_L$ 时，AP_L 达到最大值。

此外，由于在可变要素劳动投入量变化时，边际产量变动相对于平均产量变动而言要敏感一些，因此不论是增加还是减少，边际产量的变动都快于平均产量的变动。

五、生产的三个阶段

根据短期生产中的总产量曲线、平均产量曲线和边际产量曲线之间的关系，我们可以将短期生产划分为三个阶段，如图 4-3 所示。

在第 I 阶段，劳动的平均产量始终是上升的，直至最大值点；劳动的边际产量先上升到最大值,然后开始下降,并且劳动的边际产量始终大于劳动的平均产量;劳动的总产量是增加的。这说明在这一生产阶段,相对于最优要素组合,不变生产要素的投入量相对较多,企业只要增加可变要素劳动的投入量,就可以更好地发挥不变生产要素的潜能,从而较大幅度地增加总产量。因此,理性的生产者不会将生产停止在这一阶段,而会连续增加可变要素劳动的投入量,以增加总产量,使生产扩大到第Ⅱ阶段。

在第Ⅲ阶段,劳动的平均产量继续下降,劳动的边际产量降为负值,劳动的总产量也呈下降趋势。这说明,在这一生产阶段,相对于最优要素组合,可变要素劳动的投入量已经过多,生产者减少可变要素的投入量是有利的。因此,即使劳动是免费供给的,但理性的生产者也不会增加劳动的投入量,而是会不断减少劳动投入量以增加产量,使生产回到第Ⅱ阶段。

从上述两方面可知,理性的生产者既不会在第Ⅰ阶段停止生产,也不会在第Ⅲ阶段扩大生产,因此生产只能在第Ⅱ阶段进行。在生产的第Ⅱ阶段,生产者可以得到由第Ⅰ阶段增加可变生产要素所带来的全部好处,又能避免扩大生产到第Ⅲ阶段而带来的不利影响。因此,第Ⅱ阶段是企业进行短期生产的合理区间。这一阶段始于 L_3,对应于劳动的边际产量与平均产量的交点,即劳动的平均产量的最高点;终于 L_4 点,对应于劳动的边际产量与水平轴的交点,即劳动的边际产量为零的点。

需要指出的是,虽然第Ⅱ阶段是企业短期生产的合理区间,但是企业究竟会选择哪一点作为可变要素的最佳投入量,则需要结合成本的变化来决定,这一点将在后面分析。

第四节 长期生产函数

长期生产函数也可称为多种可变生产要素的生产函数,说明在长期内生产要素的投入量和产量之间的相互关系。

一、长期生产函数与等产量曲线

在长期内,所有要素都是可变的,但为了简化分析,我们假定只有两种可变要素,以考察企业的长期生产问题。假定企业只使用劳动和资本两种生产要素来生产一种产品,则长期生产函数可以写为:

$$Q = f(L, K) \tag{4.15}$$

其中,Q 表示产量;L 表示劳动的投入量;K 表示资本的投入量。

现在我们引入一个新的概念——等产量曲线。等产量曲线是生产理论中常用的分析工具,它与效用理论中的无差异曲线很相似。等产量曲线表示在技术水平不变的条件下,生产同一产量的两种生产要素的投入量的不同组合的轨迹。常用 Q_0 来表示这一产量,其与等产量相对应的生产函数为:

$$Q=f(L,K)=Q_0 \qquad (4.16)$$

下面,我们借助图 4-4 来分析等产量曲线及其特征。

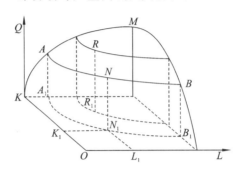

图 4-4 生产函数的产量曲面和等产量曲线

图 4-4 是一张三维空间几何图形,图中水平面的坐标轴为资本和劳动的投入量。$OKML$ 为产量曲面,产量曲面上任何一点都代表一个产量高度,该点向水平坐标面的垂直线表示生产这一产量的生产要素组合。如任意取产量曲面上一点 N,由 N 向水平坐标面作垂线,垂足为 N_1,由 N_1 向水平坐标面上的坐标轴作垂线,可得资本和劳动的投入量分别为 K_1 和 L_1。这代表如果使用 OK_1 单位的资本,OL_1 单位的劳动,可以生产出的最大产量为 NN_1。若经过 N 点作一与水平面平行的平面与产量曲面相交,交线即为 ANB。曲线 ANB 到水平坐标面的投影即为 $A_1N_1B_1$,它是生产同一产量水平 NN_1 的两种可变要素的各种不同组合的轨迹,即为一条等产量曲线。同理,如果经过 R 点作一与水平面平行的平面与产量曲面相交,即可对应地得到另一条等产量曲线。由于 R 高于 N,因此该等产量曲线一定在 $A_1N_1B_1$ 曲线右上方,这说明距离坐标原点越远的等产量曲线能生产出更高的产量水平。由于可以用任意高度的水平面与产量曲面相交,因此可以得到永不相交,并密布于整个水平坐标面的等产量曲线簇。

与无差异曲线相似,等产量曲线具有以下特点:一条等产量曲线表示的产量水平相同;距离坐标原点越远的等产量曲线,其产量水平越高;同一平面坐标系内,任意两条等产量曲线不相交;等产量曲线凸向原点。

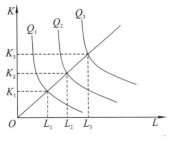

图 4-5 等产量曲线

等产量曲线的经济含义可分析如下,如图 4-5 所示。有三条等产量曲线 q_1、q_2 和 q_3 分别代表的产量为 Q_1、Q_2 和 Q_3。由等产量曲线上坐标原点引出的一条射线代表两种可变要素投入数量的比例固定不变情况下的所有组合方式,射线的斜率就等于这一固定的两要素的投入比例。并且,沿着这条射线向右上方移动,产量水平不断增加,两要素投入量不断增加,此时,两要素的投入数量比例是固定不变的。

需要注意的是,这条射线与等产量曲线之间的差别:射线反映要素投入数量的不变比例组合和可变产量之间的关系;而等产量曲线反映不变的产量水平和要素投入数量的可变比例的组合之间的关系。

二、边际技术替代率及其递减规律

(一)边际技术替代率

与一种可变要素生产函数不同,在两种可变要素生产函数中,两种要素的投入量都是可以发生变化的,因此,为了维持同一产量水平,要素间是可以相互替代的。研究要素间相互替代的一个重要概念就是边际技术替代率,它是指在维持产出水平不变的条件下,增加一单位某种要素投入所能够减少的另一要素投入量。若用劳动 L 去替代资本 K,边际技术替代率表示为 MRTS_{LK},用公式表示为:

$$\text{MRTS}_{LK} = -\frac{\Delta K}{\Delta L} \tag{4.17}$$

上式中,ΔK 和 ΔL 分别为资本投入量的变化量和劳动投入量的变化量。由于资本投入量的变化量和劳动投入量的变化量总是反向的,为了保证边际技术替代率为正,在公式前加入一个负号。

当 $\Delta L \to 0$ 时,边际技术替代率还可写为:

$$\text{MRTS}_{LK} = \lim_{\Delta L \to 0} -\frac{\Delta K}{\Delta L} = -\frac{dK}{dL} \tag{4.18}$$

由此可知,等产量曲线上某一点的边际技术替代率等于等产量线上该点的斜率的绝对值。

另外,对于任意给定的一条等产量曲线来说,当用劳动投入来替代资本投入时,由于产量水平保持不变,因此,由增加劳动的投入量所带来产量的增加一定等于减少资本的投入量所带来的产量的降低,即:

$$|\Delta L \cdot \text{MP}_L| = |\Delta K \cdot \text{MP}_K| \tag{4.19}$$

变化可得:

$$-\frac{\Delta K}{\Delta L} = \frac{\text{MP}_L}{\text{MP}_K} \tag{4.20}$$

结合式(4.17)可得:

$$\text{MRTS}_{LK} = -\frac{\Delta K}{\Delta L} = \frac{\text{MP}_L}{\text{MP}_K} \tag{4.21}$$

或者以微分的形式:

$$\text{MRTS}_{LK} = -\frac{dK}{dL} = \frac{\text{MP}_L}{\text{MP}_K} \tag{4.22}$$

即边际技术替代率也可以表示为两种要素的边际产量之比。

(二)边际技术替代率递减规律

如图4-6所示,在两种要素投入组合沿着既定的等产量曲线 Q_0 由 A 点顺次运动到 B、C 和 D 点的过程中,劳动投入量等量地由 L_1 增加到 L_2、L_3 再增加到 L_4,相应的资本投入量的减少量逐渐降低。也就是说,在劳动投入量不断增加和资本投入量不断减少的替代过程中,劳动对资本的边际技术替代率是递减的。

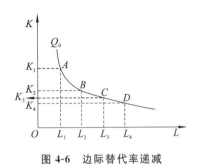

图 4-6　边际替代率递减

边际技术替代率递减的原因在于,任何一种产品的生产客观上需要各投入要素之间保持适当的比例,这意味着要素之间的相互替代是有限的。以劳动和资本为例来说,在劳动的投入量很少和资本投入量很多的情况下,减少一些资本投入量可以很容易地通过增加劳动投入量来弥补,从而维持原有产量水平。当劳动的投入量已经很多而资本的投入量较少时,再减少一些资本投入量则很难用增加劳动投入量来弥补。

由于边际技术替代率递减,因而等产量曲线一般具有凸向原点的特征。因为在等产量曲线上任意一点的斜率的绝对值就是该点的边际技术替代率,而边际技术替代率是递减的,因此,等产量曲线是凸向原点的。

第五节　生产要素的最优组合

在长期内,企业所有的生产要素投入数量都是可以变动的,任何一个企业都会选择最优的生产要素组合进行生产。这里所谓的最优是指经济上的最优,即在既定的成本上使产出最大,或者是在既定的产出下使成本最小。由于生产的最优化问题必须考虑成本问题,因此,我们先介绍成本方程然后再介绍生产要素的最优组合。

一、等成本线

企业购买生产要素所进行的支付就构成了企业的生产成本。成本问题是利润最大化企业关注的重要问题。成本理论中的等成本线如同消费者行为理论中的预算线一样,都是一种约束线。对于一个企业来说,在既定的投资和生产要素价格条件下,能够购买到的两种要素所有可能的组合的轨迹就是等成本线。

假定市场上生产要素的价格既定,单个企业是生产要素的被动接受者(假定是完全竞争市场),既定的成本为 C,劳动的价格(工资率)为 w,资本的价格(利息率)为 r,则对于一个企业来说,它能够购买的两种生产要素的成本方程为:

$$C = rK + wL \tag{4.23}$$

这就是等成本线方程,该方程还可变形为:

$$K = \frac{C}{r} - \frac{w}{r} \cdot L \qquad (4.24)$$

根据式(4.24)可知,在劳动投入量为横轴、资本投入量为纵轴的坐标系中,等成本线的斜率为$-w/r$,等于劳动和资本的相对价格的比值,其横截距为C/w,纵截距为C/r,如图4-7所示。

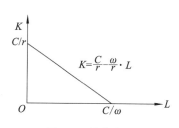

图4-7 等成本线

等成本线也称为企业的预算线。如同消费者预算约束线一样,等成本线把整个坐标平面划分为三个区域:第一是等成本线以外区域,在这一区域内,任意一点所代表的生产要素组合都是企业在现有成本下不可能实现的组合;第二是等成本曲线以内区域,在这一区域内,任意一点的生产要素组合都是可以用现有的成本实现并有剩余的;第三是等成本曲线上的组合,只有在这条曲线上,才是企业的全部成本恰好用完并能够实现的生产要素组合。通常,我们将等成本曲线以内(包含直角三角形的三条边在内)的区域称为企业预算可行集。

二、生产要素的最优组合

生产要素的最优组合可以分两种方式来实现:既定成本下的产量最大化和既定产量下的成本最小化。这两个方面只是决策的目标函数不同,其实质是一样的。

(一) 既定成本条件下的产量最大化

在一些条件下,企业的投入是既定的,需要生产的产量是可以变化的,此时企业的目标就是使产量最大化。我们用图4-8分析这种情况。

假定企业使用劳动和资本两种生产要素生产一种产品,工资率和利息率是已知的,企业用以购买生产要素的成本是给定的。那么企业该如何决策,才能在既定的成本条件下使产量达到最大呢? 为此,我们将等成本线(也就是约束条件)和等产量曲线(企业购买要素的选择)描在同一坐标系中,就可以确定企业在既定成本下实现最大产量的最优生产要素组合点,即生产的均衡点。

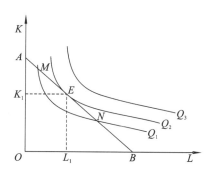

图4-8 既定成本下产量最大化的生产组合

在图4-8中有一条等成本线和三条等产量曲线。等成本线的位置和斜率决定了既定的成本量C和两个已知的要素价格比例。从图中可见,唯一的等成本线AB与一条等产

量曲线 Q_2 相切于 E 点，E 点即为生产的均衡点。它表示，在既定的成本和要素价格条件下，企业应该按照 E 点的生产要素组合来进行生产，即劳动和资本的投入量分别为 L_1 和 K_1，这样就可以得到最大的产量 Q_2。

E 点是最优生产要素组合点，这是因为：对于等产量曲线 Q_1 来说，它与等成本线相交于 M、N 两点。但是这两点所代表的产量水平都低于等成本线 Q_2 代表的产量水平，即企业选择 M、N 两点间的任意一点的生产要素组合，可得到的产量都比 M 点和 N 点的产量水平高。这会使企业调整计划，沿着 AB 线段从 M 点向右，或者从 N 点向左运动，以获得更多的产量，这个过程最终必定在 E 点停止，即达到均衡点。而对于等产量曲线 Q_3 来说，虽然它的产量水平高于等产量曲线 Q_2 所代表的产量水平，但是它与等成本线既无交点也无切点，即 Q_3 上的任意一点所对应的生产要素组合都是企业在既定的成本约束下无法实现的。因此，只有 E 点才是企业在既定成本约束条件下获得最大产量的均衡点。

在均衡点等产量曲线与等成本线相切，因此两条曲线的斜率相等。等产量曲线的斜率的绝对值就是商品的边际技术替代率，而等成本线的斜率的绝对值可以用两种生产要素的价格之比来表示，因此，在均衡点 E 点：

$$\mathrm{MRTS}_{LK} = \frac{w}{r} \tag{4.25}$$

这就是两种生产要素达到最优组合的条件。它表示，在既定的成本条件下，企业为了得到最大的产量水平，必须选择的最优生产要素组合是使两要素的边际技术替代率等于两要素的价格比的组合。如果不是这样，总存在改进的可能。

例如，当 $\mathrm{MRTS}_{LK} > \frac{w}{r}$ 时，两要素的边际技术替代率大于两要素的价格之比，以图中 M 点代表。此时，我们假设 $\mathrm{MRTS}_{LK} = \frac{5}{1} > \frac{w}{r} = \frac{1}{1}$。由不等式右边 $\frac{w}{r} = \frac{1}{1}$ 可知，在生产要素市场中，企业在不改变成本的条件下，减少 1 单位资本的购买就可以增加 1 单位劳动的购买。从不等式左边 $\mathrm{MRTS}_{LK} = \frac{5}{1}$ 可知，在生产过程中，企业减少 1 单位资本的投入量，只需增加 0.2 单位劳动的投入量即可维持原有的产量水平。因此，企业因在生产过程中多得到 0.8 单位的劳动而可使总产量水平提高。当企业为了得到更大的产量水平，而在维持总成本不变的条件下不断地用劳动去替代资本时，在图 4-8 中就表现为企业的生产沿等成本线 AB 移动，从 M 点向 E 点靠近。

当 $\mathrm{MRTS}_{LK} < \frac{w}{r}$ 时，即两要素的边际技术替代率小于两要素的价格之比，以图中 N 点代表。此时，我们假设 $\mathrm{MRTS}_{LK} = \frac{1}{5} < \frac{w}{r} = \frac{1}{1}$。由不等式右边 $\frac{w}{r} = \frac{1}{1}$ 可知，在生产要素市场中，企业在不改变成本的条件下，减少 1 单位资本的购买就可以增加 1 单位劳动的购买。从不等式左边 $\mathrm{MRTS}_{LK} = \frac{1}{5}$ 可知，在生产过程中，企业减少 1 单位劳动的投入量，只需增加 0.2 单位资本的投入量即可维持原有的产量水平。因此，企业因在生产过

程中多得到 0.8 单位的资本而可使总产量水平提高。当企业为了得到更大的产量水平，而在维持总成本不变的条件下不断地用资本去替代劳动时，在图 4-8 中就表现为企业的生产沿等成本线 AB 移动，从 N 点向 E 点靠近。

从上述分析可以看出，只有当两种要素的边际技术替代率等于两要素市场价格之比时，才能实现既定成本下的最大产量。

从另一个方面讲，由于边际技术替代率可以表示为两种要素的边际产量之比，因此，可将式(4.25)改写为：

$$\mathrm{MRTS}_{LK} = \frac{\mathrm{MP}_L}{\mathrm{MP}_K} = \frac{w}{r} \tag{4.26}$$

进一步，可变换为：

$$\frac{\mathrm{MP}_L}{w} = \frac{\mathrm{MP}_K}{r} \tag{4.27}$$

这意味着，企业对两种生产要素的调整，使得最后一单位的成本支出无论用来购买哪种生产要素，其所获得的边际产量都相等，从而都实现了在既定成本条件下的最大产量。

【案例 4-1】 陶瓷行业长期发展的模式之一

陶瓷行业的业内人士都知道，如果一条生产线长期生产一类产品，不但会大幅降低生产成本，且质量稳定，不容易有色差等。不过，以往很多企业虽然生产线很少，但为了迎合各类消费者，仍不断拓宽产品线，少的有数十款产品，多的则达上百款产品，使产品的成本居高不下。一些生产跟进型产品的企业，由于产品的附加值不高，又缺少成本优势，在越来越激烈的市场竞争中渐渐失去竞争力，市场份额逐渐缩小。为了寻找生存空间，这些企业逐渐改变以往销售的产品全部由自己企业生产的模式，开始集中精力专业生产自己最具优势的某类产品，专业化、规模化的单一品类生产，最终把某类产品做精做细，做出了产品的成本优势和质量优势。生产成本的大幅降低，也实现了企业低价格竞争的策略，在企业自己品牌销售的同时，还可以为其他品牌做订单生产。在市场竞争和资源整合的不断演变中，建陶行业又渐渐出现了专业购买砖坯进行抛光后销售的"私抛厂"；同时，也出现了专门生产销售砖坯，却没有自主品牌的企业。这种新的专业化分工，将生产资源和销售资源进行了重新整合，形成了强大的市场竞争力，也创造了新的赢利模式。于是，专业生产砖坯的企业和私抛厂不断涌现，目前这类企业军团已经成为建陶行业的一支重要力量，在市场占有不可小视的销售额。

资源来源：中国陶瓷行业飞速发展四种竞争模式需要关注.中国建材网，2009-12-31.

（二）既定产量条件下的成本最小化

与企业在既定成本下追求产量最大化相类似，企业也会通过调整，使得在既定产量条件下实现成本最小化,如图 4-9 所示。

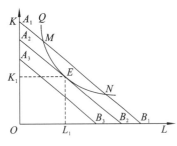

图 4-9 既定产量下成本最小化

在图 4-9 中有一条等产量曲线 Q 和三条等成本线 A_1B_1、A_2B_2 和 A_3B_3。假定要素的价格始终不变,因此等成本线的斜率均为 $-w/r$,三条等成本线平行。而三条等成本线的截距不同,即它们分别代表三个不同的成本量,其中,等成本线 A_1B_1 代表的成本大于等成本线 A_2B_2 代表的成本,而等成本线 A_2B_2 代表的成本大于等成本曲线 A_3B_3 代表的成本。在给定产量的情况下寻找成本最小的生产要素组合,可以看做是将等成本线向左下方平移,寻找刚好与等产量曲线相切、纵截距最小的等成本线。此时,只有切点才能保证又能生产给定量的产量又使成本最小。满足条件的等成本线 A_2B_2 与等产量曲线相切于 E 点,点 E 就是在既定产量水平下实现最小成本的要素组合。

由于在均衡点等产量曲线与等成本线相切,因此两种曲线的斜率相等。等产量曲线的斜率的绝对值就是商品的边际技术替代率,而等成本线的斜率的绝对值可以用两种生产要素的价格之比来表示,因此,在均衡点 E:

$$\text{MRTS}_{LK} = \frac{\text{MR}_L}{\text{MR}_K} = \frac{w}{r}$$

这就是两种生产要素最优组合的原则,这与既定成本下的产量最大化完全相同,只不过它现在表示:在既定的产量水平下,厂商为了实现成本的最小化,必须选择的最优生产要素组合是使两要素的边际技术替代率等于两要素的价格之比。

可以看出,当 $\text{MRTS}_{LK} > \frac{w}{r}$ 时,等产量曲线的斜率的绝对值大于等成本线斜率的绝对值,以图中 M 点代表。此时,我们假设 $\text{MRTS}_{LK} = \frac{4}{1} > \frac{w}{r} = \frac{1}{1}$。从不等式左边 $\text{MRTS}_{LK} = \frac{4}{1}$ 可知,在生产过程中,为了维持产量水平不变,企业用 1 单位的劳动去替代 4 单位的资本。而对于不等式右边 $\frac{w}{r} = \frac{1}{1}$,在生产要素市场中,4 单位资本的成本却可以购买到 4 单位劳动的投入量,因此,企业因在生产过程中节省 3 单位的劳动而可使成本下降。当企业为了节省成本,而在维持总产量不变的条件下不断地用劳动去替代资本时,就表现为企业的生产沿等产量曲线 Q 移动,从 M 点向 E 点靠近,直到到达 E 点为止。

当 $\text{MRTS}_{LK} < \frac{w}{r}$ 时,等产量曲线的斜率的绝对值小于等成本线斜率的绝对值,以图中 N 点代表。此时,我们假设 $\text{MRTS}_{LK} = \frac{1}{5} < \frac{w}{r} = \frac{1}{1}$。这时,企业可以在生产过程中用 1 单位的资本去替代 5 单位的劳动,并保持产量水平不变。而在生产要素市场上,5 单位的劳动的购买成本可以购买到 5 单位的资本,故企业可以节省 4 单位的资本而获利。当企业为了节省成本,而在维持总产量不变的条件下不断地用资本替代劳动时,就表现为

企业的生产沿等产量曲线 Q 移动,从 N 点向 E 点靠近,直到到达 E 点为止。

从上述分析可以看出,如果两种要素的边际技术替代率等于两要素市场价格之比,既定产量下的成本就达到了最小化。

从另一个方面讲,由于边际技术替代率可以表示为两种要素的边际产量之比,因此式(4.25)也可以改写为:

$$\mathrm{MRTS}_{LK} = \frac{\mathrm{MP}_L}{\mathrm{MP}_K} = \frac{w}{r}$$

进一步,可变换为:

$$\frac{\mathrm{MP}_L}{w} = \frac{\mathrm{MP}_K}{r}$$

这一等式表示:企业对两种生产要素的调整,使得最后一单位的成本支出无论用来购买哪种生产要素,其所获得的边际产量都相等,从而实现了在既定产量条件下的最小成本。

由此可见,企业在既定产量条件下实现最小成本与既定成本条件下实现最大产量的本质上是相同的。

三、厂商利润最大化

企业生产的主要目的就是追求利润的最大化。在完全竞争条件下,商品的价格和生产要素的价格都被假定为既定的,因此,企业可以通过调整生产要素投入量而不断调整产量从而实现利润的最大化。在这一过程中,最优的生产要素组合同时实现。这一点可以通过数学方法进行证明。

假定在完全竞争条件下,企业的生产函数为 $Q=f(L,K)$,商品的价格为 P,劳动和资本的价格分别为 w 和 r,π 表示利润。企业的利润等于企业的收益减去成本,即:

$$\pi(L,K) = P \cdot f(L,K) - (wL + rK)$$

其中,$P \cdot f(L,K)$ 表示总收益,$(wL+rK)$ 表示总成本。

根据利润最大化的一阶条件可知:

$$\frac{\partial \pi}{\partial L} = P \cdot \frac{\partial f}{\partial L} - w = 0 \qquad (4.28)$$

$$\frac{\partial \pi}{\partial K} = P \cdot \frac{\partial f}{\partial K} - r = 0 \qquad (4.29)$$

由以上两式可得:

$$\frac{\partial f/\partial L}{\partial f/\partial K} = \frac{\mathrm{MP}_L}{\mathrm{MP}_K} = \frac{w}{r}$$

这与前面得到的最优生产要素组合的条件是相同的,这就说明追求利润最大化的企业可以得到最优的生产要素组合。

为了更好地说明企业的利润最大化问题,这里引进几个新的概念:总收益、平均收益和边际收益。

假定企业面临的需求函数为 $P=f(Q)$。总收益就是企业出售产品后所获得的总收入,那么总收益就可以表达为:

$$R = PQ = f(Q)Q$$

平均收益就是平均每一单位产品的销售收入,用公式表示为:

$$AR = R/Q = P = f(Q)$$

边际收益就是指每增加一单位产品的销售所引起的总收益的增加:

$$MR = \frac{\Delta R}{\Delta Q}$$

或者以极限形式:
$$MR = \lim_{\Delta Q \to 0} \frac{\Delta R}{\Delta Q} = \frac{dR}{dQ}$$

有了这几个概念,我们可以把利润最大化表示成边际成本等于边际收益,这一点将在后面进一步讨论。

四、生产扩展线

生产扩展线是企业规模不断扩大时所遵循的路径。当生产的产量或成本发生变化时,企业就会重新选择最优的生产要素组合,这时就会涉及生产扩展线。在图 4-10(a)中,三条等产量曲线 Q_1、Q_2、Q_3 上分别有三个点 A、B 和 C,这三个点的切线 T_1、T_2、T_3 相互平行,因此,这三个切点的边际技术替代率是相等的。连接这三个切点及原点可得到一条曲线 OS,称为等斜线。它是一组等产量曲线上的边际技术替代率相等的点的轨迹。

继续假设在生产要素价格、技术水平和其他条件都不变的情况下,如果企业改变产量,等产量曲线就会发生移动;如果企业改变成本,等成本线就会发生移动。当这些不同的等产量曲线与不同的等成本线相切,就可得到一系列的生产均衡点,其中每个点都是最优生产要素组合点,这些均衡点轨迹就称为长期生产中的生产扩展线。

在图 4-10(b)中,ON 是一条长期生产的扩展线。由于在生产扩展线上的点都是生产均衡点,又根据假定要素的价格保持不变,而生产要素价格的比例是不变的,并且生产均衡的条件是两种生产要素的边际替代率等于两种生产要素价格的比例,因此,生产均衡点上的边际技术替代率都是相等的,即长期生产的扩展线一定是一条等斜线。

生产扩展线的经济含义是:当生产要素价格、技术水平和其他条件不变时,如果生产的成本或产量发生变化,企业一定会沿着生产扩展线来选择最优的生产要素组合,从而实现既定成本下的最大产量或既定产量下的最小成本。

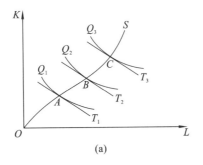
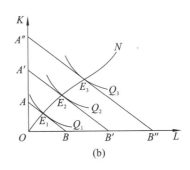

图 4-10 等斜线与生产扩展线

五、规模报酬

规模报酬是指当全部生产要素的投入量都等比例变化时,该生产所决定的产量水平的变化情况。企业只有在长期内才可能变动全部生产要素,进而改变生产规模,因此,企业的规模报酬分析属于长期生产理论问题。

企业的规模报酬一般分为三种情况:规模报酬递增、规模报酬不变和规模报酬递减。

规模报酬递增是指随着生产要素等比例的变化,产量增加的比例大于生产要素增加的比例。此时,人们称生产中存在规模经济。例如,当全部生产要素即劳动和资本都增加1倍时,产量增加了1.5倍,那么我们就认为该企业生产存在规模经济。

规模报酬不变是指随着生产要素等比例的变化,产量增加的比例等于生产要素增加的比例。比如,当全部生产要素即劳动和资本都增加1倍时,产量也增加了1倍,那么我们就认为该企业生产是规模报酬不变的。

规模报酬递减是指随着生产要素等比例的变化,产量增加的比例小于生产要素增加的比例。例如,当全部生产要素即劳动和资本都增加1倍时,产量只增加了0.9倍,那么该企业生产就是规模报酬递减的。

规模报酬的三种情况可以用图形的形式来表示,如图4-11所示。在图4-11中,每幅图都有三条等产量曲线和一条生产扩展线ON。

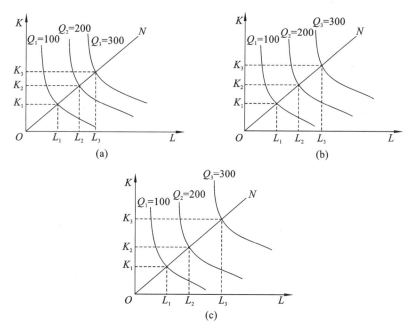

图 4-11 规模报酬

在图4-11(a)中,当生产要素增加比例小于1时,产量的增加比例等于1,因此产量增加比例大于生产要素增加的比例,属于规模报酬递增的情况。在图4-11(b)中,当生产要素增加比例等于1,产量的增加比例也等于1,该企业的生产属于规模报酬不变的情况。在图4-11(c)中,当生产要素增加的比例大于1时,产量增加的比例等于1,因此产量增加比例小于生产要素增加的比例,属于规模报酬递减。

我们还可以进一步用数学公式来定义规模报酬的三种情况。对于生产函数 $Q=f(K,L)$ 来说,当 $f(tK,tL)>tf(K,L)$,其中,常数 $t>0$,则该生产具有规模报酬递增的性质;当 $f(tK,tL)=tf(K,L)$,其中,常数 $t>0$,则该生产具有规模报酬不变的性质;当 $f(tK,tL)<tf(K,L)$,其中,常数 $t>0$,则该生产具有规模报酬递减的性质。

以柯布-道格拉斯生产函数为例,其生产函数形式为 $Q=AL^\alpha K^\beta$,对于任意的 $t>1$,有 $f(tK,tL)=t^{\alpha+\beta}AK^\alpha L^\beta$。因此,只有当 $\alpha+\beta=1$ 时,才有 $f(tK,tL)=tf(K,L)$,该生产是规模报酬不变的;当 $\alpha+\beta>1$ 时,该生产是规模报酬递增的;当 $\alpha+\beta<1$ 时,该生产是规模报酬递减的。

关于企业规模报酬出现递增或递减的原因,经济学一般用内部经济与内部不经济、外部经济与外部不经济来解释。当规模扩大时,由于内部成本的下降使产量更快地增长,称为内部经济,如规模扩大时可以采用新的技术,内部分工可能更为合理,这都能导致生产效率提高。而外部经济则是指规模扩大时,企业可能更有效地进行外部融资,在市场上具有更有利的讨价还价地位,或者具有某种市场势力等。内部不经济则是指规模扩大时内部成本上升,如内部管理与协调成本不断上升,导致生产效率下降;外部不经济则是因为规模扩大时可能导致市场竞争更为激烈,融资成本更高等外部环境因素恶化,使成本上升。因此,当生产规模扩大时,企业在不同的内外部环境下可能带来生产效率的提高,也可能带来生产效率的下降,前者导致规模报酬递增,后者导致规模报酬递减。而企业的规模报酬不变恰好是因为扩大规模时这种有利因素与不利因素的大小刚好抵消!

然而,作为一般规律,规模报酬递增或规模报酬递减,都不是永久性的,而是呈现出变化的态势。对于一个企业来说,在长期的生产过程中,企业规模报酬的变化大致依次经过三个阶段:当企业从最初较小的生产规模开始扩大时,企业的规模报酬递增;当企业得到规模经济的全部好处后,如果继续扩大生产,此时,企业规模报酬将保持不变;在前一阶段之后,若企业仍继续扩大生产,就会出现规模报酬递减。

第六节 成本的概念

成本是企业为了得到生产要素而必须进行的支出。企业的利润是收益与成本之间的差距,因此,对企业的成本进行分析,也是经济学中的重要一环。

一、机会成本

在经济学的分析中,经济学家从资源稀缺的角度提出了机会成本的概念。经济学家认为,当一个企业使用一定的经济资源生产某种商品时,它就放弃了使用该资源生产其他产品的机会。机会成本就是生产者放弃使用相同的生产要素在其他生产用途中所能得到的最高收入。例如,一块土地可以用来盖房子,也可以用来种粮食,还可以用来修马路。当企业决定用这块土地来盖房子的时候,企业就无法获得种粮食和修马路的收益。这放弃的两者中收益较高的那种用途,就是机会成本。再如,当一个企业决定用自己全部的经济资源生产一辆卡车时,就意味企业不得再利用相同的资源去生产一辆小型汽车。因此,对于生产一辆卡车而言,其机会成本就是一辆小型汽车。如果一辆小型汽车的价值是15万元,则一辆卡车的机会成本就是15万元。

机会成本显然是一种经济成本,是经济代理人在选择资源用途时需要考虑的因素,但它却不一定反映在会计账户上。与机会成本相对的一个概念是会计成本。会计成本是指企业按实际支付的价格所支出的生产要素的价值。它一般反映在会计账户上,是会计师记录下来的企业进行经营活动所支付的费用。

二、显性成本和隐性成本

对一个企业来说,生产成本还可以分为显性成本和隐性成本两个部分,企业的总成本是显性成本和隐性成本之和。

企业的显性成本是指企业在生产要素市场上购买或租用生产所需要的各种生产要素的实际支出。例如,雇佣一定数量的工人,并从银行借入一些贷款时,企业对工人支付的工资、向银行支付的利息等支出都是企业的显性成本。而企业的隐性成本是指企业自己所拥有的并被用于该企业生产过程的生产要素总价值。例如,企业为了进行生产,将自己的资金和土地用于企业生产,并亲自管理生产。那么,企业得到的工资和租金及利息就是企业的隐性成本。因为这是企业对自己支付的报酬,它不像显性成本那么明显,有时甚至被看做一种收益而不是成本,故被称为隐性成本。

现在从机会成本的角度来看显性成本和隐性成本。对于显性成本来说,这部分总支出必须等于这些生产要素的所有者将相同的生产要素用于其他用途时所得到的最高收入,否则生产要素的所有者就不会放弃该要素的所有权或使用权,因此企业就得不到企业生产所必需的生产要素。对于隐性成本来说,这部分总支出必须等于企业将相同的生产要素用于其他用途时所得到的最高收入,否则理性的生产者会将自己拥有的这部分生产要素投向其他用途,以得到更高的报酬。

三、经济利润和会计利润

企业的目标是获得利润。在经济学中,利润又分为经济利润与正常利润。企业的总收益和总成本之间的差额称为经济利润。企业所追求的利润最大化就是指最大限度的经济利润,也称为超额利润。企业的正常利润实际上是企业家领导才能的报酬,是企业对自己所使用的组织这种要素的报酬支付。在个人业主制企业中,正常利润本质上是企业生产的隐性成本,而在股份公司中,正常利润体现为高管的薪酬。由于正常利润属于成本,一般会以支出的形式在会计账户中反映出来;经济利润不属于成本,因而在会计账户中表现为企业的总收益和总成本之间的差额。可以看出,当经济利润为零时,企业仍然可能获得正常利润。

在实践中,一个重要的利润概念是会计利润。会计利润是企业在会计核算账簿上计算出来的利润,它是账面实际收益与账面实际成本之间的差额。在计算会计利润时,会计师与经济学家对于收益的衡量较为相近,差别在于对成本的衡量。由于机会成本比会计成本包含的内容更多,因此,经济利润相较于会计利润更小。

第七节 短期成本

时间可以分为长期和短期,相应地,成本在不同时期内也体现出不同的特征。因此,对于成本的分析,我们也将从短期和长期两个方面进行。我们先看短期成本的变化情况,然后再研究长期成本的规律。

一、短期总成本

(一)短期总成本函数

在短期内,我们仍假定企业使用劳动和资本来生产一种产品,并且劳动的数量是可变的,资本的数量是不变的。短期的生产函数形式仍然为 $Q = f(\overline{K}, L)$。

短期生产函数表示产量与可变要素劳动的投入量之间存在一一对应关系。由于资本数量不变,产量的大小取决于可变要素劳动的投入量大小。也可以反过来理解,在产量为既定数值时,企业需要调整相应的劳动投入量。那么,假设生产要素市场上劳动价格为 w 和资本价格为 r,则某一产量所对应的短期总成本函数就为:

$$\text{STC}(Q) = wL(Q) + r\overline{K} \tag{4.30}$$

其中,$wL(Q)$ 表示可变成本部分,$r\overline{K}$ 表示不变成本部分,两部分之和就是短期总生产成本。如果我们以 TVC(Q) 表示总可变成本部分,而以 TFC 表示不变成本部分,则短期总成本函数还可写成:

$$\text{STC}(Q) = \text{TVC}(Q) + \text{TFC} \tag{4.31}$$

短期总成本曲线可以根据短期总产量曲线求得。由于短期总成本等于可变成本加上不变成本,而可变成本等于由产量决定的可变要素劳动的投入量乘以劳动的价格,不变成本等于不变的资本投入量乘以资本价格,因此,参考表 4-2(假设 $w=2, r=1, \overline{K}=2$)可得对应的短期总可变成本曲线 TVC 和短期总成本曲线 STC,两者之间的垂直差距就是不变成本部分,如图 4-12 所示。(注:这里假设企业在短期不可能将生产推进至生产的第Ⅲ阶段)

（二）短期总成本和生产扩展线

生产的扩展线是企业在长期中扩张或收缩生产所必须遵循的路径。借用生产的扩展线,我们可以分析短期生产及相应的成本问题,如图 4-13 所示。

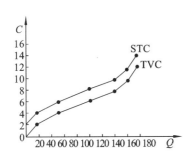

图 4-12　短期总可变成本曲线和总成本曲线

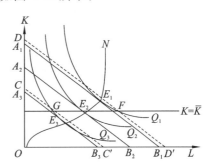

图 4-13　短期总成本与生产扩展线分析

在图 4-13 中,有三条等产量曲线和三条等成本线,E_1、E_2 和 E_3 分别为企业在不同产量下的生产均衡点,ON 为生产扩展线。现在假定在短期内企业的资本投入量固定为 $\overline{K}$,用与横轴平行的直线 $K=\overline{K}$ 来表示。由于是短期,企业只能沿这条水平线来调整可变生产要素劳动的投入量,从而得到相应的产量。

当企业的产量水平为 Q_2 时,企业的最优生产组合恰好为 E_2 点,在这一点既是等产量曲线 Q_2 与水平线 $K=\overline{K}$ 的交点,又是生产扩展线 ON 上的点,因此这一点既是企业短期生产的均衡点,又是企业长期生产的最优点。在这一点,企业的短期成本与长期总成本是相等的,由过 E_2 点的等成本线 A_2B_2 表示。

当企业的产量增加至 Q_1 时,在短期企业不可以选择 E_1 来组织生产,而只能选择 F 点。在 F 点,企业的短期资本投入量仍为 $K=\overline{K}$,而且也可生产 Q_1 的产量,但此时的短期生产总成本由 DD' 来表示,它高于 A_1B_1 水平,表明在短期内生产 Q_1 产量的产品所需的成本高于长期内所需的成本。

当企业的产量减少至 Q_3 时,在短期不可以选择 E_3 来组织生产,而只能选择 G 点。在 G 点,企业的短期资本投入量为 $K=\overline{K}$,而且也可生产 Q_3 的产量,但此时的短期生产总成本由 CC' 来表示,它高于 A_3B_3 水平,表明在短期内生产 Q_3 产量的产品所需的成本高于长期内所需的成本。

二、短期成本函数的分类

在短期内,企业的成本包括不变成本和可变成本两部分,这两部分可进一步分为以下几种:总不变成本、总可变成本、短期总成本、平均不变成本、平均可变成本、短期平均成本和短期边际成本。

总不变成本亦称总固定成本,就是在短期内企业为生产一定数量的产品而对不变要素所支付的成本。由于不变要素的投入量是无法改变的,即使产量为零,总不变成本也是固定的。需要注意的是,总不变成本与经济学中常用的沉没成本是有区别的。总不变成本是无论产量为多少都必须支付的部分,而沉没成本是一旦投入就无法追回的成本。

总可变成本是短期内企业为生产一定数量的产品而对可变要素所支付的总成本,如企业支付的原材料、工人工资等。

短期总成本是短期内企业为生产一定数量的产品对全部生产要素所支付的总和。它等于总不变成本和总可变成本之和。

平均不变成本是短期内企业平均每生产一单位产品所消耗的不变成本。它的函数形式为:$AFC(Q)=TFC/Q$。

平均可变成本是短期内企业平均每生产一单位产品所消耗的可变成本。它的函数形式为:$AVC(Q)=TVC(Q)/Q$。

短期平均成本是短期内企业平均每生产一单位产品所消耗的总成本。它的函数形式为:$SAC(Q)=STC/Q=AFC(Q)+AVC(Q)$。

短期边际成本是短期内企业每增加一单位产量时所增加的总成本。它的函数形式为:$SMC(Q)=\dfrac{\Delta STC(Q)}{\Delta Q}$ 或者 $SMC(Q)=\lim\limits_{\Delta Q \to 0}\dfrac{\Delta STC(Q)}{\Delta Q}=\dfrac{dSTC}{dQ}$。由此可知,在每个产量水平上短期边际成本就是相应的短期总成本曲线的斜率值。

根据上述各短期成本的定义可知,在某一产量水平上,已知短期总成本、总可变成本和总不变成本之后,就可得到其他相应的短期平均成本和短期边际成本,如表 4-3 所示。

表 4-3 假设的各类短期成本

Q	TFC	TVC	STC	AFC	AVC	SAC	SMC
0	1 200	0	1 200	—	—	—	—
1	1 200	600	1 800	1 200	600	1 800	600
2	1 200	1 000	2 200	600	500	1 100	400
3	1 200	1 200	2 400	400	400	800	200
4	1 200	1 350	2 550	300	337.5	637.5	150
5	1 200	1 700	2 900	240	340	580	350
6	1 200	2 400	3 600	200	400	600	700

将表 4-3 的数据描在图形中,可得到下列各种短期成本曲线,如图 4-14 所示。

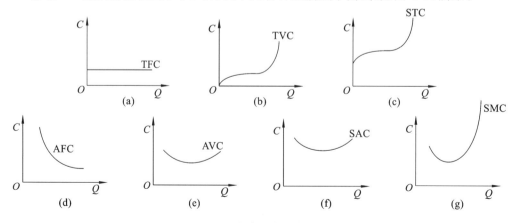

图 4-14 各类短期成本曲线

将表 4-3 所得各短期成本曲线的图形置于同一张图中,可得图 4-15。

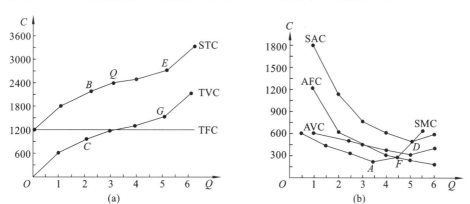

图 4-15 各类短期成本曲线综合分析

需要指出的是,由于各种成本相互可以推算,其曲线亦存在紧密的联系。首先,短期总成本曲线 STC 与总可变成本 TVC 曲线具有相同的斜率,两者的垂直距离之差等于总不变成本 TFC。其次,总可变成本曲线 TVC 和短期总成本 STC 曲线在同一产量水平上各存在一个拐点。在拐点之前,两者的斜率是递减的;在拐点以后,两者的斜率是递增的。再次,平均可变成本曲线 AVC、短期平均成本曲线 SAC 和短期边际成本曲线 SMC 均呈现 U 形特征,并且,短期边际成本曲线 SMC 与平均可变成本曲线 AVC 相交于平均可变成本曲线 AVC 的最低点,与短期平均成本曲线 SAC 相交于短期平均成本曲线 SAC 的最低点。最后,将图 4-15(a)与图 4-15(b)综合起来进行分析,可以发现,短期边际成本曲线 SMC 的最低点与短期总成本曲线 STC 的拐点和总可变成本曲线 TVC 的拐点相对应,三个点对应同一产量水平。在平均可变成本曲线 AVC 达到最低点时,总可变成本曲线 TVC 恰好有一条从原点出发的切线,与总可变成本曲线 TVC 相切,该点与平均可变成本曲线 AVC 最低点对应同一个产量水平。类似地,短期平均成本曲线 SAC 达到最低点时,短期总成本曲线 STC 恰好有一条从原点出发的切线,与短期总成本曲线 STC 相切,该点与短期平均成本曲线 SAC 最低点对应同一个产量水平。

三、短期成本变动的影响因素

短期成本曲线的各种形状是由边际报酬递减规律决定的,这是短期生产的基本特征。

从边际成本变化的角度理解边际报酬递减规律可以发现,如果生产要素的价格假定是不变的,在边际报酬递增的阶段,增加一单位可变生产要素的投入所产生的边际产量是递增的,相应地,在这一阶段增加一单位产量所需要的边际成本是递减的;在边际报酬递减的阶段,增加一单位可变生产要素的投入所产生的边际产量是递减的,相应地,在这一阶段增加一单位产量所需要的边际成本是递增的。把边际产量和边际成本之间的关系综合起来就可以得到如下结论:当边际产量递增时边际成本是递减的,边际产量递减时边际成本是递增的;与边际产量的最大值对应的是边际成本的最小值。所以,在边际报酬递减规律的作用下,边际成本曲线呈现出先降后升的U形特征。

四、短期生产函数与短期成本函数的关系

短期成本函数是产量的函数,而产量是由短期生产函数决定的,因此,短期成本函数和短期生产函数有着重要联系,如图4-16所示。

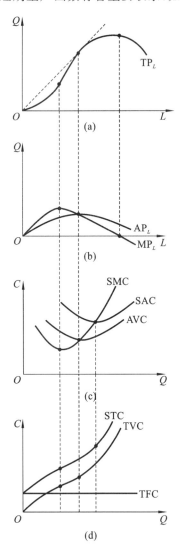

图4-16 短期生产函数与短期成本函数之间的对应关系

首先让我们来看边际产量 MP_L 与短期边际成本 SMC 之间的关系。

由短期成本函数对 Q 求导可得:$SMC(Q) = \frac{dSTC}{dQ} = \frac{dTVC(Q)}{dQ} + \frac{dTFC}{dQ} = w \cdot \frac{dL(Q)}{dQ}$ 而边际产量的公式为 $MP_L = \frac{dQ}{dL(Q)}$,因此,$SMC(Q) = \frac{w}{MP_L}$,或者可以写为,$SMC(Q) \cdot MP_L = w$。由此可知,短期边际成本 SMC 与边际产量 MP_L 的变动方向是相反的。由于在边际报酬递减规律作用下,边际产量 MP_L 呈先上升后下降的倒 U 形变化趋势,因此,短期边际成本 SMC 的变化一定是 U 形曲线,而且在边际产量 MP_L 上升阶段,短期边际成本 SMC 是下降的;在边际产量 MP_L 下降阶段,短期边际成本 SMC 是上升的;当边际产量 MP_L 达到最大值时,短期边际成本 SMC 达到最小值。

其次,让我们来看短期总成本曲线 STC 与总产量曲线 TP_L 之间的关系。

由于边际产量是总产量曲线 TP_L 上的点的斜率,短期边际成本 SMC 是短期总成本曲线 STC 上的点的斜率,又根据短期边际成本 SMC 和边际产量 MP_L 之间的关系可知,短期总成本曲线 STC 与总产量曲线 TP_L 之间也存在着对应的关系。当总产量曲线 TP_L 下凸时,短期总成本曲线 STC 和总可变成本曲线 TVC 是下凹的;当总产量曲线 TP_L 下凹时,短期总成本曲线 STC 和总可变成本曲线 TVC 是下凸的;当总产量曲线 TP_L 存在一个拐点时,短期总成本曲线 STC 和总可变成本曲线 TVC 也都存在一个拐点。

最后,平均产量 AP_L 与平均可变成本 AVC 之间的关系。

根据平均可变成本的公式 $AVC(Q) = TVC(Q)/Q = wL/Q = w/AP_L$ 可知,平均可变成本 AVC 和平均产量 AP_L 的变动关系是相反的。当前者下降时,后者是上升的;前者上升时,后者是下降的;前者的最高点与后者的最低点相对应。

值得指出的是,由于短期边际成本曲线 SMC 与平均可变成本曲线 AVC 交于平均可变成本曲线 AVC 的最低点,边际产量 MP_L 与平均产量 AP_L 相交于平均产量 AP_L 的最高点,因此,短期边际成本曲线 SMC 与平均可变成本曲线 AP_L 的交点与边际产量 MP_L 与平均产量 AP_L 的交点是对应的,并且这两点对应的产量是相同的。

第八节　长期成本

在长期内,企业可以根据产量的要求调整全部生产要素的投入量,甚至包括进入或退出一个行业。这一特点并没有改变企业的长期成本曲线是由短期成本曲线推导而来的结果。企业的长期成本可分为长期总成本、长期平均成本和长期边际成本。

一、长期成本函数

在长期,企业总是可以调整企业规模从而能够用最优的生产要素组合进行生产。由于长期是由一系列短期加总而成的,长期总成本函数也可由短期总成本函数推导而来,如图 4-17 所示。

在图 4-17 中有三条短期总成本曲线:STC_1、STC_2、STC_3,它们分别代表三个不同的短期生产规模。短期总成本曲线的纵截距是固定成本,可用于代表企业的生产规模,因此,从图上可以看出,这三条短期总成本曲线的生产规模是依次递增的。假定企业的产量为 Q_2,那么,企业将如何调整生产要素的投入量以获得最小成本呢?在短期内,企业可能受到生产规模的限制,企业的生产规模可能为 STC_1、STC_2、STC_3 中的任一条。若为 STC_1,企业就只能选择 E 点进行生产,若为 STC_3,

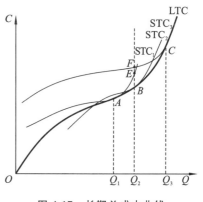

图 4-17　长期总成本曲线

企业可能会选择 F 点进行生产,即不能在最优的生产要素组合上进行生产,企业只能按照较高的总成本生产产量 Q_2 进行生产。而在长期,企业一定会选择 STC_2 曲线所代表的生产规模进行生产,将总成本降到最低,即在 STC_2 上的 B 点处进行生产。类似地,在长期内,企业会选择 STC_1 曲线所代表的生产规模,在 A 点生产 Q_1 产量的产品;选择 STC_3 曲线所代表的生产规模,在 C 点生产 Q_3 产量的产品。

虽然在图 4-17 中只有三条代表性的短期总成本线,但在理论分析中,我们可以假定有无数条这样的短期总成本曲线。这样,企业在任何一个产量水平上,都可以找到一个最优的生产规模,从而使总成本降到最低水平。将这无数个点用光滑的曲线连接在一起,就得到了长期总成本曲线。很明显,这条长期总成本曲线 LTC 是所有短期总成本曲线的包络线。在这条包络线上,在每个连续变化的产量水平上,都存在长期总成本曲线 LTC 与一条短期总成本曲线 STC 的相切点,该短期总成本曲线 STC 所代表的生产规模就是生产该产量的最优生产规模,长期总成本曲线代表了企业在每一个产量水平下由最优生产规模所带来的最小生产总成本。

因此,长期总成本曲线 LTC 是一条由原点出发并向右上方倾斜的曲线;在某一产量水平上,长期总成本曲线存在一个拐点,在拐点之前,长期总成本曲线的斜率是递增的,而拐点之后,长期总成本曲线的斜率是递减的。

二、长期平均成本函数

(一) 长期平均成本函数

企业在长期内实现在每一产量水平上最小总成本的同时,必然同时实现了最小的平均总成本。长期平均成本就是表示在长期内企业按产量平均计算的最低总成本。长期平均成本函数为:

$$LAC(Q) = \frac{LTC(Q)}{Q}$$

对于长期平均成本曲线,我们还可通过短期平均成本曲线推导得到,分析的思路如同前面通过短期总成本曲线推导长期总成本曲线类似。

在图 4-18 中有三条短期平均成本曲线:SAC_1、SAC_2 和 SAC_3,它们分别代表三个不同的生产规模。在长期中,企业会根据产量的要求,选择最优的生产规模进行生产。如果企业生产 Q_1 产量,就会选择 SAC_1 所代表的生产规模,以 OC_1 平均成本进行生产,这时的平均成本是生产 Q_1 产量的最低平均成本。如果企业需要生产的产量为 Q_2,那么就会选择 SAC_2 所代表的生产规模,以 OC_2 的平均成本进行生产。如果企业生产的产量为 Q_3,则会选择 SAC_3 曲线所代表的生产规模进行生产,相应的最小平均成本为 OC_3。

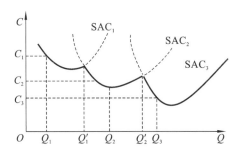

图 4-18 最优生产规模的选择

同样,如果企业选择生产的产量为 Q_1',则会选择 SAC_1 所代表的生产规模,这和选择 SAC_2 所代表的生产规模是一样的,两种生产规模都以相同的最低平均成本生产同一产量。如果此时企业选择 SAC_1,可能会花费较少的投资;但如果企业想继续扩大生产,那

么就会选择 SAC_2 所代表的生产规模。对于 Q_2',选择使用 SAC_2 和 SAC_3 哪种生产规模进行生产,与 Q_1' 的考虑是相同的。

在长期中,企业总是可以在每一个产量水平上找到最低的平均生产成本与之对应,该最低的平均生产成本所代表的生产规模是企业最优的选择。如果我们将图中所有 SAC 曲线的实线部分连接在一起就得到了企业在长期内生产某一产量的最低平均成本,如图 4-19 所示。企业的长期平均成本曲线是无数条短期成本曲线的包络线。在这条包络线上,对每一个连续变化的产量水平而言,都存在长期平均成本曲线 LAC 与一条短期平均成本曲线 SAC 相切的切点与之对应,该短期平均成本曲线 SAC 代表厂商在长期内生产该产量所选择的最优生产规模,该切点所对应的平均成本是最低的平均成本。也就是说,长期平均成本是企业在长期内生产每一产量水平通过最优生产规模的选择所实现的最低的平均成本。

如图 4-19 所示,长期平均成本曲线 LAC 呈 U 形。在它下降的阶段,它相切于所有相应的短期平均成本曲线 SAC 最低点的左边;在它上升的阶段,它相切于所有相应的短期平均成本曲线 SAC 最低点的右边;在 LAC 曲线的最低点,也是相应的 SAC 曲线的最低点。

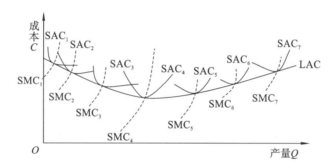

图 4-19　长期平均成本曲线

(二) 规模经济与规模不经济

为了分析长期平均成本曲线的 U 形特征,我们介绍两个概念:规模经济与规模不经济。规模经济是指在企业生产扩张的初始阶段,随着企业生产规模的扩大而使经济效益得到提高。规模不经济是指当企业生产扩张到一定阶段后,企业继续扩大生产规模,就会使经济效益下降。企业从成长之初到逐步扩张的过程中,会先后出现规模经济和规模不经济。正是由于规模经济和规模不经济的作用,使长期平均成本曲线 LAC 呈现 U 形特征。

具体来说,当长期平均成本随着产量增加而减少时,称为存在规模经济,此时,LAC 曲线不断下降。当长期平均成本 LAC 随着产量增加而增加时,称为存在规模不经济,此时,LAC 曲线不断上升。

需要说明的,这里不使用规模报酬来解释长期平均成本曲线的 U 形特征,是因为规模报酬分析要求企业必须以相同的比例变化全部生产要素,而在长期生产中,企业改变生产规模时,通常也会改变生产要素之间的比例。

【案例4-2】 灵活性与经营效率：福特汽车公司的平岩工厂

福特汽车公司于20世纪70年代初花了大约2亿美元在密歇根州的平岩建了一座工厂（简称平岩厂），生产发动机箱体。兴建此厂就是要利用规模经济的优势，其目的是专门以速度最快、效率最高的方式来生产发动机箱体。工厂建成后实际每年可以铸造发动机箱体件50万吨。

然而，1981年福特公司的主管人员就决定关闭这家工厂，把发动机箱体的生产转移到位于克利弗兰的一家旧工厂（简称克厂）。最初兴建平岩厂是为了在超高速的五条生产线上制造V-8发动机箱体。正如福特公司铸造事业部的生铁业务经理乔治·布思（George Booth）所解释的："平岩厂是为了实现最大数量地生产少数零件而兴建的，结果却是该工厂在转而制造新型和不同规模的发动机箱体时很不灵活，它使我们花费了很多钱。"在当时，装有越来越小、越来越省油的四缸和六缸发动机的汽车更受欢迎。1978年福特花了3 600万美元只把它在平岩厂的五条生产线中的一条进行了转换，为其Escort和Lynx两种转型汽车生产四缸发动机。可是在做出上述调整后，该工厂的整体效率却下降了，因为其余很多机器都是为生产比轻型发动机要求的更大数量而设计的。

与平岩厂相比，福特公司位于克利弗兰的工厂有十条较小和较慢的生产线。以全部生产能力运营时，克厂的效率较低，但福特的主管人员还是决定要在克厂生产，而不是在平岩厂生产。其原因有二：第一，把小规模生产线转换成生产新发动机的生产线的成本更低；第二，有十条生产线，就能在同一时间内生产多于五种类型的发动机。

平岩厂的例子很少见，当一家工厂过于专业化时就会发生这种情况。正如密歇根大学企业管理教授戴维·路易斯（David Lewis）所说的，平岩厂最初设计的生产是有效率的，然而一旦产品改变，就会因自身规模而变得不适应了。原因就是它过于庞大而无法向其他用途转换。它的关闭是大批量生产的一个教训，我们有的时候实际上是太大了。你能说企业越大越好吗？

【分析】这个例子实际上说明了一个简单的道理：适度规模对不同的产品来说是不同的。一旦产品的类型发生转变，原来的适度规模就变得不适度了。因此，决定规模经济的一个重要因素是产品的技术类型。在本例中，当平岩厂的产品发生变化时，原先的规模就不再适应生产新产品了，结果只有关闭。

（三）长期平均成本曲线的移动

进一步地，我们来分析长期平均成本曲线的移动，这时，我们再次引入两个概念：外在经济和外在不经济。

外在经济是指企业进行生产活动所依赖的外界环境得到改善，从而使单个企业从中受益的情况。外在不经济是指企业的生产活动所依赖的外界环境恶化，导致单个企业从中受损的情况。

当存在外在经济时,会使企业的长期平均成本减少,从而企业长期平均成本曲线 LAC 向下移动。而存在外在不经济时,企业的长期平均成本就会增加,从而长期平均成本曲线 LAC 向上移动。

三、长期边际成本函数

长期边际成本是企业在长期内增加一单位产量所引起的最低总成本的增加量。它的函数表示为:

$$\text{LMC}(Q) = \frac{\Delta \text{LTC}(Q)}{\Delta Q}$$

或者

$$\text{LMC}(Q) = \lim_{\Delta Q \to 0} \frac{\Delta \text{LTC}(Q)}{\Delta Q} = \frac{d\text{LTC}(Q)}{dQ}$$

从其定义可以看出,在每一产量水平上长期边际成本等于相应的长期总成本曲线的斜率。利用长期总成本曲线 LTC,我们将每个产量水平上长期总成本曲线的斜率求出就可得到长期边际成本曲线 LMC。

对于长期边际成本,我们还可以利用短期边际成本曲线求得。由于长期总成本曲线是无数条短期总成本曲线的包络线,在每一产量水平上,长期总成本曲线与一条代表最优生产规模的短期总成本曲线相切,因此这两条曲线的斜率是相等的。又因为长期总成本曲线的斜率是长期边际成本的值,而短期总成本曲线的斜率是短期边际成本的值,所以,我们可以得知,在长期内每一产量水平下,长期边际成本都与代表最优生产规模的短期边际成本相等。

假设如图 4-20 所示,有三条短期边际成本曲线和三条代表最优生产规模的短期平均成本曲线,它们各自相交于短期平均成本曲线的最低点。因此,在 Q_1 产量上,生产该产量的最优生产规模由 SAC_1 和 SMC_1 代表,此时的短期边际成本由 M 点给出。由于 MQ_1 既是最优的短期边际成本,又是企业的长期边际成本,因此,$\text{LMC} = \text{SMC}_1 = MQ_1$。同理,在 Q_2 产量上,$\text{LMC} = \text{SMC}_2 = NQ_2$;在 Q_3 产量水平上,$\text{LMC} = \text{SMC}_3 = RQ_3$。无限细分条件将这些类似 M、N、R 的点连接起来便得到一条长期边际成本 LMC 曲线。

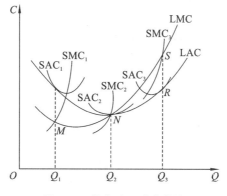

图 4-20 长期边际成本曲线

需要说明的是,长期边际成本曲线 LMC 不是短期边际成本曲线的包络线。但是长期边际成本曲线也呈 U 形特征,并且它与长期平均成本曲线 LAC 相交于长期平均成本曲线 LAC 的最低点。这是根据边际量和平均量之间的关系得出的。因为长期平均成本曲线在规模经济和规模不经济的作用下呈 U 形特征,所以长期边际成本曲线也必然呈 U 形特征,并相交于长期平均成本曲线 LAC 的最低点。

复习思考题

1. 请解释下列概念:边际报酬递减规律,边际技术替代率,生产扩展线,规模报酬,规模经济,正常利润,经济利润。

2. 已知某企业的生产函数为 $Q=f(L,K)=LK-0.5L^2-0.5K^2$,假定企业目前处于短期生产,且 $K=10$。

(1) 试求劳动的平均产量和边际产量。

(2) 分别计算当劳动的总产量、边际产量、平均产量达到最大值时,企业的劳动投入量。

3. 已知某企业的生产函数为 $Q=2L^{\frac{1}{2}}K^{\frac{1}{2}}$,

(1) 试证明该企业为规模报酬不变的生产。

(2) 试验证边际报酬递减规律。

4. 已知某企业的生产函数为 $Q=3L^{\frac{2}{3}}K^{\frac{1}{3}}$,当资本的投入量 $K=50$ 时资本的总价格为 400,劳动的价格为 $w=5$,试求:

(1) 总成本函数、平均成本函数和边际成本函数。

(2) 当产品价格 $P=50$ 时,企业获得最大利润的产量。

5. 试用短期边际成本曲线推导长期边际成本曲线,并说明长期边际成本曲线的经济含义。

本章关键术语

生产函数(production function) 总产量(total output) 平均产量(average output) 边际产量(marginal output) 边际报酬递减规律(the law of diminishing marginal returns) 等产量线(isoquant map) 边际技术替代率(the marginal rate of technical substitution) 规模报酬(return to scale) 总成本(total cost) 平均成本(average cost) 边际成本(marginal cost)

第五章 竞争性市场

本章概述 在完全竞争市场中,无数的参与者决定了企业和消费者都是价格接受者;完全竞争还要求产品是同质的,所有的资源都具有完全的流动性,信息是完全的。通过本章的学习,了解完全竞争市场的基本特征及其短期与长期均衡的条件,熟悉短期和长期供给曲线的推导,掌握完全竞争市场分析的方法与意义。

第一节 完全竞争的基本含义

一、市场、行业和企业

现代微观经济学中的市场是指商品买卖双方之间交易行为或相互作用的交易场所或接触点的总称。市场是联系生产者与消费者的纽带,也是现代经济的主要活动场所,因此,研究市场的构成和作用具有十分重要的意义。

竞争性市场如何运作

为了研究市场,需要研究与市场相关的要素。与市场紧密联系的另一个概念是行业,它是指生产经营同类产品或服务的所有企业的集合,例如家电行业、日化行业、食品行业、汽车行业、房地产业等。有时行业与行业之间的界线模糊不清,例如,汽车行业无疑包括生产整车的组装厂和生产部件的配件厂,但汽车玻璃是属于汽车行业,还是属于玻璃行业?为汽车做油漆是汽车行业还是服务业?再以房地产业为例,其中聚集了太多

种类的产品与服务,简直就像一部经济活动的百科全书,在这里行业的界线再次模糊不清。不过,不论什么行业,一般都是某类产品的集合,因而都包含多家企业,这些企业生产不同款式或具有不同包装但用途相同的产品和服务,所以行业是由企业组成的。企业生产产品和服务,然后将产品和服务提供到市场上销售,由此,行业和行业之间通过企业的交易而联系起来。

在市场上,不同行业的产品相互交换,而同一行业的产品相互竞争。市场的性质取决于企业之间的竞争程度,而竞争程度取决于一个行业到底有多少家企业在生产相同的产品和服务。因此,一个行业内存在不同数量的企业形成了不同的市场类型。本章的目的就是要讨论不同类型的市场上企业如何实现自身的利润最大化,如何完成资源配置过程。

如前章所述,企业的目标是利润最大化,因而企业的产量与价格如何决定也是围绕这一目标而展开的。反过来,这一目标也必然会影响企业的行为。那么,企业如何实现利润最大化呢?我们先看一下利润最大化的数学含义,然后运用这一含义来分析企业的产量与价格决定。

如果用 Q 表示产量,用 $TR(Q)$ 代表总收益,$TC(Q)$ 代表总成本,那么,企业的利润函数可以写成:

$$\Pi = TR(Q) - TC(Q)$$

企业的利润最大化就是利润函数取最大值,而利润函数的最大值也就是利润函数的一阶导数等于零,即:

$$TR'(Q) - TC'(C) = 0$$

或者

$$TR'(Q) = TC'(C)$$

前者为边际收益(用 MR 表示),后者为边际成本(用 MC 表示)。所谓边际收益就是企业每增加 1 单位产量所能增加的收益,它表现为总收益的增加量,用公式表示为:$MR(Q) = \Delta TR(Q)/\Delta Q$。所谓边际成本就是企业每增加 1 单位产量所增加的成本,表现为总成本的增加量,用公式表示为:$MC(Q) = \Delta TC(Q)/\Delta Q$。

利润最大化要求企业的边际成本与边际收益相等,因为只有二者相等,企业增加或减少产量时才不会再增加利润,因而会保持产量不变,否则总会通过产量的变化使利润增加。

那么,现在的问题是,一旦企业面临着不同类型的市场,企业怎样选择产量和价格,才能使边际成本和边际收益相等呢?

二、完全竞争市场的基本假定

所谓完全竞争市场,在西方经济学中有严格的涵义。根据定义,一个市场只有同时满足以下四个基本假定才称得上是完全竞争的。

第一,有大量甚至是无数的参与者,每个参与者所占的市场份额非常之小,以至显得微不足道,因而没有一个参与者能够影响市场价格。具体来说,由于每个企业提供给市场的商品数量占行业总产量的比重非常小,它们增加或减少商品的供给量并不会对市场供给造成任何影响,所以每个企业都视自己提供的商品价格是给定的。同样,每个消费者的需求量相对于整个市场来说所占的比重也是很小的,他们增加或减少该商品的需求,也不会对价格产生影响,因此,他们亦将商品价格视为给定的。由此,所有的市场参与者都表现为价格接受者。单个厂商或消费者对市场的影响,犹如汇入汪洋中的一滴水珠,他们每一方都无法影响市场,市场的价格由所有人的供给和需求综合决定。如此看来,在竞争市场上,市场表现为一个超人的存在,任何单个的人力都无法左右。

第二,产品是同质的。同行业的企业生产完全无差别的产品,因而对消费者来说,不论购买哪个企业的产品都是一样的。这种无差别不仅包括外观、品质、规格、包装、品牌和服务,甚至包括销售场所等推销条件。由于完全无差别,消费者在选购商品时只考虑价格因素。在消费者眼中,不需要比较同类产品的质量问题,也不用考虑其他任何方面的好坏,只需要比较价格的高低。由此,市场上最后流行的一定是单一市场价格。

第三,资源具有完全的流动性。完全流动意味着各种资源在行业内和行业间的转换不存在交易费用,资源从一种用途转向另一种用途没有任何政治、经济、技术、社会、法律等方面的障碍。具体而言,劳动力要素能够在短期内从一个区域或一个行业自由地流向另一个区域或行业;自然资源不会被有控制力的个人或机构垄断;土地的使用没有任何人为的限制;企业进入或退出一个行业不存在任何壁垒。由此,所有的资源都会自动地流向价值高的地方。

第四,信息是完全的。市场中的每一个企业和家庭都掌握了与自己的交易决策相关的全部信息,不存在信息不对称或信息不充分的情况。这意味着,所有的经济代理人不仅知道决策变量的历史知识,也知道其目前所处的状况,更知道其未来的变化趋势,因而市场中每一个经济代理人都能实现自己最优的经济决策,即按照既定的价格水平交易,企业能够实现利润最大化,消费者能够实现效用最大化。

可以看出,符合以上四个假定的完全竞争市场在现实中基本不存在,一些市场可能接近于完全竞争,如农产品市场,但并不是真正的完全竞争市场。那么,经济学家为什么要研究在现实中并不存在的完全竞争市场呢?实际上,研究完全竞争的目的是提供一种基准模型。如同在研究物体运动过程中,首先要考虑无摩擦力的真空世界一样,研究市场首先研究完全竞争其实是为进一步研究现实市场提供一个参照系。通过建立完全竞争这样一种理想状态的市场模型,可以为我们理解其他类型的市场提供标尺,因而成为一种分析工具。后面我们将会发现,随着完全竞争假定的不断放松,市场将会出现不同的价格,从而导致不同的经济效果。

【案例5-1】 农村春联市场:完全竞争市场的缩影

去年临近春节,我有机会对某村农贸市场的春联销售进行了调查,该农贸市场主要供应周围7个村5 000余农户的日用品需求。贴春联是中国民间的一大传统,春节临近,

春联市场红红火火,而在农村,此种风味更浓。

在该春联市场中,需求者有 5 000 多农户,供应商为 70 多家零售商,市场中存在许多买者和卖者;供应商的进货渠道大致相同,且产品的差异性很小,产品具有高度同质性(春联所用纸张、制作工艺相同,区别仅在于春联所书写内容不同);供应商进入或退出没有限制;农民购买春联时的习惯是逐个询价,最终决定购买,信息充分;供应商的零售价格水平相近,提价基本上销售量为零,降价会引起利润损失。原来,在我国有着丰富文化内涵的春联,其销售市场结构竟是一个高度近似的完全竞争市场。

供应商在销售产品的过程中,都不愿意单方面降价。春联是农村过年的必需品,购买春联的支出在购买年货的支出中只占很小的比例,因此其需求弹性较小。某些供应商为增加销售量、扩大利润而采取的低于同行价格的竞争方法,反而会使消费者认为其所经营的产品存在瑕疵(例如:上年库存、产品质量存在问题等),反而不愿买。

该农村集贸市场条件简陋,春联商品习惯性席地摆放,大部分供应商都将春联放入透明的塑料袋中以防尘保持产品质量;而少部分供应商则更愿意损失少部分产品暴露于阳光下、寒风中,以更好地展示产品,因此就产生了产品之间的鲜明对照。暴露在外的春联更鲜艳,更能吸引消费者目光,刺激购买欲望,在同等价格下,该供应商销量必定高于其他同行。由此可见,在价格竞争达到极限时,价格外的营销竞争对企业利润的贡献不可小视。

在商品种类上,例如"金鸡满架"一类小条幅,批发价为 0.03 元/副,零售价为 0.3 元/副;小号春联批发价为 0.36 元/副,零售价为 0.50 元/副。因小条幅在春联中最为便宜且为春联中的必需品,统一价格保持五六年不变,因此消费者不对此讨价还价。小条幅春联共 7 类,消费者购买量为三四类,总利润可达 1.08 元,并且人工成本较低。而小号春联相对价格较高,在春联支出中占比重较大,讨价还价较易发生,由此,降低价格和浪费的时间成本会造成较大利润损失,对小号春联需求量较大的顾客也不过购买七八副,总利润至多 1.12 元。因此,我们不难明白浙江的小小纽扣风靡全国,使一大批人致富的原因;也提醒我们,在落后地区发展劳动密集、技术水平低、生产成本低的小商品生产不失为一种快速而行之有效的致富方法。

春联市场是一个特殊的市场,时间性很强,仅在年前存在 10 天左右,供应商只有一次批发购进货物的机会。供应商对于该年购入货物的数量主要基于上年销售量和对新进入者的预期分析。如果供应商总体预期正确,则该春联市场总体商品供应量与需求量大致相同,从而价格相对稳定。一旦出现供应商总体预期偏差,价格机制就会发挥巨大的作用,将会出现暴利或者亏损。

综上可见,小小的农村春联市场竟是完全竞争市场的缩影与体现,横跨经济与管理两大学科。这也就不难明白经济学家为何总爱将问题简化研究,就像克鲁格曼在《萧条经济学的回归》一书中,总喜欢以简单的保姆公司为例得出解决经济问题的办法,这也许真的有效。

第二节 完全竞争企业和行业的短期均衡

企业在短期与长期有着不同成本状况,而成本是影响利润的重要因素,因而我们必须分短期与长期来分别研究企业的均衡。

一、企业实现利润最大化的均衡条件

(一) 企业的需求曲线及其变动

在完全竞争市场中,单个企业的产品供给相对于整个市场而言是微不足道的。在市场价格既定的情况下,单个企业改变产品供给量不会影响产品市场价格,因此,在完全竞争市场中,作为价格接受者的企业面临的需求曲线是一条由既定的市场价格水平决定的水平线,如图 5-1 所示。在图 5-1(a)中,市场的均衡价格水平 P^* 由市场的需求曲线 D 和供给曲线 S 的交点 E 形成,对应于图 5-1(b)中,均衡价格水平 P^* 的水平线 d 就是企业在完全竞争市场中的需求曲线。

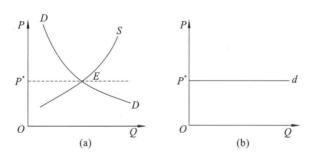

图 5-1 完全竞争的价格与企业的需求曲线
(a)市场供求决定价格;(b)企业的需求曲线

在完全竞争市场中,单个企业和消费者都是价格的接受者,无力影响市场价格,那么完全竞争市场的产品价格是不是固定不变的呢?也不一定。因为当其他因素发生变化时,如果大多数消费者的需求量或者大多数企业的供给量发生变化,例如,消费者收入水平变化、替代或互补品的价格改变、偏好改变会使得需求曲线发生移动;生产要素价格变化、技术进步、生产者数量改变会导致供给曲线发生移动等,市场整体的供求状况就会发生变化,这就会导致市场供求曲线发生移动,此时市场就会形成新的均衡价格和均衡产量。企业面临的是由新的均衡价格水平决定的需求曲线,如图 5-2 所示。在图 5-2 中,开始时,市场需求曲线为 D_1,供给曲线为 S_1,均衡价格为 P_1^*,此时单个企业的需求曲线由

市场价格 P_1^* 的水平线决定,为 d_1。当市场面临冲击(如消费者的收入突然大幅度增加)时,消费者的需求量普遍增加,市场的需求曲线会移至 D_2。假若此时企业的供给量因为投入成本的提高而普遍减少,则市场的供给曲线会移至 S_2,由此导致新的市场价格 P_2^*。在这一价格水平上,单个企业的需求曲线由新的均衡价格 P_2^* 的水平线决定,即 d_2。从图 5-2 可以看出,由于其他因素的影响,市场价格是可以改变的。单个企业在面临不同市场价格时具有不同的需求曲线,但其需求曲线总是一条由价格水平引出的直线。

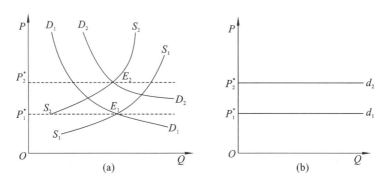

图 5-2 完全竞争企业需求曲线的变动

(a)市场供求变动;(b)企业的需求曲线变动

(二)收益曲线

企业的收益取决于价格与销售量。由于企业面临的价格是由市场决定的,水平的需求曲线意味着边际收益、平均收益和价格水平是相等的,如图 5-3(a)所示,边际收益曲线、平均收益曲线和需求曲线完全重合,它们都由同一条既定价格水平出发的水平线来表示。企业的总收益则是该商品的价格与销售量的乘积,如图 5-3(b)中的 TR 曲线。

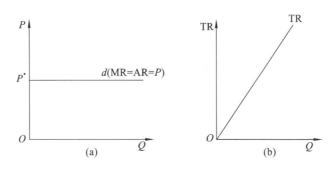

图 5-3 完全竞争企业的收益曲线

(a)平均收益与边际收益;(b)总收益

(三)厂商实现利润最大化的条件

企业进行生产的目的是追求利润的最大化,那么在什么条件下,企业才能获得最大利润呢?下面我们将以完全竞争企业的短期生产为例,推导企业实现利润最大化的均衡条件。

在图 5-4 中,一个完全竞争企业的短期生产边际成本曲线 SMC 和一条由既定价格水

平 P^* 出发的水平的需求曲线 d 相交于 E 点，E 点就是企业实现利润最大化的生产均衡点，与此点相对应的产量水平是 Q^*。

E 点之所以为均衡点，是因为当企业的产量水平低于均衡产量 Q^* 时，如 Q_1 处，企业的边际收益大于边际成本，即 MR＞SMC，企业增加产量所带来的收益将大于其所付出的成本。换言之，对于企业而言，增加产量将是有利可图的，企业将增加产量，直至达到 Q^* 的水平。也就是说，只要 MR＞SMC，企业就会增加产量，直到产量水平达到 Q^* 时，MR＝SMC，企业将不再改变其产量水平。在此过程中，企业获得了扩大生产所带来的收益增加，实现了最大化的利润。同理，当企业的产量水平高于均衡产量 Q^* 时，如 Q_2 处，企业的边际收益小于边际成本，即 MR＜SMC，企业减少产量所带来的收益损失将小于其所付出的成本增加额。换言之，对于企业而言，减少产量是有利的，企业将减少现有的产量，直至达到 Q^* 的水平。也就是说，只要 MR＜SMC，企业就会减少产量，直到产量水平达到 Q^* 时，MR＝SMC，企业将不再改变其产量水平。在此过程中，企业获得的利润逐步达到最大化的利润水平。

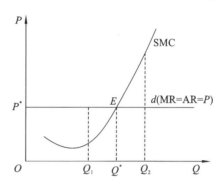

图 5-4 企业实现利润最大化的条件

总而言之，不论是增加产量还是减少产量，企业都是在寻找能够实现最大化利润的均衡产量。只有当 MR＝SMC 时，企业才能获得最大化利润，因此，MR＝SMC 是企业利润最大化的均衡条件。

二、短期均衡时企业的经济利润与亏损

在完全竞争的市场条件下，虽然所有的企业都面临同一市场价格 P^*，但是各个企业的技术状况是有差异的，这就使得每个企业在生产中所产生的成本可能不同。在短期均衡时，尽管企业都按照利润最大化原则来选择产量，但并不是每个企业都能获得正的利润（这里的利润是指经济利润）。对于技术状况和经营状况较好的企业而言，短期内可能盈利，也可能是收支相抵（即获得正常利润）。相反，对于技术状况和经营状况较差的企业而言，短期内可能亏损。但只要亏损不太严重，市场价格超过平均可变成本，企业在短期内还可以继续生产；一旦市场价格低于平均可变成本，企业的生产甚至不能抵补平均可变成本，则企业只有停止生产，才能避免更严重的亏损。因此，在短期内企业是否生产，是以平均收益能否弥补平均可变成本为标准的。

图 5-5 描绘了企业短期均衡时的不同状态。图 5-5(a)表示企业获得经济利润的情况。在 MR＝SMC 时，企业获得最大利润，此时企业的均衡点为 SMC 曲线与 MR 曲线的交点 E，对应的均衡产量为 Q^*。在 Q^* 的产量下，企业的平均收益 MR 大于平均成本 SAC，企业的利润总量就是图中阴影部分的面积。

相应地，图 5-5(b)是企业获得正常利润的情形。当企业的平均成本逐步上升，直至需求曲线 d 与平均成本曲线 SAC 曲线相切于后者的最低点 E，恰好短期边际成本曲线也通过该点，此时满足企业获得最大化利润的均衡条件为 MR＝SMC。与 E 点对应的产量

Q^* 为均衡时的产出水平,这一产出水平使企业的平均收益 MR 与平均成本 SAC 相等,由此,企业收支相抵(均衡点 E 也被称为收支相抵点)。收支相抵意味着企业没有获得经济利润,但仍然获得了正常利润。

若平均成本进一步上升,平均成本曲线 SAC 将位于平均收益曲线 AR 的上方,企业将会面临亏损的状况,如图 5-5(c)所示。企业亏损是不是会立刻停止生产呢?答案是否定的。通过考察平均收益 AR 与平均可变成本 AVC 的差异可以说明这一点。当平均收益曲线 AR 小于平均成本 SAC,大于平均可变成本 AVC 时,根据企业获得最大化利润的条件 MR=SMC,在 E 点企业是亏损的,其亏损量相当于图中阴影部分的面积。不过,由于企业的平均收益 AR 大于平均可变成本 AVC,企业虽然亏损,但仍会继续生产。这是因为,企业获得的全部收益不仅弥补了全部可变成本,还弥补了一部分固定成本,此时继续生产仍然是合算的。众所周知,固定成本是企业不生产也会发生的成本,继续生产使得部分固定成本得到补偿,这对于企业的短期经营来说是有利的。

然而,一旦企业短期内的收益不仅不能弥补固定成本,甚至连可变成本也抵补不了的时候,企业面临的将是严重亏损状态。此时,企业会选择停止生产,如图 5-5(d)所示。因为不生产就不会发生可变成本的支出,故企业不生产要比生产好一些。

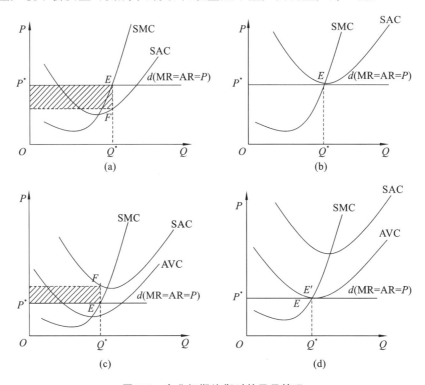

图 5-5　企业短期均衡时的盈亏情况
(a)盈利;(b)收支相抵;(c)亏损;(d)严重亏损

总结以上的分析,在短期均衡时,企业根据边际收益与边际成本相等的原则,选择实现其利润最大化的产量水平,一些企业可能获得经济利润,一些企业收支相抵,还有一些企业将会面临亏损,甚至因为亏损严重而停止生产。

三、完全竞争的短期供给曲线

(一) 完全竞争企业的短期供给曲线

所谓企业的供给曲线,是指在每一个价格水平下企业愿意并且能够向市场提供的商品或服务数量。在完全竞争市场上,每个企业都是市场价格的接受者,一旦市场价格形成了,不管企业愿意或能够提供多少数量的该种商品或服务,都会按照这一价格出售,因此企业的供给就取决于企业成本的变动状态。前面的讨论告诉我们,企业在面临水平的需求曲线时,企业的边际收益等于该商品或服务的市场价格。按照企业实现利润最大化的条件,此时边际收益(市场价格)等于生产的边际成本,即 $MR=SMC=P$。在短期中,企业的生产规模是既定的,因为 SMC 曲线是既定的,市场价格 P 就成为企业生产决策的最重要依据。当市场价格发生变动时,企业的均衡点将随之改变。但无论变动本身是怎样的,企业的生产决策都将遵循 $MR=SMC=P$ 的原则,即均衡点始终在 SMC 曲线上移动。这一结论表明,在市场价格 P 和企业的决策产量 Q 之间存在着一一对应的关系,而企业的 SMC 曲线恰好能够刻画商品价格和企业短期供给量之间的对应关系。

如图 5-6 所示,图 5-6(a)在讨论企业短期均衡时已经出现过,这里仅画出了平均可变成本 AVC 曲线。当价格为 P_1 时,对应的产量为 Q_1,这是企业的决策产量,也是企业此时的供给量。当价格为 P_2 时,企业的供给量相应地调整至 Q_2。以此类推,直至市场价格降至 P_3,该价格对应的产量 Q_3 正好是平均可变成本曲线 AVC 与短期边际成本曲线 SMC 的交点。若价格继续下降,企业将停止生产。因此,我们可以得到这样一个结论:企业只有在 $P \geq AVC$ 时,才会进行生产;当 $P < AVC$ 时,企业会停止生产。所以,对于正的产量而言,企业的短期供给曲线就是平均可变成本以上的短期边际成本曲线部分。换言之,企业的短期供给曲线是位于平均可变成本最低点以上的短期边际成本曲线,如图 5-6(b)所示。

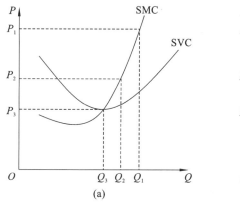 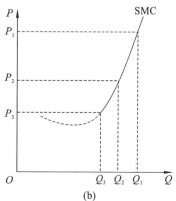

图 5-6 完全竞争企业的短期供给曲线

完全竞争企业的短期供给曲线向右上方倾斜,这与一种或几种生产要素边际报酬递减导致边际成本增加的原因是一样的。这一供给曲线表明,市场价格上升,企业将会增加产量,因为提高价格,会增加企业的利润,因而扩大生产是有利可图的;反之,价格下降,企业将削减生产,甚至停止生产。

(二) 完全竞争行业的短期供给曲线

消费者需求理论告诉我们,通过对单个消费者需求曲线的加总可以得到市场需求曲线。在讨论了单个企业的短期供给曲线后,我们是否可以直接加总各个企业的短期供给曲线以得到市场供给曲线呢?通常情况下,这种简单的加总是不恰当的。因为在推导各个企业的短期供给曲线时,我们暗含了一个重要的假定,即假定生产要素的价格是不变的,因而边际成本不变,才会得到企业的短期供给曲线是短期边际成本曲线位于平均可变成本曲线之上的那一部分的结论。

在任何价格水平上,一个行业即一个市场的供给量是由该行业内各个企业的供给量加总得到的,因此,假定生产要素价格不变,把各个企业的短期供给曲线水平加总,就可以得出行业或市场的短期供给曲线。

在图 5-7 中,假定某完全竞争行业中有 n 个企业,每个企业的短期供给曲线分别用由图 5-7(a_1),…,(a_N) 中的 S_1,…,S_N 表示。将 N 个企业的短期供给曲线水平相加,便得到图 (b) 中的行业短期供给曲线 S。从图 5-7 中我们可以很清楚地看到,当价格为 P_1 时,各个企业的供给量为 $Q_i(i=1,2,\cdots,N)$,行业的供给量为 $Q=\sum Q_i$。对于每个给定的市场价格 P,对应一个行业的供给量 Q,将企业的短期供给函数和行业的短期供给函数表示如下:

$$S(P) = \sum S_i(P) \quad (i=1,2,\cdots,N)$$

式中 $S_i(P)$ 为第 i 个企业的短期供给函数,$S(P)$ 则表示行业的短期供给函数。

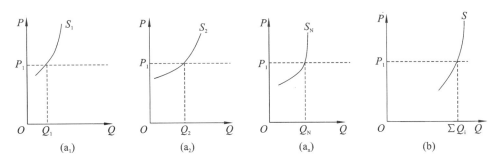

图 5-7 完全竞争行业的短期供给曲线

从图中我们还可以看到,完全竞争行业的短期供给曲线与企业的短期供给曲线具有相同的基本特征,它们都是向右上方倾斜的,即市场的价格和市场的短期供给量呈同方向变化。并且,在既定的价格水平上,行业短期供给曲线上的点表示市场中的全体企业都能够实现利润最大化的决策产量。

四、完全竞争行业的短期均衡

短期均衡价格水平就是短期内对产品的需求量与供给量相等时的价格水平。例如,在图 5-8 中,D 是需求曲线,S 是供给曲线,则这两条曲线的交点 E 所对应的价格水平 P 即为市场的均衡价格,E 点对应的产量水平 Q 即为行业的均衡产量。当价格高于均衡水平时,供给量将大于需求量,这会使价格下降;若价格低于均衡水平,则需求量会大于供给量,从而使价格上升;只有当价格正好处于均衡水平时,它就不会有变动的趋势。

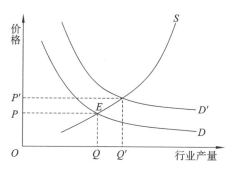

图 5-8 完全竞争行业的短期均衡

当市场的均衡价格形成时,对所有处于生产状态的企业来说,价格将与其边际成本相等。在短期内,均衡的价格可能高于也可能低于平均总成本,因为这里并不存在短期内利润为零或固定成本能被抵补的必要。对产品需求的增长将会使短期的均衡价格上升,均衡产量提高。假如,需求曲线从图 5-8 中的 D 移至 D' 时,需求曲线的移动将导致在原均衡价格 P 的条件下对产品供不应求,从而使市场价格最终被抬高到 P' 的水平。与此同时,各企业将对产量进行调整,使之增长到边际成本等于新的均衡价格 P' 时的产量,从而使整个行业的产量上升到 Q'。

第三节 完全竞争企业和行业的长期均衡

一、完全竞争企业的长期均衡

在完全竞争市场中,企业实现短期均衡时可能会获得经济利润,也可能恰好收支相抵(获得正常利润),甚至会面临亏损。这三种情况都是短期均衡的正常状态,那么,长期均衡的情形又如何呢?

长期意味着企业可以对投入到生产中的所有生产要素进行调整,这种调整既包括企业选择进入或退出某一个行业,也包括企业改变生产要素数量和生产规模。

在长期中,如果行业内的单个企业能够获得经济利润或面临亏损,企业就会选择进入或退出该行业。假设一个行业中一些企业获得经济利润,则经济利润的存在会吸引其他企业加入到这一行业的生产中来。随着新企业的加入,行业内的企业数目增加,整个行业的供给就会增加,这将导致市场价格下降,直至降到使单个企业的经济利润消失为止。如果行业中的单个企业面临亏损,则亏损企业会选择停止生产,退出该行业。随着原有企业的逐步退出,行业内企业的数目会减少,行业总供给也随之减少,此时的市场价格就会上升,而且价格会上升到使单个企业不再遭受亏损为止。当行业中的每一个企业都处于一种既无经济利润又无亏损的状态时,将不再有企业选择进入或者退出该行业,这时候,完全竞争的市场就处于一种长期均衡的状态了。

因此,完全市场达到均衡的作用机制可概括如下:企业在获得经济利润时进入一个行业,遭受亏损时选择退出一个行业,随着新企业进入一个行业,导致行业总供给上升,价格下降,原有企业的经济利润会减少;反之,随着原有企业退出一个行业,行业总供给将减少,价格将上升,使仍然处于该行业的企业面临的亏损减少。最终,当行业中的每一个企业都处于一种既无经济利润又不会亏损的状态时,行业内企业的进入和退出就停止了,此时,完全竞争企业处于一种长期均衡状态,这一过程可以用图5-9加以说明。

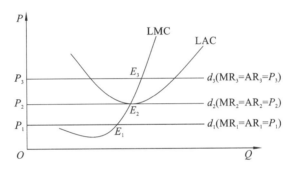

图5-9 完全竞争企业的长期均衡(一)

假定某完全竞争行业中所有的企业都是相同的,即它们的生产成本曲线是一样的。在这一假定下,图5-9中的长期边际成本曲线LMC和长期平均成本曲线LAC分别表示该行业中单个企业的生产成本情况,水平线d_1、d_2、d_3则分别代表该企业在三个不同的市场价格水平下面临的需求曲线。在长期中,当市场价格为P_3时,根据企业实现利润最大化的均衡条件MR=LMC,该企业在E_3点实现均衡。并且,由于$AR_3>LAC$,企业获得了经济利润。在长期中,行业内经济利润的存在将诱使其他企业进入该行业,这会导致市场总供给的增加和市场价格下降,与此相对应的是,单个企业所面临的需求曲线d_3会向下平移。当市场价格降低,单个企业的需求曲线下移时,企业将由获得经济利润变为正常利润,最后甚至面临亏损,如当价格降到图中P_1时,单个企业在图中的E_1点实现均衡,此时$AR_1<LAC$,企业遭受了生产的亏损。在长期中,行业内面临亏损的状况将促使部分企业离开这一市场,这将带来市场总供给的减少和市场价格的上升,此时仍留在行业内的企业所面临的需求曲线d_1会向上平移。这种调整过程将一直持续到单个企业面临的市场需求曲线平移至d_2曲线的位置,此时既不会有新企业进入该行业,原有的企业也不会选择退出,故单个企业的长期均衡点位于E_2点。E_2点是其面临的需求曲线d_2与长期平均成本曲线LAC的切点,而且这一切点恰好是LAC曲线的最低点,长期边际成本曲线LMC也必然通过此点,即MR=LMC=LAC,这就是新的均衡点。在E_2点,单个企业的平均收益等于最低的长期平均成本,单个企业在长期中既无利润,也无亏损,即

经济利润为零。此时,行业内的企业数目也不会发生变化,单个企业实现了长期均衡。

前面已经分析过,在长期中市场的价格会随着行业内企业进入或退出所引起的市场总供给的变化而发生改变。进一步而言,企业为了在既定价格水平上做出最优的生产规模决策,会将生产规模调整到与满足 MR=LMC 的均衡条件相适应的水平上,图 5-10 说明了这一具体的调整过程。

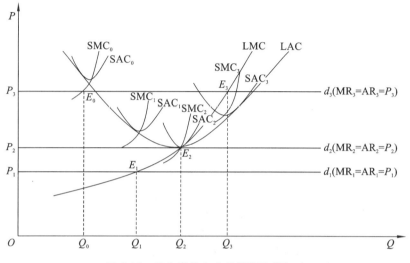

图 5-10 完全竞争企业的长期均衡(二)

相对于图 5-9,图 5-10 增加了长期中企业面临不同市场价格时调整最优生产规模所产生的各种不同生产规模下的短期成本曲线,即短期平均成本曲线 SAC 和短期边际成本曲线 SMC。

假定最初的市场价格为 P_3,企业所面临的需求曲线为 d_3,企业拥有的生产规模由 SAC_0 曲线和 SMC_0 曲线表示。短期中,企业来不及调整不变要素的投入,只能在现有的生产规模进行生产。根据短期均衡原则 MR=SMC,企业在 E_0 点实现短期均衡,均衡产量为 Q_0,并且 $SAC_0 < AR_0$,企业面临亏损。长期中,面对既定的市场价格和市场需求状况,企业可以通过调整生产规模来改变亏损的状态。根据均衡原则,企业在 E_3 点实现均衡,均衡产量为 Q_3。由于生产 Q_3 产量的最优生产规模由 SMC_3 曲线和 SAC_3 曲线所代表,于是企业必然将生产规模调整到这一水平,此时企业得到了最大利润。单个企业获得经济利润,将促使新企业加入到这一行业中来,并为之提供产品供给。假设新企业的纷纷加入,造成行业供给增加过猛,使得市场价格直降为 P_1,单个企业面临的需求曲线向下平移到 d_1 曲线。在新的市场价格和市场需求状况下,单个企业若继续维持 SMC_3 曲线和 SAC_3 曲线所代表的生产规模从事生产,就会蒙受很大的损失。长期中,根据均衡原则,企业将再次调整生产规模,到新的均衡点 E_1 处,此时的均衡产量 Q_1 代表了企业的最优生产规模,即 SMC_1 曲线和 SAC_1 曲线所代表的生产规模下的供给水平,然而企业将再次处于亏损状态。单个企业存在亏损时,行业中原有的一部分企业会选择退出该行业,于是,市场价格和企业所面临的需求状况又会发生移动,企业又会对生产规模做出相应的调整。

上述企业对其生产规模的不断调整过程将持续到行业内的单个企业的经济利润或亏损都消失时为止。也就是说,在图 5-10 中,单个企业最后必然在长期平均成本曲线 LAC 的最低点 E_2 处实现长期均衡,与之对应的长期均衡产量为 Q_2,生产的最优规模则由 SMC_2 曲线和 SAC_2 曲线来代表了。在长期均衡点上,企业所面临的需求曲线 d_2 与 LAC 曲线相切于后者的最低点,LMC 曲线经过该点,并且代表最优生产规模的 SAC_2 曲线与 LAC 曲线相切于二者的最低点,此时生产的平均成本降到长期平均成本的最低点,商品的价格等于最低的长期平均成本。

总之,完全竞争企业的长期均衡点出现在 LAC 曲线的最低点,行业中的每个企业的生产规模都处于短期边际成本、短期平均成本与长期平均成本相等的状态。由此得到的完全竞争企业长期均衡的条件是:

$$MR=LMC=SMC=LAC=SAC$$

其中,$MR=AR=P$,此时,单个企业的经济利润为零。

也就是说,达到完全竞争市场中的长期均衡时,行业中的每一个企业都处于既无经济利润又无亏损的状态,同时市场中既没有新的企业进入,原有企业也不会退出该行业或继续调整生产规模。这种状况表明完全竞争的长期均衡是有效率的,因为每个企业都会在长期成本的最低点生产,并以最低的价格出售给消费者。

二、完全竞争行业的长期供给曲线

在分析短期供给时,我们先给出企业的供给曲线,然后说明每个企业的供给曲线是怎样组成市场供给曲线的。但是我们不能用同样的方法来分析长期供给曲线,因为在长期内,随着价格的变化企业会选择进入或退出市场,这就不可能把所有的供给曲线加总起来,因为我们无法知道要把哪些企业的供给加起来。

为确定长期供给曲线,我们假设所有企业都有相同的生产技术,产量是由于更多的要素投入而不是因为技术进步而增加的,同时我们也假设当行业扩张或收缩时,生产要素市场的条件不发生变化,例如,对劳动力需求的增加不会增强工会的谈判力量,因而工资仍然保持不变。长期供给曲线的形状取决于行业的产量增加与减少对投入要素价格的影响程度,投入价格是企业必须为生产过程而进行的支付。由于均衡时,每个企业的边际成本和平均成本都与价格相等,因而可以认为在长期内产量随着成本的变化而变化,由此有必要将完全竞争行业区分为成本不变行业、成本递增行业和成本递减行业。

(一)成本不变行业的长期供给曲线

在成本不变的行业中,行业产量变化所引起的生产要素需求的变化,不对生产要素的价格产生影响,企业不必支付更高的价格就可以买到为生产扩张而带来的额外的要素投入。例如,如果非技能劳动力是产出的主要投入,非技能劳动力的工资不会因为行业对劳动力的需求量增加而提高。

图 5-11 表示在成本不变的行业中长期供给曲线的推导。假设在初始时,行业处于由需求曲线 D_1 和供给曲线 S_1 的交点决定的长期均衡状态,如图 5-11(b)所示,供给曲线和需求曲线的交点 A 位于长期供给曲线 S_L 上,它告诉我们,当长期均衡价格为 P_1 时,行业

的产量为 Q_1。为得到长期供给曲线上的其他点,假设其他因素的影响使产品的市场需求增加,例如政府削减税收,一个典型企业的初始产量为 q_1,此时的价格 P_1 等于长期边际成本和长期平均成本,由长期均衡的条件知道,此时的市场价格也等于企业的短期边际成本。假设减税刺激了消费者对该商品的需求,使行业的需求曲线由 D_1 移向 D_2,新的需求曲线 D_2 与尚未调整的供给曲线 S_1 相交于 C 点,结果价格由 P_1 增加到 P_2。

图 5-11(a)表明价格增加是怎样影响该行业中的企业决策的。当价格上涨到 P_2 时,企业仍然遵循 SMC=SMR 的原则,沿短期边际成本曲线,把产量推高到 q_2 的水平,这时的产量可使利润最大化。如果行业内的每个企业都做出同样的反应,则每个企业在短期均衡时都可得到正的利润。这个利润对投资者很有吸引力,会使行业中的企业扩大它们的产量,并吸引新企业进入该行业。结果,行业的总供给增加。在图 5-11(b)中,短期供给曲线从 S_1 右移至 S_2,从而使市场在 D_2 与 S_2 的交点 B 达到新的长期均衡。因为该点是长期均衡点,产量必须增加到足以使所有企业的经济利润为零,使新的企业不再有动力进入该行业或使原有的企业退出该行业,且不再调整其生产规模。既然投入价格不变,企业的成本曲线也不会变动,新的均衡必然是图 5-11(b)中的 B 点。在该点,价格等于 P_1,这也是初始的价格,当意外的需求增加时没有发生变动。

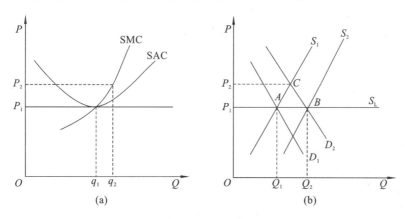

图 5-11 成本不变行业的长期供给

(a)企业的供求;(b)行业的供求

因此,成本不变行业的长期供给曲线是一条水平直线,该线的价格等于产出的长期最小平均成本。在高于此价格时,存在正的经济利润,会诱使新的企业进入,从而使短期供给增加,对价格形成向下的压力。当价格低于此价格时,企业亏损,导致企业退出,从而使短期供给减少,对价格形成向上的压力。总之,在成本不变行业中,当产出市场的条件发生变化时,若投入价格不发生变化,成本不变行业也就有一条水平的长期平均成本曲线。

(二) 成本递增行业的长期供给曲线

在成本递增的行业,一部分或全部生产要素投入的价格会随行业扩张和投入需求的增加而提高。例如,如果行业使用的熟练劳动力因短期需求增加而出现供给短缺,就会出现用工成本增长的情况;又或者企业需要的自然资源只能在某种既定约束的条件下得到,那么随着对产品需求的增加,作为投入的资源使用成本也会增加。图 5-12 表示长期供给的推导,这与前面成本不变行业长期供给曲线的推导是类似的。在初始时,行业处于图 5-12(b)中的长期均衡点 A,当外生因素推动需求增加时,需求曲线从 D_1 向右平移至 D_2,产品的短期价格则上升到 P_2,行业的产量从 Q_1 增加到 Q_2。在图 5-12(a)中,一个典型企业对价格上涨的反应是沿着短期边际成本曲线把产量从 q_1 提高到 q_2,行业的高额利润则会吸引新的企业进入。

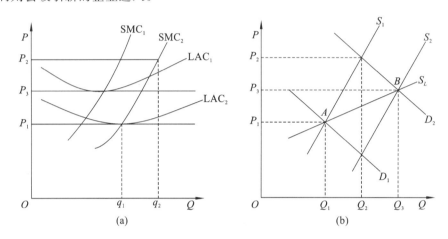

图 5-12　成本递增行业的长期供给

(a)企业的供求；(b)行业的供求

当新企业进入且行业的产量增加后,对要素投入需求的增加就会导致部分或所有投入的价格上涨。和成本不变行业一样,短期供给曲线右移,但移动幅度不如前面的大,在 B 点的长期均衡对应的价格为 P_3,高于初始价格 P_1。是什么原因使得长期均衡的市场价格提高了呢？这是因为较高的投入价格提高了企业的短期和长期成本,所以较高的市场价格需要保证企业在长期均衡时仍然处于既无经济利润又无亏损的状态。

从图 5-12 可以看到,原有的长期平均成本曲线从 LAC_1 向上移动至 LAC_2,而短期边际成本曲线从 SMC_1 左移至 SMC_2,新的长期均衡价格等于新的长期最小平均成本,即位于 LAC_2 的最低点。与成本不变行业的情况类似,由初始需求增加带来的高额短期利润随企业产出增加和投入成本的上升而在长期内消失。因此,新的长期均衡为图 5-12(b)中长期供给曲线上的 B 点。在成本递增的行业中,行业的长期供给曲线是向右上方倾斜的。因为只有价格高到可以弥补增加的投入成本时,行业才能生产更多的产出。成本增加的意思是指长期平均成本曲线向上移动,而不是指成本曲线的斜率为正。

(三) 成本递减行业的长期供给曲线

行业的长期供给曲线也可以是向下倾斜的。在这种情况下,意外的需求增加会使行业的产出像前面两种情况一样增加,但是随着行业规模越来越大,它可以利用自己的规模得到一些较之以前更便宜的投入。例如,一个较大的行业可以使用先进的物流系统或效率更高但并不昂贵的财务网络。在这种情况下,企业的平均成本曲线向下移动(尽管企业不享有规模经济),产品的市场价格下降。降低的市场价格和平均生产成本导致新的长期均衡,此时有更多的企业进入、更多的产出和更低的价格。因此,在成本递减的行业中,行业的长期供给曲线是向下倾斜的。

成本递减行业的情形通过图 5-13 给予说明。和前面两种行业的分析一样,仍然从处于长期均衡状态的行业开始。在初始时,行业处于图 5-13(b)中的长期均衡点 A,外生因素的推动使得需求增加,需求曲线由 D_1 移动至 D_2 处,产品的短期价格上升,行业的产量增加,行业供给曲线向右移动到 S_2 的位置,行业中存在正的经济利润,追求利润的动因为行业带来了新的企业。但是在成本递减行业中,行业供给增加导致对生产要素需求的增加却使得生产要素的市场价格下降了,典型企业的成本曲线发生了移动,企业的长期平均成本曲线向下移动,由 LAC_1 降至 LAC_2 处,对应的边际成本曲线也由 SMC_1 右移到 SMC_2。成本的降低使新的长期均衡价格降为 P_2,和成本递增行业相反的是当长期中不存在经济利润时,市场的价格是降低了的,新的均衡点必然出现在点 B 处,如图 5-13(b)所示。在成本递减的行业中,长期供给曲线是向右下方倾斜的,形成了一条斜率为负的长期供给曲线。

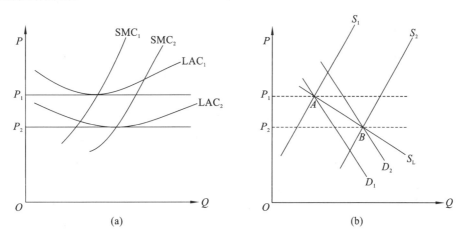

图 5-13 成本递减行业的长期供给

复习思考题

1. 什么是经济利润?经济利润与企业的生产者剩余有何异同?
2. 完全竞争市场有哪些特点?你身边有哪些市场是接近于完全竞争状态的?
3. 为什么完全竞争企业的需求曲线是水平的?
4. 试用图形推导完全竞争企业的短期供给曲线。
5. 在完全竞争市场中,有些企业即使遭受了亏损仍然会选择继续生产而不是停产,为什么?
6. 一个企业的短期供给曲线是短期边际成本曲线(位于最小平均可变成本的点之上),为什么长期供给曲线不是长期边际成本曲线(位于最小平均总成本的点之上)?

7. 请利用图形说明,完全竞争条件下企业的短期供给曲线和行业的短期供给曲线之间的关系。

8. 试推导完全竞争企业长期均衡的形成及其条件。

9. 已知某完全竞争行业中,市场上产品的价格为36,单个企业的短期成本函数为 $STC=2Q^3-4Q^2+20Q+25$。

(1) 企业短期均衡时的产量和利润。

(2) 当市场价格下降为多少时,企业会选择停产?

(3) 写出该企业的短期供给函数。

10. 某完全竞争市场中存在单一企业,其生产成本函数为 $TC=2.5Q^2-25Q+10$,假设产品的市场价格为5。

(1) 为追求利润最大化,该企业应该生产多少单位的产品?

(2) 企业的最大化利润为多少?

(3) 市场价格至少要维持在什么样的水平,企业才可以保持正的产出?

11. 在一个成本不变的完全竞争行业中,每个企业的长期成本函数为 $LTC=Q^3-50Q^2+750Q$,市场上对产品的需求曲线为 $Q=2\,000-4P$。

(1) 请推导出该行业的长期供给曲线。

(2) 市场达到长期均衡时,行业中的企业数目是多少?

(3) 如果对产品征收市场价格10%的销售税,那么长期均衡的企业数目是多少?

12. 已知某完全竞争行业的需求函数为 $D=60\,000-2\,500P$,短期市场供给函数为 $S=28\,000+1\,500P$;单个企业在长期平均成本曲线最低点的价格为6,产量为50;假设单个企业的成本规模不变。

(1) 市场的短期均衡价格和产量是多少?

(2) 上述解出的均衡值是否是长期均衡状态?求此时行业内的企业数量。

(3) 如果市场的需求函数变为 $D'=80\,000-2\,500P$,短期供给函数变为 $S'=48\,000+1\,500P$,此时的市场短期均衡的价格和产量会如何变化?

(4) 第(3)问中的市场是否是行业的长期均衡状态?求此时行业内的企业数量。

(5) 根据以上信息,能判断该行业的成本变化类型吗?

(6) 实现从(1)到(3)的变化,行业中将新加入多少企业?

13. 一个完全竞争的企业使用劳动和资本从事生产。在短期内,劳动的数量可变,而资本的数量不变。企业根据资本和劳动估计出的成本曲线如下：$LTC = \frac{1}{3}Q^3 - 8Q^2 + 90Q$；$STC = 2Q^3 - 24Q^2 + 120Q + 400$。

(1) 企业预期的长期最低价格是多少？

(2) 如果要素价格不变，在短期内企业将继续经营的最低产品价格是多少？

(3) 如果产品价格为120元，那么在短期内企业将生产多少产品？

14. 一个成本不变的完全竞争行业，市场需求函数为 $Q = 1\,500 - 25P$，企业的市场供给函数为 $\begin{cases} q = 15P - 100 & (P \geq 10) \\ q = 0 & (P < 10) \end{cases}$，若行业处于长期均衡时的企业数目为25家。

(1) 求均衡时的市场价格、产量和每个企业的均衡产量。

(2) 求每个企业最优的生产规模，并说明此时最小的短期平均可变成本和平均成本有何关系。

本章关键术语

完全竞争(perfect competition)　短期均衡(short-run equilibrium)　经济利润(economic profit)　正常利润(normal profit)　长期均衡(long-run equilibrium)　消费者剩余(consumer surplus)　成本不变(constant cost)　成本递增(increasing cost)　成本递减(decreasing cost)

第六章
非竞争性市场

本章概述 与完全竞争相对应的是不完全竞争。一旦出现不完全竞争,市场不再有效率。其中垄断是不完全竞争的最极端形式,也是效率最低的市场组织,其他如垄断竞争与寡头垄断,虽然各有特点,但都有某种程度的效率损失。通过讨论不完全竞争企业的产量与价格决定,说明不同的市场组织如何具有不同的效率。本章要求掌握三种不完全竞争市场的各自含义与特征,并能够分析各类市场的短期均衡与长期均衡,得出与之相匹配的市场价格和产量,由此比较各种类型市场的效率。

根据垄断程度或与之相反的竞争程度的不同,不完全竞争市场可以划分为垄断市场、寡头市场和垄断竞争市场,这三种类型市场的垄断程度是逐渐减弱的,或者说竞争程度是逐渐增强的。

第一节 垄断市场

一、垄断概述

(一) 垄断市场的含义和特征

完全竞争市场不存在丝毫的垄断力量,但这是一种不那么现实的极端情况。与这一极端情况相对应的另一种极端情况,即完全垄断。完全垄断亦称独占,是指一个行业中只有一个生产者,而且该生产者提供的产品或服务在现在与可见的未来都没有相近的替代品。从这个意义上说,即使现在的"科技巨无霸"虽然暂时形成了一种独占的局面,也不是我们这里讨论的完全垄断,因为它们的产品和服务随时可能因为科技的发展而被完全替代。此外,垄断生产者还可以通过阻止新企业的进入而避免竞争。

在这种垄断定义下,垄断者提高产品价格,完全不用担心有其他生产者会以较低的价格与之争夺市场。除非消费者不消费这种商品或服务,否则,垄断者总能够通过控制产量与价格而获得利润,因而市场需求成了约束生产者定价水平的唯一重要因素。

正如现实中不存在完全竞争市场一样,完全垄断的情况几乎也是不存在的,但我们还是可以发现身边有一些近似完全垄断的例子,如电力公司、自来水公司、家用电脑操作系统软件开发商等。在一个城市或者地区,提供电力供应的公司通常只有一家,并且大多数情况下是由政府控制的,消费者除了接受该公司的供电服务,并无其他选择;自来水的供应也存在类似的情况;在当前的个人用户市场上,微软早已走进了千家万户,尽管有着这样那样的漏洞,但它目前仍然统治着个人操作系统市场。然而,在上述这些情况中,垄断都是不完全的。电力虽然是不可替代的商品,但是有些大型的企业可以选择采用燃油发电机自行发电,而不使用供电公司提供的电力,虽然这种情况并不普遍;自来水公司会面临与各种纯净水公司甚至饮料公司的竞争,因为如果自来水价高不可攀的话,消费者就会更多地使用纯净水,甚至只喝饮料解渴;虽然美国微软公司提供的 Windows 系列操作系统,一直牢牢占据了高达 90% 以上的全球市场份额,但美国苹果公司 Mac 操作系统还是在全球市场中享有约 5% 的比重,Linux 操作系统市场份额也占到了约 1%,尽管它们并不会动摇微软在操作系统市场中的垄断地位,但至少微软公司在市场中绝不是一种完全的垄断状态,同时,微软公司也不能完全排除未来技术进步带来的竞争。

(二)垄断产生的原因

从垄断市场的定义不难发现,完全垄断具有两个主要的特征。第一,市场上现在与未来没有相近的替代品。上面所说的自来水公司提供的产品,作为饮用水,它有相近的替代品,如纯净水或其他饮料,但这些替代品不可能成为日常生活中洗澡或做清洁的替代品,也不能成为工业生产用水的替代品,所以其垄断性仍然很强。第二,垄断市场存在进入障碍,是所有垄断力量的源泉。其他企业不会选择进入垄断市场,因为他们会发现进入市场要么是没有利益的,要么是根本不可能的。

然而,满足这两个特征并不意味着就一定可以形成垄断。许多行业具备这些条件,但却没有形成垄断。那么,为什么在有些行业中存在垄断,而在另一些行业中却不存在垄断呢?这就需要进行更多的分析,以揭示垄断的本质原因。一般来说,垄断的出现,主要基于以下几种原因。

(1) 垄断者控制了某种特殊的生产资源 如果一个企业控制了某种特殊的资源,而该种资源又是生产一些产品或提供某些服务所必需的,那就等于该生产者垄断了整个市场的产出,因为其他生产者无法得到这种关键的资源,也就排除了他们能够为市场提供产品或服务的可能性。例如,戴比尔斯控制了世界天然钻石 80% 以上的供给量,全球 91% 的计算机用户在使用微软公司提供的 Windows 操作系统。进入 21 世纪以来,人力资本对生产的贡献提高到了前所未有的高度,拥有特殊人力资本的劳动者也可能掌握这种垄断力量。

(2) 政府的行政干预　政府会对涉及公共安全、健康和教育等方面的产品和服务行业实行许可证制度或颁布相关的准入条例，如武器、药品的生产，铁路、航空运输，教育机构的设立等。虽然这种行政干预行为本身不是为了制造行业垄断，但它确实起到了限制竞争的作用。

(3) 立法造成的垄断　法律赋予厂商拥有某一产品的生产专利权或其生产工艺的专利权的同时，也给企业提供了生产上的垄断权利。各国的专利法，均准许申请人或组织在相当长的年限内拥有该专利的排他性权利，其垄断地位也就随之确定了。专利保护制度虽然在一定期限和区域内限制了竞争，但它为创新者提供了优先享有为其带来利益的权利，成为激励技术进步的动力。

(4) 自然垄断　在有些行业中，企业只有在达到一个非常大的生产规模，如需要很大的产量和相应巨大的要素投入，才能实现成本的降低，才有可能赢利，并且企业在此规模上的产出数量能够满足整个市场的需要。在这种情况下，若是该行业同时存在两个或者两个以上的生产者，那么可能出现的情况将是，行业出现严重的生产过剩，或者是每个企业都无法实现规模经济，由此导致无效率。此时若由一个企业提供所有的产品或服务，规模经济的释放将使生产成本达到最低。当今的互联网巨头之所以能够"赢家通吃"，是因为互联网天然具有自然垄断的特征。

(三) 垄断的程度

即使在存在垄断的行业，其垄断程度也不完全相同。垄断程度可以用经济学家勒纳 (Abba Lerner)1934 年提出的勒纳指数来衡量。勒纳指数用公式可以表示为：

$$L=(P-MC)/P$$

由于价格(P)总是大于或等于边际成本(MC)，因而，勒纳指数为 0～1。在完全竞争条件下，$P=MC$，因而 $L=0$。在不完全竞争条件下，随着价格超过边际成本的幅度越大，勒纳指数越高，表明垄断者具有的垄断程度越高。显然，不同垄断企业的勒纳指数是不同的。那么，到底是什么原因使得不同垄断企业的垄断程度存在差异呢？一般认为有三个因素。

第一个因素是市场的需求弹性。根据弹性和总收益的关系，需求弹性越大，意味着垄断者抬高价格进行销售的空间越小，因为在需求弹性很大时，抬价将会导致需求量的大幅度下降，垄断者的收益将会下降。而当需求弹性较小时，垄断者抬高价格进行销售，将会增加收益。这就是为什么在 20 世纪 70 年代末至 80 年代初欧佩克(OPEC)成功地将石油价格提高到远高于边际成本，而大致与此同时，现已被人们遗忘的西佩克(铜卡特尔，简称 CIPEC)却不能成功地抬高铜价格的原因，因为石油的需求弹性较小，而铜的需求弹性较大。从历史经验可以看出，凡是需求弹性比较小的产品都比较容易获得较大的垄断力量。历史上的盐、现在的烟草，都是良好的征税对象，因为需求弹性很小，加价销售比较容易，因而都成为政府控制的对象。

第二个因素是一个行业企业的数量。当一个行业内企业的数量增加时，每个企业所获得的垄断力量相应地下降，因为企业数量增加，意味着同样的市场份额将被更多的企业分享，企业之间的竞争亦将加剧。

第三个原因是企业之间的相互作用。有时候,一个行业虽然存在较多的企业,但企业之间却没有太多的竞争,比如稳定的需求和成本、技术进步缓慢、每个企业大致固定的市场份额、安分守己的经营理念等都使得大家相安无事。但如果一个行业存在生产过剩,成本变化很大,技术进步速度很快,更重要的是,一些具有侵略性经营理念的企业盘踞其中,那么,企业之间的竞争将会加剧。最极端的例子是两个企业的情形。两个企业可以像一个垄断者的两个子公司一样分享垄断利润,也可以竞相降价,直到价格等于边际成本(完全竞争的结果)为止。

二、垄断条件下的市场均衡

(一)垄断企业的需求曲线和收益曲线

在垄断条件下,整个行业中只有唯一的一家企业,所以市场的需求曲线就是垄断企业面临的需求曲线。由于行业的需求曲线是向右下方倾斜的,因而垄断企业也要服从需求定理,即当价格上升时,需求量会减少,反之当价格下降时,需求量会增加。垄断企业面临的向右下方倾斜的需求曲线说明,垄断企业可以压低市场价格,从而增加销量;也可以用减少产量的办法来提高市场价格。这意味着,垄断企业在市场上可以控制价格和产量这两个决策变量来实现其利润最大化的目标。

那么,垄断企业能不能无限制地抬高价格,并在这种高价时销售出大量的产品或服务,以谋求暴利呢?答案取决于需求弹性:在需求弹性为零或极小时,它们可以这样做,但在需求弹性较大时,却不能这么做。所以,市场需求曲线具体地描述了垄断企业所能得到的价格和产量的组合,也决定了垄断者的决策空间。通过调整所生产的数量(或者同样地,调整所收取的价格),垄断者可以选择需求曲线上的任意一点,但它不能选择需求曲线外的任何一点。

为了实现利润最大化的目标,垄断者将选择需求曲线上的哪一点呢?由于利润是总收益减去总成本,所以,我们解释垄断者行为的下一个任务就是考察垄断企业的收益。

假设垄断企业面临的市场需求与其价格组合如表6-1所示,我们可以计算出此时企业的平均收益、总收益和边际收益。

表6-1 垄断厂商的平均收益、总收益和边际收益

价格(P)	数量(Q)	平均收益(AR)	总收益(TR)	边际收益(MR)
10	0	0	0	9
9	1	9	9	7
8	2	8	16	5
7	3	7	21	3
6	4	6	24	1
5	5	5	25	1
4	6	4	24	−3
3	7	3	21	−5

续表

价格(P)	数量(Q)	平均收益(AR)	总收益(TR)	边际收益(MR)
2	8	2	16	−7
1	9	1	9	−9
0	10	0	0	—

从表 6-1 可以看到:当价格为 10 单位时,市场上没有任何需求,企业的收益为 0;当价格从 9 单位降至 0 的过程中,平均收益也从 9 单位降至 0;在每一个需求量上垄断企业的平均收益和价格水平总是一样的,这是因为平均收益等于总收益除以销售量,而总收益等于销售量乘以价格,故企业的平均收益曲线就是其需求曲线,如图 6-1(a)所示。

与完全竞争企业的边际收益与价格相等不同的是,垄断者的边际收益小于价格,因此,垄断者的边际收益曲线位于需求曲线之下(见图 6-1(a))。这是因为当需求曲线向下倾斜时,价格(平均收益)总是大于边际收益,因为每个单位产品都以相同的价格出售,为了增加 1 单位销售量,价格必须下降。因此,全部销售量而不只是边际单位的销售量都取得了较少的收益。垄断者的边际收益总是小于其市场的价格,这是理解垄断者行为的一个重要结论。在表 6-1 中,当销售量从 1 单位增加到 2 单位时,边际收益增加了 7 个单位;当销售量从 2 单位增加到 3 单位时,边际收益下降至 5 单位;当销售量由 5 单位增加至 6 单位时,边际收益为负值(−1),说明此时继续增加销售量是不会增加总收益的,反而使总收益减少了。

从表 6-1 中看到,当价格下降时,企业的销售量是上升的,价格和销售量呈反向变化的关系。当价格为 10 单位时,没有需求,销量为 0。当价格由 9 单位逐步下降到 0 时,销售量则从 1 单位逐步上升到 10 单位。而企业的总收益则从销售量为 1 单位时的 9 单位,上升到销售量为 5 单位时的 25 单位,此后当销售量继续增加时,总收益不再增加,反而减少了,直至销售量为 10 单位时,总收益降至 0。总收益曲线呈现出先上升,后下降的抛物线变化趋势。在销售量为 5 单位时,企业的总收益达到最大值,如图 6-1(b)所示。这是因为总收益等于销售价格与销售量的乘积,而价格与销售量是呈反向变化的,故只有在二者的乘积达到最大值时,企业实现总收益的最大化。

我们将垄断企业面临的需求曲线是直线型的情况做一般性的数学说明,进一步分析垄断企业的 AR 曲线、MR 曲线和 TR 曲线之间的一般关系。

假设线性反需求函数为:

$$P = a - bQ \tag{6.1}$$

式中,a、b 均为大于 0 的常数。

由式(6.1)可以计算出总收益函数和边际收益函数分别为:

$$TR(Q) = P \cdot Q = aQ - bQ^2 \tag{6.2}$$

$$MR(Q) = dTR(Q)/dQ = a - 2bQ \tag{6.3}$$

根据式(6.1)和式(6.3)可求得需求曲线和边际收益曲线的斜率分别为:

$$dP/dQ = -b \tag{6.4}$$

$$dMR/dQ = -2b \tag{6.5}$$

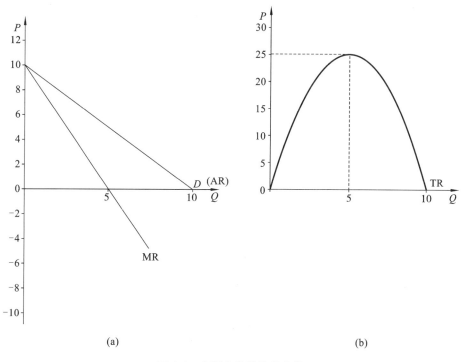

图 6-1　垄断企业的收益曲线

通过上面的数学推导,我们可以得到以下结论:当垄断企业面临直线型的需求曲线时,需求曲线和边际收益曲线在纵轴的截距是相同的,即两条曲线在纵轴上有一个交点,且边际收益曲线在横轴上的截距点恰好是需求曲线在此轴上截距线段的中点,即边际收益曲线是需求曲线与纵轴所形成的夹角的角平分线,它平分由纵轴到需求曲线的任何一条水平线(见图 6-1(a))。

(二)垄断条件下的定价原则

与完全竞争企业不同,垄断企业不是价格的接受者,而是价格的决定者,在垄断行业中只有一个生产者,因而垄断企业可以根据自身的成本状况和面临的市场需求来决定自己的产量与价格。因此,相对于完全竞争企业而言,决策变量除了产量外,垄断者的另一个决策变量是价格,垄断者可以通过决定产品价格和产量来实现利润最大化的目标,且价格和产量两个决策变量并不是相互独立的,而是相互联系的。由于大多数企业一般只具有平均收益、边际收益与边际成本的有限知识,因而,根据边际成本和边际收益相等的原则来选择产量与价格存在一定的操作困难。其实,我们可以通过一定的转换,将利润最大化的原则变成简单的定价法则。

由于利润最大化时 $MR=MC$,而 $MR=dTR/dQ=d(P \cdot Q)/dQ$,边际收益 MR 由两部分组成:一是多生产 1 单位产品并以价格 P 销售所获得的收益,这一部分等于 P;二是由于需求曲线向下倾斜,因而多生产 1 单位引起价格下降 dP/dQ,这会降低所有以前卖出单位的收益,故

$$MR = P + Q \cdot dP/dQ = P + P(Q/P) \cdot (dP/dQ)$$

而后面部分其实是需求弹性的倒数 $1/E_d$,因而有
$$\text{MR}=P+P(1/E_d)=\text{MC}$$
因此,
$$(P-\text{MC})/P=-1/E_d$$
经过整理得:
$$P=\text{MC}/(1+1/E_d)$$

这个式子表明,在垄断条件下,企业利润最大化时的价格其实就是在边际成本的基础上加成,而加成的大小取决于需求弹性。具体来说,需求弹性越小,垄断者在边际成本的基本上加成的幅度越大,反之,加成的幅度越小。在完全竞争条件下,由于需求弹性趋向于无穷大,因而价格等于边际成本。

(三)垄断企业的短期均衡

在垄断条件下,企业在短期内仍然按照边际收益等于边际成本的一般性原则,即 MR=MC,来决定其产量,并能够在此产量水平下实现利润最大化。从图 6-2 可以看到,在短期边际成本曲线 SMC 和边际收益曲线 MR 的交点 E 处,垄断企业将达到均衡状态并实现利润最大化。

为什么垄断企业只有在 E 点才能获得最大利润呢?

垄断企业面临的需求曲线为 D(这也是垄断企业的平均收益曲线),与之对应的边际收益曲线是 MR,短期内企业的平均成本曲线为 SAC,边际成本曲线为 SMC。当 MR>SMC 时,即在 E 点的左侧处,垄断企业增加 1 单位的产量所支付的成本相对于能够获得的收益而言,是较小的,此时企业提高产量会增加总收益。当产量逐渐增加时,边际收益曲线上的点会向右下方移动,而短期边际收益曲线上的点则在向上方移动,二者的差距会越来越小,直至差距为零,即达到 MR=SMC。反之,当 MR<SMC 时,即在 E 点的右侧处,降低产量反而会增加垄断企业的总收益,因此,企业会决定降低产量来获取价格提高带来的收益,直至回到 E 点。因此,短期内只有 E 点企业才能获得最大的利润,它既不会增加产量,也不会减少产量,达到短期的均衡状态。

在图 6-2 中,短期均衡点 E 表明垄断企业的均衡产量为 Q^*,此时的市场价格为 P^*,企业的平均成本为 C^*。企业的总收益为 $P^* \cdot Q^*$,在图中表现为矩形 OQ^*FP^* 的面积。总成本为 $C^* \cdot Q^*$,是矩形 OQ^*GC^* 的面积。这两个矩形的面积差即为企业的利润。由于此时价格高于平均成本,即 $P^*>C^*$,故企业获得经济利润,用图中阴影部分 C^*GFP^* 的面积表示。

那么,垄断企业是不是总能够获得经济利润呢?回答是否定的。在完全竞争理论中,我们讨论过短期内企业可能的盈亏情况,表明在短期均衡时,企业可能获得经济利润,也可能仅获得正常利润,还可能会亏损。在长期中,完全竞争企业会通过调整自身的生产规模或者选择进入或退出该行业来做出长期的最优决策,最后都获得正常利润。同样的情况在垄断市场上也会出现,短期内垄断厂商由于成本的原因也可能面临获得经济利润、获得正常利润或亏损等不同的状况。因为在短期内,垄断企业的生产规模是不变的,它虽然垄断了产品的供给,却无法操纵市场需求(即控制不了消费者的支付愿望)。

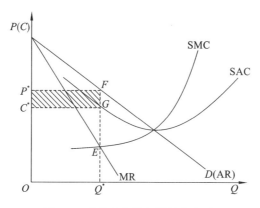

图 6-2 垄断企业的短期均衡(一)

当平均成本曲线与需求曲线相交时,企业就能获得经济利润;当平均成本曲线与需求曲线相切时,企业获得正常利润;当平均成本曲线位于需求曲线的上方时,垄断企业也会遭受亏损(见图 6-3 中阴影部分)。极端的情况是,当消费者的支付意愿足够低时,垄断者甚至可能选择停止生产。设想一下,如果现在有人垄断了从地球到月球的旅行,高昂的成本几乎没有消费者可以承担得起,这种垄断也不能获得利润。短期内具体出现哪种情况,完全取决于企业的成本状况和市场需求状况二者之间的关系。

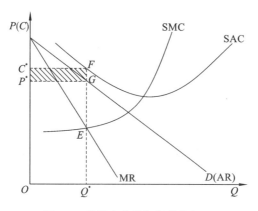

图 6-3 垄断企业的短期均衡(二)

(四)垄断企业的短期供给曲线

在完全竞争的市场理论中,我们通过分析厂商的短期边际成本曲线推导出了完全竞争企业的短期供给曲线,并进一步推导出行业的短期供给曲线。但是,在考察垄断企业的短期均衡时,我们并没有提到企业的供给曲线,细心的读者应该已经注意到这个问题了。这是因为,在垄断条件下并不存在具有规律性的厂商供给曲线。因为供给曲线描述的是企业的产量与价格之间一一对应的关系,而在垄断市场上,企业在短期内不存在产量与价格的一一对应关系。下面,我们用图 6-4 来说明这个问题。

在图 6-4(a)中,边际成本曲线 MC 是固定不变的,当企业面临的需求曲线为 D_1 时,对应的边际收益曲线为 MR_1,曲线 MR_1 与边际成本曲线 MC 相交于 E_1,与此点对应的产量

为 Q_1,价格为 P^*。当需求曲线为 D_2 时,相应的边际收益曲线为 MR_2,它与边际成本曲线 MC 相交于 E_2,与此点相对应的产量为 Q_2,价格仍然为 P^*。这说明,在边际成本不变时,随着市场需求状况的变化,垄断企业的产量发生变化,但价格却可以保持不变。在图 6-4(b) 中,边际成本曲线仍然为 MC 且固定不变。当需求曲线为 D_1 时,与之对应的边际收益曲线为 MR_1,它与边际成本曲线 MC 相交于点 E,此时的价格为 P_1,产量为 Q^*。当需求曲线改变为 D_2 时,对应的边际收益线为 MR_2,MR_2 与 MC 仍然相交于 E,此时的产量仍为 Q^*,但价格却变为 P_2。这说明,在边际成本不变时,随着市场需求的变化,价格会发生变化,但产量却可以保持不变。

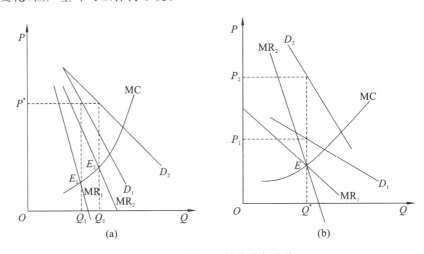

图 6-4 垄断企业的产量与价格

(a)同一价格对应多个产量;(b)同一产量对应多个价格

综上所述,在垄断市场中,由于企业不再是价格的接受者,而是价格的操控者,因而价格与产量不再是一一对应的关系。也就是说,当垄断企业的成本状况一定时,随着市场需求的变化,企业能够在同一个价格水平下实现多个产量水平,也可能在同一产量上采用多个价格。这一结论可以推广到更一般的情形,即凡是存在垄断因素的不完全竞争市场,企业均对市场价格有一定的控制能力,企业就不再是价格的接受者,在面临向下倾斜的需求曲线时,单个企业是不存在有规律性的供给曲线的。

(五) 垄断企业的长期均衡

对完全竞争企业而言,短期和长期的区分是非常重要的,因为在长期中企业可以选择进入或退出一个行业,也可以通过调整自身的生产规模以最终实现自己的正常利润。而对垄断企业而言,这种短期和长期的区分就不是那么重要了,因为垄断意味着壁垒的存在而可以在长期中获得经济利润。不过,从短期到长期,垄断企业进行一些调整还是可能的。当垄断企业在短期内面临亏损时,他在长期内可以调整全部生产要素的投入即生产规模,从而实现经济利润。若在短期内企业就获得了经济利润,由于没有竞争,垄断企业在长期内也可以获得经济利润,甚至通过调整生产规模,获得更大的经济利润。

因为垄断市场只有唯一的一家企业,因此垄断企业的短期均衡和长期均衡状态,就是垄断市场的短期均衡和长期均衡状态。

三、垄断与完全竞争的效率比较

在考察了完全竞争市场和垄断市场后,我们发现完全竞争行业产量较大,成本也较低,价格也较低。完全竞争企业在价格等于边际成本时达到均衡,而垄断企业则在价格高于边际成本的条件下达到均衡。在没有外部成本与收益的情况下,完全竞争能够带来资源的有效利用,如图 6-5(a)所示,沿着需求曲线,消费者得到了全部的消费者剩余,沿着供给曲线,生产者得到了全部的生产者剩余,由此实现了最大的总剩余。图中两条曲线相交于点 E_c 时,达到竞争的均衡,表示消费者和生产者都是有效率的。相比之下,垄断生产者的最优决策则使产量处在竞争水平之下,价格处在竞争水平之上,此时成本没有到达平均成本曲线的最低点,由此消费者剩余和生产者剩余都有损失,因此是无效率的。

在图 6-5 中,在完全竞争条件下,市场均衡的价格和产量分别为 P_c、Q_c,消费者剩余和生产者剩余分别为图 6-5(a)中 $P_c E_c A$ 和 $BE_c P_c$ 的面积。在市场均衡状态下,企业的边际收益等于边际成本,消费者剩余和生产者剩余之和达到最大,此时资源的利用是有效率的。

在垄断条件下,市场均衡的价格和产量分别为 P_m、Q_m,如图 6-5(b)所示,市场的价格较完全竞争时高,而产量则较完全竞争时低,此时的消费者剩余和生产者剩余分别由图中 $P_m FA$ 和 $BE_m GP_c$ 的面积表示。在垄断的均衡状态,消费者剩余的损失,一部分作为垄断利润(图中 $P_c GFP_m$ 的面积)被垄断企业所占有,

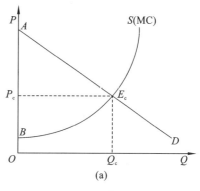

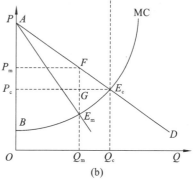

图 6-5 完全竞争与垄断的效率比较
(a)完全竞争;(b)垄断

一部分则为无谓的损失,原来的生产者剩余也受到了损失。图中 $E_m E_c F$ 所围成的区域面积是垄断造成的消费者剩余和生产者剩余的总损失,通常被称为垄断的无谓损失。即使假定垄断者愿意将垄断利润返还给消费者,这一部分无谓损失仍然存在,这证明了垄断的无效率。

四、价格歧视

上述关于垄断条件下企业如何做出产量和价格的决策分析说明,垄断者为了追求最大利润,总是将价格定在边际成本等于边际收益的水平。通过仔细考察,我们发现,在有垄断力量(包括完全垄断和不完全垄断)的情况下,这种讨论是不完整的,在许多情况下,垄断者还可以通过定价策略的调整来获取更大的利润。比如,垄断者常常面临着一群完全不同的消费者,每个消费者的偏好和支付能力相差很大,而消费者之间的信息又不完

全畅通,在这种情况下,如果它向每个消费者收取不同的价格,而不是实行统一价格的话,垄断者就可以获得更多的利润,因为它可以把更多的消费者剩余转变为自己的利润。

这种差别定价的情况在实际生活中比比皆是。例如,自来水公司、电力公司等公用事业部门会对工业用电、商业用电和居民用电制定不同的收费标准;旅游景点会对学生实行半价优惠,对团体游客和普通散客收取不同的门票;电影院早场和午夜放映时间的票价会相对比较便宜;航空公司针对不同类型的旅客,尤其是根据订票时间的不同给予各不相同的折扣,等等。我们将这种以多种不同价格出售一种物品或服务的现象称为价格歧视(price discrimination),也称为差别定价。不过,要注意的是,并不是每一种相同的产品以不同的价格出售都是价格歧视,只有当价格差异并非源自生产与经营成本的差异,而是由于消费者的支付意愿不同时,我们才将这种现象视为差别定价。例如,煤炭在当地与消费地售价不同,可能完全是由于运输费用的差别;不同城市的出租车收费标准通常是不一样的,可能是因为不同城市的劳动力成本和出租车的运营成本本身就是不同的。

那么,是不是在消费者的支付意愿存在差别的时候都可以通过差别定价来获得利润呢?显然这只是一个前提条件。一般来说,垄断者要实行差别定价,还需要同时满足两个条件:第一个条件是不同的消费者对产品的需求弹性是有差异的,并且生产者能够很好地加以识别;第二个条件是垄断者能够有效地将消费者隔离开来。

前一个条件涉及前面所说的弹性与总收益的关系。具体来说,如果所有的消费者都有相同的需求弹性(即具有相同的支付意愿),那么,实行差别定价不会增加垄断者的收益,因为当价格上升时,他们的需求会同比例地下降;当价格下降时他们的需求会同比例地上升,结果销售者的总收益不变。只有需求弹性不同时,差别定价才能给垄断者带来更多的收入。这就是,对需求弹性大的消费者收取较低的价格可以增加收益,而对需求弹性小的消费者收取较高的价格也可以增加收益。所以,如果一个垄断者面对着具有不同需求弹性的消费者,他可以通过差别定价来获得更多的收益。

关于第二个条件可以这样来理解:"一价定理"(即同样的商品同样的价格)对消费者来说是天经地义的。如果同一个市场上消费者看到不同的价格,那么,他就会要求较低的价格。如果所有的消费者都提出这种要求,那么,差别定价就无法实施。这意味着,如果市场上不同的消费者不能有效地被隔离开来,那么,高价市场的消费者就会到低价市场上购买,使高价市场的产品销售不出去。更有甚者,一些人会进行套利活动,从低价市场购入,然后拿到高价市场上销售。举例来说,如果铁路运输部门对学生实行购票优惠,那么售票时就需要有办法将学生和非学生区别开来,否则每个人都可以谎称自己是学生而购买学生票,结果大家都会购买低价的学生票乘坐火车。

【案例 6-1】 明星演唱会的票价应该如何制定?

假设 A 是一家演艺公司的总经理,该公司旗下的一位当红歌星 B 将在下个月举办一场演唱会。为了简化问题,我们假设这场演唱会的制作成本是 500 万元人民币,并且这个成本是固定不变的,因此这家演艺公司的收益是这场演唱会的全部收益减去500万元的制作成本。那么,在这种情况下经理A该如何制定这场演唱会的门票价格呢?

演艺公司的调查数据显示,B明星的演唱会将能够吸引三类观众。第一类是B明星的忠实粉丝,并且他们有一定的经济实力,愿意购买前排的门票,以便与自己喜欢的明星近距离接触。这一类观众有2 000人,并愿意支付1 500元一张的门票来欣赏这场演唱会。第二类也是B明星的忠实粉丝,但他们大多数还是学生,经济实力有限,能够到现场听演唱会就能够满足他们的需求。这一类观众有8 000人,他们每个人愿意花400元在距离舞台较远的看台上观看演唱会。第三类消费者对B明星有一定的关注,但并不是他的忠实粉丝,他们对这场演唱会有兴趣,但并不愿意花数百元去演唱会现场,这一类人群有40 000人。

基于得到的调查数据,经理A决定对第一类观众每人收取1 500元(收益是300万元),并安排他们坐在离舞台近的区域;对第二类观众每人收取400元(收益是320万元),安排他们在离舞台较远的区域就座。这样一来,演艺公司能够从演唱会的现场观众手中获得高达620万元的总收益,此时的市场利润是120万元。

你认为这就是演艺公司能够实现的最大化收益吗?经理A可不这么认为,考虑到还有第三类消费群体的存在,聪明的他决定将演唱会的全程录制成高清晰版本的DVD碟片在音像市场上进行销售。按照每张碟片25元的价格,公司还可以赚取100万元的收益,这样一来,明星B的演唱会为演艺公司获得了220万元的总收益。

【分析】通过这个例子我们发现,差别定价增加了销售者的收益。这也是实行差别定价的根本原因所在。那么,这种差别定价对消费者乃至整个社会又有什么影响呢?显然,当存在价格歧视时,消费者剩余被全部或部分地转移到生产者手中,这对消费者而言无疑是一种福利损失。但仔细分析我们得到了一个惊人的发现:价格歧视是可以改善社会福利的。上面的例子说明,当经理A采取价格歧视策略时,使所有的观众都观赏了演唱会,这个结果是有效率的。

从理论上看,价格歧视可以分为三种类型:一级价格歧视、二级价格歧视和三级价格歧视。

一级价格歧视是指生产者对每一单位的商品都收取不同的价格。如果价格恰好等于消费者的保留价格,那么全部的消费者剩余都将转移到生产者手中,成为生产者利润。显然这种情况要求生产者必须精确地估计或试探出消费者的支付愿意。

二级价格歧视是指生产者根据消费者购买的不同数量分别给予折扣,这比一级价格歧视容易得多。

三级价格歧视是最简单的一种,生产者只要简单地把市场分为两类,针对需求弹性大的市场,以低价实行"薄利多销";针对需求弹性小的市场,待价而沽以获得更多的利润。

在实践中,价格歧视则以多种形式出现,如两步收费、高峰定价、搭售配售等。

五、垄断的社会成本与对自然垄断的管制

通过垄断与竞争的比较,说明垄断的均衡是无效率的,因为垄断会导致无谓损失。不仅如此,垄断还造成了很大的社会成本。例如,垄断企业为了维持或获得垄断地位,可能会进行一些寻租活动。这些寻租活动范围广泛,包括游说与贿赂政府官员,制定对自己有利的政策;通过政府行动来限制或打击竞争对手。垄断者还可能进行一些公益活动或科学艺术的资助活动,以宣传和美化自己的形象;大的垄断组织甚至可能干涉别国内政,以致颠覆政府。典型的现象如贸易保护政策、生产许可证的发放、行业标准的制定、特定产业的政府扶持政策等,都可以看到垄断组织的身影。这些非生产努力为垄断组织带来了收益,却没有创造相应的财富,只是为了再分配现有的财富,因而从社会来说是一种浪费。

鉴于垄断是无效率的,经济学家们认为应该对垄断进行打击或限制。一些国家的政府也出台了一些法律,试图对垄断行为采取限制和打击措施。美国是倡导反垄断的主要国家之一,在美国,一切垄断和试图垄断的行为或活动都属于非法,一旦证据确凿,政府就要采取相应的制裁措施,包括罚款、取缔、解散或分割企业组织,甚至对当事人判刑。在中国,政府不仅出台了《反垄断法》,甚至出台了《反不正当竞争法》,试图规范企业的竞争行为,提高市场的效率。

然而,对于自然垄断,政府却不能采取同样的措施。所谓自然垄断是指一些行业存在巨大的规模经济,单个企业的生产在达到规模经济后就能够满足整个市场的需求。这时,让一个企业来提供全部产品是最有效率的,否则,多家企业的存在,要么造成行业的生产过剩,要么每个企业都不能实现规模经济。另一方面,在自然垄断行业中,除了企业的成本曲线一直处于下降趋势(见图 6-6)之外,通常需要的固定投入也非常巨大,可变成本相对较小,这也是一般的小企业所无法承担的。

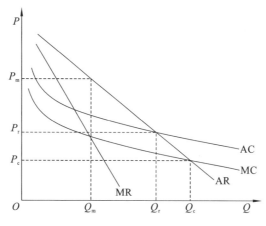

图 6-6 对自然垄断的价格管制

政府对于自然垄断行业,一般不是简单地反垄断,而是进行价格管制或产品质量控制。价格管制是使垄断者将价格定在对社会整体有利的水平,以减少社会福利的净损失。在图 6-6 中,平均成本曲线 AC 和边际成本曲线 MC 一直是下降的。根据边际收益

等于边际成本的利润最大化原则,企业会将产量定在 Q_m,对应的价格水平为 P_m。很显然,此时的垄断价格太高,垄断产量太低,资源的使用是无效率的,垄断造成了巨大的社会福利的无谓损失。企业继续扩大生产,成本还会下降,价格也会随之降低,这才是对社会有利的决策。如何达到这种效果呢?一个办法是政府对垄断者进行价格管制。但是,政府不能把价格定为 P_c,因为这一价格将使得垄断企业无法弥补其平均成本,并且在长期内处于亏损状态,垄断企业将会因为无法生存而退出市场。这时,最好的办法是让垄断者将价格定在 P_r 的水平上,社会产出则将提高至 Q_r。这时价格等于平均成本,垄断者可以获得平均利润。这种做法提高了社会福利水平,因为与垄断相比,企业的产量提高了,价格降低了,消费者剩余增加,社会福利的净损失也减少了。

除了价格管制以外,政府有时也采取报酬率管制,以减少自然垄断所带来的福利损失。在一些行业中,垄断企业生产的多种有差别的产品,政府或局外人很难知道每种产品的成本信息,但其总投入一般比较容易确定,因而政府对其投资的报酬率进行管制,使其获得接近于"竞争的"或"公平的"回报率。当然,由于相关成本信息的缺乏,报酬率管制在实践中也存在操作的困难,因而,对价格进行管制是实践中比较常见的措施。

与价格管制相对应的是,政府有时也对垄断者提供的产品或服务的质量进行管理,以对垄断者的行为进行规范。此外,更重要的办法也许是在自然垄断行业引入竞争因素,比如,某一行业可以垄断经营,但在经营权的获得上引入竞争机制,经营者获得经营权后垄断经营。以城市公交为例,政府可以规定公交服务的质量和价格,通过定期招标的方式选择经营者。由于存在潜在的竞争,因而垄断经营者只有按照规定的质量和价格提供产品和服务,才有可能继续获得经营权。目前中国逐步推行的特许经营就是这方面的一个有益尝试。

第二节 寡头垄断市场

一、寡头垄断的含义和特征

(一)寡头垄断的含义

寡头垄断是指一个行业由少数几家企业控制了大部分或全部产品供给的市场结构。这几家企业的规模可能很大,因而占据几乎全部的市场份额,由此对市场价格和产量具有举足轻重的影响。这是一种混合着竞争与垄断,同时介于垄断竞争和完全垄断之间的一种广泛存在的市场类型。

寡头垄断在现实经济中是十分普遍的市场结构形式,如电信、汽车、钢铁、石油化工、烟草等是寡头垄断的典型行业。在中国,移动、联通、电信、中石油、中石化、中海油等是典型的寡头垄断企业。

在寡头垄断市场上,生产者提供的产品或服务可以是有差异的,也可以是没有差别的。例如,汽车行业的产品差异就比较大,按车身尺寸可以分为微型车、小型车和紧凑型车;按排量可以分为小排量车、中等排量车和大排量车;按用途可以分为家用车、越野车和商务车;按照车辆的配置又可以分为舒适型车和豪华型车等。而电信行业的产品差异性则相对较小,有些服务甚至是没有差别的,例如我们使用的手机通信业务和网络端口接入业务等。产品越相似,行业中少数几家占支配地位的厂商之间相互依赖程度就越大,这一点在后面的模型分析中可以看到。

寡头垄断企业大部分都能够在长期中获得经济利润,这主要是因为两个方面的原因。第一,在寡头行业中往往存在着明显的规模经济效应,只有在大规模生产时,企业才能获利,而此时企业的供给量已经在市场上占有了可观的份额。首先达到规模经济的少数几个企业已经牢牢控制了市场格局。第二,一旦市场格局形成后,新企业想要进入该行业是非常困难的,因为进入的障碍的多重性和复杂性,其中既包括大规模生产所需要的巨额固定投资、熟练工人的招募、销售渠道的建立和专有技术的获取等客观因素的制约,还包括原有企业可能会串通起来极力阻止新企业的加入。

(二)寡头垄断的特征

寡头垄断市场的特点表现为以下几个方面。

第一,市场中的企业为数不多,往往由少数几家企业控制了大部分的产量,它们之间也可能进行激烈的竞争,也可能不进行竞争;每个企业在市场中都有举足轻重的地位,对市场价格有相当大的影响力。当市场中只有两家企业提供产品时,我们称之为双头垄断。

第二,企业之间的相互依赖性很强。在寡头垄断条件下,每个企业既不是价格接受者,也不是价格制定者,而是价格搜寻者。寡头垄断企业的决策是很复杂的,各个企业在进行价格、产量、广告和投资等重要决策时不仅要考虑自身的状况,而且必须考虑自己的行为会对其他同行产生的影响,以及竞争对手对此可能做出的反应。企业会在此基础上进行权衡并做出进一步的决策,这是一个不断演进的动态决策过程。

第三,行业进入障碍大。由于规模、资金、市场、原料、渠道及专利等方面的原因,新企业难以与原有企业进行竞争。而且原有企业也可能采取策略性行动阻止新企业的加入,例如,使用价格战的方式拖垮新进入的企业。

【案例6-2】 "中国芯"突破寡头垄断要迈三道坎

2018年伊始,已有多家中国企业宣布向半导体存储芯片制造领域发起冲击,面对已有的寡头垄断格局,它们能否取得突破?

1. 去年存储芯片产业火热

知名市场研究公司Gartner近日发布了去年全球半导体市场初步统计报告。报告显示,去年全球半导体收入为4 197亿美元,同比增长22.2%。供应不足局面推动存储芯片收入增长64%,它在半导体总收入中的占比达到31%。

数据显示,作为最大存储芯片供应商,三星在去年半导体市场的份额达到14.6%,首次从英特尔手中夺走第一的宝座。自1992年以来,英特尔一直是全球最大芯片制造商。

存储芯片占据了去年半导体总收入增幅的2/3以上,成为了最大半导体类别。供应不足引发的价格上涨成为了推动存储芯片收入增长的关键动力。去年,NAND闪存芯片价格实现了历史上的首次同比增长,增幅为17%;DRAM内存芯片价格增长了44%。

三星去年半导体收入为612.15亿美元,同比增长52.6%,市场份额为14.6%,排在第一位。英特尔去年半导体收入为577.12亿美元,同比增长6.7%,份额为13.8%,位居第二。值得一提的是,英特尔数据中心处理器收入增长6%,PC处理器收入只增长1.9%,但是PC的平均售价在经过多年下滑后再次增长。SK海力士去年半导体收入为263.09亿美元,同比增长79%,份额为6.3%,排在第三。

2. 多家企业要造"中国芯"

去年与今年交接之际,重大晶元芯片项目落户广州,粤芯12英寸芯片制造项目在中新广州知识城破土动工。项目由广州市金誉集团、半导体专家团队、广州开发区科学城集团共同设立,预计2019年上半年建成投产。该项目投资总额约70亿元,月产3万片12英寸晶圆芯片,投产后年销售收入约30亿元,产后销售收入达100亿元,将带动上下游企业形成1 000亿元产值。

除了刚刚落户广州的重大晶圆芯片项目,就在近日,另外三家企业宣布向存储器芯片制造发起冲锋,分别是武汉长江存储的32层3D NAND闪存、福建晋华的32纳米DRAM利基型产品,以及合肥长鑫(睿力)的19纳米DRAM。三家企业都表示,要在2018年年底前实现试产,开通生产线。而与此同时,紫光也宣布在南京和成都再建两个存储器基地。一时间,中国迎来了存储芯片制造的热潮。

3. 三星雄霸该领域已久

自20世纪90年代之后,全球存储器制造呈现寡头垄断的局面。其间奇梦达倒闭,美光兼并了尔必达,导致在DRAM领域全球仅存三家企业——三星、海力士与美光(中国台湾地区的多家加起来占5%,可以忽略不计);而NAND闪存仅存四个联合体——三星、东芝与西数、海力士及美光、英特尔,其中三星占垄断地位,2017年它的DRAM占全球的45.8%,NAND占37%。

以月产能为例,依去年年初统计,DRAM方面,三星月产能12英寸40万片,海力士30万片,美光33万片;NAND闪存,三星为40万片,海力士为21万片,美光与英特尔为27万片,东芝与西数为49万片。总计全球存储器的月产能约为12英寸硅片240万片。

正是由于在存储器芯片上的绝对优势地位,三星去年在半导体收入上一跃成为全球第一,超越了英特尔。

4. 技术、成本、专利是三道坎

不过,Gartner预期三星的第一位置可能不会维持太长时间。

"三星的领先优势并不稳固,主要依靠存储芯片,"Gartner研究副总裁安德鲁·诺伍德(Andrew Norwood)表示,"随着中国扩大存储芯片产能,存储芯片的价格将在2018年走弱,NAND 闪存芯片首当其冲。DRAM 内存芯片价格也将在 2019 年下滑。我们预计,三星届时将会损失大量收入。"

中国企业冲锋存储器芯片制造,是否真有望撼动三星等巨头地位?其实,这背后还有着中国突围半导体产业的一种战略性选择。

业内人士指出,长期以来,中国在半导体芯片上一直处于弱势地位。中国半导体业面临艰难的抉择,现实的方案是可能在处理器(CPU)与存储器之中二选一。众所周知,处理器已经投入近 20 年,现在选择存储器,是希冀从另外一个方向突围,有新的斩获。

不过,从现实情况看,中国存储芯片制造还将面临不小的挑战。最基本的,产线需要大量的投资。由于存储器产品的特殊性,它的设计相对简单,因此产品的线宽、产能、成品率与折旧,成为成本的最大项目。

半导体行业分析师莫大康分析,中国上马存储器制造,可能会面临三个主要难关:技术、成本与价格、专利。对于第一个难关,突破技术难点,成功试产,对于中国存储器厂商可能都不是问题;最困难的是第二个难关,产能爬坡,进入拼产品成本与价格的阶段。这两者联在一起、相辅相成,当成本增大时,产能爬坡的速率一定会放缓,很难马上扩充至 5 万~10 万片。因为与对手相比,在通线时我们的产能仅为 5 000~10 000 片,对手已超过 10 万片,且其成品率近 90%,而我们的成品率为 70%~80%,毋庸置疑,成本差异非常明显,因此,要看我们的企业从资金方面能够忍受多长时间的亏损。第三个难关是专利纠纷,中国做 DRAM 怎么能不踩专利的"红线",而且不可预测对手会如何出招,这是中国半导体业成长必须付出的代价。

近期,三星、美光、海力士、英特尔及东芝都纷纷开始扩充产能。从已有经验来看,面对中国存储器芯片制造的崛起,它们很可能会打"专利战",同时也会打"价格战",破除它们的垄断,将是一场持久战。

摘自:《南方日报》,2018 年 2 月 8 日,南方日报记者姚翀,实习生詹心怡。

寡头垄断市场的状况非常复杂,企业之间的行动是相互依存的,使得单个企业的行动结果变得不确定。一个企业采取一种行动会导致的结果,取决于竞争对手对其行动的反应,并且即使企业正确估计了对方的决策集,还必须假设竞争对手是理性的经营者。因此,无法确定对手的反应,就无法建立寡头企业的决策模型。在西方经济学中,还没有一般性的寡头垄断模型能够对市场达到均衡状态时的价格和产量做出确切的回答。

寡头垄断理论是根据企业相互串通的程度和它们的对手对其行动反应的差异建立起来的,因此企业之间的相互依存关系可能会带来多种结果。在有些行业中,寡头企业之间存在着非常激烈的竞争;而在另一些行业中,寡头企业之间却能和平相处,它们或者心照不宣地把价格维持在同一水平上,或者相互勾结,通过协商定价的方式瓜分市场,又或者公开组成卡特尔,通过限制产量从而提高价格来谋取高额利润。

二、独立行动的寡头企业决策

（一）古诺模型

古诺模型是早期的寡头模型，它研究市场上只有两个寡头企业的竞争情况，最早由法国数理经济学家奥古斯丁·古诺（Augustin Cournot）在1838年出版的《财富理论的数学原理的研究》一书中提出。古诺模型以天然矿泉水为例，假定两个企业生产同样的产品，且生产成本为零；双方都知道市场需求状况，且市场需求函数是线性的；两个企业必须同时做出决策，并且各企业在决定自己的最优产量时，已经考虑到了竞争对手的产量水平；一旦做出决策后双方都不会再改变；市场价格由需求状况和双方的供给量之和共同决定。可以看出，古诺模型是不存在任何正式或非正式串通的独立行动模型，即每一个企业都是消极地以自己的产量去适应对方的决策。

假定开始时市场完全被一个企业（企业1）所独占，该企业在设定的需求下将产量定在市场容量（市场的总容量即在设定的需求下价格下降到零时的销售量）一半的水平，由此获得垄断利润。由于垄断利润的存在，吸引一个竞争者（企业2）进入该市场。这个新进入的竞争者把企业1的产量当作既定，然后再决定自己的产量，以实现利润最大化。由于企业2的加入，企业1面临的市场容量实际上缩小了，因而它必须重新调整自己的产量，以在竞争者加入后继续保持利润最大化状态。双方在上述假定条件下不断调整自己的产量，直至达到一个均衡状态，这时候双方都不会再做调整，市场的产量和价格得以形成。

下面我们用图6-7来说明在古诺模型中企业是如何实现利润最大化的。在图中，企业1首先进入市场，其面临的需求曲线就是市场需求曲线 D，与坐标轴正好构成等腰三角形。由于生产成本为零，企业的收益就等于利润，其利润最大化的产量就是市场容量 $O\overline{Q}$ 的一半，增加或减少产出都会降低厂商的利润空间。企业1的利润总额是图中矩形 P_1OQ_1M 的面积（这个结论用几何知识很容易证明）。当企业2进入行业时，它认为企业1的产量是既定的，留给自己的市场容量是 $Q_1\overline{Q}=\frac{1}{2}O\overline{Q}$，它会采取相同的策略，按照自己面临的市场容量的一半来决定其产量，即产量为 $Q_1Q_2=\frac{1}{4}O\overline{Q}$。此时，市场价格下降至 P_2，企业2获得的利润为图中 P_2OQ_2K 的面积，企业1的利润则减少为 P_2OQ_1N 的面积。

接下来，企业1又会按照企业2留给自己的市场容量，即 $\frac{3}{4}O\overline{Q}$ 来决定自己的产量，并根据利润最大化原则将产出水平定为 $\frac{3}{8}O\overline{Q}$；企业2会根据这一决策，再次调整自己的产量，然后企业1再反应，再决策……这种反应，对反应的反应会循环下去。每重复一轮，企业1的产量会减少一些，企业2的产量会增加一些，最终，当两个企业的产出相等时，就形成了市场的均衡状态。两个企业最终的均衡产量用级数形式表达如下：

企业1的产量：$O\overline{Q}\left(\frac{1}{2}-\frac{1}{8}-\frac{1}{32}-\cdots\right)=\frac{1}{3}O\overline{Q}$

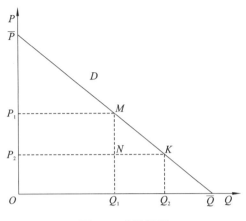

图 6-7 古诺模型

企业 2 的产量：$O\overline{Q}\left(\dfrac{1}{4}+\dfrac{1}{16}+\dfrac{1}{64}+\cdots\right)=\dfrac{1}{3}O\overline{Q}$

行业的均衡总产量为：$\dfrac{1}{3}O\overline{Q}+\dfrac{1}{3}O\overline{Q}=\dfrac{2}{3}O\overline{Q}$，大于单个企业生产时的产量。

上述双头古诺模型的分析很容易推广到行业中有 n 个企业的情况，即每个企业的产量将是 $\dfrac{1}{n+1}\cdot O\overline{Q}$，达到均衡状态时的行业总产量为 $\dfrac{n}{n+1}\cdot O\overline{Q}$。

上述均衡状态的实现过程也可以通过建立寡头企业的反应函数来说明。假设市场的线性反需求函数为：

$$P=180-Q=180-(Q_1+Q_2)$$

Q 为整个市场的供给量。假设两企业的边际成本 $MC_1=MC_2=0$。

为了实现利润最大化，企业 1 的利润表达式为：

$$\pi_1=P\cdot Q_1=[180-(Q_1+Q_2)]\cdot Q_1=180Q_1-Q_1^2-Q_1Q_2$$

求上式的一阶条件，可以得到企业 1 的边际收益 MR_1：

$$MR_1=\dfrac{\partial \pi_1}{\partial Q_1}=180-2Q_1-Q_2=0$$

企业 1 的反应曲线：

$$Q_1=90-\dfrac{1}{2}Q_2$$

这表示企业 1 的最优产量是企业 2 的产量的函数。或者说，对于企业 2 的每一个产量 Q_2，企业 1 都会根据自身利润最大化的原则做出反应，确定产量 Q_1 是其最佳的选择。同理可以得到企业 2 的反应曲线：

$$Q_2=90-\dfrac{1}{2}Q_1$$

联立两个寡头企业的反应函数，得到行业达到均衡状态时二者的最优产量为：

$$Q_1=Q_2=60$$

如图 6-8 所示，以企业 1 和企业 2 各自的产量水平为坐标轴建立直角坐标系，并根据上面求得的结果,将它们的反应曲线作于图上,两条反应曲线的交点 E 即为行业的均衡点。在 E 点两个企业在给定其竞争对手的产量时使自己达到利润最大化,且双方都没有改变自己决策的动力,我们称得到的这组均衡产出为古诺均衡。古诺均衡是一个纳什均衡解,关于纳什均衡,我们在后面的章节中会做进一步的解释。

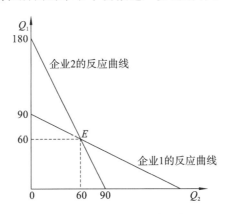

图 6-8　反应曲线和古诺均衡

(二) 斯塔克博格模型

古诺模型假设两个企业同时决定产量,而且它们都认为对手不会改变业已决定的产量。然而,如果其中一个企业率先确定自己的产量,另一个企业随后决定产量,情况又将如何呢?先决定产量者是否会在竞争中处于优势,该市场达到均衡时总产量是多少呢?

1934 年,德国经济学家斯塔克博格(H. U. Stackelberg)在古诺模型的基础上提出了另一个双寡头垄断模型——斯塔克博格模型。在该模型中,斯塔克博格假定一个企业先决定产量,其竞争者在看到它的产量后做出自己的产量决策。这里,我们仍然沿用古诺模型的求解方法,但反需求方程设定如下:

$$P = 60 - Q$$

其中,$Q = Q_1 + Q_2$。假定两企业的边际成本仍为零,即 $MC_1 = MC_2 = 0$。

现在设企业 1 先确定产量。在企业 1 看来,企业 2 为使利润最大化,其反应曲线由其反应曲线给出:

$$Q_2 = 30 - \frac{1}{2}Q_1$$

在这种情况下,企业 1 为使利润最大化,选择的仍然是边际收益等于边际成本的产量。由此,企业 1 的收益是:

$$R_1 = PQ_1 = 60Q_1 - Q_1^2 - Q_2Q_1$$

由于企业 1 知道企业 2 的反应曲线,因而企业 1 在决定产量时将充分考虑企业 2 的反应,将 $Q_2 = 30 - \frac{1}{2}Q_1$ 代入上式,结果有下式:

$$R_1 = 60Q_1 - Q_1^2 - Q_1\left(30 - \frac{1}{2}Q_1\right) = 30Q_1 - \frac{1}{2}Q_1^2$$

这时边际收益为:

$$MR_1 = \frac{\partial R_1}{\partial Q_1} = 30 - Q_1$$

令 $MR_1 = MC_1 = 0$,有:

$$Q_1 = 30$$

当企业 1 的产量为 30 时,企业 2 将企业 1 的产量视为既定,然后决定自己的产量,由 $Q_2 = 30 - \frac{1}{2}Q_1$ 得:

$$Q_2 = 15$$

因此,企业 1 的产量和利润将是企业 2 的产量和利润的两倍。

为什么首先决策的企业显得更有利呢?这似乎与直观的感觉不一样,因为首先宣布了自己决策的企业似乎将自己过早地暴露了。但不要忘了,这就是兵法上所说的"先发制人"。当企业 1 首先宣布自己的产量时,其实就使该产量成为一个既定的事实,而且这是一个使自己利润最大化的产量。此时,如果企业 2 是理性的,它必然会将该产量作为给定的,然后再确定自己的产量。如果企业 2 不是理性的,它会生产出更多的产品,从而压低价格,结果将导致两败俱伤,这显然是理性生产者所不愿看到的。于是这种看似过早暴露自己的做法,实际上是在市场上抢得了先机,从而形成了所谓的"先行者利益"。

那么,古诺模型和斯塔克博格模型哪一个更符合实际呢?其实这取决于不同的行业。前者可能更符合企业构成相似且没有哪个企业占领导地位的行业,而后者则可能适合于某个大企业处于主导地位的行业。

(三) 伯特兰德模型

读者可能已经注意到,前面介绍的两个模型都是企业通过确定产量进行竞争的,而在现实生活中,我们看到的竞争往往都是通过改变价格来进行的。

下面介绍 1883 年由法国经济学家约瑟夫·伯特兰德(Joseph Bertrand)建立的一个通过定价进行竞争的模型。伯特兰德模型仍然假设两个企业生产同一种产品,且产品之间无任何差异。这里,还是假定两个企业所面临的总需求曲线与斯塔克博格模型的相同,以便进行对照:

$$P = 60 - Q$$

或

$$Q = 60 - P$$

式中,$Q = Q_1 + Q_2$。

与以前所不同的是,这次假设两个企业存在边际成本:

$$MC_1 = MC_2 = 12$$

假设企业 1 率先进入市场,它首先决定的不是产量而是价格,其最大利润的价格实际上就是使完全垄断达到利润最大化的价格。企业 1 的收益为:

$$R_1 = (60 - P)P = 60P - P^2$$

其边际收益则为:

$$MR_1 = \frac{\partial R_1}{\partial P} = 60 - 2P$$

令 $MR_1 = MC_1 = 12$,于是:

$$60-2P=12$$

于是,得到:$P=24$,$Q=36$。

然后,企业 2 进入该市场。假设企业 2 认为企业 1 的价格不变,由于产品完全相同,因而企业 2 会略为降低产品的价格,从而夺得全部市场。但这样做引来了一系列调整。企业 1 也认为企业 2 不会改变价格,于是把产品的价格降至企业 2 的价格之下,以图重新夺回全部市场。如此轮番降价,直至双方的价格均降至 12,即等于产品的边际成本时为止。因为如果任何一方再进一步把价格降到边际成本之下,即使占有全部市场,不但无法获得利润,而且还会亏本。理性的生产者一般是不会这样做的,除非它想把竞争者全部赶出市场,形成完全垄断后,再重新将价格抬高到垄断的水平。

当双方价格均为 12 时,市场达到了纳什均衡。因为这时双方既不会提高价格(这将会失去全部市场),也不会降低价格(这将会导致亏损)。这时,读者可能会问,难道就不存在一个纳什均衡使双方的价格均保持在 12 之上吗?答案是否定的。因为这样做双方都有一种偏离均衡的冲动:任何一方只要略为降低价格,即可得到全部的市场。也就是说,将价格保持在 12 以上并不是给定竞争者行为时所能做的最好的选择。

因此,在伯特兰德模型中,两个企业之间的价格竞争导致了完全竞争的结果:价格等于边际成本!

【案例 6-3】 反病毒软件——双寡头的游戏

在消费类软件市场领域中,杀毒软件是最赚钱的,一是每台计算机都需要杀毒软件,二是很少有人使用盗版。因此,这个回报相对丰厚的市场从来都是业内人士关注的焦点。在这块土壤上,江民、瑞星等国内厂家已经苦心经营了多年,它们基本上都是从一个人、一个小作坊发展起来的纯粹的国内公司,伴随着计算机的普及而不断发展壮大,并最终建立起了一批具有极强忠诚度的用户群体。

近年来,国外的反病毒和信息安全公司大举杀入中国市场,一时间业内议论纷纷,许多人开始为国内杀毒软件的前途担忧。理由是国外公司无论从技术、经验、资金、管理等方面来说,都比国内企业高出一筹,而且随着互联网在人们生活中的应用越来越普及,许多人认为,以前那种靠一个新病毒的出现成就一个杀毒软件公司的日子已经过去了,国内公司将受到严峻的考验。可是,从目前的市场来看,情况并非像人们预料的那样。恰恰相反,国内外单机版杀毒软件的竞争并不激烈,甚至难以构成严格意义上的较量,而真正的竞争仍存在于国内优势企业之间。

目前,江民、瑞星所占的市场份额相近,加起来有 80% 左右,因此,国内单机版杀毒软件市场的双寡头垄断格局已经形成。如果我们对这个领域再作一些较为充分的了解的话,就会清晰地发现,这种双寡头垄断格局不但已经形成,而且正在加强。其他的国内外竞争对手,如果仍然保持目前的状态,离它们二者的地位就将越来越远,更无从奢谈赶超了。

多年来,这两家公司在市场上竞争得相当激烈,从品牌、产品质量,到新病毒反应速度和渠道商争夺等，基本上打成了平手。

2001年瑞星公司在销售渠道上大做文章，其新组建的渠道部在上半年利用一切能利用的资源进行宣传，甚至连和杀毒软件扯不上任何关系的情人节也成了促销的好时机，据说收效还不错。瑞星公司在全国设立了12个办事处，将触角伸向了二、三级城市。全国各个区域市场的信息能在最快的时间内反馈到总部，各种需求和问题也被要求尽量在24小时之内解决。市场人员的培训和管理都在逐步地明确化、规范化。此外，瑞星公司还要建成一个庞大而有效的行销和服务体系，让这个体系把瑞星总部和全国所有的店面以及消费者紧密地联系在一起。

面对瑞星的挑战，江民当然也不能坐视不理。虽然2001年的江民公司可谓是顺风顺水，从年初的8万套KV 3000成功登陆日本，到陆续接到法、德、越南等国家的订单，江民公司的产品开始在国际市场上崭露头角。同时，它和上海市政府病毒防治办公室及复旦大学等单位联合开发的"光华KV网络病毒防杀系统"已成功推出，并在公安部病毒防治检测中心的检测中获得了多项第一。但随着市场格局和用户需求的变化，特别是面对瑞星公司上半年的渠道举措，它意识到杀毒软件的竞争已经延伸到了渠道末端。于是，江民做出一个重大决定，在2003年下半年投资1 000万元用于渠道服务和拓展。

江民公司计划招聘100余人，经过以技术为主的业务培训，派往各个城市，组建技术服务和营销中心。它的策略是把产品性能介绍、售后服务和对渠道的技术支持送到各个店面。江民认为，随着IT行业的发展和市场的变化，杀毒软件的销售模式已经发生了变化，作为杀毒软件开发商，应该在全国各地开设自己的服务中心。江民此次的大动作，可谓是全力出击，力图把品牌传播、服务全都捆绑在市场行销中，并对渠道做一次彻底的调整和重组。

毋庸置疑，江民公司此次投千万巨资做全国行销和服务体系，必将引起杀毒软件市场乃至整个软件业的巨大反响。两家的激烈争夺，必将造成杀毒软件渠道的重整，而杀毒软件是各区域软件市场的盈利重头，牵一发而势必会动全身。

杀毒软件市场上的双寡头格局其实早就形成，但从没有像今天这样明显过。在它们的后面，冠群金辰和北信源公司都曾经取得过不错的成绩，而乐亿阳趋势和诺顿公司也都曾在市场上掀起过一些风浪，但是，随着各公司的业务调整和产权转移，排在后面的这些公司没有哪家能专注地把工作延续下来。金山毒霸推出时声称要在年内进三甲，可是从销量上来看，这个第三距离前两者太远了，没什么实际意义。

只有江民和瑞星公司，在以往优势的基础上，始终专注，始终前进，因此和别的厂家的距离也拉得越来越大。从品牌上说，两者已经高高在上，在用户心中享有极高的认知度；从价格上说，杀毒软件市场上的价格战早就打完了，无论国内或国外产品，价格因素已经不太影响消费者的购买意向。从现在的市场态势上看，两个权威企业的工作做得越来越扎实到位，而别的厂家要么还在踟蹰徘徊，要么忙得不得要领，甚至有的还陷入了自身的产权和业务调整的漩涡之中。因此，最终的结果便会是强者愈强，弱者更弱。

在激烈竞争中，两家公司并没有打价格战或者进行单纯的市场炒作，而是在销售渠道和服务这两个方面展开争夺。因此，这种竞争是值得称道的，无论谁输谁赢，消费者都会从中受益。依照两家的实力，现在还无法预测出这场较量的结果，但无论两家谁占了上风,杀毒软件市场双寡头垄断的态势都将被极大地固化,其他竞争对手将被远远地抛在后面。

【分析】江民和瑞星公司所组成的市场结构是典型的寡头垄断,它们之间的竞争,早已超出了教科书中所说的价格和产量范围。技术创新,不断地推出新的杀毒软件和创立品牌,是它们竞争的主要手段。但这个案例却说明了教科书中所提到的一个简单道理:寡头企业之间是一种相互依存的博弈关系。可以想像,江民和瑞星公司的每一项决策,都得考虑对方的反应。从这一点上说,关于寡头垄断的一些分析也适用于分析它们的行为。

(四) 斯威齐模型

斯威齐模型也称为"弯折的需求曲线(kinked demand curve)"模型,由美国经济学家保罗·斯威齐(Paul Sweezy)于1939年在《寡头垄断条件下的需求》一文中提出。这一模型解释了垄断市场上价格刚性的现象,就是说即使企业的生产成本或者面临的需求状况改变了,它们也不愿意改变价格。

斯威齐模型假设,一个寡头企业提高价格时,其他企业不会跟着提价,因而首先提价的企业将损失很大一部分销售量和市场份额;而当一个企业降低价格时,其他企业为了避免市场份额的减少,通常也会跟着降价,因而首先降价的企业销售量的增加是十分有限的。因此,无论是降价还是提价,对于单个寡头企业而言都是不利的,最好的策略就是保持价格不变。

下面我们用图6-9来具体说明这一决策过程。如图所示,某寡头企业有一条弯折的需求曲线 DAD',这条需求曲线在现行价格 $\bar{P}$ 处有一个折点 A。在 DA 段,需求曲线的弹性较大,该企业首先提价的话,其他企业不会跟随,那么它面临需求曲线 DA 部分;在 AD' 段,需求弹性较小,企业首先降价时,其他企业会随之降价,它会面临 AD' 部分的需求曲线。从图形中容易看到,弯折的需求曲线对应着不连续的边际收益曲线。DA 段需求曲线对应着边际收益曲线 MR_D,AD' 段需求曲线对应的边际收益曲线是 $MR_{D'}$,两条边际收益曲线的间断部分为 FG。间断线 FG 的长度取决于两部分需求曲线的弹性差异程度,二者的差异程度越大,线段 FG 越长,二者的差异较小时,间断部分的距离会比较近。

当企业的边际成本曲线与边际收益曲线的交点介于线段 FG 之间时,即使企业的成本增加,利润最大化的对应产量仍然是 $\bar{Q}$,价格也固定在 $\bar{P}$ 的水平不会改变。利用间断的边际收益曲线,很好地解释了寡头垄断市场上价格刚性的原因。只要企业边际成本曲线的变动不超出垂直间断的范围,单个寡头的均衡价格和均衡产出都不会发生变化,除非该企业的边际成本变动幅度很大,超出了间断线 FG 的范围,如在 MC_1 或 MC_2 处时,企业才会调整价格和产量。

弯折的需求曲线模型为寡头垄断市场普遍存在的价格刚性现象提供了一种可能的解释,但它并没有真正解释寡头垄断定价问题。至少该模型没有告诉我们价格 $\bar{P}$ 是如何确定的,为什么各个企业原来不将价格定在其他点呢?该模型的贡献在于描述了价格刚

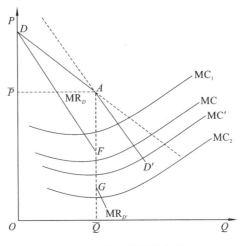

图 6-9 弯折的需求曲线

性现象,而非对该现象的一种解释。

三、相互串通的寡头决策

以上讨论了寡头企业独立行动时的情形,但在市场中,由于寡头企业数目很少,企业之间的彼此依存性很容易被它们认识到,因此它们有动力以某种方式相互串通。寡头企业的串通可以是公开的或正式的,也可能是隐藏的或非正式的。通过这种串通,寡头垄断企业达到瓜分市场、分享垄断利润的目的。与独立行动的寡头相比,串通起来的寡头企业就像一个完全垄断企业一样行动,由此能够降低竞争对手行为不确定性给自身带来的风险,并能够共同阻止新企业进入市场。因此,与相互竞争的企业相比,串通起来的企业通常会降低产量,提高市场价格,这就明显地降低了消费者的福利,形成了无谓损失。

然而,公开的串通在很多国家是法律明文禁止的,而诱人的垄断利润又使得寡头具有串通的动力,因而它们往往采取一些心照不宣的做法进行勾结,例如,寡头同行之间会遵守一些公认的"行业准则",尊重对方的市场份额和销售范围,使用同一方法制定价格,默认某些竞争惯例,等等。下面我们介绍几种常见的形式。

(一) 价格领导者模型

非正式串通的一种主要方式是价格领导制(price leadership)。在某些寡头垄断行业中,一家企业可能会拥有大部分的市场份额,而其他小企业则分享剩余的市场容量,这样的大企业我们称之为行业主导企业或支配型企业。在具有价格领导者的行业中,支配型企业首先制定一个行业通行的价格,其他企业则是跟风者,根据支配型企业的价格来决定自己的价格,从而避免价格竞争给各方带来的损失。这一定价模式的突出特点是,支配型企业可以根据自身利润最大化的原则来制定价格和产量,而其余的企业则与完全竞争市场中的企业一样,甘当价格接受者。

我们用图 6-10 来解释支配型企业的定价决策是如何制定的。市场需求曲线为 D,其他小企业的供给曲线为 S_F(类似于完全竞争市场,由它们的边际成本曲线水平加总而得)。当价格为 P_1 时,市场上所有的产品由全体非支配型企业供给,因而 P_1 点就是支配型企业需求曲线 D_D 的起点。当价格降为 P_2 或更低时,各个小企业不会为市场提供任何产出,支配型企业面临的需求曲线是市场需求曲线。当价格位于 P_1 和 P_2 之间时,扣除小企业的产品供给部分外,其他的部分全部由支配型企业为市场提供。因此,支配型企业的需求曲线是一条折线。

支配型企业根据自己面临的需求曲线和成本状况来制定市场价格,即它们选择边际成本等于边际收益时的价格 P^*。此时支配型企业的产出水平为 Q_D,其他小企业的总产量为 Q_F,市场总供给 $Q_T = Q_D + Q_F$。

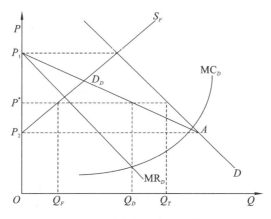

图 6-10 价格领导者定价模型

(二) 卡特尔

前面讨论的寡头垄断企业的串通行为是非正式或不公开的,卡特尔则是一种正式的串通协议。在一个卡特尔组织中,寡头垄断行业中的主要企业通过明确的、正式性的协议来就各自在行业中的产量分配、共同关心的定价问题以及其他诸如销售区域分配等事项达成一致,并要求成员严格遵守这种正式的协议。如果卡特尔企业都能够遵守共同达成的协议,并且行业的需求曲线弹性较小的话,卡特尔能使一个竞争性市场变成一个垄断市场,可以将市场价格提高到远远高于竞争水平之上,从而使卡特尔成员获得高于竞争水平的利润。石油输出国组织欧佩克(OPEC)就是目前最为成功的一个国际卡特尔。

卡特尔如何确定其价格呢?为了将问题简化,我们仅分析两个寡头企业组成卡特尔的情况。假设两企业的成本曲线如图 6-11 中的(a)、(b)所示,卡特尔的边际成本曲线可通过将这两家企业的边际成本曲线水平加总得到。行业需求曲线 D 如图 6-11(c)所示,则行业的边际收益曲线即为 MR。卡特尔仍然按照边际成本与边际收益相等的原则获得最大化利润,因此,行业的产出水平为 Q^*,相应的垄断定价为 P^*。此时卡特尔的最大化利润已经确定,成员间会按照边际成本相等的原则来分配产量,即两个企业都会按照行业边际成本的水平进行生产,它们的产出水平分别为 Q_1、Q_2,并且都可以按照垄断价格 P^* 将其产出在市场上销售出去。两个企业所获得的利润如图中阴影部分所示,我们能够清楚地看到,二者的收益水平是有差异的。卡特尔各成员间的利润差异,导致了成员有背离协议以期望得到更多利润的强烈动机,因此,卡特尔的稳定性常常受到挑战。

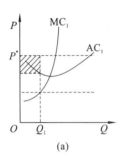
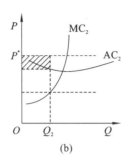
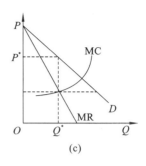

图 6-11　卡特尔定价

这也就是为什么有的卡特尔能够获得成功,有的卡特尔却失败了的原因。成功的卡特尔需要具备两个基本条件。第一,各成员都能够遵守共同达成的协议。这要求一个卡特尔要有激励成员遵守协议的动力机制,并能对违反卡特尔协议的成员进行有威慑力的惩罚,否则卡特尔很难长期维持下去。第二,行业的需求曲线弹性非常小,也就是说,卡特尔的垄断势力相当大,足以能够使它在将价格抬高到比竞争水平高出很多的同时销售量的下降又不会太大。

【案例 6-4】　银行业涨价有卡特尔的影子[①]

日前多个城市调高 ATM 跨行取款费用,北京尚未随之调整,但对其他中间业务的收费却在悄然进行。多家银行过去不收取手续费的柜台打印对账单服务开始收费,若用户忘记银行卡密码,挂失密码将被收取 10 元手续费。

从 ATM 跨行取款费用上调,到打印对账单、挂失密码等开始收取手续费,整个银行业涨声一片。本来,随着各类中小银行的出现,消费者本希望能够有效打破银行业的垄断,使银行在降低费用、提高服务质量上有显著改善,但现在好像打错了算盘。当中间业务费上涨时,几乎所有的银行都在上调,而服务却原地踏步;涨价之前消费者没有话语权,涨价之后,消费者几无选择权。

值得注意的是,就在多个城市调高 ATM 跨行取款费用,引来一片质疑声时,银行业协会站了出来,称涨价合法合规。银行业协会具有代表全体企业共同利益的职能,同时还承担沟通、协调、监督等职能,作为政府、企业和消费者之间沟通的桥梁,同时对本行业的服务质量、竞争手段、经营作风进行严格监督,维护行业信誉,鼓励公平竞争。

但当各大银行纷纷上调跨行取款费时,我们没有看到银行业协会在政府、消费者和银行之间沟通协调,没有看到其监督提升银行的服务质量和经营作风,反倒是站出来解释费用上调的合法合规性,而消费者不仅难以和他们沟通,连选择权也没有——在涨价上几乎所有银行都步调一致。

当各大银行涨价,银行业协会在其中穿针引线,解释合理性,而缺少应有的和消费者

[①] 来源:新华网,2010 年 7 月 31 日。

的沟通交流时,可以感到"卡特尔"的影子在若隐若现。

卡特尔是一种串谋行为,它使一个竞争性市场变成一个垄断性市场,其以扩大整体利益为主要目标,通过协议确定价格等手段来实现。而在卡特尔的形式中,又以价格卡特尔最为常见,或者垄断高价,或者在不景气时稳定价格。而某银行工作人员也表示,在现在很多存贷款业务受到政策影响,发展不稳定的情况下,银行转向中间业务收费,也给其经营带来极大的利润,并且这部分利润没有风险。

当各个银行整齐划一地将盈利点对准中间业务时,其背后的价格卡特尔愈发令人担忧。上涨的费用没有商量、没有沟通、没有论证,银行业协会在拼命论证合理性,客户的利益被漠视。如果说一家银行涨价不可怕,那么真正可怕的就是这种集体性的价格上涨,因为这俨然形成了一种价格同盟,任凭百姓口水再多,也照涨不误。

当银行在为能随意提高中间业务费,擦亮财务报表而沾沾自喜时,能指望他们在业务拓展、提高投资收益、降低成本等真正的竞争力上取得进步吗?我看难。

第三节 垄断竞争市场

一、垄断竞争的含义和特征

到目前为止我们已经考察了两种极端情况的市场结构——完全竞争和垄断。在现实生活中,这两个极端情况不大常见,通常是竞争与垄断因素同时存在,相互交织,由此市场竞争既不像完全竞争市场那么纯粹,也不像垄断那样可以绝对地控制市场。这种既有竞争也有垄断的情况被经济学家称为垄断竞争。

在垄断竞争行业中,大量的企业生产有差别的产品或服务,企业能够自由地进入或退出行业。企业提供的产品或服务是有差别的,因此市场上存在相近的替代品,但这种替代又是不完全的。例如服装市场就是典型的垄断竞争市场:企业提供给消费者的服装产品早已不再仅仅是为了蔽体或挡寒,而是美观和享受,因而服装的品牌、款式、颜色、风格丰富多彩。一些消费者愿意为钟爱的服饰支付更多。这种差别甚至体现在销售条件上,同样一件商品放在地摊上售卖和进入大型商场的柜台展卖,其售价也可能会相差数倍之多。正是由于消费者对某种特殊款式或品牌产品的偏爱,赋予了生产者一定的市场垄断力。然而,由于行业中存在大量的生产者和消费者,每个企业在行业中的市场份额相对较小,并且新企业的进入和原有企业的退出也十分容易,因此,单个企业对市场价格的控制力量非常有限,以致一个企业提高价格时,其销售量就会受到影响,由此垄断竞争市场的垄断力也极其有限。

垄断竞争在现实生活中随处可见,我们可以举出很多的实例。例如家电制造业、日用化工行业、饮料行业、零售业等均属于这种类型。那么,在垄断竞争行业,企业将如何制定市场策略?如何决定其价格和产量,以获取最大利润呢?一般来说,在垄断竞争行业中,企业通常可以通过以下三条途径实现利润最大化:一是通过制定合理的价格与产量来实现利润最大化;二是通过技术创新,使自己的产品与其他同类产品表现出更大的差异性,从而扩大垄断势力来实现经济利润;三是通过有效的市场营销策略,来扩大产品的市场销售量,以获得高额利润。后两种方法并不是所有的企业都可以做得到的,因此我们将分析的重点放在第一种方法上。对于其他的竞争方式,我们则附上相关的案例分析。

二、垄断竞争企业的价格和产量

垄断竞争企业在市场上拥有一定的垄断势力,因而如同垄断企业一样面临着向右下方倾斜的需求曲线。然而,正如上面分析的那样,垄断竞争市场中产品的差异性决定了其相互间是可替代的,消费者对产品的需求弹性比较大,因而企业的垄断力十分有限,这表现在向下倾斜的需求曲线相对比较平坦。垄断竞争企业面临类似于垄断企业的需求曲线并不代表它们就能够赚取高额利润。因为在垄断竞争市场上,新的企业是可以自由进入的,一旦有高额利润的存在,必然会吸引新企业的加入,从而造成市场供给数量增加,产品价格下降,最终导致利润下降,直至市场中不再有经济利润为止。因此,我们发现在垄断竞争市场中,企业在短期均衡时类似于垄断行业的状态,是可以赚取经济利润的;但在长期均衡时,垄断竞争的利润必定为零。为了说明垄断竞争企业是如何决定其短期均衡和长期均衡时的价格和产量的,我们借助两个图形来进行分析。

(一) 短期均衡:经济利润大于零

在短期内,垄断竞争企业为了获得最大化的利润,仍然遵循边际收益等于边际成本的原则来决定产量。在图 6-12 中,企业面临向下倾斜的需求曲线 d(注意:这是单个企业的需求曲线,而不是市场的需求曲线,市场需求曲线更陡峭一些),边际收益曲线 MR,短期边际成本曲线 SMC 与边际收益曲线 MR 的交点 E 即为企业的短期均衡点,此时单个企业为市场提供的产品数量为 Q^*,产品价格定为 P^*。由于均衡时的价格大于厂商的平均成本,企业在短期中能够获得如图中阴影部分面积大小的经济利润。这使我们似乎觉得垄断竞争企业在市场中如同一个单一的价格垄断者,根据利润最大化原则获得了经济利润,并赚取消费者愿意为其产品支付的最高价格,然而,垄断竞争与垄断的本质差别在于企业面临的长期决策情况发生了变化。

(二) 长期均衡:经济利润为零

在长期中,由于不存在行业进入的限制,经济利润将会诱使新企业进入该市场。当它们在市场中提供了有竞争性的替代产品时,原有企业的市场份额和销售量将会下降,这导致原有企业的需求曲线和边际收益曲线都向左下方移动。在每一个时期,企业还是会按照边际收益等于边际成本的原则获取最大利润,随着需求曲线的不断移动,企业的决策产量和价格水平都会下降。这一过程将会持续到市场中每一个企业都仅能够获得正常利润时才会停止,因为经济利润的消失,新企业继续进入该行业的动力也就不存在,如图 6-13 所示,此时垄断竞争企业的需求曲线 d 与长期平均成本曲线 LAC 相切。

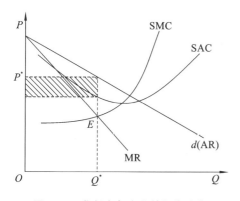

图 6-12　垄断竞争企业的短期均衡

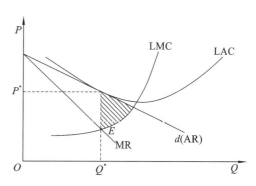

图 6-13　垄断竞争企业的长期均衡

三、垄断竞争与效率

前面的分析已经表明,完全竞争是一种有效率的市场结构,垄断则是无效率的,那么垄断竞争的效率又如何呢?我们继续用图 6-13 来回答这个问题。在长期中,垄断竞争企业按照边际成本低于价格的方式进行生产,这意味着多生产 1 单位的产品对消费者的价值大于企业生产的成本。如果企业将产量推进到需求曲线与边际成本曲线的交点,企业和消费者的总剩余(图 6-13 中阴影部分的面积)都可以增加,但是企业不会这么做,因为这么做它的利润会减少。因此,与完全竞争相比,垄断竞争条件下的生产成本更高,而产量更少,消费者要支付更高的价格,由此造成了社会福利的无谓损失。

然而,垄断竞争行业通常不会像垄断行业一样被政府管制,故效率损失没有垄断那么高。这是因为在现实世界中,垄断竞争行业是比较接近完全竞争状态的,市场中单个企业的垄断势力非常有限,它们可以自由进入或退出市场,这就保证了行业中有比较充分的竞争性,资源使用的效率水平较高。另外,作为对社会福利损失的补偿,消费者能够享受到产品差异性带来的好处。试想一下,假如有一天你在校园里看到同学们都背着一样的书包,每个人都穿着和你同款同色的衣服,大家每天都重复吃着毫无变化的食物,生活该是多么乏味啊!因此,为了追求多样性和个性化,即使需要支付较高一些的价格,绝大多数消费者还是愿意从琳琅满目的货架上选择自己偏爱的商品的。

四、非价格竞争——广告

在垄断竞争市场中,企业生产和销售有差别的产品,由于替代性很强,因而每个企业都会采取营销策略来吸引更多消费者购买自己的产品,广告就是常常采用的手段之一。因此,垄断竞争的一个特点是推销费用较高,广告活动十分频繁。下面,我们看几个通过广告宣传和品牌策略等获得成功的案例。

【案例 6-5】 白加黑——治疗感冒,黑白分明

1995年,白加黑上市仅180天销售额就突破1.6亿元,在拥挤的感冒药市场上获得了15%的份额,登上了行业第二品牌的地位,堪称奇迹,这一现象被称为白加黑震撼,在营销界产生了强烈的反响。

一般而言,在同质化市场中,很难发掘出"独特的销售主张"。感冒药市场同类产品很多,产品的同质化程度较高,而且无论中、西成药,都难于做出实质性的突破。康泰克、丽珠、三九等知名品牌凭借着强大的广告攻势,才各自占领一块地盘,而盖天力这家实力并不十分雄厚的药厂,竟在短短半年里就后来居上,关键在于其崭新的产品概念。

白加黑是个了不起的创意。它看似简单,只是把感冒药分成白片和黑片,并把感冒药中的镇静剂——扑尔敏放在黑片中,其他什么也没做。然而这种巧有心思的改变,不仅在品牌的外观上与竞争品牌形成很大的差别,更重要的是它与消费者的生活形态相符合,达到了引发联想的强烈传播效果。

在广告公司的协助下,白加黑确定了干脆简练的广告口号:治疗感冒,黑白分明。广告传播的核心信息是:白天服白片,不瞌睡;晚上服黑片,睡得香。产品名称和广告信息都清晰地传达了产品的概念。

【案例 6-6】 舒肤佳——后来居上称雄香皂市场

1992年3月,舒肤佳进入中国市场,而早在1986年就进入中国市场的力士已经牢牢占住香皂市场,而舒肤佳却在短短几年时间里,硬生生地把力士从香皂霸主的宝座上拉了下来。根据2001年的数据显示,舒肤佳的市场占有率高达41.95%,比位居第二的力士高出14个百分点。

舒肤佳的成功自然有很多因素,但关键的一点在于它找到了一个新颖而准确的除菌概念。在中国人刚开始用香皂洗手的时候,舒肤佳就开始了它长达十几年的"教育工作",要中国人把手真正洗干净——看得见的污渍洗掉了,看不见的细菌你洗掉了吗?

在舒肤佳的营销传播中,以除菌为核心概念,"有效除菌护全家",并在广告中通过踢球、挤车、扛煤气等场景告诉大家生活中随处都会感染大量的细菌,然后在放大镜下显示出细菌群落的状态,巩固了除菌的必要性这一概念。然后,舒肤佳再通过"内含抗菌成分——迪保肤"的理性诉求和实验来证明舒肤佳可以让你把手洗干净,并且通过"中华医学会验证"增强了产品功效的权威性。

【分析】这两个市场都是比较典型的垄断竞争。广告是为了增加竞争优势。

复习思考题

1. 垄断是如何产生的？垄断市场有哪些基本特征？

2. 试解释垄断企业的需求曲线、总收益曲线、平均收益曲线和边际收益曲线的特征及其相互关系。

3. 已知某垄断企业的短期总成本函数为 $STC = 2Q^3 - 8Q^2 + 160Q + 2\,500$，反需求函数为 $P = 200 - 4Q$。求：该垄断企业的短期均衡产量和均衡价格。

4. 已知某垄断企业的边际成本是一个常数 10，其面临的需求曲线由下表给出。

价格	27	24	21	18	15	12	9	6	3	0
数量	0	2	4	6	8	10	12	14	16	18

(1) 在直角坐标系中画出该企业的边际收益曲线。

(2) 该企业的利润最大化时的产量和价格分别是多少？企业的利润是多少？

(3) 如果该企业处于完全竞争的市场中，达到均衡时的产量和价格分别是多少？

(4) 如果该垄断企业被迫以完全竞争市场的均衡价格生产，与垄断均衡的生产情况相比，消费者剩余和生产者剩余发生了怎样的变化？

5. 什么是价格歧视？试列举三个发生在你身边的价格歧视的例子。

6. 某垄断企业的总收益函数为 $TR = 55Q - Q^2$，总成本函数为 $TC = 10 + 5Q$。

(1) 企业利润最大化的产量和价格分别为多少？

(2) 若政府征收 10% 的从价销售税，那么企业的均衡产量和市场价格为多少？

7. 已知某垄断企业的成本函数为 $TC = 10Q^2 + 30Q + 13$，其产品的需求函数为 $5Q = 180 - P$。试求该企业利润最大化的产量、价格及利润。

8. 假设企业面临两个分割市场 A 和 B，市场需求分别为 $P_A = 15 - 2Q_A$，$P_B = 20 - 3Q_B$，企业的固定成本为 15 元，单位变动成本为 2 元。试求实行差别价格比统一定价可多获利多少？

9. 假定企业面临的需求曲线为 $D_1: P = 6 - 0.05Q$。企业的边际成本保持在 3 元的水平上。

(1) 在需求曲线不变的条件下，企业利润最大化的产量是多少？此时产品的价格定多高？

(2) 假定支付 10 元的广告费,就可以使需求曲线移动到 $D_2:P=8-0.1Q$。试问该企业做广告是否合算?

10. 假定垄断企业面临的需求函数和成本函数分别为 $P=10+4A^{\frac{1}{2}}-3Q$,$TC=4Q^2+10Q+A$,其中 A 是企业的广告支出。试求该企业利润最大化的 A、Q 和 P 各为多少?

11. 垄断企业的成本函数为 $C=3\,000+400Q+10Q^2$,产品的需求函数为 $P=1\,000-5Q$。

(1) 试求垄断企业利润最大时的产量、价格和利润。

(2) 如果政府限定企业以边际成本定价,试求这一限制价格以及垄断企业提供的产量和所得利润。

(3) 如果政府限定的价格为收支相抵的价格,试求与此价格相应的产量。

12. 垄断竞争企业面临的市场需求曲线为什么会比企业的需求曲线更陡峭一些?

13. 用图形说明垄断竞争企业的短期均衡和长期均衡是如何形成的。

14. 试述古诺模型的主要内容和结论。

15. 在斯塔克博格模型中,为什么先决定产量的企业有优势?

16. 弯折的需求曲线是如何解释寡头垄断市场的价格刚性现象的?它的局限性是什么?

17. 组成一个成功的卡特尔,需要克服哪些困难?

18. 两个企业生产相同的产品,并且它们是市场中唯一的两家能生产该产品的企业。它们同时决定各自的产量 Q_1 和 Q_2,面临的反需求函数为 $P=200-Q$,其中,$Q=Q_1+Q_2$。它们的生产成本函数分别为 $C_1=30Q_1$,$C_2=30Q_2$。

(1) 求出这两个企业在均衡时的产量和价格。

(2) 达到均衡时,它们的利润各为多少?

(3) 如果这两个企业相互串通追求共同利润最大化,此时的产出水平将是多少?各个企业的利润会发生怎样的改变?

(4) 如果企业 1 成功地击退竞争对手,成为行业的垄断者,即市场上的唯一产品供给者,此时的市场产出和企业 1 的利润与(2)中的情况有何不同?

19. 小明十岁生日那天,妈妈带他去看电影。他们高兴地发现十二岁以下的观众可以享受电影票五折的优惠,但是在买爆米花时却还是必须支付全价。他们的经历其实引出了两个关于企业定价决策的问题:

(1) 对青少年实行票价折扣是企业的慷慨之举,还是一种利润最大化的手段?

(2) 如果对青少年实行电影票折扣是明智的,为什么爆米花的折扣不明智呢?

(3) 与折扣类似的,就是消费品生产商与零售商,如肯德基、麦当劳等快餐店,经常发行的一些商品优惠券。凭这类优惠券在购买商品时,可以享受一定的优惠,比如,正常价格下买一个汉堡包需付12元,凭优惠券却可以以10元的价格购买到同样的汉堡包。为什么厂商不降低产品的价格而是发行优惠券呢?

20. 不完全竞争与完全竞争之间有怎样的区别和联系?寡头垄断和垄断竞争之间有什么差别?

本章关键术语

不完全竞争(imperfect competition)　垄断(monopoly)　自然垄断(natural monopoly)　无谓损失(deadweight loss)　价格管制(price control)　价格歧视(price discrimination)　垄断竞争(monopolistic competition)　寡头垄断(oligopoly)　古诺模型(Cournot model)　斯塔克博格模型(Stackelberg model)　斯威齐模型(Sweezy model)　价格领袖(price leadership)　卡特尔(Cartel)

第七章
生产要素的价格与收入分配

本章概述 生产要素包括劳动、资本、土地与企业家组织才能。这些要素也在市场上被交换,因而具有价格。生产要素的价格一方面成为要素配置的信号,另一方面也代表了居民的收入分配。生产要素的价格由其需求与供给决定,同时又受到各国制度与政策的调控。本章不仅要掌握影响生产要素需求与供给的因素,了解不同条件下生产要素价格的形成机制,也要了解决定工资、地租、利息等收入的政策因素。

在前面几章,我们分析了产品市场价格和数量的决定,这种分析是在一定的假设条件下完成的。比如,我们在推导产品需求曲线时,假定消费者收入水平已定,但是,却未说明消费者收入是如何确定的,事实上,消费者的收入就是消费者在要素市场上提供生产要素而获得的报酬,其高低取决于要素价格;又如,当我们推导产品供给曲线时,我们也假定要素价格是既定的,却并未说明要素的价格是如何确定的。产品的需求曲线与供给曲线都与要素价格有关,要求我们对要素价格的决定进行研究。这一章我们将对要素市场进行分析,以说明生产要素的价格和数量是如何确定的。由于要素价格实际上决定了要素所有者所获得的收入,因此,对要素价格的研究也就是对收入分配问题的研究,由此得到的理论可称为微观的收入分配理论。

第一节 要素价格理论概述

在西方经济学中,把生产要素分为四类:土地、劳动、资本和企业家才能,这四类生产要素的价格分别被称为地租、工资、利息和利润。生产要素的价格理论就是要说明它们是如何决定的。

一、边际生产力理论

生产要素价格决定的主要理论基础是边际生产力理论。它是由德国经济学家杜能首先提出,后经美国经济学家克拉克发展而来的。这一理论认为,在其他条件不变时,一种生产要素的价格取决于其边际生产力,而边际生产力是递减的。比如,当劳动要素投入量不变而资本要素的投入量不断增加时,每增加一单位资本的投入量所生产的产量增加量递减,即所谓生产力递减规律。这里,最后增加的一单位资本投入量所生产的产量或价值,称为资本的边际生产力,它决定了利息的高低。同样,当资本的投入量不变而劳动的投入量不断增加时,劳动的边际生产力也是递减的,并且也决定了劳动者工资的多少。因而资本越多,利息越低;劳动力越多,工资越低。

此后,马歇尔对这一理论进行综合与改进,形成了要素的供求均衡价格理论。现代微观经济学就是在此基础上形成的。现代理论认为,生产要素的价格不仅取决于要素的边际生产力,还取决于其他一些因素,如要素的供给。边际生产力仅是决定生产要素需求的一方面。对企业来说,在决定生产要素的需求时,企业还要考虑生产要素的边际成本,只有当生产要素的边际成本和边际收益相等时,企业才在要素使用上达到了利润的最大化。另一方面,要素的供给取决于维持要素再生产所需要的成本,这也是决定要素价格的重要方面。因此,对于生产要素市场价格的分析如同其他商品是一样的,也要从它的供给和需求两个方面考虑。

二、要素需求

企业进行生产必然要购买生产要素,因此,生产要素的需求与产品的需求具有非常不同的性质。在产品市场上,消费者是产品的需求方;而在要素市场,企业是要素的需求方。消费者购买产品是为了直接满足自己的需要;而企业购买要素却并不直接为了满足自己的需要,而是为了生产和出售产品从而获得收益。因此,企业对要素的需要可以认为是一种间接需求或中间需求。

由于企业购买生产要素进行生产经营活动是以满足消费者的需求为原则的,因而要素的需求会受到消费者需求的影响。换言之,只有企业提供的产品和服务为消费者所需求的时候,它才能通过出售产品和服务而获得收益。从这个角度上说,企业对于生产要素的需求是由于消费者对产品的需求而产生的,因而是一种引致的需求或派生需求。当消费者对某种产品或服务丧失需求时,企业就无法从生产和销售该种产品或服务获得收益,从而也不会对生产要素产生需求。例如,当今中国的住房需求十分火爆,因而开发商对土地的需求也就变得十分强烈,可以预期,一旦房子的需求陷入停顿,土地的需求也就趋于停顿了。

进一步说,生产要素的需求也是一种联合需求。这是因为任何一种生产活动一般都需要多种生产要素的联合作用,因而,企业对一种生产要素的需求必然伴随着对另一种生产要素的需求。比如,在当前的技术条件下,如果劳动与资本的配置比例是1∶2,那么,企业购买1个单位的劳动,就必然要相应地购买2个单位的资本。这意味着,企业对

劳动的需求,不仅取决于劳动的价格,也取决于资本的价格,因而,生产要素的价格是相互影响的。

由此可见,生产要素的需求具有多方面的特点,由此生产要素的价格决定也就比一般产品与服务的价格决定更为复杂。

第二节 要素需求曲线

在上述分析的基础上,我们可以进一步借助图形来讨论生产要素的需求状况。

一、使用生产要素的原则

(一) 使用要素的收益

为了研究使用生产要素的原则,我们首先对企业使用生产要素的收益进行研究。我们主要介绍生产要素的边际收益和平均收益。这里,假定企业只使用一种生产要素——劳动,生产一种产品。

生产要素的边际收益也叫边际生产力,它是指在其他条件不变的情况下,企业每增加一单位生产要素的使用所增加的边际收益。生产要素的边际生产力有两种表达形式:边际产品价值和边际收益产品。

边际产品价值是以价值的形式来表示要素的边际生产力,用 VMP 表示,其公式是:

$$\text{VMP} = \text{MP}_L \cdot P \tag{7.1}$$

其中 MP_L 表示要素的边际产品,P 表示产品价格。

式(7.1)表明在其他条件不变时,企业增加使用一单位要素的使用量所增加的产品价值。需要注意的是边际产品价值 VMP 与产品的边际收益 MR 之间的区别。VMP 是要素的边际产品价值,是针对要素而言的;而 MR 是产品的边际收益,是针对产品而言的。

表 7-1 是某企业的边际产品价值 VMP 和要素的边际产品 MP_L 表。根据表 7-1,我们把企业的要素的边际产品价值 VMP 和要素的边际产品 MP_L 画在以劳动的使用量为横轴,以要素的边际产品 MP_L 和要素边际产品价值 VMP 为纵轴的坐标系中,得到如图 7-1 所示的边际产品曲线和边际产品价值曲线。

表 7-1 边际产品价值(VMP)和要素的边际产品

要素数量 L	要素边际产量 MP_L	产品价格 P	边际产品价值 VMP	要素价格 w
5	5	2	10	10

续表

要素数量 L	要素边际产量 MP_L	产品价格 P	边际产品价值 VMP	要素价格 w
6	4	2	8	8
7	3	2	6	6
8	2	2	4	4
9	1	2	2	2

在图 7-1 中,边际产品价值曲线和要素的边际产量曲线都是向右下方倾斜的,但二者位置不同,因为要素的边际产品价值曲线的位置高低取决于两个因素:一个是要素的边际产量;另一个是在完全竞争市场中产品的价格,为定值。因此,要素的边际产品价值曲线和要素的边际产品曲线的位置取决于产品的价格。当价格大于 1 时,要素的边际产品价值曲线在要素的边际产品曲线上边;当产品价格小于 1 时,要素的边际产品价值曲线在要素的边际产品曲线下边;当产品价格恰好为 1 时,两条曲线重合。

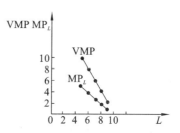

图 7-1　VMP 和 MP_L 曲线

边际收益产品是以收益的形式来表示要素的边际生产力,其公式是:

$$\mathrm{MRP} = \frac{\mathrm{dTR}}{\mathrm{d}L} = \frac{\mathrm{dTR}(Q)}{\mathrm{d}Q} \cdot \frac{\mathrm{d}Q}{\mathrm{d}L} = \mathrm{MR} \cdot \mathrm{MP}_L \tag{7.2}$$

其中,TR 表示企业的总收益,MR 表示产品的边际收益,MP_L 表示要素的边际产品。边际收益产品 MRP 是指在其他条件不变时,企业每增加一单位生产要素的投入量所增加的产品收益。很显然,根据边际产品价值和边际收益产品的公式,如果是处于完全竞争产品市场中,企业产品的边际收益 MR 就等于产品价格 P,那么,要素的边际产品价值等于要素的边际收益产品,即 VMP=MRP。当处于非完全竞争市场时,$P>$MR,因此要素的边际产品价值一定大于要素的边际收益产品,即 VMP>MRP。

生产要素的平均收益是在其他条件不变时,平均每单位生产要素的产品收益,用公式表示为:

$$\mathrm{ARP} = \frac{\mathrm{TR}}{L} = \frac{P \cdot Q}{L} = P \cdot \mathrm{AP}_L \tag{7.3}$$

其中,P 表示产品价格,AP_L 表示平均每单位生产要素的产量。

如果在完全市场中,MRP=VMP=$P \times MP_L$。那么,根据边际量与平均量之间的关系,当 MRP>ARP 时,ARP 递增;当 MRP<ARP 时,ARP 递减;当 MRP=ARP 时,MRP 与 ARP 相交于 ARP 的最高点。

(二) 使用要素的成本

在分析企业使用生产要素的原则时还需考虑的另一个重要方面就是使用要素的成本。我们也从使用要素的边际成本和生产成本两方面分析。

边际要素成本 MFC 的公式为:

$$\text{MFC} = \frac{\text{dTC}}{\text{d}L} = \frac{\text{dTC}(Q)}{\text{d}Q} \cdot \frac{\text{d}Q}{\text{d}L} = \text{MC} \cdot \text{MP}_L \tag{7.4}$$

其中，TC 表示企业的总成本，MC 表示产品的边际成本，MP_L 表示要素的边际产品。式 (7.4) 表示在其他条件不变时，企业每增加一单位生产要素的使用所带来的成本增加量。需要注意的是边际要素成本 MFC 与产品的边际成本 MC 之间的区别。MFC 是边际要素成本，是针对要素而言的；而产品的边际成本 MC，是针对产品而言的。

平均要素成本 AFC 的公式为：

$$\text{AFC} = \frac{\text{TC}}{L} = \frac{w \cdot L}{L} = w \tag{7.5}$$

其中，w 是要素的市场价格。平均要素成本 AFC 是在其他条件不变时，企业平均投入一单位生产要素所花费的成本，它等于生产要素的市场价格。当要素市场是完全竞争市场时，每个企业都是要素市场的价格接受者，从而有 $\text{MFC} = \text{AFC} = w$，关于这一点，我们在后面完全竞争市场要素使用原则时可以有更深的理解。

（三）使用要素的原则

追求利润最大化是企业生产的目的，在需求和使用要素时这一原则依然适用。根据要素使用的收益与成本，我们可以将企业使用要素追求利润最大化的问题描述为：

$$\text{Max}\pi(L) = \text{TR}(L) - \text{TC}(L)$$

根据企业利润最大化的一阶条件可知：

$$\frac{\text{dTR}(L)}{\text{d}L} - \frac{\text{dTC}(L)}{\text{d}L} = 0$$

即 $\text{MRP} = \text{MFC}$，这表明，追求利润最大化的企业在使用要素时满足 $\text{MRP} = \text{MFC}$。因为，当 $\text{MRP} > \text{MFC}$ 时，企业增加一单位要素的投入所得到的边际收益产品大于边际要素成本，理性的生产者就会增加该单位要素的投入，从而增加利润，直到 $\text{MRP} = \text{MFC}$ 为止；相反，当 $\text{MRP} < \text{MFC}$ 时，企业增加一单位要素的投入所得到的边际收益产品小于边际要素成本，理性的生产者就会减少该单位要素的投入，从而增加利润，直到 $\text{MRP} = \text{MFC}$ 为止。

需要注意的是，在分析要素的使用原则时，并未对要素市场的性质进行区分。也就是说，无论产品市场或要素市场是否为完全竞争，$\text{MRP} = \text{MFC}$ 这个生产要素使用原则都是成立的。

二、完全竞争条件下生产要素的市场需求曲线

（一）要素市场完全竞争的定义

在产品市场分析中，我们曾经给过完全竞争市场的定义，这里，我们需要将完全竞争的定义从产品市场扩展到要素市场。

要素市场完全竞争的基本含义是：要素的供给方和需求方数量巨大；要素是同质的；要素供求双方都具有完全信息；要素可以充分流动等。可以看出，这不过是前面关于完全竞争含义的简单类推，但要加上一点的是，在分析要素市场时，一个企业只有同时处于完全竞争的产品市场和完全竞争的要素市场，这个企业才算是完全竞争企业。相应地，不完全竞争企业则包括三种情况：第一种，在产品市场是完全竞争的，在要素市场上是不

完全竞争的;第二种,在产品市场是不完全竞争的,在要素市场是完全竞争的;第三种,在产品市场是不完全竞争的,在要素市场也是不完全竞争的。

(二) 完全竞争企业使用要素的基本原则

当产品市场和要素市场都是完全竞争市场时,企业在两个市场上都是价格接受者,此时,企业使用生产要素的边际产品价值等于边际收益产品,即 VMP＝MRP,同时企业使用边际要素成本等于生产要素的价格,即 MFC＝w。因此,完全竞争企业达到利润最大化的要素使用量一定满足如下条件:

$$\text{VMP} = w \tag{7.6}$$

即企业使用要素的边际产品价值等于该要素的市场价格。

(三) 完全竞争企业要素需求曲线

完全竞争企业对生产要素 L 的需求函数是指,在其他条件不变时,完全竞争企业对要素的需求量 L 与要素价格 w 之间的关系。我们仍然使用表 7-1 进行说明。在表 7-1 的最后一列是要素价格。由于在完全竞争市场中,要素的价格与要素的边际产品价值相同,因此,表 7-1 的最后两列完全相同。

由于 VMP＝$\text{MP}_L \cdot P$,因此,要素的需求函数可改写为:

$$\text{MP}_L \cdot P = w \tag{7.7}$$

其中,MP_L 是要素的边际产量,它是要素的函数。在完全竞争的产品市场中,由于产品价格 P 是固定的,因此根据式(7.7)就可确定一个从要素价格 w 到要素使用量 L 的函数关系,即确定了完全竞争企业的要素需求函数。

根据表 7-1 的数据,我们得到图 7-2 所示的企业要素需求曲线。

可以看出,企业的生产要素需求曲线有两个重要特点。

第一,企业的要素需求曲线向右下方倾斜。当要素价格上升时,$\text{MP}_L \cdot P < w$,要素的使用量偏离了均衡,企业会不断调整要素使用量,以满足要素使用条件。由于产品价格 P 在完全竞争市场中是固定的,而根据边际生产力递减规律,要使 MP_L 增加以满足要素使用条件,就必须降低要素的使用量。因此,当要素的价格上升时,企业最优的要素使用量即要素需求量下降。换句话说,企业的需求曲线一定是向右下方倾斜的。

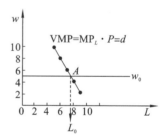

图 7-2 企业要素需求曲线

第二,根据生产要素的使用原则,在完全竞争条件下,企业单一要素的需求曲线与其边际产品价值曲线完全重合,如图 7-2 所示。这是因为在完全竞争市场中,要素价格为 w 是固定的,如图 7-2 的水平线。假定要素的价格为 w_0,那么图中 w_0 曲线和 VMP 曲线的交点 A 点一定满足企业利润极大化的要素使用原则。A 点表明当要素价格为 w_0 时,要素的需求量为 L_0。这就说明,边际产品价格曲线的 A 点也是要素需求曲线上的点。同样,若给定另一任何要素价格时,它与 VMP 曲线的交点也必然是生产要素需求曲线上的点。因此可得出结论:在使用一种生产要素的情况下,完全竞争企业的要素需求曲线与要素的边际产品价值曲线重合。

需要注意的是,尽管要素需求曲线与边际产品价值曲线重合,它们代表的含义却是不同的。作为要素需求曲线,L 表示最优生产要素需求量;而作为边际产品价值曲线,L 表示要素使用量。并且,对于要素需求曲线来说,要素需求 L 是要素价格 P 的函数;对于边际产品价值曲线来说,边际产品价值 VMP 是要素投入量 L 的函数。

此外,要素需求曲线与边际产品价值曲线重合,隐含了两个重要条件:第一,要素的边际产品 MP_L 不受要素价格 w 变化的影响;第二,产品的价格 P 不受要素价格 w 变化的影响。在讨论只有一种生产要素的情况下,第一个条件自然满足。如果讨论只限于一个企业的调整,那么第二个条件也满足。

(四) 生产要素的市场需求曲线

已知单个企业的要素需求曲线后,我们能否简单地通过水平加总而得到要素的市场需求曲线呢?答案是否定的。这是因为在分析单个企业的要素需求曲线时,我们假定要素价格变化时其他企业不调整要素的使用量,故而产品市场中产品的供给曲线也不会发生变化,产品价格不发生变化。当考虑整个市场的要素需求曲线时,这个假定就不再成立了。当要素价格发生变化时,市场中各个企业都调整自己的要素使用量,因而产品的供给发生变化,从而产品的价格也会发生变化。也就是说,在考虑整个市场时,产品的价格 P 会随着要素价格的变化而变化,从而企业的边际产品价值就会发生移动。即在多个企业都改变要素的使用量时,单个企业的要素需求曲线就会发生调整。

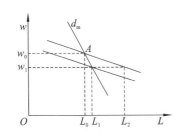

图 7-3 多个企业调整时单个企业要素需求曲线

仍假定只使用一种生产要素的某个企业 M,如图 7-3 所示,设定初始劳动要素价格为 w_0,产品市场上产品价格为 P_0,边际产品价值曲线为 MP_L,因此可确定 w_0 所对应要素需求量为 L_0。对应于图中 A 点,A 点是要素需求曲线上的一点。现假设劳动的价格由 w_0 下降到 w_1,如果行业内其他企业都不调整要素的使用量,那么产品价格就不会变化,从而边际产品价值曲线不移动,可确定 w_1 所对应的要素需求量为 L_2。但假定所有其他企业在劳动价格下降后,都增加了对劳动的使用量,从而产出增加,产品价格下降至 P_1。由于假定只使用一种生产要素,要素的边际产量 MP_L 不随劳动要素价格的变化而变化,故劳动的边际产品价值曲线 VMP 就随着产品价格 P 的变化而移动,从 $MP_L \cdot P_0$ 移至 $MP_L \cdot P_1$。此时,劳动价格曲线 w 与 $MP_L \cdot P_1$ 曲线相交于 C 点,C 点对应的劳动量 L_1 是企业在要素价格为 w_1 下的劳动需求量。重复这一过程,可以得到其他与 A 点、C 点类似的点,连接这些点便得到多个企业调整下企业 M 对要素 L 的需求曲线 d_m。由图可知,在整个行业都发生调整后的单个企业要素需求曲线也是向右下方倾斜的,但与原需求曲线相比,要陡峭一些。

在求得 d_m 后,整个市场的要素需求曲线只要通过水平加总 d_m 即可得到。假设一个有 n 个企业的完全竞争市场,各企业经过行业调整后的要素需求曲线分别为 $d_1, d_2, \cdots$,

d_n,那么该要素市场的需求曲线即为

$$D = \sum_{m=1}^{n} d_m \tag{7.8}$$

三、不完全竞争市场的要素需求曲线

对于不完全竞争市场要素的需求曲线的分析,我们可以根据不完全竞争企业的三种情况——卖方垄断、买方垄断和双边垄断,分别进行讨论。

(一)卖方垄断

1. 卖方垄断企业的要素需求曲线

卖方垄断市场对应不完全竞争市场的第一种情况:企业在产品市场是垄断者,但在要素市场上是完全竞争者。因此,在产品市场上,它面临的产品需求曲线是向下方倾斜的;而在要素市场上,它面临的是一条水平的要素供给曲线。

根据企业要素的使用原则对于任意企业都是适用的,即边际收益产品等于边际要素成本,MRP=MFC。对于卖方垄断企业而言,其边际收益产品 MRP=MR·MP_L 在产品市场是垄断的条件下,边际收益 MR 和边际产量都是向右下方倾斜的,故其边际收益产品也必然是向右下方倾斜的;其边际要素成本 MFC 在完全竞争要素市场的条件下,MFC=w,w 表示要素市场给定的要素价格水平。因此,综合两方面就可将卖方垄断企业要素的使用原则写为:

$$\text{MRP} = w \tag{7.9}$$

在这里,我们把 MRP 曲线和 w 曲线画在同一图形上,如图 7-4 所示。在给定要素价格 w_0 时,企业可得要素的需求量为 L_0。

由于卖方垄断企业的边际产量 MP 不变,产品的边际收益 MR 是由产品市场决定的。而在分析要素市场时,在其他条件假定不变的条件下,边际收益产品曲线是固定的。此时,根据卖方垄断企业的要素使用原则,对于任意一个要素价格,企业必有一个要素需求量与之对应,并且这一需求量一定在 MRP 曲线上。因此可知,卖方垄断企业的要素需求曲线便是边际收益产品曲线 MRP。

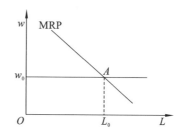

图 7-4 卖方垄断企业的要素需求

2. 卖方垄断市场的要素需求曲线

在分析完全竞争的市场要素需求曲线时,曾经指出要素价格改变时,若市场内其他所有企业都调整自己的要素使用量,其结果一定会导致产品的价格发生变化。因此,在叠加单个企业的要素需求曲线之前,需要对其进行行业调整。但是,对于卖方垄断市场而言,由于每个企业都是自己产品市场的垄断者,因此,即使其他要素使用者也就是其他企业都调整要素使用量,也不影响每个企业在各自市场中的垄断地位,即产品价格不会受到影响。即经行业调整后的企业要素需求曲线仍为 MRP 曲线。这里,只要将所有企业的要素需求曲线水平叠加即可得到该要素的市场需求曲线。

(二) 买方垄断

买方垄断对应上述不完全竞争市场的第二种情况:企业在产品市场是完全竞争的,在要素市场上却是垄断者。因此,买方垄断企业在产品市场是完全竞争的,即它所面临的产品需求线是一条水平线;而在要素市场上,企业作为垄断者,它面临的是一条向右上方倾斜的要素供给曲线。

同样,根据企业要素的使用原则,即边际收益产品等于边际要素成本(MRP=MFC),由于企业在产品市场上是完全竞争的,故 MRP=VMP。而在要素市场上,由于买方垄断企业所面临的要素市场供给曲线 $w(L)$ 是向右上方倾斜的,而根据边际要素成本的公式 $\text{MFC}=\dfrac{\mathrm{d}TC}{\mathrm{d}L}=\dfrac{\mathrm{d}TVC}{\mathrm{d}L}=\dfrac{\mathrm{d}(wL)}{\mathrm{d}L}=w+L\cdot\dfrac{\mathrm{d}w}{\mathrm{d}L}$ 可知,在买方垄断时 $\mathrm{d}w/\mathrm{d}L>0$,因此,对于买方垄断企业而言,MFC$>w$,且 MFC 曲线与要素价格 w 曲线一样是向上方倾斜的。综合两方面,买方垄断企业的要素使用原则为:

$$\text{VMP}=\text{MFC} \tag{7.10}$$

即要素的边际产品价格等于边际要素成本。

将 w 曲线和 MFC 曲线画在一张图中,得到图 7-5。

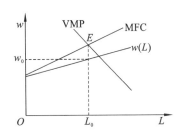

图 7-5 买方垄断企业的要素需求

在图 7-5 中,VMP 和 MFC 两曲线的交点 E 就是企业的要素需求点,此时,生产要素的最优需求量为 L_0,由要素的供给曲线 w 可知此时要素的价格为 w_0。

E 点是买方垄断企业的一个要素需求组合点,问题是如何求买方垄断企业的要素需求曲线。事实上,买方垄断企业的需求曲线是不存在的,这与垄断企业在产品市场上不存在产品的供给曲线原因是一样的。由于要素市场上垄断企业对要素价格的控制力导致为满足边际产品价值等于要素价格既可以通过要素需求量来进行调整,又可通过要素价格进行调整。因此这种控制力使得同一个要素价格可以对应多种要素需求量,而同一个要素需求量又可对应多个要素价格的局面,故买方垄断企业的要素需求曲线是不存在的,从而要素的市场需求曲线也不存在。

(三) 双边垄断

双边垄断企业对应不完全竞争企业的第三种情况:在产品市场是不完全竞争的,在要素市场也是不完全竞争的。对于双边垄断企业而言,在产品市场上的垄断使它所面临的产品需求曲线是向右下方倾斜的;在要素市场上的垄断使它面临一条向右上方倾斜的要素供给曲线。

很显然,双边垄断是卖方垄断与买方垄断的结合。它使用要素的原则与一般情况下要素的使用原则一样,即 MRP=MFC。我们利用图 7-6 说明了双边垄断企业的要素价格和最优要素使用量的决定。MRP 曲线与 MFC 曲线的交点决定了双边垄断企业的最优要素需求量为 L_0,此时,要素的价格为 w_0。

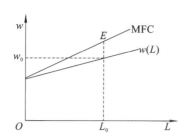

图 7-6　双边垄断企业的要素需求

与买方垄断企业一样,双边垄断企业的要素需求曲线与市场的要素需求曲线都不存在。

第三节　要素供给曲线

要素的供给与产品的供给性质也大不相同。作为经济生活中的个体——消费者,比如其时间是有限的,一个消费者一天只有 24 小时,因此他不能供给超过这个数量的劳动量。

在私有产权下,资源的所有者可以自由决定如何使用自己的资源。他可以留下来自用,也可以出租,还可以出售。具体选择哪一种用途,取决于不同用途所产生的收益。然而,由于资源的有限性,他若将更多的资源作为要素供给提供给市场,那么他留下自用的资源就会更少。这部分自用的资源被称为保留自用资源。因此,在一定的要素价格水平下,所有者会在要素供给与保留自用两种用途间分配资源,以获得效用的最大化。

一、要素供给的原则

由于作为要素供给方的消费者(所有者),其行为目的是效用最大化,那么,怎样才能使要素供给者实现这一目标呢? 显然,如果满足如下条件,其效用一定是最大化的:提供给市场的要素所带来的边际效用与保留自用资源的边际效用相等! 如果要素供给的边际效用大于保留自用的边际效用,那么,理性的要素供给者会将原来用于保留自用的资源转移若干单位到要素供给,以获得更大的效用水平。反之,若要素供给的边际效用小于保留自用的边际效用,则理性的要素供给者会将原来用于要素供给的资源转移若干单位到保留自用,以获得更大的效用水平。在边际效用递减规律的作用下,这种调整过程总可以使两者的边际效用相等,此时,消费者将保持在均衡状态,既不会增加保留自用资源,也不会减少供给的要素。

1. 要素供给的边际效用

要素供给的边际效用是一种间接效用。要素本身并不产生效用,但要素的使用,即无论是自用还是转让他用,都会产生收入,从而可以购买产品而给消费者带来效用。假设要素供给(以劳动为例)的增量为 ΔL,由此而产生的收入增加量为 ΔY,由收入增量带来的效用水平的增加量为 ΔU,那么边际效用为:

$$\frac{\Delta U}{\Delta L}=\frac{\Delta U}{\Delta Y}\cdot\frac{\Delta Y}{\Delta L}$$

或者在取极限的情况下为:

$$\frac{dU}{dL}=\frac{dU}{dY}\cdot\frac{dY}{dL} \tag{7.11}$$

其中,dU/dL 表示要素供给的边际效用,它表示要素供给量增加一单位时所引起的消费者效用的增量;dU/dY 和 dY/dL 则分别为收入的边际效用和要素供给的边际收入。

由于单个消费者在包括众多要素供给者的要素市场中,是生产要素市场中的完全竞争者,即它提供的要素供给量并不能影响要素市场的价格,因此,要素边际收入等于要素的价格,从而 $dY/dL=w$。因此,在完全竞争条件下,要素供给的边际效用可以写为:

$$\frac{dU}{dL}=\frac{dU}{dY}\cdot w \tag{7.12}$$

2. 自用资源的边际效用

这里需要解释的是,自用资源本身具有两种效用,一种直接效用,一种间接效用。比如,当消费者把拥有的时间用来休息,他就得到直接的效用;若他把拥有的时间用来干家务劳动,他就因节约请别人来做家务所需的开支而得到了间接效用。但为了分析更简单,我们假定自用资源的效用都是直接的。若用 l 表示自用资源数量,那么,自用资源的边际效用就是 $\frac{dU}{dl}$,它表示增加一单位自用资源所带来的消费者效用水平的增加量。

因此,消费者效用最大化条件可表示为:

$$\frac{dU}{dL}=\frac{dU}{dY}\cdot w=\frac{dU}{dl}$$

从而,

$$\frac{dU/dl}{dU/dY}=\frac{w}{w_y} \tag{7.13}$$

式中 w_y 表示收入的价格,且 $w_y=1$。从而上式左边表示自用资源与收入的边际效用之比,右边是自用资源与收入的价格之比。这一公式与产品市场中分析效用最大化的公式是一致的。

需要补充的是,假定消费者的资源总量为 $\overline{L}$,那么,消费者要素供给的约束条件可以写为 $(\overline{L}-l)+l=\overline{L}$,其中 $(\overline{L}-l)$ 表示要素供给量。如果假定资源的价格为 w,约束条件还可写为 $Y+w\cdot l=w\cdot\overline{L}$。消费者要素供给就是在该约束条件下使效用函数 $U=U(Y,l)$ 达到最大。

二、要素供给的分析工具

对于要素供给的原则,我们可以利用无差异曲线来进行说明,如图 7-7 所示。在图中,横轴代表要素所有者的资源 L,纵轴代表要素供给所带来收入水平 Y。假设消费者初始拥有 $\overline{L}$ 的资源和 Y_0 单位的非要素收入,即它在图中 M 点位置。U_1、U_2 和 U_3 是要素所有者的三条无差异曲线。同一条无差异曲线上,不同的点代表相同的效用水平。与产品无差异曲线相同,这里的无差异曲线也向右下方倾斜并向原点凸出,且离原点越远的无差异曲线拥有越高的效用水平。图中的 EM 曲线是消费者的约束线。Y_1 点表示要素所有者将全部资源都作为要素供给给市场时,其全部的收入即为 $Y_1 = Y_0 + w \cdot \overline{L}$。

从图 7-7 可以看出,要素所有者效用最大化的点即为 E 点。它是无差异曲线与约束线的切点。也就是说,当要素所有者把全部的资源中 l^* 部分用于自用,$\overline{L} - l^*$ 用于要素供给,从而获得 Y^* 的收入水平时,其效用水平达到最大化。

在最优点处,无差异曲线的斜率和约束线的斜率相同。约束曲线的斜率为 $-\dfrac{Y_1 - Y_0}{\overline{L}} = -w$,无差异曲线的斜率是收入的增加量与自用资源增加量之比即 $\dfrac{\mathrm{d}Y}{\mathrm{d}l}$。因此,在最优点,$\dfrac{\mathrm{d}Y}{\mathrm{d}l} = -w$,可改写为:

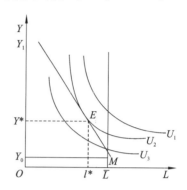

图 7-7 要素所有者的无差异曲线

$$-\frac{\mathrm{d}Y}{\mathrm{d}l} = w \tag{7.14}$$

式(7.14)左边是资源供给的边际替代率,它表示当要素所有者增加一单位自用资源所减少的收入量;而右边的要素价格可以看成是要素所有者为增加一单位自用资源所必须放弃的收入的增加量。

三、要素供给曲线

在要素所有者的初始非要素收入、既定资源数量的条件下,给定一个要素的价格,我们可以根据式(7.14)得到一个最优自有资源数量,从而得到一个要素的供给量。因此,我们就可以得到要素的供给曲线。

如图 7-8 所示,在图中随着要素价格由 w_1 升至 w_2,再升至 w_3 而得到的三条预算约束线分别与三条无差异曲线 U_1、U_2、U_3 相切于 E_1、E_2、E_3 点。这些切点的轨迹称为要素价格扩展线。它反映了自用资源的数量如何随着要素价格的变化而变化,从而也反映了要素供给的数量如何随着要素价格的变化而变化。

在给定要素价格 w_1 条件下,自用资源的数量为 l_1,那么要素的供给量为 $\overline{L} - l_1$,于是我们便得到了要素供给曲线上一点,A 点,如图 7-9 所示;当要素价格为 w_2 时,自用资源的数量为 l_2,那么要素的供给量为 $\overline{L} - l_2$,对应图中 B 点;当要素价格为 w_3 时,自用资源的数量为 l_3,那么要素的供给量为 $\overline{L} - l_3$,对应图中 C 点……将这些点连接在一起便得到了要素的供给曲线。

这里需要指出的是,要素供给曲线的形状并不总是如图 7-9 所示是向右上方倾斜的,而是可以向右上倾斜、垂直,甚至可以向右下方倾斜的,其形状主要取决于无差异曲线的形状。

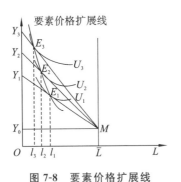

图 7-8 要素价格扩展线

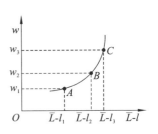

图 7-9 要素供给曲线

第四节 工资的决定

一、劳动和闲暇

劳动作为一种特殊的要素资源有着特殊的供给曲线。每个消费者所拥有的时间资源是固定不变的(1 天只有 24 小时)。时间资源对于所有消费者来说，有两种用途：在市场上供给获取收入和保留自用。在市场上供给的部分我们称之为劳动供给；保留自用的部分称为闲暇，如睡觉、吃饭、娱乐等。这两种用途都非常重要。在市场上供给劳动，可以获得收入，有了收入后消费者就可以购买各种商品满足需要；而闲暇，如睡觉、吃饭等，是生理的必需品，另外，消费者购买商品也是需要时间的，如休闲、旅游等。而消费者的时间资源是固定的，因此，用于劳动供给的时间越多，闲暇的时间就会越少；反之，用于闲暇的时间越多则用于劳动供给的时间就越少。因而，劳动供给的问题可看成是劳动时间在两种用途上进行分配的问题。

由于消费者供给劳动可以增加消费者的间接效用，而消费者闲暇可以增加消费者的直接效用，因此劳动供给的实质是消费者在劳动收入和闲暇之间的选择。假定消费者的闲暇时间为 H，劳动收入为 Y，那么，消费者的效用函数可写为 $U=U(Y,H)$。下面我们就通过无差异曲线推导消费者的劳动供给曲线。

二、劳动供给曲线与工资的决定

图 7-10 所示为劳动价格扩展线。图中横轴是闲暇时间，纵轴是劳动收入，U_1、U_2、U_3 是一组无差异曲线，它们表示劳动收入和闲暇时间的不同数量的组合。假设消费者初始位于 M 点，它是非劳动收入 $\bar{Y}$ 与时间资源总量 24 小时的组合。假定初始劳动价格即工

资为 w_0,则最大的可能收入为 $Y_0=24w_0+\overline{Y}$,于是我们得到消费者在工资为 w_0 条件下的预算约束线与无差异曲线 U_0 相切于点 A。A 点对应的最优的闲暇的时间为 H_0。假定工资上升至 w_1,此时消费者为达到效用最大化只能再次调整时间分配。由于工资上升,同样的劳动时间可获得更大的收入,预算约束线顺时针旋转至 $Y_1=24w_1+\overline{Y}$,它与无差异曲线 U_1 相切于 B 点,B 点对应的最优的闲暇时间为 H_1。同样,当工资再次上升至 w_2 时,消费者的选择点就会为 C 点。将这些均衡点连接起来,就得到了一条曲线,称为劳动价格扩展线 PEP,它反映了闲暇时间 H 随着劳动价格 w 的变化趋势,也间接地反映了劳动供给时间 $(24-H)$ 随劳动价格 w 的变化趋势。

将劳动价格扩展线上的点对应的劳动供给量和劳动价格,画在一坐标图中就可得到劳动的供给曲线 S,如图 7-11 所示。与一般的供给曲线所不同的是,劳动的供给曲线具有一段向后弯曲的部分。这种向后弯曲的劳动供给曲线表明,当工资较低时,随着工资的上升,消费者为获得较高的工资将减少闲暇,增加劳动的供给,此时的劳动供给曲线是向右上方倾斜的;但工资的增加对劳动的吸引力是有限的,当工资很高时,随着工资水平的增加,消费者可能要追求更多的闲暇,此时劳动的供给量非但不会增加,反而减少,如图上劳动供给曲线从工资 w_1 处开始向后弯曲。

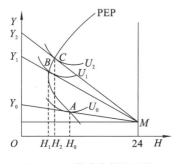

图 7-10 劳动价格扩展线

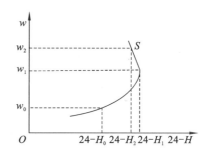

图 7-11 劳动供给曲线

三、工资变化引起的替代效应与收入效应

劳动的供给曲线向后弯曲可以利用劳动的收入效应和替代效应作进一步的解释。

由于劳动和闲暇是相反的两个方面,因此,闲暇的机会成本就是所放弃的劳动收入,即增加一单位时间的闲暇,就会失去用该单位劳动供给所带来的收入。从这个角度,闲暇收入作为一种特殊商品,其价格就是工资。

工资增加意味闲暇的价格变得更高,即闲暇商品相对来说更加昂贵,因此,消费者就会减少闲暇的时间,即工资 w 的上升对闲暇时间有一个负的替代效应。由于闲暇对于消费者来说是一种正常品,因此,w 的提高所带来的最高收入会使消费者增加对闲暇的需求,即闲暇有一个正的收入效应。总的说来,当工资上升时,负的替代效应使消费者减少闲暇,而正的收入效应又使消费者增加效应。

当工资水平较低,闲暇的替代效应绝对值大于收入效应绝对值,故而随着工资的上升,消费者的闲暇减少,劳动供给增加,劳动供给曲线向右上方倾斜;而当工资水平较高时,闲暇的替代效应绝对值小于收入效应绝对值,故而随着工资的上升,消费者的闲暇增加,劳动供给减少,劳动供给曲线出现向后弯曲部分。换句话说,当工资的提高使人们富有到一定程度后,人们会更加珍惜闲暇。

四、劳动的市场供给曲线与劳动的市场均衡

虽然单个劳动供给曲线有向后弯曲的部分,但是对于劳动的市场供给曲线来说却不是如此。在较高的工资水平上,现有的工人也有提供较少的劳动,但高工资会吸引新的工人加入,因此总的市场劳动供给一般还是随着工资上升而增加,市场的劳动供给曲线仍是向右上方倾斜的。

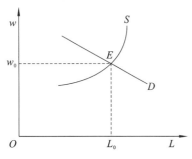

图 7-12 劳动的市场供求曲线

要素的市场需求曲线通常都是向右下方倾斜的,因此劳动的市场需求曲线也被认为是向右下方倾斜的。在图 7-12 中,向右下方倾斜的劳动需求曲线 D 与向右上方倾斜的劳动供给曲线 S 相交于 E 点,E 点即为劳动市场的均衡点,该点决定了均衡的工资水平 w_0 和均衡的劳动数量 L_0。因此,均衡的工资水平由劳动市场的供求曲线位置决定,且随着这两条曲线的变化而变化。

五、垄断性要素市场的均衡

(一)买方垄断的要素市场

同垄断性产品市场中的分析一样,买方垄断的企业面对的是整个要素市场的供给曲线,它将根据边际收益与边际成本的比较来进行生产决策,即它在 $MRP_i = MC$ 的 C 点组织生产,此时的需求数量及价格即为要素的市场均衡数量及价格(见图 7-13)。而当 $MRP_i > MC$ 时,增加对该要素的投入;当 $MRP_i < MC$ 时,则减少该要素的使用。与完全竞争要素市场的均衡状态(图中的 A 点)相比,可以看出,买方垄断的要素市场的均衡价格和均衡数量均低于完全竞争要素市场的均衡值。这是要素买方垄断者的市场力量的表现,即它能够通过减少要素的需求量来压低要素的市场价格。

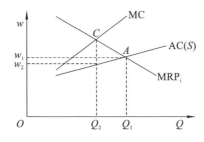

图 7-13 买方垄断条件下的要素市场均衡

这一类市场虽然很少见,但是,如果竞争性要素市场中的单个企业所面临的劳动力供给曲线因某种原因而变得向上倾斜时,买方垄断模型就可以适用。那么,为什么竞争

性要素市场中的企业会有一条正斜率的劳动供给曲线?

一种解释是现实中劳动力的流动是有成本的。劳动力的流动成本主要包括寻求其他的就业机会、终止现有雇佣关系以及向新的居住地迁移、熟悉并掌握一个新工作的技巧等方面的成本。如果劳动者从转换工作中所获得的收益小于这些成本的话,他就不会转换工作。因此,当企业提供的工资在一定范围内偏离市场工资水平时,劳动者有可能并不会离职而去。于是,短期内企业面对的劳动供给曲线就是向上倾斜的。这类成本在理论上所说的竞争性要素市场中并不存在。我们将这一类成本称为交易费用。在我们前面的讨论中,我们隐含地假定交易费用为零。当劳动者转换工作没有成本时,企业所提供的工资水平有任何偏离,都将造成劳动力的流动,这就保证了劳动供给曲线具有完全弹性的特征。

另一种解释与企业内部的监督成本有关。随着企业规模的扩大,监督工人的努力水平或衡量单个工人对利润的贡献也需要付出越来越大的代价。在这种情况下,企业需要利用效率工资来诱导工人付出更大的努力,这就使得企业的工资付出与其雇佣规模呈正比关系,即企业面临的是一个向右上方倾斜的劳动供给曲线。关于效率工资,将在本章第五节作详细介绍。

(二) 卖方垄断的要素市场

在某些垄断性的产品市场中,如果垄断企业所生产的产品是作为资本要素供给其他企业的,那么该市场也可以近似地看作是卖方垄断的要素市场。正因为如此,关于这类市场的分析也等同于我们对垄断产品市场模型的分析。在要素市场中,具有代表性的卖方垄断市场是存在工会的劳动市场。在现代市场经济的很多行业中,工会广泛存在。美国每6个非农业工人中就有1个是工会会员。而在西方国家中,美国的这一比例还是相当低的。欧洲国家的工会会员在总就业人数中所占的比例基本上都超过了30%,其中瑞典的这一比例更达到了96%。

工会在19世纪诞生之初,就是工人阶级联合起来,与资本家就工资、工作条件、福利等进行斗争的组织。随着社会的进步,现代发达资本主义国家的工会已逐渐演变为劳动市场的垄断供给者。

工会增加其成员工资水平的手段主要有以下三种。

第一,使劳动供给曲线向左移。为达到这一效果,工会一般采取的措施有:游说政府限制外国移民,以减少本国劳动力的供给;限制非工会会员的工作,等等。

第二,工会可以通过罢工或其他方式,使雇主直接提高工资水平。由图 7-14 可以看出,这一举措同样会减少劳动的均衡就业量,从而使得一部分工人面临失业的困境。当工资水平上升为 w_1 时,劳动的需求数量为 Q_1,同时供给数量为 Q_2,供求差额为 $(Q_2 - Q_1)$。

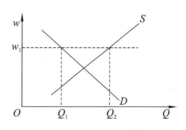

图 7-14 工会使雇主提高工资却增加了失业

第三,工会也可以使劳动力的需求曲线向右上方移动来提高工资水平。为达到这一目的,工会可能会帮助雇主为产品做广告,提高企业的效率,增强企业的竞争力等,或者工会还可以作为一种政治力量参与政府政策法规的制定,以保护本国产品不受外国企业的竞争,或扩大本国产品的出口,或限制外国产品的进口。例如,美国国际女装工人工会多年来一直在通过广告等形式来鼓励美国人购买美国货,美国工会在历史上也一直支持对移民进行限制性立法。

此外,政府也常常对劳动市场进行干预,发布最低工资立法等法案,试图提高低收入劳动者的工资水平。例如,中国颁布实施的《中华人民共和国劳动合同法》,旨在保护劳动者合法权益,构建和发展和谐稳定的劳动关系。然而,工会与政府的干预是否能够在长期内提高工资,保护劳动者的权益,目前经济学家们仍然存在争论。

【案例 7-1】 最低工资法不可取 强制性提高恐致低薪工人失业

收入怎样才合理,众说纷纭。常常有人认为工资应该根据人的素质来定。如果考古学博士去教小学,红楼梦专家去扫地,那么工资似乎就应该高一点。反过来,如果连中专都没有毕业,但是赚了高收入,似乎就不正常;有些暴富的明星,靠的只是搔首弄姿,并没有下过苦功,于是大家就觉得不合理。

这种想法是错的。说得深奥一点,错误的根源就在于,他们以为原材料的成本决定了最终产品的价格。但经济分析的观点则正好相反:供求先决定最终产品的价格,而最终产品的价格再决定原材料的成本。哪个是因,哪个是果,顺序完全颠倒过来了。

某个搔首弄姿的明星,之所以赚大钱,是因为市场对她有需求。您可以讨厌她,但得承认,有很多人喜欢她,所以她的劳动力才值钱;而不是反过来,因为她投入的成本低,所以她的表演就不值钱。培养博士和专家的成本确实很大,但他们如果去扫地,那就只能接受扫地的工资,而他们过去钻研学问的成本与此无关。

归根结底,市场的供需是劳动力价格的唯一决定因素。既然工资是由劳动力的供需决定的,那么用命令或法律来规定工资和福利的高低,就是枉费心机。理由再简单不过:我们既不能规定劳动力的供应,也不能规定劳动力的需求。

最低工资法是世界上最典型的法定福利。工人收入低吗?规定它高一点好了——人们往往这么想。但大家没有料到,这种硬性规定的后果,是低薪工人失业,是低薪求职者再也找不到工作。

我们知道最低工资法规定的只是货币工资,而货币工资仅仅是全部报酬的一部分,此外还有劳动保障、医疗费、有薪假期、工作环境、职业培训,等等。如果用法律来硬性规定其中的货币工资,那么雇主就会在长期内调整其他报酬,使全部报酬回落到本来的水平,使法律失效。

资料来源:经济参考报,2010-01-26.

第五节 地租的决定

一、土地供给

土地作为一种自然资源,其数量是固定的,它不会随着土地的价格即地租(这里指的土地的价格是土地服务的价格)的变化而变化。然而,随着地租的变化,所有者在市场上出售的土地数量是否也会变化?

与其他生产要素相同,我们假设土地对于消费者有两种用途——出租土地和保留自用,不考虑一次性永久出售土地的情况。在这种假定下,土地所有者的效用函数可以写为 $U=U(Y,q)$,其中 Y 表示土地收入,q 表示消费者保留自用的土地。由于消费者保留自用的土地占土地总量中一小部分,也就是土地所有者的效用大部分来自土地收入所带来的间接效用,因此,我们忽略土地的自用数量,假定其只有一种用途即出租土地并获得收入,故土地所有者的效用函数为:

$$U=U(Y) \tag{7.15}$$

式(7.15)表明土地所有者的效用只与土地收入有关。因此,收入越高,消费者获得效用越高,从而无论土地市场上土地价格如何,消费者总是把自己的全部土地出售,以获得最大收入,从而获得最大效用。因此,土地的供给曲线如图7-15所示,是一条位于消费者全部土地数量 Q_0 上的垂直直线。这一结论,我们也可通过土地的无差异曲线分析得到(见图7-16)。

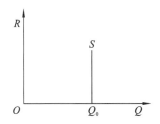

图7-15 土地的供给曲线

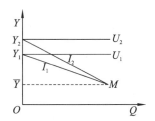

图7-16 土地供给的无差异曲线分析

由于土地所有者的效用只与土地收入有关,因此效用曲线是一条水平线,如图7-16所示有两条无差异曲线 U_1、U_2,且 $U_2>U_1$,非土地收入为 $\bar{Y}$。当土地价格为 R_1 时,预算约束线 I_1 与水平无差异曲线 U_1 相交,得到最大的效用点必然在纵轴上,如图 Y_1 点,此时最优的自用土地数量为0,土地供给为 Q_0。当土地价格上升为 R_2,预算约束线 I_2 与水平无差异曲线 U_2 相交,得到最大的效用点依然在纵轴上,如图 Y_2 点,此时最优的自用土地数量仍为 0，土地供给为 Q_0。因此，土地的供给曲线是垂直的，与土地价格无关。

二、土地的市场均衡

如果我们把所有单个土地所有者的土地供给曲线叠加在一起，就可得到土地的市场供给曲线，它也是一条垂直的直线。但是需要强调的是，土地的供给曲线是垂直的，是因为假设土地的用途只有一种，而不是因为它的总量是固定不变的。如果我们考虑土地的自用用途的价值，则土地的供给曲线便不再垂直，因为只有一个用途的要素供给曲线一定是垂直直线。

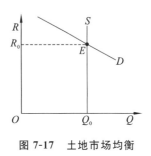

图 7-17　土地市场均衡

这里，我们把向右下方倾斜的土地的市场需求曲线与垂直的土地市场供给曲线结合起来，如图 7-17 所示。图中 E 点决定了均衡条件下土地的价格 R_0。由于土地供给曲线是垂直的，因此，土地的价格——地租只取决于土地需求曲线的变化。当需求曲线向右移动时，地租就增加，反之，当土地需求曲线向左移动时，地租就下降。

三、租金、准租金和经济租金

这里，我们补充几个有关"租"的概念。

首先是租金。地租是土地的价格，而土地是大自然恩赐给人类的，不是人类劳动的产物，因而从根本上来说是不需要支付代价的。地租之所以存在，完全是因为土地的数量有限。在某些情况下，有些资源也可被看成是固定不变的，这些资源的相应价格就与土地的价格相类似，我们把这种供给数量固定不变的一般资源的服务价格叫做租金。

其次是准租金。上述供给不变的资源获得租金一般是永久性的，也就是在经济的短期和长期都适用。但是，在实际生活中，也有一些生产要素在短期内是固定不变的，而在长期中是可变的。这些在短期内不变的资源获得的收益类似于地租，因为这种收入是否存在不影响这些要素的存在，但在长期内，这种收益是这些要素存在的前提。这种收入在短期内类似于租金，在长期内则成为成本的一部分，因而称为准租金。例如，固定资产在短期内的报酬就具有这种准租金的性质。

准租金的具体情况可以利用企业的短期成本曲线来加以分析，如图 7-18 所示。其中 MC、AC、AVC 分别表示企业的边际成本、平均成本和平均可变成本。假定商品价格为 P_0，则企业将生产 Q_0 数量的商品。此时，可变总成本面积为 $OABQ_0$，它代表了企业为可变生产要素量进行的支付，而固定要素的部分就是 $ABFP_0$，即准租金部分。

如果从准租金中扣除固定总成本 $ABCD$ 部分，就得到了经济利润 $DCFP_0$。也就是说，准租金包括固定总成本和经济利润。当经济利润为零时，准租金就等于固定总成本。如果企业处于亏损时，准租金会小于固定总成本。

最后是经济租金。我们首先换个角度来理解租金的概念。由于租金是固定供给要素的价格，因此，当租金减少时，要素的供给量是不会减少的。在经济中有很多要素的收入具有类似租金的这种性质，也就是说从要素的全部收入中减去这部分并不会对要素的供给产生影响，这部分的要素收入称为经济租金。

经济租金的几何分析类似于生产者剩余,如图 7-19 所示。图中要素的供给曲线 S 以上,要素价格 R_0 以下的部分 MR_0E 就是经济租金。按照要素供给曲线,提供 Q_0 数量的要素,愿意接受的最低的要素收入为 $OMEQ_0$,因此,去掉经济租金部分的收入,并不会影响要素的供给量。经济租金的大小取决于要素供给曲线的形状,且供给曲线越陡峭,经济租金部分越大。

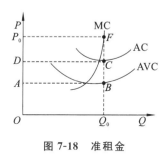

图 7-18 准租金

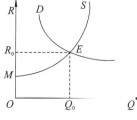

图 7-19 经济租金

从另一个角度理解,经济租金也相当于一种要素的收入扣除了机会成本的余额。比如劳动要素从事 A 工作获得了 1 000 元的收入,从事 B 工作获得了 1 200 元的收入,则从事 B 工作的机会成本是 1 000 元,从事 B 工作多获得的 200 元收入体现为经济租金。在现实生产中,许多有特殊才能的人士,如体育明星、社会名流获得的超高收入也体现为一种经济租金。

最后,土地作为一种重要资源与生产要素,其价格也常受到政府的干预。不仅土地的转让需要符合特定的法律规定,例如,在历史上很多时候,政府甚至不允许土地自由转让,而且土地的价格(包括地租)也受到政府的调控,历史上发生过许多减租改革,说明了土地市场的复杂性以及政府在决定土地价格中的作用。

第六节 利息的决定

一、资本与利率

作为与劳动和土地并列的一种生产要素,资本在经济学中被定义为:由经济制度本身生产并被用于投入要素以便进一步生产更多商品和劳务的物品。

资本的价格被称为利率,用 r 来表示,可用资本服务的年收入与资本价值之比来计算,用公式表示为:

$$r = \frac{Z}{P} \tag{7.16}$$

式中，Z 表示资本服务的年收入，P 为资本价值。

在使用资本的时间内，资本本身的价值发生了变化，那么在计算利率时，将这部分价值的增值视为资本服务的收入看待，此时利率的公式为：

$$r = \frac{Z + \Delta P}{P} \tag{7.17}$$

其中，ΔP 表示资本价值增量，它可以大于、等于或小于零。

二、资本的供给

与劳动和土地要素不同的是，资本的数量是可变的，因为资本是过去收入或财产的积累，当这种积累可以带来更多收入时，人们就会增加积累，因而资本数量就可以增加，反之资本数量就会减少。因此，资本不是既定数量的要素的供给问题，而是最优的资本拥有量问题。这个问题的讨论与前面所述的要素的供给原则一致，就是分析资本如何在要素供给和保留自用两个用途上进行分配的问题。

对于资本来说，保留自用的资本就是储蓄，而储蓄的目的是在将来获得更多的收入，从而在将来获得更多的消费。因此，既定收入的资本供给也就是消费方面和储蓄方面的分配，又可看成是在现在消费和未来消费之间的选择，也就是消费者的长期选择问题。

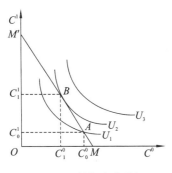

图 7-20　长期消费选择

消费者的长期选择问题与讨论消费者在同一时期对不同商品的选择类似，我们借助图 7-20 来说明。图中横轴表示消费者当期的商品消费量，而纵轴表示消费者明年（假设未来期为明年）的商品消费量。无差异曲线表示的是给消费者带来相同效用的当期消费量和明年消费量的各种组合，它具有普通无差异曲线的全部特征。预算约束线为 MM'。假定消费者今年得到的商品量为 C_0^0，明年的消费收入为 C_0^1，得到图中 A 点，A 为预算约束线上的一点。如果消费者选择减少 1 单位今年的消费，那么到明年他就可以增加 $(1+r)$ 单位的商品的消费，那么，预算约束线的斜率为 $-(1+r)$，其中 r 为市场利率。由此可以看出，随着利率的上升，预算约束线将围绕 A 点向顺时针方向旋转；反之，则向逆时针方向旋转。如果消费者将明年的收入提前到今年消费，那么他最大的消费量为 $C_0^0 + \dfrac{C_0^1}{1+r}$，它由预算约束线与横轴的交点表示。

消费者的均衡点在预算线与无差异曲线 U_2 的切点 B 处获得，最优的消费决策是：今年消费 C_1^0，明年消费 C_1^1。因此，今年的储蓄量为 $C_1^0 - C_0^0$。

由上可知，给定一个市场利率 r，就可得到消费的最优储蓄量从而推导出贷出量。如果利率不断变化，那么我们就可以得到一系列的长期消费均衡点。将这些不同利率水平下的均衡点所对应的最优储蓄量画在图中，就得到了储蓄或者说贷款供给曲线 S（见图 7-21）。它的形状类似于劳动供给曲线，在利率很高时，贷款供给曲线可能出现向后弯曲部分。

三、资本市场的短期均衡

由于假定资本的数量在短期中为既定的,并假设资本的自用价值为零,因此,在短期内资本的供给曲线是一条垂直直线 SS,如图 7-22 所示。

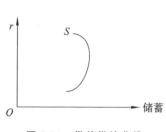

图 7-21　贷款供给曲线

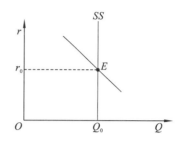

图 7-22　资本的短期均衡

这里,我们把向右下方倾斜的资本的市场需求曲线与垂直的资本短期市场供给曲线结合在一起。图中的 E 点决定了短期均衡时资本的价格 r_0。由于短期内资本的供给曲线是垂直的,因此,资本的价格利率只取决于资本需求曲线的变化。

需要注意的是,资本市场也像其他市场一样,常常受到政府的干预。利率在当今世界一直是一个重要的政策变量,各国政府都非常注重通过调控利率来影响经济活动。债市、股市这类资本市场在当今世界变得非常庞大,经济发展十分倚重于这些市场的发展与繁荣,因而也是政府政策关注的对象。

第七节　欧拉定理与收入分配

一、欧拉定理

上述关于各种要素价格的决定实际上得出了微观的收入分配理论。根据这种理论,要素的需求取决于要素的边际生产力,要素的供给决定维持要素生产和再生产的各种成本,这两者的均衡就决定了要素的价格。因此要素的价格既等于要素在某一使用量的边际产品,也等于在这一使用量的供给要素的边际成本。然而,假若所有的要素都按照要素价格来获取报酬,从一个社会来说,会出现什么结果呢?

假定存在完全竞争市场,并且假定企业的生产使用规模报酬不变的技术,那么在市场均衡条件下,社会全部产品按边际产品来分配,正好足够分配给各个生产要素,不多也不少。这一结论被称为产品分配净尽定理,也被称为欧拉定理。

在完全竞争市场中,要素的边际产品价值等于要素价格,即:

$$P \cdot MP_L = w \quad (7.18)$$
$$P \cdot MP_K = r \quad (7.19)$$

其中,P 表示产品价格,MP_L 表示劳动的边际产品,MP_K 表示资本的边际产品。

还可改写上式为:

$$MP_L = w/P \quad (7.20)$$
$$MP_K = r/P \quad (7.21)$$

式中,w/P 和 r/P 分别代表劳动和资本的实际报酬。

式(7.20)和式(7.21)说明,在完全竞争条件下,单位劳动的实际报酬等于劳动的边际产量,以及单位资本的实际报酬等于资本的边际产量。

下面,我们就用两种生产要素的情况来说明欧拉定理。假定生产函数为:

$$Q = Q(L, K)$$

其中,Q 为产量,L 为劳动的投入量,K 为资本的投入量。

在生产规模报酬不变条件下,可以推导出如下结果:

$$Q = L \cdot \frac{\partial Q}{\partial L} + K \cdot \frac{\partial Q}{\partial K} \quad (7.22)$$

这便是欧拉定理。其中,$\frac{\partial Q}{\partial L}$ 表示劳动的边际产量 MP_L,$\frac{\partial Q}{\partial K}$ 表示资本的边际产量 MP_K。因此,欧拉定理表示,在假定条件下,全部产品 Q 恰好足够按要素的边际生产力分配给劳动要素 L 和资本要素 K。

当然,如果生产使用规模报酬递增或递减的技术,那么,按边际产品来分配,要么不够全部要素分配,要么分配之后还有剩余。

二、洛伦兹曲线

边际生产力分配理论说明了生产要素价格是如何决定的,但是它并未对社会的收入分配平等程度进行说明。为了研究国民收入在国民之间的分配,美国统计学家洛伦兹提出了著名的洛伦兹曲线。洛伦兹将一国总人口按收入由低到高进行排列,之后考虑收入最低的任一百分比人口所得到的收入百分比,最后,将这样得到的人口累计百分比和收入累计百分比的对应关系描绘在图形上,便得到了洛伦兹曲线(见图7-23)。在图 7-23 中,横轴表示人口的累计百分比,纵轴表示收入的累计百分比,ODL 为该图的洛伦兹曲线。从图 7-23 中可以看出,在这个国家中,收入最低的 20% 人口所得到的收入仅占总收入水平的 3% 左右;而收入最低的 80% 人口所得到的收入明显低于总收入的一半。

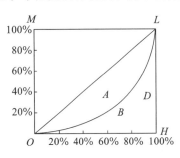

图 7-23 洛伦兹曲线

洛伦兹曲线的弯曲程度具有重要意义。一般来说,这条曲线的弯曲程度反映了收入的不平等程度。弯曲程度越大的洛伦兹曲线代表该国家的收入不平等程度越高。如果所有收入都属于某一个人,其他人则没有收入,那么收入达到完全不平等,此时洛伦兹曲线为折线 OHL;如果任一人口百分比均等于收入的百分比,则人口累计百分比也等于收入的累计百分比,那么此时的洛伦兹曲线为与坐标轴成 $45°$ 角的线 OL。

三、基尼系数

为了更好地反映社会的收入平等程度,意大利经济学家 C. 基尼根据洛伦兹曲线,计算出一个反映国家贫富差距的指标,称为基尼系数。将图 7-23 中洛伦兹曲线与 OL 之间的部分 A 叫做"不平等面积";将完全不平等时的折线 OHL 与 OL 之间的面积称为完全不平等面积。洛伦兹曲线与完全不平等曲线 OHL 之间的面积用 B 表示。则基尼系数 G 就可表示为:

$$G = A/(A+B) \tag{7.23}$$

从基尼系数的公式可以看出,基尼系数的取值范围在 0 到 1 之间。基尼系数越小时,收入分配越平等;基尼系数越大时,收入分配越不平等。当 $A=0$ 时,基尼系数为 0,此时收入分配完全平等;当 $B=0$ 时,基尼系数为 1,此时收入分配完全不平等。

洛伦兹曲线和基尼系数是衡量一个社会收入分配状况的重要工具。在当今世界,收入分配日益呈现出不平等的趋势,因而这两个概念仍然是分析经济现实的有力工具。据《华尔街日报》报道,2016 年,全球 1% 的巨富占有了全球 82% 的财富。2017 年,37 亿贫困人口的财富零增长,而亿万富豪的财产则增长了 17%,这主要是由股票价格的上涨所致。以洛伦兹曲线和基尼系数来衡量,A 的面积正变得越来越大,曲线几近成为直角。这与托马斯·皮凯蒂在《21 世纪资本论》中的研究结论非常接近。托马斯·皮凯蒂通过对自 18 世纪工业革命至今的财富分配数据进行分析,认为不加制约的资本主义导致了财富不平等的加剧,自由市场经济并不能完全解决财富分配不平等的问题。他把世界经济分为两个基本要素——资本和劳动力,并且认为由于资本回报率总是倾向于高于经济增长率,所以贫富差距是资本主义固有现象。具体来说,在可以观察到的 300 来年的数据中,投资回报维持在每年 4%~5%,而 GDP 平均每年增长 1%~2%。5% 的投资回报意味着每 14 年财富就能翻番,而 2% 的经济增长意味着财富翻番要 35 年。在 100 年的时间里,拥有资本的人的财富翻了 7 番,是开始的 128 倍,而整体经济规模只会比 100 年前大 8 倍。虽然拥有资本和没有资本的人都变得更加富有,但是贫富差距变得非常大。他由此预测,发达国家贫富差距将会继续扩大,而且很快会变得更加严重,因此他建议征收全球性财富税,通过民主制度制约资本主义,这样才能有效降低财富不平等现象。

这实际上表明,建立有效的要素市场,形成合理的工资、地租与利息,仍然是当今世界有待解决的重要课题。

复习思考题

1. 20 世纪 70 年代石油危机发生后,航空燃料的价格随着石油价格的上涨而提高。美国航空公司的经营发生了如下变化:1971 年,燃料成本占全部运营成本的 12.4%,而到了 1980 年,该份额上升到30%。同期,以吨英里数(即一吨乘客、行李或货物运输一英里)为单位来衡量,航空产业的产出增长了29.6%,而消费者的航空燃料只增长了8.8%,显然,后者的增长远远滞后于前者的增长。请解释这一现象。

2. 美国劳工组织是反对对华永久性最惠国待遇及接纳中国加入世贸组织(WTO)最激烈的组织。劳工联盟领袖称中美关于中国入世的协定是"令人作呕的伪善"。纺织品制造业者协会执行官称美国的让步将造成纺织和成衣制造业大约154 000人失业,并将造成116亿美元的损失。请运用本章的知识分析这一现象。

3. 20世纪70年代初,由于受海湾盛产石油的阿拉伯国家高工资的吸引,大约一半的埃及建筑工人离开了本国前往这些国家打工,而同时埃及的住宅建设也正逐渐繁荣,这些变化使得埃及建筑工人的工资水平仅在5年的时间里就上升了53%。请运用本章的理论来分析这些变化。

4. 1975年之前的美国职业棒球联盟有一项保留条款,该条款能有效地约束队员一生只在一个球队打球,从而极大地消除了球队之间对于球员的争夺。1972年球员进行了罢工,并于1975年与联盟达成了一项协议,该协议规定一名球员在为一支球队服务6年后可以自由转会。这一变化对球员的收入水平产生了巨大的影响。1975年之前,队员合同上的支出占所有球队25%左右的支出;到了1980年,这项支出增加到了40%,而且队员的平均实际工资也增加了一倍。请分析这一变化。

5. 19世纪中叶,英国的工业城镇普遍存在着不健康的生活条件和体罚工人的情况,而且这些状况在不同的城镇和不同的工厂中差别很大。例如,1834年英国城镇的婴儿死亡率在11%到34.4%之间不等,也并非所有的工厂都使用体罚的方式来维持工厂纪律。经济史学家对此阶段史实的研究表明,一旦考虑生活费用和地区工资的差别后,在婴儿死亡率高于平均水平10%的地区,非技术工人的工资高于平均水平2%~3%;使用体罚的工厂中男性童工的工资,要比不用体罚的工厂中的童工高16%~18%。请解释这一现象。

6. 黑死病的另一影响:在鼠疫流行时期,农业工人的工资几乎翻了一番,而土地的租金则减少了50%还多。黑死病给农民带来了高收入,却减少了地主的收入。请分析这一现象。

7. 影片《阿甘正传》中有这样一个情节:阿甘的捕虾船在投入捕虾业初期,由于技术不精而没有收益,但在一场风暴中,其他捕虾船都遭到了毁灭性的打击,只有阿甘的捕虾船幸存了下来，这之后，阿甘从捕虾业中获得了巨大的收益，一跃而成为行业中的龙头老大。请分析这一情节。

8. 请通过乔丹的付出给奇才队和 NBA 带来的变化，分析乔丹的边际收益产品和他本人的收入。

9. 为什么第一流的教师、第一流的纺织工和第一流的球星之间的收入差别会很大？

10. 亨利·福特说:"支付工资的并不是雇主——他只是管理货币，支付工资的是产品。"请解释这句话。

11. 在完全竞争的条件下，某企业的生产函数为 $Q=10L-0.5L^2$。假定产品市场上的价格为 5，劳动的工资率为 10，求企业利润最大化的劳动使用量。

12. 一个完全竞争企业具有下列短期生产函数：$Q=-0.01L^3+L^2+36L$。已知产品的价格为 0.1 元，劳动 L 的工资率为每人时 4.8 元。

(1) 如果每天的总固定成本为 50 元，企业最大纯利润是多少？

(2) 在短期均衡时，计算企业对于劳动需求曲线的点弹性。

13. 一个企业在劳动市场上处于完全竞争，而在产出市场上处于垄断。已知它所面临的市场需求曲线为 $P=100-0.5Q$，当企业产量为 20 个单位时获得最大利润。若市场工资率为 1 200 单位/时，最后一位工人的边际产量是多少？

14. 假定企业在劳动市场上是垄断的，而在产出市场上是完全竞争的，其对劳动的需求函数为 $L_D=10-0.5w$，劳动的供给函数为 $L_S=w+4$。企业将雇佣多少工人？工资率是多少？

15. 假设两企业 A 和 B 生产同一种产品，它们的生产函数分别为 $q_a=10L-L^2, q_b=5L-2L^2$。已知劳动资源的总供给量为 10 人。为了使产量最大，A 和 B 应雇佣多少工人？

16. 假设某人每月的工作时间为 10 天，他可以生产两种产品 X 和 Y 供自己消费，已知两种产品的生产函数分别为 $q_x=10L_1, q_y=5L_2$。如果该消费者的效用函数为 $U=q_xq_y+2q_x+4q_y$，试问此人如何配置他的时间用于生产才可使效用最大？

17. 请简述劳动供给曲线向后弯曲的原因。

18. 请简述土地的供给曲线垂直的原因，并说明这种供给曲线如何影响土地的价格。

19. 资本的利息如何决定？政府为何要对利率进行管制？

本章关键术语

边际生产力(marginal productivity) 劳动生产率(labor productivity) 边际要素成本(marginal cost of factor) 买方垄断(monopsony) 卖方垄断(monopoly) 边际产品价值(value of marginal product) 边际收益产品(marginal revenue product) 工资(wage) 利息(interest) 经济租金(economic rent) 洛伦兹曲线(Lorenz curve) 基尼系数(Gini coefficient)

第八章
一般均衡理论

本章概述 当所有的企业、所有的消费者汇集在一起时,就会生产和消费很多的产品,从而也会形成很多的市场。探讨所有的生产者、消费者和市场达到均衡的条件与均衡时的情况,称为一般均衡。一般均衡作为一种分析方法,基本特质是从相互联系、相互影响和相互作用的角度看待经济体系的运行,由此提供了与局部分析方法不同的经济视角。通过本章的学习,熟悉和掌握一般均衡与局部均衡的联系与区别,了解帕累托最优标准的经济含义,以及实现生产、交换以及生产和交换的帕累托最优所需要的条件;理解帕累托最优对福利分析的意义。

一般均衡理论实际上是将以前各章的分析综合起来,讨论当所有的消费者、生产者、产品市场和要素市场同时达到均衡的条件,以及均衡达到后的结果。其思想基础是,在各个彼此不同但又相互联系的市场中,各种影响市场供求关系的因素共存于一个相互依存的系统之中,这个系统的稳定状态即为市场的一般均衡。

第一节 局部均衡与一般均衡

一、局部均衡与一般均衡的分析方法

在前面几章的学习中,我们用局部均衡的分析方法考察了单个行为者(家庭和企业)和单个市场(产品市场和要素市场)是如何达到均衡状态的。在这种分析中,我们总是假定其他相关市场的条件是不会发生改变的,即在分析某一产品或要素市场的供求变化

时，我们将某一个市场从整个经济系统中单独抽离出来进行研究。在这种研究中，单个产品或要素市场的供给和需求被视为自身价格的函数，而舍弃了其他影响价格的因素，也没有考虑它们对其他市场的供给和需求的影响。同样，我们在考察某一消费者的效用最大化或某一生产者的产量最大化（或成本最小化）时，我们假定产品市场和要素市场的价格是既定的，没有讨论一旦价格发生变化，将会如何影响均衡的问题。

例如，按照局部均衡的分析方法，我们在考察汽车市场的供求状况时，只需要考察汽车生产厂商面临的需求状况和自身的生产成本情况就可以了。这实际上隐含了一些假设，如当汽油价格上涨或劳动力成本上升时，假定汽车市场的需求与供给不会受到影响；同样，如果汽车市场出现需求不足而导致价格下降时，作为汽车生产必备原材料之一的钢铁，其市场均衡亦不会受到影响。显然，实际情况并不是这样，这只是对现实世界的简化，因为上面被假定为不变的因素并非真正不变，而只是为了更为突出地展示某个变量与另一个变量之间的关系，或某一个行为主体在其他因素不变的条件下如何行为而被假定为不变。从理论研究来说，作这种简化是必要的，这有利于更深入地研究两个变量之间的关系。

然而，这种分析显然是不全面的，我们得到的均衡面临着忽视其他重要影响因素而产生偏离的风险。仍以汽车市场为例，汽油价格上涨或劳动力成本上升对汽车市场面临的需求状况和供给能力有显著的影响。如果作为互补品的汽油的价格提高了，必然使得人们对汽车的需求下降；而劳动力成本的上升，则压缩了汽车厂商的利润空间，他们会选择减少供给量。

在实际经济运行中，所有的经济代理人之间都是相互依存的。虽然个人决策是在独立和自由的状态下做出的，但单一市场的均衡却取决于所有参与者的决策行为。同样，各种产品或要素市场也都是相互联系、相互作用的，只不过这种相互关系有的紧密一些，有的松散一些。如果我们希望得到对整个经济体系的认识，局部均衡的分析方法就不再适用了，由此需要引入一种新的分析方法，这种称为一般均衡分析的新方法把市场上所有的参与者和所有的相互联系与相互作用都纳入其中，从整个系统的视角来考察均衡的实现条件与结果。

与局部均衡分析不同的是，一般均衡的分析方法把经济视为一个封闭且相互联系的系统，在这个系统中，我们必须同时确定所有相关变量的均衡值。这样一来，当经济环境发生变化时，经济系统中所有变量集合的均衡值都会发生改变。因此，从现实的角度来看，一般均衡分析能更好地展示真实的经济世界。

【案例 8-1】 儿童的航空安全成本

在美国，许多州都规定乘坐汽车的儿童必须坐在特设的安全座位上。那么，飞机上的小乘客为什么不需要坐在安全座位上呢？1990年夏天，国会为此举行听证会，与会者都同意，至少在几种特定类型的坠机事故中，安全座位确有可能保全一名儿童的生命。但是，在充分考虑安全座位的潜在后果及其副作用后，美国联邦航空管理局提出了反对意见。

从有利的方面看,联邦航空管理局估计在每十年的飞行事故中,安全座位平均可能挽救 1 名儿童的生命。但是,如果规定携带小孩登机的乘客必须拥有安全座位,那么乘客就要用大约 185 美元购买特别机票,同时要为他们的孩子买票。而目前的情况是儿童多半同大人坐在一起,不必另外买票,额外的费用必然导致带小孩旅行的人转向选择其他交通工具。根据联邦航空管理局的预测,这样的家庭将有 20% 放弃飞机旅行,改用汽车旅行或留在家中,而因此增加的汽车流量又可能引起高速公路事故的受害者总数上升,同样以每十年计,增加的数目分别是 9 人死亡,52 人重伤,2 300 人轻伤。

由此看来,更好地保护儿童的生命固然有积极意义,但其代价过于高昂,甚至会引起更大的生命损失。联邦航空管理局的反对最终取得了胜利。

摘自:[美]斯蒂格利茨.《经济学》小品和案例.北京:中国人民大学出版社,1998:67-68.

【分析】一般均衡分析注重于各种经济现象之间的联系。在本例中,如果孤立地考虑航空安全,那么,在飞机上安装儿童安全座位无疑是值得的,因为这种安排可以更有效地保护儿童的生命。但如果综合起来考虑,把航空和公路运输都包括在内的话,结果就不同了。实际上,乘客是在各种交通工具之间做理性选择的。由于安装安全座位必然提高空中旅行的成本,这就会导致旅客转向成本更低的公路旅行;而公路旅行却可能造成更为严重的安全问题,并由此导致更大的生命损失,因此,从一般均衡的角度来考虑,飞机上的安全座位还是不增设为妙。这一案例充分说明了一般均衡分析方法的重要性。

二、从局部均衡到一般均衡

为了更好地理解经济体系中一种产品或要素市场与其他产品或要素市场之间的相互影响及作用过程,我们还是先考察一个简化的市场经济体系。假设经济中有两个要素市场,两个产品市场,为了便于理解,进一步假设这两个要素市场分别为劳动力市场和原油市场,两个产品市场分别是汽车市场和钢铁市场。如图 8-1 所示,初始状态时,四个市场都处于均衡状态,每个市场初始状态的供给曲线 S 和需求曲线 D 的交点都对应着该市场的均衡状态。

现在假设由于受到某种外来因素的冲击,导致世界市场的原油供给减少,即图 8-1(a)中的供给曲线 S 向左移动到 S' 处。供给减少的结果是,原油市场的均衡价格将上升至 P',而均衡产量却会减少到 Q'。如果不考虑其他市场与原油市场的相互作用关系,即原油市场的变化信息没有反馈到其他市场上去,我们就完成了单一市场的局部均衡分析。但是,这显然不符合实际情况,我们需要将分析扩展到一般均衡的框架中去。原油市场的价格变化会打破其他市场的原有均衡,从而引起其他市场的调整;其他市场的调整结果又会反馈到原油市场,带来该市场的进一步调整,这种调整、反馈、再调整、再反馈……会一直持续到每个市场都达到一个新的均衡状态时暂时停止下来。

下面我们来看这个过程是如何发生的。作为原油重要衍生品之一的汽油供给会受到上述市场变化的直接影响,面临涨价和减产的状况。由于汽车和汽油是互补品,汽车市场必然因此受到冲击。因为对于消费者而言,使用汽车的成本上升了,他们可能会选择暂时不买汽车,而使用其他公共交通工具出行。这时候,汽车市场面临着需求的下降,其需求曲线将会向左移动至 D' 的位置,该市场的价格和产量会调整到 P' 和 Q' 的水平。而钢铁是汽车生产的主要原材料,当汽车行业减产时,对钢铁的需求也会相应减少,钢铁市场也面临着向左下方移动的需求曲线 D',新的市场价格和产量也发生了变化。由于原油、汽车、钢铁等行业的产出水平都下降了,在短期内这些行业对劳动要素的需求也会下降,反映在要素市场上(假设不考虑工资刚性的情况),均衡的劳动要素投入量会降至 L' 的水平,均衡工资水平则降低到 w'。

要素市场的变化反过来又会影响到产品市场,因为要素价格降低,企业的生产成本下降,会考虑提高产品供给,这样一来均衡价格会继续下降,而产出水平则会向上提升,这几个市场又会继续调整……

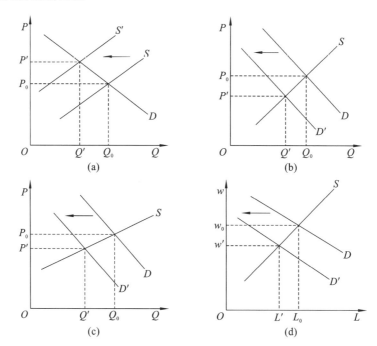

图 8-1　相互依存的市场关系

(a)原油市场;(b)汽车市场;(c)钢铁市场;(d)劳动力市场

上述这个市场依存关系的模型是非常简单的,现实经济运行的情况要比这个复杂千万倍。一个市场小幅度的偏离,其溢出效应可能会影响成千上万个市场。从理论上来说,一般均衡分析显然是优于局部均衡分析的,但在实践中,完全的一般均衡分析,即判断一个市场的变动对所有其他市场的影响,是不可行的。因为在很多情况下,忽略一些不太重要的影响因素,也能得到几乎相同的结论,而且这样的处理更有利于我们找到那些最重要的影响因素。

第二节 竞争均衡的价格

这一节我们将研究市场参与者都是价格接受者,即产品市场和要素市场都是完全竞争状态时经济系统的均衡问题。根据上面对一般均衡的介绍,当所有市场都达到均衡状态时,经济系统应该具备几个基本特征:第一,所有的产品市场和要素市场都达到供求相等,市场(相对)价格保持不变;第二,消费者在要素市场上提供各类生产要素并获得要素报酬,在产品市场上选择消费各类产品,并且所有消费者在各自收入预算的约束下,都能够获得最大化的效用;第三,企业在要素市场上购买各种要素资源,在产品市场上出售各类产品,并且所有企业都实现了利润最大化,其长期经济利润为零。此外,我们还要进一步假设经济系统中不存在交易费用,个人和企业拥有市场价格的全部信息。那么,这个系统的关键要素是什么呢?如何达到一般均衡的状态呢?

一、竞争的一般均衡模型

1776 年亚当·斯密在《国富论》中认为,在一个没有政府干预的市场体系中,每个自利的个人都会把自己的资源运用到价值最大的用途,在市场这只"无形之手"的作用下实现"最大多数人的最大幸福",因而看似混乱无序的经济体系与利益冲突的个体在市场机制的作用下成为一个有序而和谐的有机体。显然,价格机制在这一体系的均衡中起了关键作用,因为价格决定了价值最大的用途是什么,也引导了人们行为,并且中和了各个个体的利益冲突。从 19 世纪法国经济学家里昂·瓦尔拉的研究开始,经济学家们便在不断地运用复杂的数学工具来研究一般均衡状态的存在性问题,即是否存在一组市场均衡价格,能够使所有市场同时达到均衡状态。大多数的一般均衡模型都涉及高深的数学知识和复杂的推理,这里我们只给出一个简单的竞争性一般均衡模型,使我们对一般均衡状态有一个初步的了解。

该模型首先对所研究的市场体系进行了一定的理想化假定。假设经济中有 n 种商品(产品和要素),而且它们以某种方式在市场参与者之间被分配,且每种商品的供给都是一定的。设 $S_i(i=1,2,\cdots,n)$ 是第 i 种商品的总供给,$P_i(i=1,2,\cdots,n)$ 表示第 i 种商品的价格。市场中的个体(企业或消费者)对每一种商品的需求与所有商品的价格均有关,各种商品的需求量等于市场中所有个体对该商品的需求的总和。因此,商品 i 的总需求函数可表示为 $D_i(P_1,\cdots,P_n)$,其中 $i=1,2,\cdots,n$。

问题的关键是一组价格 $P_1,\cdots,P_n$ 是否存在。下面用 P 表示市场的价格向量组合,则商品的需求函数可简化表述为 $D_i(P)$。在这样一个分析框架中,一般均衡状态的实现条件可以表述为发现一组价格 P^*，使下式成立：

$$D_i(P^*) = S_i \tag{8.1}$$

即在价格 P^* 下，所有商品的市场供给都等于需求，经济体系由此达到了一般均衡状态。这是从一般均衡的定义推出的基本结论，所有的一般均衡模型都是基于此而展开分析的。在这个简要的一般均衡框架下，我们需要求解的难题就是：是否存在一个均衡价格集(P^*)，使得式(8.1)成立。

(一) 超额需求函数

将式(8.1)进行适当的改写，可得均衡的表达式：

$$\mathrm{ED}_i(P) = D_i(P) - S_i = 0 \tag{8.2}$$

其中，$\mathrm{ED}_i(P)$ 是第 i 种商品的超额需求。式(8.2)表明，在均衡状态下，所有商品的超额需求都等于零。

下面，我们简要分析一下上述的需求(超额需求)函数的性质。首先，需求函数是零次齐次的，即 $\mathrm{ED}_i(tP) = \mathrm{ED}_i(P)$。也就是说，如果所有商品的价格都提高相同的倍数(包括劳动工资)，每一种商品的需求量仍保持不变。这个假定很直观，比如，一夜之间市场上所有商品的价格都翻了一番的话，那么第二天早上我们的行为决策并不会受影响。在这个假定之下，市场上所有商品的价格均可以表示为其中某一商品价格的比率，我们称之为相对价格。上述需求函数的第二个性质是，需求(超额需求)函数是连续的。也就是说，如果市场价格发生极小的变化，则需求量的变化也是极小的，这和我们在消费者行为理论部分的分析是一致的。

(二) 瓦尔拉法则

需求(超额需求)函数的第三个性质，就是我们下面要介绍的瓦尔拉法则，即

$$\sum_{i=1}^{n} P_i \cdot \mathrm{ED}_i(P) = 0 \tag{8.3}$$

式(8.3)表明总超额需求价值为零。瓦尔拉法则认为，n 种商品的超额需求函数不是相互独立的，在任何正的价格组合情况下，超额需求的总值为零。这一法则告诉我们，基本的预算限制约束着经济体系中的每个参与者，在每个消费者的支出和收入相等时，整个经济体系的总供给和总需求也是相等的。要强调一点的是，瓦尔拉法则适合于任何价格组合，而不仅仅是均衡的价格组合，因为从本质上说，这个体系内含着收入与支出是相等的。瓦尔拉法则说明 n 个市场的均衡条件是独立的，对于式(8.2)所表示的方程组中，最多只有($n-1$)个独立的方程，因此求解式(8.2)，只能得到($n-1$)个价格，即所有商品的相对价格，而无法推导出它们的绝对价格。

(三) 证明均衡存在性的难点

了解了上述超额需求方程的三个基本性质后，下面需要考察均衡价格组合的存在性问题。单纯从数学题解的角度来看，一般均衡的解似乎是很容易找到的，但是当我们从现实经济角度去求解这个问题时，会发现求解均衡价格绝不仅仅是做解方程的工作。首先，式(8.2)所表示的需求方程并非都是线性的，因此线性联立方程组存在解的条件不适于这种情况，这构成了一般均衡模型分析的一大难点。其次，根据方程所表示的经济学

意义,所有的相对价格都应该是非负的,这是求证一般均衡状态存在性的又一大障碍。

(四)"拍卖者"假定

在证明一般均衡存在性之前,我们先简单介绍瓦尔拉的"拍卖者"假定。瓦尔拉假定市场上存在一位"拍卖者",他的任务是寻找和确定能够使市场供求相等的一组均衡价格。当现有的市场均衡价格出现偏离时,市场交换将由这个"拍卖者"来组织。他会报出一组价格,消费者和企业迅速对这组价格做出反应,即每个市场参与者决定买还是卖,买卖的数量分别是多少等。如果申报的供给和需求使每个市场都达到均衡,则他就将这组价格固定下来,市场的参与者会以此价格为依据进行交易;如果申报的供给和需求水平不一致,"拍卖者"就对价格做出调整。对于供过于求的市场,他会选择适当降低价格;对于供不应求的市场,他则会提高价格。这就使得新的价格更逼近于均衡的价格组合,并引起市场参与者修正各自的决策,通过这种逐渐的修正、调整,市场的均衡状态最终将实现。

其实,瓦尔拉所谓的"拍卖者"不过是完全竞争市场实现一般均衡状态的一个试探者。在完全竞争的市场中,价格准确而敏感地反映了供求关系及其变化,消费者和企业则根据观察到的价格迅速做出反应,或接受现行的价格,或调整自身的决策。在这个过程中,资源配置也随之发生变化,只要供求有缺口,市场均衡就没有实现,进一步的调整过程就会发生。每一次的调整就是市场向均衡状态逼近的过程。

二、一般均衡存在性的证明

对于上述一般均衡分析框架,瓦尔拉本人并没有给出一般均衡状态存在性的证明。现代的证明大多相对较为简单且更加规范,但要用到较为高深的数学知识。这里我们介绍一个较为简洁的证明。

现代对于一般均衡状态存在性的证明,一般使用不动点(fixed point)定理。布劳威尔不动点定理(Brouwer fixed-point theorem)指出:任何一个闭合的、有界的凸集对其自身的连续映射 $F(X)$,至少有一个不动点 X^*,使得 $F(X^*)=X^*$。

对于该定理中的一些概念,我们作如下简要介绍:集合对其自身的映射,是指某一集合 S 中的每一点都通过某种映射规则 F 与本集合内的其他一些点相联系的一种映射。对于闭合的、有界的凸集,我们可以把它想象成一个 N 维空间中的有着不规则形状的肥皂泡,它在一个有限的空间(以肥皂泡壁为界)内,且是闭合的(肥皂泡没有破损),并且,因为在它的上面没有洞(想象一个中空的古钱币,它就不是一个凸集),它也是凸的。对于我们而言,认识到布劳威尔定理要被用在某些形状简单的集合上就足够了。

我们可以用一个图形来形象地表述该定理。在图 8-2 中,x 在 $[0,1]$ 区间取值,$f(x)$ 是 x 所在集合对其自身的连续映射,且它也在 $[0,1]$ 区间取值。由该图可以看出,只要 $f(x)$ 是连续的,那么它就一定会与 45°线有交点。在该交点处,有 $f(x^*)=x^*$,它就是不动点,因为 $f(x)$ 把该点映射到了它自身。

我们把所有价格都表述为标准化的形式。令:

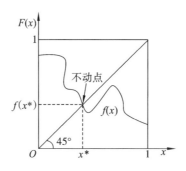

图 8-2 布劳威尔不动点

$$P'_i = \frac{P_i}{\sum_{i=1}^{n} P_i} \tag{8.4}$$

我们所假设的超额需求函数的零次齐次特性保证了这种变换是可行的。显然,对于上述新的价格,有 $\sum_{i=1}^{n} P'_i = 1$。另外,我们假定,由此所得到的价格可行集是闭合的、有界的、凸的,也就是说,该集合符合布劳威尔不动点定理的条件。

为了应用不动点定理,我们还需要建立价格集合对自身的映射。根据以前的分析可知,当一个市场的供给大于需求(超额需求为负)时,该市场的价格就会下跌;而当一个市场供给小于需求(超额需求为正)时,该市场的价格则会上涨。我们把这一思想表述为下式:

$$f^i(P) = P_i + \mathrm{ED}_i(P) \tag{8.5}$$

当 $\mathrm{ED}_i(P) > 0$ 时,存在正的超额需求,新的价格 $f^i(P)$ 大于原来价格 P_i,价格运动表现为一个上涨的趋势。相反的,当 $\mathrm{ED}_i(P) < 0$ 时,存在负的超额需求,新的价格 $f^i(P)$ 小于原来的价格 P_i,价格下降了。

为了保证我们所得到的价格都是非负的,可将式(8.5)改写为:

$$f^i(P) = \max\{P_i + \mathrm{ED}_i(P), 0\} \tag{8.6}$$

这样就保证了新的价格或者是正的,或者是零。

同样,我们对所有新得到的价格也进行标准化处理。如此处理后,式(8.6)即可视为价格集合对自身的一个映射。

最后,我们应用不动点定理来证明一般均衡状态的存在性。由于该映射符合不动点定理的条件,所以一定存在一个点(P^*),使得式(8.7)成立:

$$P_i^* = f^i(P) = \max\{P_i^* + \mathrm{ED}_i(P^*), 0\} \tag{8.7}$$

当 $P_i^* > 0$ 时,有 $P_i^* = P_i^* + \mathrm{ED}_i(P^*)$,即 $\mathrm{ED}_i(P^*) = 0$。这说明,存在一个正的价格集,使得所有市场的超额需求都等于零,同时,市场的价格保持不变。因此,我们可以说,市场此时恰好处于一般均衡状态。

当 $P_i^* = 0$ 时,有 $P_i^* + \mathrm{ED}_i(P^*) \leq 0$,即 $\mathrm{ED}_i(P^*) \leq 0$。这说明,当市场的供给大于需求时,市场的均衡价格为零,该商品是免费商品。

【案例 8-2】 互联网金融让"一般均衡"有了现实可能——评《互联网金融手册》

在讨论互联网金融问题之前,先来看一则智力题。

一游人到小镇一旅馆,拿1000元给店主挑了个房间。他上楼时,店主拿1000元给屠户支付了欠的肉钱,屠夫去猪农那还了猪钱,猪农还了饲料款,饲料商去付清陪酒女郎的钱,陪酒女郎赶紧去旅馆还了房钱。这1000元又到店主手里。这时游客下楼说房间不合适,拿钱走了,但全镇债务都还清了,人们快乐了!问:在这个过程中有谁吃亏了吗?

答案是谁都没吃亏,每个人都实现了自己的经济目的。这并不是个脑筋急转弯,而是用非常简单的一个模型概述了一个多角债务关系,每个人都拥有债权,同时也背负债务,如果没有旅客来消费这1000元,所有人的债务都不会得到偿付,所有人所持债权也无法兑现。而有了这1000元的流通,一切迎刃而解。

我们可以再大而化之一下,这则故事实际描述的是原始资源交换市场的一种最简单情形。由于没有金融这个行业在,各方人士便嗷嗷待哺般地期待现金流的到来。而金融所做的,便是在没有消费这实实在在的1000元钱钞票之时盘活市场,让整个市场的资源得以配置并流通,把尚未发生流通的资源通过某种担保授信,最终在目前没有钱的情况下把这笔钱的未来使用权抵押出去。不花钱来做花钱才能做的事儿,这便是金融的通俗本质。

在谢平、邹传伟、刘海二等人合著的《互联网金融手册》中,开宗明义提出了一种无中介金融市场的情形,并提到这符合瓦尔拉一般均衡的描述,而整本书所谈实际都在围绕这个一般均衡理论。

提出瓦尔拉一般均衡理论的瓦尔拉及其理论继承人帕累托所代表的洛桑学派,是西方经济学应用理论当中重要的一支。这个理论提及的最理想的市场状况即为一般均衡,其时所有超额需求和超额供给全部相等。在这种情况下,市场全部出清,唯一起作用的资源配置杠杆是市场价格,并且能实现充分就业,最终实现帕累托最优。

瓦尔拉一般均衡理论应用到金融市场上,最直观的体现就是在实现一般均衡时,所有的金融中介都是不必要的。再拿开头的故事来解释:在没有金融行业时,必须要有切实的1000元进入这个圈子流通,而有了金融业,我们便可用某种担保的形式告诉屠夫说:"在下一周一定会有一位旅客来到旅店住店,会在这里至少消费1000元。我们确信并且担保旅店老板的这1000元肯定会偿还给你,所以你可以此来免除旅店老板的债务。"如果屠夫愿意,他可用同样形式的担保来偿还猪农,以此类推,而负责担保的这个机构,便是金融中介。它具有很强的公信力及资金实力,可担保债权人即便在债务人违约的情况下也能代替其偿还债务,并具有很广泛的信息来源和操作经验,能确切知晓旅店的经营状况,来评估这个旅客是否会真正到来,如不到来又如何把这1000元的损失用其他资源弥补回来。在做了这些之后,金融中介会从交易双方收取部分中介费用来实现自身的盈利。拿到现代金融业来看,这些金融中介便是银行、保险公司、投行等。

而按谢平等人的分析,互联网金融的出现,意味着现有金融市场尤其是金融中介有被颠覆的可能。而这种可能,跟互联网金融的性质息息相关。互联网本身是信息的集合,而随之而来的大数据分析、大数定律的运用,及相关的各种支付模式的变化,风险评估模式的跃进,以及沟通交流考察成本的大幅下降,都为更为普适的、离散化的、民主的、去精英化的金融市场的达成提供了条件。也就是说,在交易双方或多方信息对等,沟通顺畅,没有鸿沟的情况下,旅店老板、猪农、屠夫、陪酒女甚至旅客五方完全可抛开中介来配置这1 000元钱的未来使用权。

谢平等人认为,互联网金融有三大支柱职能,一是支付,以及在此基础上衍生出的互联网货币;二是信息处理,即基于大数据的风险管理和风险定价体系;三是资源配置,这一点集中体现了去中介化。在支付和信息处理的前提下,完全实现P2P点对点的资源配置,"想你之所想,急你之所急"。而这三大支柱,无一不指向现代金融体系的核心职能。难怪传统金融业的老总纷纷出来唱衰互联网金融——这已不是你吃肉我喝汤的问题了,而是互联网金融要动摇传统金融业的根基。

这当然不是危言耸听,互联网金融在今天还是新生事物,对实体经济的影响或许还有限,但在可预期的未来,谁能知道它会演变成什么样?拥有前端的资源,拥有终端的用户,最重要的是拥有庞大的数据库和日新月异的科技进步,任谁也不能忽视这样一支异军突起的力量。看看以淘宝为代表的互联网商家把实体店打得如此狼狈,而互联网商家来到世间至今不超过十年,实体店十年前能想到今天的局面吗?

不过,互联网金融的兴起向监管层提出的问题也是前所未有的艰巨。现有的法律政策体系,主要针对的是金融中介的违法违规行为,监管的对象倾向于成规模、成体系、有法人资质的机构。一旦互联网金融业形成规模,监管层所要面对的是在一个几乎完全陌生的市场上难以计数的个体的直接交易,难度空前。在现有的市场规模条件下,或许打压一下支付宝和叫停一下二维码支付,还能起到敲山震虎的作用,可一旦闸门打开,人们欢呼着用鼠标和键盘赶走了中介,可能发现的是欲望和欺骗在其中肆意生长。毕竟,前文提到的瓦尔拉一般均衡情形有两个非常重要的前提,第一是信息完全公开,第二是人们完全理性,而这两点在现今的市场条件下都是不可能实现的。如果人们足够理性,不但可以不要中介,也可以不要监管。但现实是不要说完全不要监管,哪怕是套子松一松,一场百年一遇的次贷危机就铺天盖地砸下来了。人本贪婪,唯利是图,这是被反复证明了的,人心,是什么方程式、算法、大数据都算不出来的,而这,也是我们慎谈金融全面放开的最主要原因。

但无论如何,互联网金融越做越大的趋势不可逆,谢平等在《互联网金融手册》中给出的预测是二十年。二十年后,当一代更熟悉、信任互联网,更会在互联网世界趋利避害的人们成为市场的主导力量之时,互联网金融行业或许才会拥有其真正的地位和规模。互联网金融给了世人实现一般均衡的可能,即全面公开、无损传播信息的渠道,以及建立在此渠道基础上的资源最优化的配置。尽管这到底只是一种可能,难谈什么颠覆,但却是目前最迫切需要解决的问题。

摘自:汪渤.互联网金融让"一般均衡"有了现实可能.上海证券报,2014-05-27.

第三节 埃奇沃斯盒形图与资源配置

在考察某一个市场的局部均衡时,我们不仅对均衡状态的表现、均衡状态存在的条件进行研究,而且重点描述了均衡状态的实现过程。在本节中,我们把市场体系的活动引入到一般均衡的分析框架中来,描述一般情形下,各个不同市场一般均衡状态的实现过程,并在此基础上探讨一般均衡状态的实现条件。同时,在前面的学习中,我们已经掌握了市场通过价格机制来配置资源的内在机理,在本节的学习中,我们建立一个两部门的一般均衡模型,并引入埃奇沃斯盒形图这一直观的分析工具,来说明资源的配置问题。这一部分的内容开始接触到资源配置效率的衡量标准,以及关于市场所实现的资源配置是否是最有效的,市场是否是最佳的资源配置方式这些问题,我们会在下一章讨论福利经济学时予以回答。

一、两部门一般均衡的模型框架

为了简化分析,我们假定经济体系利用两种生产要素(劳动 L 和资本 K),生产两种产品 X 和 Y,且生产要素的总量是既定的,即 $L=\bar{L}, K=\bar{K}$,但是每种产品生产部门的要素投入量是可以改变的。而且,市场上只有两个消费者 A 和 B(他们消费两种产品 X 和 Y),两个生产者 1 和 2(他们分别生产两种产品 X 和 Y)。两个消费者在要素市场上为生产提供资本和劳动这两种要素,获得要素报酬收入后在产品市场上购买两种消费品;市场中的两个生产者则组合资本和劳动要素从事生产活动,产品提供给两个消费者。此外,所有的经济行为者都是市场价格的接受者,即不论产品市场还是要素市场都是完全竞争的。由此可见,虽然该模型非常简单,但是它基本包括了市场体系的主要方面。因此,通过对该模型的分析,我们能够得出经济体系在一般均衡状态下的基本特征。

我们所关心的资源配置问题在这一市场体系中,也主要包括两个领域:一个是产品在消费者之间的配置,这一过程在交换领域实现;第二个是要素资源在企业之间的配置,这一过程在生产领域完成。我们将分别对它们进行研究,即分别研究交换的一般均衡和生产的一般均衡,然后再将它们综合起来,分析整个市场体系的资源配置问题,考察生产和交换的一般均衡条件。

在一般均衡分析中,还有一个重要的假定——完全市场假定。该假定指出,社会中所有的商品和服务都有其市场存在,也就是说,社会中的所有商品和服务都是通过市场来完成其销售和购买活动的。换言之,市场上的信息是完全的;交易费用为零;经济体系中不存在外部性。

上述假定是完全竞争市场理论框架的基石，在此框架下的分析研究只是对理想化经济体系的一种表达。在现实世界中，市场不可能是完全的，有些产品（例如国防）是不能通过市场来提供的，还有一些中间产品（例如汽车厂生产汽车的一些零部件）因为市场交易费用过高也不是通过市场来交易的。进一步说，我们甚至无法想象一个不存在外部性、交易费用为零、完全理性和完全信息的世界。在经济学中进行这样的简单抽象，是为了更简洁、便利地分析市场的运行规律。但是，这种简化也使得我们对现实的理论认识会发生一定的扭曲。我们将在后面几章中探讨这一系列的问题，并通过放松这些理想化的假定，来将一些完全竞争市场框架所不能解释的社会现象纳入到经济学的分析当中。

另外，完全竞争市场的其他一些基本特征是我们已知的，这里再把它们简要回顾一下：第一，消费者的边际效用递减；第二，生产要素的边际技术替代率递减；第三，生产的规模报酬不变或递减。这些假设构成了我们对完全竞争市场体系的完整描述，我们的研究均是建立在这些假设基础上的。我们在该模型的分析中使用的基本分析工具是埃奇沃斯盒形图，我们将结合对模型的论述来介绍该方法。

二、交换的最优配置

交换的最优配置是指产品（消费品）在消费者之间通过交换达到最优配置。在前面的章节中，我们分析了单个消费者在不同消费品之间进行选择的行为规律，即消费者面对自己的预算约束，在不同的消费品的组合中进行选择，以最大化自己的效用水平。在一般均衡的分析框架下，我们考察的是消费品市场中所有消费者的决策行为，每一个消费者的某种消费决策组合在一起就构成了一种市场配置。在这个两部门的模型中，我们同时考虑的就是消费者 A 和 B 的消费决策行为。

图 8-3 是一个产品交换的埃奇沃斯盒形图，其中盒子的水平长度表示产品 X 的总数量，盒子的垂直高度则代表了产品 Y 的总数量。消费者 A 的消费组合从左下角的点 O_A 处出发，水平向右的长度度量了他对产品 X 的消费量，垂直的高度则测量了他对产品 Y 的消费量。消费者 B 的消费组合是从右上角的点 O_B 处出发的，水平向左的长度代表他消费产品 X 的数量，垂直向下的距离代表他消费产品 Y 的数量。我们可以进一步假设产品 X 和 Y 的数量分别为 20 单位和 12 单位，即盒形图的长为 20，高是 12。在埃奇沃斯盒形图内，每一个点代表两个消费者对两种产品的一种配置方案。如图中 a 点处，代表消费者 A 消费了 12 单位的产品 X 和 5 单位的产品 Y，此时消费者 B 可以消费 8 单位的产品 X 和 7 单位的产品 Y。同样，盒中任何其他的点都表示两个消费者消费两种产品的某种分配组合。这样一来，埃奇沃斯盒形图中的任意一点（包括盒子的边界）都代表了一种现有产品 X 和 Y 在消费者 A 和 B 之间的可能的组合方式。垂直边界上的点，代表其中有一个消费者不消费产品 X，水平边界上的点则说明某个消费者是不消费产品 Y 的。

下面我们关注的问题是：消费者 A 和 B 的产品分配组合方案都可以在埃奇沃斯盒形图中找到，那么，哪一个或哪一些组合所代表的产品配置是有效的呢？很显然，更高的效用水平代表着更高的效率，因而，能够给消费者带来更多效用的配置状态就是更有效率的配置。

为了分析的需要，我们在埃奇沃斯盒形图中加入消费者偏好的信息，即引入消费者

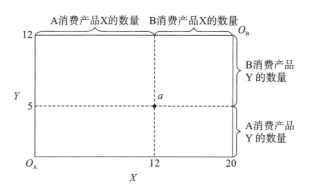

图 8-3　交换的埃奇沃斯盒形图

的无差异曲线。在图 8-4 中,凸向原点 O_A 的三条无差异曲线 U_{A1}、U_{A2}、U_{A3} 分别代表消费者 A 的三种不同的效用水平。对于消费者 B 的无差异曲线,我们做这样的处理,即将它们均旋转 180°,相对于原点 O_B,它们仍然是凸的(因为消费者 B 对应的原点在盒形图的右上角),则无差异曲线簇 U_{B1}、U_{B2}、U_{B3} 分别代表消费者 B 的三种不同效用水平。在接下来的分析中,我们会用到消费者理论中的一个基本结论:无差异曲线距离原点越远,消费者所能获得的效用水平越高。

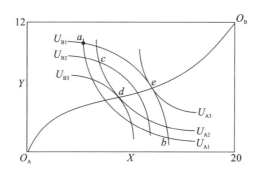

图 8-4　交换的契约曲线

熟悉了上述两簇无差异曲线后,我们来考察图中一些有代表性的点。首先看初始配置点 a,这一点是无差异曲线 U_{A1} 和 U_{B1} 的交点,该点相对于两条无差异曲线的斜率绝对值分别代表了两个消费者在这一点对于商品 X 和 Y 的边际替代率。由于两条无差异曲线呈现相交的状态,很显然在 a 点所表示的消费品配置状态下,消费者 A 和 B 对于商品 X 和 Y 的边际替代率不相等。假设在此点消费者 A 的边际替代率是 4∶1,即用 4 单位的产品 Y 交换 1 单位的产品 X,A 的效用水平不发生改变;若消费者 B 的边际替代率为 1∶3,则说明此处用 1 单位的 Y 交换 3 单位的 X,不会改变 B 的效用水平。在 a 点两个消费者边际替代率的差异说明,相对于产品 Y,消费者 A 更愿意增加 1 单位产品 X 的消费,对他而言产品 X 更有价值;而消费者 B 的情况则正好相反,他认为产品 Y 能够带来更大的效用。那么,我们可以发现两条无差异曲线 U_{A1} 和 U_{B1} 围成的区域中,任何一点所代表的产品配置方案都能够使得消费者 A 和消费者 B 的情况更好一些。如图中的 c 点是另外两条无差异曲线 U_{A2} 和 U_{B2} 的一个交点,并且相对于初始状态的无差异曲线 U_{A1} 和

U_{B1}而言，消费者 A 和消费者 B 的效用水平都得到了提高（因为变化后的无差异曲线离各自的原点更远了）。因此，我们可以得到这样一个结论，在无差异曲线 U_{A2} 和 U_{B2} 所围成的区域内，两个消费者 A 和 B 通过产品交换能够使双方的效用水平都得到提高，因此双方都有意愿去改变现状，a 点不是市场的均衡点，它代表的资源配置状态不是有效的。

从初始状态开始，a 点不会向两条无差异曲线围成的区域外移动，因为这种改变必然会使两个消费者中的一人受到损失，二者之间的交换不可能发生。我们已经分析过，从 a 点移动至 c 点，能同时提高两个消费者的效用水平，但 c 点是否代表了有效率的资源配置方案呢？回答是否定的。因为 c 点仍然是两条无差异曲线 U_{A2} 和 U_{B2} 的一个交点，消费者 A 和消费者 B 对应于该点的产品边际替代率仍然不相等，在这两条无差异曲线围成的区域内，双方可以通过交换来进一步提高各自的效用水平。

通过上述分析，我们发现：埃奇沃斯盒形图中两个消费者无差异曲线的任何一个交点都不代表有效的资源配置状态；并且在完全竞争的市场体系中，处于这些低效率配置状态的消费者，能够通过交换行为提高自己的效用水平，但这种改进后代表市场配置的点只会落入最初相交的两条无差异曲线所围成的区域中。

假设从 c 点开始双方继续交换各自的产品，新的配置点出现在 d，若两条无差异曲线 U_{A2} 和 U_{B3} 相切，则两个消费者的边际替代率相等。此时，由于 A 和 B 的边际替代率相同，没有人能够在不使对方受损的情况下获益，双方不再有继续交换产品的意愿。我们将这样的点所代表的资源配置结果称为是有效的。然而，d 点所代表的配置方案并不是消费者 A 和 B 之间进行交易后能够实现效率的唯一一个结果。在盒形图中类似的点还有很多，但每个有效率的点一定是两条无差异曲线的切点。我们将所有这些代表资源配置有效率的点，即所有无差异曲线的切点连接起来，就得到了交换的契约曲线，如图所示的曲线 $O_A O_B$。交换的契约曲线上每一点都是消费者之间不可能进行互利交换的配置点，它代表了经济体系中所有可能的均衡位置。

通过上述对各种资源配置状态效率的分析，我们发现，当资源达到有效配置时，现有配置的任何改变都不会在不损害其他人的情况下改善另一个人的境况。符合这一标准的资源配置称为帕累托最优或帕累托有效，它是用该标准的提出者——意大利经济学家费尔弗雷多·帕累托（Vilfredo Pareto）的名字命名的。我们把非有效配置状态向有效率状态的移动过程称为帕累托改进。我们刚刚推导的市场交换行为对资源配置状态的改进就是帕累托改进。换言之，帕累托改进就是在不损害任何人现有境况的前提下，能够改善某一人境况的一种改变。当既定的资源配置状态下，不存在帕累托改进时，就是达到了帕累托最优状态，因此，交换的契约曲线上所有的点都是帕累托最优的。

应当说明的是，在交换的契约曲线 $O_A O_B$ 上的不同点，两个消费者的分配状况是不一样的。当我们沿着契约曲线 $O_A O_B$ 从 O_A 点向 O_B 点移动时，消费者 A 的境况越来越好，消费者 B 却变得越来越差。但是，根据帕累托标准，我们无法比较图中契约曲线上的 d 点和 e 点哪个更好。从这个意义上来说，帕累托效率有其局限性，它只告诉我们当有互利状态存在时，交换会发生，但是无法证明哪些交换是最好的。这其实是关于经济福利的问题，我们会在下一章中进行讨论。

三、生产的最优配置

在分析了两种商品在交换中实现有效配置的条件后,接下来我们看看生产过程中要素资源的配置问题。我们还是使用埃奇沃斯盒形图这个分析工具。与前面考察交换领域不同的是,在分析生产问题的图 8-5 中,盒形图的水平轴长度代表可用于生产的劳动要素总量 L,垂直方向的长度表示经济系统中能够用于生产的资本总量 K。左下角的原点 O_1 表示生产者 1 的生产出发点,右上角的原点 O_2 代表了生产者 2 的原始状态。图中的曲线簇则是两个生产者 1 和 2 的等产量曲线,回顾前面章节的内容我们知道,等产量曲线也是凸向原点的,且离原点越远的等产量线代表的产量水平越高。

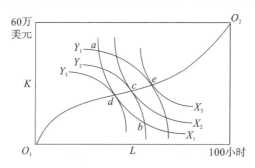

图 8-5　生产的契约曲线

假设生产者 1 生产产品 X,生产者 2 生产产品 Y,他们所使用的要素(资本和劳动)总量水平是固定的。我们可以进一步假设 $\bar{L}=100$ 小时,$\bar{K}=60$ 万美元。投入要素在两个厂商之间的不同配置,代表了各自从事生产的不同投入组合,从而他们为市场提供的产品 X 和 Y 的数量就会不同。

在考察生产中的要素配置问题时,我们关注的是,生产者 1 和生产者 2 全部的要素资源配置组合都可以在图 8-5 的盒形图中表示出来。我们用生产者的产出水平来衡量资源配置的效率,那么哪一个或者哪一些组合所代表的要素资源配置是帕累托最优的呢?具体到生产领域,帕累托最优是指在现有要素配置状态下,在不减少一种产品产出水平的前提下,能够增加另一种产品产出的情况是不存在的。

先来考察两个生产者等产量线的交点 a 代表的资源配置效率情况。回顾已经学过的生产理论,我们知道等产量线斜率的绝对值代表了要素投入的边际技术替代率,即在保持产出水平不变的条件下,劳动对资本的替代比率。而且,两种要素的边际技术替代率等于它们各自在生产中的边际产量的比值,当交点处两条等产量线的斜率绝对值存在差异时,说明同一要素(资本或劳动)在不同的产品(X 或 Y)生产中的边际产量是不同的。显然,图中两条等产量线 X_1 和 Y_1 在 a 点的斜率数值是不相等的,所以在该种配置状态下,劳动和资本的边际产量是不同的。因此,通过适当地调整要素在两种生产中的配置——减少投入到边际产量较低的生产中的要素数量,而将其转入边际产量较高的生产中,就能够提高生产者的产出水平。

和前面的分析一样,我们知道,在给定 a 点为初始的要素资源配置状态下,存在帕累托改进的区域是两条等产量线 X_1 和 Y_1 所围成的区域(包括曲线本身)。因为只有在这一区域内,才能在不减少一个生产者产量的情况下,提高另一个生产者的产量水平。也就是说,在生产的埃奇沃斯盒形图中,任意一个处在生产者1和2的两条等产量曲线交点上的点,都不是帕累托最优的,此时存在帕累托改进的要素配置方案。

随着帕累托改进区域的逐渐缩小,最终两条等产量曲线会相切于一点。假设这一点就是图8-5中的c点,此时各要素在两种产品生产中的边际产量就相等了,所以不可能通过资源的重新配置来增加一种产品的产量而不减少另一种产品的产量。因此,切点c所代表的资源配置是帕累托最优的。等产量线的切点不只点c一个,图中的点d和点e也都是等产量线的切点,从而都是帕累托最优的点。我们把盒形图中所有等产量线的切点连接起来,就得到另一条契约曲线O_1O_2,即生产的契约曲线。该曲线上的点表示两种要素在两个生产者之间的所有帕累托最优状态的集合,它们都代表了有效的资源配置。

与交换的契约曲线一样,在生产的契约曲线上,两个生产者的分配状况也是不同的。当我们沿着生产的契约曲线O_1O_2从O_1点向O_2点移动时,生产者1通过牺牲生产者2的利益变得越来越好,而生产者2则正好相反。同样的,从社会的角度来看,由于帕累托标准的不可比较性,我们无法对生产契约曲线上的点进行优劣的判定。

四、生产和交换的最优配置

现在我们把产品市场和要素市场结合起来,考察当生产领域的资源配置处于帕累托最优状态下,同时使消费者的效用水平达到最大时,经济体系拥有的两种生产要素(劳动和资本)如何在两个生产者1和生产者2之间进行配置,以及他们生产出来的产品X和Y如何在两个消费者A和B之间进行分配,也就是当经济体系达到一般均衡状态时,市场的资源配置问题。

(一) 生产可能性曲线

为了将生产和交换的资源配置状态联系起来,下面的分析中我们将引入另一个新的分析工具——生产可能性曲线。回到图8-5,我们知道生产的契约曲线O_1O_2上的每一个点都表示两种要素投入在两个生产者之间的分配是帕累托最优的。同时,我们容易通过每种最优配置的情况得出生产者所能生产的一对最优产出(X,Y),这是因为曲线上的每一个点都是生产者1和生产者2两条等产量线的切点,该点同时处于两条等产量线上,对应着两个生产者各自的帕累托最优产出水平。现在我们将契约曲线上代表的最优产出集合(X,Y),转换到以横轴代表产品X的产量、纵轴代表产品Y的产量的直角坐标系中,就能够得到图8-6中的生产可能性曲线Q_1Q_2。这条生产可能性曲线完全是由图8-5的生产契约曲线转换过来的,因此,两幅图中的点具有一一对应的关系。例如,图8-6中的a点和c点分别与图8-5中的点a和点c相对应,分别代表了资源配置的两种情况,前者处于等产量线的交点上,是一种无效率的配置,后者是两条等产量线的切点,代表着一种有效的资源配置。

(二) 生产可能性曲线的特点

可以看出,生产可能性曲线代表了经济体系在现有资源约束下可能的最优产出集合,它是当前社会生产的可能性边界。在生产可能性边界之内的点,即图中OQ_1Q_2所围成的部分（不包括生产可能性曲线本身），如图中的点 a、点 b，是图 8-5 中两条等产量线的交点，代表的是生产无效率的资源配置。也就是说，在这个区域内的点没有充分利用经济体系中的资源，因此没有实现社会可能的最大产出。在生产可能性曲线右上方的区域则是经济在当前资源约束下无法达到的产出水平区域，如图中点 f 代表的产量组合，在现有技术和资源条件下是无法实现的，该区域称为"生产不可能性区域"。因此，只有生产可能性曲线上的每一点才是在现有要素投入水平（$\overline{L}, \overline{K}$）和技术条件下经济体系所能实现的最优产出组合。

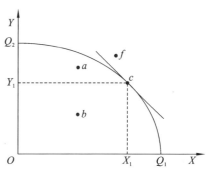

图 8-6 生产可能性曲线（一）

接下来，我们考察一下生产可能性曲线本身的变化规律。由图 8-6 可知，生产可能性曲线是凹向原点的，即沿着曲线移动时，一种产品产出的增加必然伴随着另一种产品产出的减少，即在最优的资源配置中，两种产品的产出是反向变化的。

曲线的斜率又有怎样的经济意义呢？我们将生产可能性曲线斜率的绝对值定义为产品 Y 对产品 X 的边际转化率 MRT_{XY}。它可以用来衡量在现有技术条件和要素资源约束下，增加 1 单位产品 X 的产出要放弃多少单位产品 Y 的数量。该比率的数学表达为：

$$\text{MRT}_{XY} = \left| \frac{dY}{dX} \right|$$

假设图中点 c 处的曲线斜率为 -1.5，则说明在这一点，产品 Y 对产品 X 的边际转化率 $\text{MRT}_{XY} = 1.5$，即如果要增加 1 单位产品 X 的产出，则产品 Y 的产量将减少 1.5 单位。

注意，沿着生产可能性曲线增加产品 X 的生产，产品 Y 对 X 的边际转换率将逐步提高。这是因为，当要素资源更多地用来生产一种产品时，劳动和资本的生产率会有所不同。从生产成本的角度来看，就是生产的边际成本递增规律（规模报酬递减规律）在这里起作用。也就是说，沿着生产可能性曲线增加 X 的生产时，相对于生产产品 Y 的边际成本而言，生产 X 的边际成本是递增的。因此，生产可能性曲线的斜率数值也可以用来衡量生产一种产品的边际成本对另一种产品生产的边际成本之比，即在边界上的每一点都有：

$$\text{MRT}_{XY} = \frac{\text{MC}_X}{\text{MC}_Y}$$

最后要说明的是，随着投入要素总量的改变和技术状况的不同，生产可能性曲线的位置高低是能够发生变化的。如图 8-7 所示，当经济体系中的要素资源总量增加时，则有更多的资源可用于产品 X 和产品 Y 的生产，于是最优的产出水平会扩大，从而原有的生产可能性曲线 $Q_1 Q_2$ 会向要素投入增加之前的生产不可能性区域扩张，假设扩展至图中 $Q_1' Q_2'$ 处。同样的道理，当产生技术进步，从而提高了要素资源的利用效率时，生产可能性曲线也会发生类似的改变。

(三)生产和交换的最优配置

掌握了生产可能性曲线的性质后,我们来看如何通过该曲线将生产和交换两方面的资源配置问题综合起来,进而分析整个市场体系的资源配置问题,即完整地考察生产和交换的一般均衡条件。

在图 8-8 的生产可能性曲线 Q_1Q_2 上任取一点 M,由生产可能性曲线的性质可以知道,点 M 也是生产契约曲线上的点,即它代表了市场中生产的一种帕累托最优配置,同时它表示了现有技术条件下的一组最优产出组合,即 (X^*, Y^*)。从 M 点向两条坐标轴分别引垂线,就得到了图中的矩形 OX^*MY^*,这个矩形与前面介绍的交换的埃奇沃斯盒形图具有完全相同的性质,于是,前面的分析结果在这里完全可以直接运用。如图 8-8 所示,曲线 OM 即为市场上交换的契约曲线,OM 上的任意一点都处于交换的帕累托最优状态。

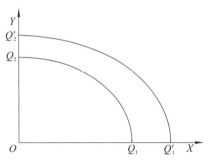

图 8-7 生产可能性曲线的变动

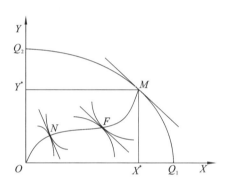

图 8-8 生产可能性曲线(二)

根据前面的分析,如果将这两个市场孤立起来进行局部均衡的研究,这两条曲线 Q_1Q_2、OM 上的点都是市场可能的均衡位置。但是在将两个市场结合起来分析一般均衡状态时,两条曲线上的点就并不都代表着市场的均衡位置了。为了说明这个道理,我们结合图形来进行分析。考虑图中生产可能性曲线上的点 M,和它所对应的交换契约曲线上的任意一点 N,我们通过比较这两点处切线斜率的绝对值来研究二者的关系。图中点 M 的切线斜率数值是产品 X 在该点转换为产品 Y 的边际转换率 MRT_{XY},交换契约曲线上点 N 的两条无差异曲线斜率数值是消费者 A 和 B 在该点处对产品 X 和 Y 的边际替代率 MRS_{XY}。这两个比率值在大多数情况时是不相等的。下面我们通过具体的数值例子来说明,当它们不相等时,经济体系没有达到生产和交换的帕累托最优状态。

假设在点 M 处产品的边际转换率 $MRT_{XY}=1$,即在社会要素投入总量不变的情况下,为了多生产 1 单位的 X,社会需要放弃 1 单位 Y 的生产。而点 N 处两个消费者对产品的边际替代率 $MRS_{XY}=2$,即在保持效用水平不变的前提下,他们为了多消费 1 单位的产品 X,就必须减少 2 单位产品 Y 的消费。说明在这种情况下,社会增加 1 单位产品 X 的产出时,只需要减少 1 单位产品 Y 的生产,但对消费者而言,消费者消费这新增的 1 单位产品 X,所获得的新增加的效用水平却大于减少 1 单位 Y 的消费所减少的效用水平,因此,市场通过增加产品 X 的产量能够提高消费者的效用水平,现有的资源配置状态不是最优的。又由于 MRT_{XY} 随着 X 产量的增加而递增,而 MRS_{XY} 随着 X 消费量的增加而减少（边际效用递减规律），所以市场将通过调整而逐渐缩小两个比值之间的差距。反之，当产品边际转换率大于产品的边际替代率，即 $MRT_{XY} > MRS_{XY}$ 时，通过同样的分析方法，我们可以知道市场仍然没有达到生产和交换的帕累托最优状态。

上面的分析说明，当两种产品的边际转换率和边际替代率不相等时，市场的调整会继续下去以缩小二者之间的差值。当这两个比值达到相等时，市场的调整过程将会停止，两个市场同时达到均衡状态。如图中 F 点所代表的情况那样，在该点产品的边际替代率 $MRS_{XY} = 1$，与两种产品的边际转换率 MRT_{XY} 相等。此时，增加 1 单位产品 X 能够给消费者带来的效用增加水平等于减少相应单位的产品 Y 的消费给他们造成的效用下降水平，所以对两种产品产量的任何调整，都不会再增加消费者的效用总水平。在两种产品的边际转换率和边际替代率相等时，两个市场同时达到资源配置的帕累托最优状态，即市场实现了生产和交换的一般均衡。

最后我们要说明一点，在图 8-8 中寻找能够同时实现生产和交换的帕累托最优状态的点 F 的过程，即市场从非一般均衡状态向一般均衡状态的调整并不是一个帕累托改进的过程。交换的契约曲线 OM 上的每一点都代表了一个帕累托最优的产品配置组合，但是对两个消费者而言，N 点和 F 点的分配是不同的。沿着契约曲线从点 N 到点 F 移动过程中，消费者 A 效用水平的提高是以牺牲消费者 B 的效用水平为代价的。根据帕累托改进的定义，我们无法判断这一调整过程是否是帕累托改进的。

第四节 完全竞争的资源配置效率

在上一节中，我们实际上已经考察了竞争市场的资源配置效率问题，但是侧重点在于分析一般均衡状态的特征。下面我们将总结上述模型分析的基本结论，得出完全竞争市场实现一般均衡状态的条件，并厘清完全竞争均衡与帕累托最优状态之间的关系。

一、一般均衡状态的实现条件

把第三节中关于交换、生产、生产和交换的资源配置分析的主要结论提炼出来，就可以得到竞争市场实现一般均衡状态的三个条件。

1. 交换领域实现一般均衡的条件

在完全竞争的产品市场中，消费者所有可能的产品（消费品）最优配置都分布在交换的契约曲线上。当每个消费者之间的产品边际替代率相等时，交换领域就实现了一般均衡的状态。即

$$MRS_{XY}^A = MRS_{XY}^B$$

2. 生产领域实现一般均衡的条件

在完全竞争的要素市场上,要素投入在不同产品生产(或在两个生产厂商)之间所有可能的最优配置都分布在生产的契约曲线上。当两种产品的边际技术替代率相等时,生产领域就实现了一般均衡状态,即

$$\mathrm{MRTS}_{LK}^{X} = \mathrm{MRTS}_{LK}^{Y}$$

3. 生产和交换的一般均衡实现条件

将完全竞争的产品市场和要素市场综合起来考察时,当不同产品对消费者的边际替代率等于各产品的边际转换率时,两个市场就同时达到了一般均衡状态,即

$$\mathrm{MRS}_{XY} = \mathrm{MRT}_{XY}$$

当上述三个均衡条件同时满足时,整个市场体系就实现了一般均衡,我们也称此时整个经济达到了帕累托最优状态。

二、完全竞争市场与帕累托最优

我们已经总结了一般均衡实现的三个条件,下面来进一步说明完全竞争均衡与帕累托最优状态之间的关系。

1. 完全竞争产品市场与帕累托最优条件

消费者理论已经证明,为了实现个人效用水平最大化,消费者会选择不同消费品的边际替代率等于其价格比率的产品组合,即

$$\mathrm{MRS}_{XY} = \frac{P_X}{P_Y}$$

其中,P_X 和 P_Y 分别是产品 X 和产品 Y 的市场价格。

在完全竞争的产品市场中,作为价格接受者,每个消费者面临的市场价格都是一样的。所以当每个消费者都选择其效用水平最大化的产品组合时,其产品的边际替代率是相等的。例如,对于两个消费者 A 和 B 就有

$$\mathrm{MRS}_{XY}^{A} = \mathrm{MRS}_{XY}^{B}$$

因此,当完全竞争的产品市场达到均衡状态时,消费者的无差异曲线具有相同的斜率数值,各产品在消费者之间的分配状态分布在交换的契约曲线上,此时资源的配置是帕累托最优的。

2. 完全竞争要素市场与帕累托最优条件

接下来看完全竞争的要素市场情况,企业为了实现利润最大化,其决策必然会使得不同要素之间的边际技术替代率与要素价格的比值达到相等,即

$$\mathrm{MRTS}_{LK} = \frac{P_L}{P_K}$$

其中,P_L、P_K 分别是劳动和资本的使用价格。

在完全竞争的要素市场上,每个企业也是既定要素价格的接受者,它们面临相同的要素价格。所以当每个企业都选择能够实现利润最大化的要素组合进行生产时,其边际技术替代率一定是相等的。例如,对于两个企业 1 和 2 有

$$\mathrm{MRTS}_{LK}^{1} = \mathrm{MRTS}_{LK}^{2}$$

因此,当完全竞争的要素市场达到均衡状态时,各企业等产量曲线斜率的绝对值是相等的,各种要素在企业之间的配置分布在生产的契约曲线上,此时要素资源的配置是帕累托最优的。

3. 完全竞争市场与帕累托最优条件

最后来看产品市场和要素市场都是完全竞争时的情况。先来考察产品的边际转换率,前面已经介绍过,产品 X 对产品 Y 的边际转换率表达为 $\mathrm{MRT}_{XY} = \left| \dfrac{dY}{dX} \right|$,它表示在现有技术条件和要素资源约束下,增加 1 单位产品 X 的产出要减少产品 Y 的产出单位数量。用机会成本的观点来看,也可以将产品的边际转换率理解为 dY 是增加 X 生产的边际成本,反之亦然。那么,用产品生产的边际成本同样可以表达边际转换率,即

$$\mathrm{MRT}_{XY} = \left| \dfrac{dY}{dX} \right| = \dfrac{MC_X}{MC_Y}$$

其中,MC_X、MC_Y 分别是生产产品 X 和产品 Y 的边际成本。

分析到这一步,问题就变得很清楚了。为了实现利润最大化,企业会遵循边际成本等于边际收益的一般原则,在完全竞争市场中,生产者的边际收益曲线与产品价格曲线是重合的,即

$$MC_X = P_X, MC_Y = P_Y$$

这样一来,产品的边际成本之比就等于它们的价格之比了,即

$$\dfrac{MC_X}{MC_Y} = \dfrac{P_X}{P_Y}$$

于是,产品的边际转换率用各自的价格表达为

$$\mathrm{MRT}_{XY} = \dfrac{P_X}{P_Y}$$

这一比值与产品的边际替代率也是相等的,所以有

$$\mathrm{MRS}_{XY} = \dfrac{P_X}{P_Y} = \mathrm{MRT}_{XY}$$

通过上面的推导,我们发现,完全竞争经济与一般均衡的实现或帕累托最优是等同的。这就是说,当要素市场和产品市场都是完全竞争的时候,市场的均衡价格就实现了整个经济体系的帕累托最优状态。因此,瓦尔拉一般均衡实际是指完全竞争市场达到均衡的情况。再进一步说,斯密所说的"无形之手"可以实现最大多数人的最大幸福,实际上暗含着市场是完全竞争的。

1. 简述从局部均衡到一般均衡的分析方法及其经济含义。
2. 局部均衡和一般均衡有什么区别和联系?
3. 什么是超额需求函数?简述瓦尔拉法则和瓦尔拉均衡的关系。
4. 判断下列命题是否正确,并简述理由。
(1) 如果我们知道了交换的契约曲线,就可以了解所有的交易结果。

(2) 在帕累托有效状态下,任何人的状况都无法再得到改善。

(3) 当边际转换率不等于消费者的边际替代率时,商品在消费者之间的分配是无效率的。

5. 如果整个经济原来处于一般均衡状态,现在由于某种原因使商品 X 的市场供给增加。

(1) X 商品的替代品市场和互补品市场会发生什么变化?

(2) 生产要素市场会发生什么变化?

(3) 收入的分配又会有什么变化?

6. 完全竞争是不是达到资源最优配置的充分必要条件?为什么?

7. 什么是生产可能性曲线?曲线左下方的点和右上方的点各代表了什么经济含义?

8. 什么是产品的边际转换率?为什么两种商品的边际转换率是生产它们的边际成本之比?

本章关键术语

局部均衡(partial equilibrium)　一般均衡(general equilibrium)　超额需求(excess demand)　瓦尔拉法则(Walras law)　瓦尔拉均衡(Walras equilibrium)　埃奇沃斯盒型图(Edgeworth box diagram)　生产可能性曲线(production possibility curve)　帕累托最优(Pareto optimality)　帕累托改进(Pareto improvement)　边际转换率(marginal rate of transformation)　契约曲线(contract curve)

第九章
福利经济学

> **本章概述** 福利经济学是研究社会经济福利的理论体系,它从福利观点或最大化原则出发对经济体系的运行进行评价,说明经济运行是否具有效率。福利经济学研究的主要内容包括社会经济运行的目标,或称检验社会经济行为好坏的标准;实现社会经济运行目标所需的生产、交换、分配的一般最适度的条件及其政策建议。本章在了解福利经济学属于规范经济学范畴的基础上,掌握福利经济学的基本理论,并能够通过效用可能性曲线推导出社会福利的最大值;建立社会选择理论的基本概念,弄清不同标准下的社会福利函数是不同的;厘清社会福利与收入分配之间的关系,并了解基本的收入再分配措施。

前面各章大多是采用实证分析方法,旨在回答经济体系"是什么"的问题。福利经济学属于规范经济学的范畴,与实证分析不同的是,它涉及价值判断的问题,研究经济运行"应该是什么"的问题。所谓价值判断,则是指依据一定的价值判断标准和社会目标,判断各种资源配置状态或可供选择的行为方案是否合意于个人或社会愿望。福利经济学的研究就是要通过确立评判资源配置状态优劣的标准,来评价这些配置的优劣,从而为社会选择提供依据。同时,作为基础性的研究工具,福利经济学的理论被广泛应用于公共财政、成本收益分析以及政府政策制定等领域之中。例如,如果一项政策将在很大程度上促进一国的经济增长同时又会造成收入分配的不公,那么该项政策是否应该被执行呢?政府通过设立最低工资标准,是否能够提高社会整体的福利水平呢?一个国家应该建立怎样的医疗和社会保障体系?福利经济学的研究能够帮助我们回答这些问题。

一般均衡理论与福利经济学有着密切的关联,福利经济学要在一般均衡理论的基础上对各种资源配置做出"好"与"坏"的判断,并以此为依据来研究如何改善和增进整个社会的福利。作为经济学的一个重要分支体系,福利经济学最早出现于20世纪初期的英国,1920年庇古(Pigou)的《福利经济学》一书的出版是其产生的标志。福利经济学研究的是规范化问题或价值判断,它的目的不是描述经济体系如何运行,而是揭示经济体系的运行状况。

第一节 社会福利函数

消费者的满足程度又被称为消费者的福利,由于我们接下来要考察的是整个社会的资源配置状态,所以我们考虑的不是单个消费者的福利水平,而是整个社会的福利状况。我们将社会中所有个体(消费者)的福利(效用)总和称为社会福利,这就是我们用来评价资源配置状态的标准。

一、效用可能性曲线

为了更好地理解评判资源配置优劣的标准问题,我们引入效用可能性曲线(utility possibilities curve),它是由交换的契约曲线转化而来的。考察交换的契约曲线可以知道,它是无差异曲线切点的集合,其中每一个切点都代表了一种特定条件下消费者所能达到的效用最大化组合。

下面我们用直角坐标系中的两个坐标轴 U_A、U_B 分别表示两个消费者 A 和 B 的效用水平,如图 9-1 所示。由于图 8-4 中的每一点都代表着消费者 A 和 B 的一个效用组合,通过转换坐标,我们可以得到消费者效用的 U_A-U_B 平面。效用可能性曲线 Q 上的每一点,表示在其他条件不变时产品 X 和 Y 在两个消费者之间不同的分配组合。例如,沿着效用可能性曲线由左至右的移动,表示消费者 A 的效用水平逐渐下降,而消费者 B 的效用水平则得到了提高。效用可能性曲线离原点越远,代表两个消费者的总效用水平越高。

这里有一点要注意的是,一条效用可能性曲线代表的是,在特定的产品数量约束下,消费者所能获得的最大可能效用。如果产品数量的组合改变了,效用可能性曲线也会随之变化。我们知道图 9-1 中的效用可能性曲线只是从一条交换的契约曲线中转换过来的,当结合了生产的一般均衡模型后,生产可能性曲线上的每一点都对应着一个消费者的埃奇沃斯盒形图和相应的契约曲线,而且在该条曲线上总能找到一般均衡状态所对应的点。也就是说,图 9-1 中效用曲线上的某一点才是交换和生产的一般均衡的最优配置点。

下面将不同的契约曲线所对应的效用可能性曲线画在同一个平面上,如图 9-2 所示的 Q_1、Q_2、Q_3。实际上,效用可能性曲线有无数条,我们将这无数条效用可能性曲线的包络线称为效用可能性边界(图 9-2 中的曲线 $U_A U_B$)。效用可能性边界表示在不同的产品数量组合下,消费者所能达到的效用最大化的集合。边界外(右上方区域)的点,表示在现有资源约束下无法实现的效用组合;边界内(左下方区域)的点则表示产品的组合尚未实现消费者的效用最大化,通过改变产品组合能够使总效用水平得到进一步的提高。

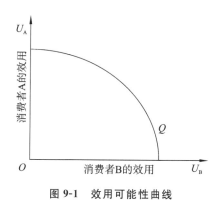

图 9-1 效用可能性曲线

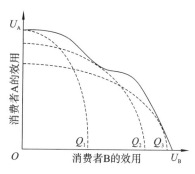

图 9-2 效用可能性边界

通过推导效用可能性边界,我们可以知道一个社会可能达到的最大效用组合。由于边界上的每一个点都是帕累托最优的,因而我们需要判断到底哪一点对社会而言才是最优的。帕累托效率标准本身无法回答这个问题。因为在边界上任意一点的移动,都意味着效用在两者之间进行再分配,这将导致一个人的效用减少,另一个人的效用增加;而从边界以内的任何一点向边界上移动,则意味着可以在不损害任何其他人的情况下,至少有一个人的境况得到了改善。每个消费者都希望资源配置处于自己的坐标轴(即自己获得全部效用)。从图 9-2 来看,U_A 点对消费者 A 来说是最好的点,因为他获得了全部效用(B 的效用为零);同样地,U_B 点对消费者 B 来说是最好的,因为此时整个效用为 B 获得(A 的效用为零)。这两点的资源配置状态都是帕累托最优的,但没有人会赞同这两种方案,因为在这两个边界点上,总是有一个消费者没有配置任何产品,而另一个消费者却占有了全部的社会资源,这显然是有失公允的。因此,根据帕累托的效率标准,即使某种社会资源配置状态是帕累托最优的,但是却不会被大家接受,甚至是令人厌恶的。

二、社会福利函数

社会福利的水平受一系列复杂因素的影响。从经济理论的角度看,最简单的就是把社会福利函数看成是依赖于所有消费者的效用水平,即社会福利函数是社会成员效用函数的加总,由此每个个体的福利水平都会影响社会整体的福利总值。在这个前提下,再考虑一些因素的影响。例如,在边际效用递减规律的假设下,将穷人的收入水平提高一倍而带来的社会福利水平的增加值,显然要高于将富人的收入增加一倍而带来的社会福利增长。由此,在不改变社会产品总量的情况下,将富人的财富通过再分配的方式配置给穷人,就能够提高整体的社会福利水平了。我们暂不考虑社会福利函数的具体形式,假定这种函数是存在的,将该函数表达如下:

$$W = W(U_1, U_2, \cdots, U_n) \qquad (9.1)$$

其中,W 表示社会福利;$U_1, U_2, \cdots, U_n$ 表示社会中单个消费者的效用函数,并且社会福利函数是个人效用函数的增函数,即 $\partial W/\partial U_i > 0 (i=1,2,\cdots,n)$。

从式(9.1)可知,我们能够将社会福利函数理解为社会产品在不同消费者之间进行配置,从而使得 W 最大化的问题。为了简化问题,我们的分析还是从两人经济的情况展开。假设两个消费者 A 和 B 的效用函数分别为 U_A 和 U_B(见图 9-3),此时的效用可能性边界即为图中的曲线 $U_A U_B$。三条曲线 W_1、W_2、W_3 代表了三种不同水平的社会无差异曲线,和前面学过的其他无差异曲线具有类似的性质,这些无差异曲线也是凸向原点的,并且距离原点越远,代表的社会福利水平越高。每条无差异曲线代表了在相同的社会福利水平下消费者效用组合的集合。在曲线上的一些点(如图中的 A 点)消费者 A 的效用水平比较高,而 B 的效用水平较低;另一些点(如图中的 B 点)则恰好相反,但在同一条曲线上的不同点所代表的社会福利水平是相同的。

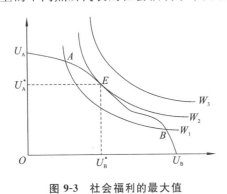

图 9-3 社会福利的最大值

通过效用可能性边界和社会福利的无差异曲线的分析,我们能够很容易地得出社会福利的最大值。在图 9-3 中,社会福利曲线 W_1 与效用可能性边界 $U_A U_B$ 相交,表明在当前的资源、技术和产品约束条件下,W_1 代表的社会福利水平是可能实现的(在效用可能性边界内的 W_1 曲线部分,即 AB 曲线表示的部分)。然而,W_1 并不是当前条件下所能实现的最高社会福利水平,因为与效用可能性边界相切的福利曲线 W_2,在现有的约束下也是可能实现的(仅在图中的点 E 处)。显然,无差异曲线 W_2 代表的福利水平高于 W_1。无差异曲线 W_3 代表了更高的福利水平,但是因为该条曲线整体都在效用可能性边界之外,所以它代表的社会福利水平在现有条件下是无法实现的。考察上述三条社会福利的无差异曲线后,我们知道社会福利的最大值是 W_2,但是其对应的分配仅限于 E 点处的效用组合,即此时消费者 A 和 B 的效用水平分别为 U_A^* 和 U_B^*。

第二节 社会选择理论

社会福利的最大化是以社会福利函数的存在为前提条件的,在第一节中我们已经介绍了基于消费者效用水平(个人偏好)加总的社会福利函数,同时也表明社会福利问题是极其复杂的。根本问题是,不同的学者对效率问题虽然意见一致,但对社会福利这个规范性的问题存在很大的分歧,至今仍然没有一种被经济学家们普遍接受的社会福利函数。由于看问题的角度不同,进行价值判断的标准就会不同,而在不同的标准下,社会福利的加总方式自然不同,因此,如何把个人偏好转换为社会偏好,其实就是标准的选择问题。社会选择理论就是要分析个人偏好与社会选择之间的关系,研究对不同的社会状态进行公正的排序或采用其他方式对其进行评价的标准。下面我们首先介绍几种具有代表性的社会选择标准及其对应的社会福利函数。

一、不同标准下的社会福利函数

(一) 平均主义的福利函数

平均主义的观点认为人生来是平等的,因而最优的社会状态应该将社会产品在全体社会成员之间进行平均分配,每个社会成员得到相同的产品。贝努利-纳什的社会福利函数用连乘法来加总个人的福利,体现了平均主义的思想,用公式表达为:

$$W = \prod_{i=1}^{n} U_i \quad (i = 1, 2, \cdots, n) \tag{9.2}$$

其中,U_i 为第 i 个消费者的效用水平。

下面我们仍沿用二人模型的分析方法来说明这个问题。假设每个消费者的效用函数都是相同的,而且收入的边际效用为常数,即给消费者 A 增加的收入带来的效用增加值等于相应地减少消费者 B 的收入而造成的效用减少值。在平均分配时,二者的效用都等于 $\bar{U}$,那么此时社会福利即为 $\bar{U}^2$。现在对初始分配做一个小小的调整,将消费者 A 的收入增加 ΔU,相应消费者 B 的收入减少 ΔU,这时社会福利将变为 $\bar{U}^2 - \Delta U^2$。显然,调整后的社会福利水平是降低了的。因此,在平均主义的标准下,平均分配时的社会福利最大。

我们可以用图 9-4 表示该标准下的最优资源配置状态的选择。此时,无差异的社会福利曲线与效用可能性边界的切点 E 代表平均主义标准下的社会福利最大值。在 E 点处,消费者 A 和 B 的效用水平是一样的。

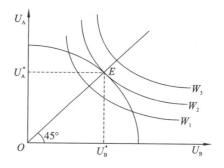

图 9-4 平均主义的社会福利最大值

连乘法反映了平均主义的分配观。如果沿用前文中关于消费者效用函数的假定,我们会发现,收入分配越公平,即社会个体的效用越均等,社会福利就越大。但是经济系统中的个体都是有差异的,消费者并不具有相同的偏好,所以这种平均的分配并不是帕累托有效率的。

(二) 罗尔斯标准

罗尔斯社会福利函数是根据美国政治哲学家、伦理学家约翰·罗尔斯(John Rawls)的名字命名的。他在《正义论》中指出,社会福利最大化标准应该是使社会中境况最糟的成员的效用最大化。具体来说,他认为个人在选择社会福利标准时是非常厌恶风险的,只有当处境最差的人在效用不均等的配置状态下的境况,比在效用均等的配置状态下的境况要有所改善时,社会成员才不再追求完全均等的资源配置模式。所以罗尔斯社会福利标准又称为最大最小标准,其社会福利函数可表达为:

$$W = \min(U_i) \quad (i = 1, 2, \cdots, n) \tag{9.3}$$

该函数用社会中境况最差的个人的效用来测度社会福利,它表明只有最小的效用得到了提高,社会的整体福利才能提高。

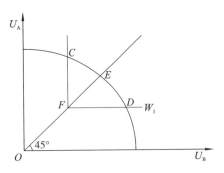

图 9-5 罗尔斯标准下的社会福利最大值

在图 9-5 中,直角坐标系角平分线上的点都代表着使得消费者的效用水平相等的资源配置状态,该标准下的社会福利无差异曲线为 W_1。根据该标准,从图中可以看出,只有当可获得的效用水平相等的配置点都低于 F 点时,人们才会选择效用可能性边界上 C 点和 D 点之间的非均衡配置。也就是说,线段 FE 之间的点都优于 E 点,因为此时社会中处境最差的个体(如消费者 A)的效用要优于他在 C 点处的效用水平。

罗尔斯主义给予平均较大的权重,但他并不意味着平均主义。因为对生产力较高的人比对生产力较低的人给予更高的奖励,就能使最有生产力的人更努力地工作,从而生产出更多的产品和劳务,其中一些可以通过再分配使社会中最穷的人的境况变好。

(三) 功利主义标准

功利主义的创始人是 18 世纪末至 19 世纪初英国的法理学家、功利主义哲学家和经济学家杰里米·边沁(Jeremy Bentham),其他重要代表人物还有阿瑟·庇古(A. G. Pigou)。功利主义者认为应该努力实现"最大多数人的最大幸福"。他们把社会福利函数看作是每个个体从各种满足来源中所获得的效用之和。功利主义标准加总社会福利函数的前提条件是基数效用论和个人效用之间的完全可比性。其社会福利函数为:

$$W = \sum_{i=1}^{n} \alpha_i U_i(x) \quad (i = 1, 2, \cdots, n) \tag{9.4}$$

其中,α_i 表示每一个社会个体的效用在整个社会福利中的重要性权重,x 原本指能够决定福利水平的各种社会可能状态的所有特征,例如各种消费品的实用性、美观程度等。现在我们只分析涉及可用货币衡量的那部分福利,即经济福利,所以 x 只是指可以获得的各种消费品的数量。

同样将分析简化为二人经济模型(见图 9-6),其中,直线 WW' 为功利主义的社会福利无差异曲线,而消费者 A 和 B 的效用可能性边界仍然是 $U_A U_B$。由图 9-6 可知,这一分析类似于消费者理论中的无差异曲线分析。当两条线相切时,社会福利得到最大值,相应的切点 E 就代表着该福利标准下的社会福利水平最大值。

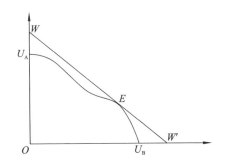

图 9-6 功利主义标准下的社会福利的最大值

如果每个个体效用函数的差别不大,那么在基数效用论的前提下,富人增加 1 元钱收入所取得的效用要小于穷人得到这 1 元钱的效用,由此可以得出功利主义福利标准的两个基本准则:首先,如果国民收入增加而分配状况没有"恶化",即穷人的收入份额没有下降,那么社会的福利将得到提高,该标准又被称为效率条件;其次,如果分配状况改善了,而同时国民收入也没有下降,那么社会的经济福利将得到提高,该标准又被称为公平条件。可以看出,如果社会成员的效用函数是完全一样的,或者说消费者的偏好是相同的,则功利主义的社会福利函数等同于平均主义的社会福利函数。

在考察社会选择问题的理论方面,社会福利函数确实是一种有用的分析工具。然而,社会福利函数作为一种规范性的研究目前只能作为理论上的研究工具,很难将其放入实证的分析框架之中,因此很难用于解决现实经济问题。

二、阿罗不可能定理

阿罗不可能定理在社会选择理论中起着重要作用,因为它具有基准模型的功能。为了介绍阿罗不可能定理,我们先看一看在西方民主制度中,社会选择是如何做出的。

(一) 投票悖论

在西方民主社会中,投票是一种重要的社会选择形式,人们通过投票来表达自己的偏好排序。如果我们知道了所有个体对各种资源配置的排列次序,就可以利用这些信息来描述各种配置的社会排序。那么,按照民主制度的多数票胜出的规则,能否做到这一点呢?

假设有一个三人的决策小组,成员分别是 A、B、C 三人,他们面临三种选择方案:X、Y、Z。各个决策成员对三种方案的偏好如下。

成员 A 的偏好:$X>Y>Z$;

成员 B 的偏好:$Y>Z>X$;

成员 C 的偏好:$Z>X>Y$。

三个人的投票结果如表 9-1 所示。

表 9-1 投票悖论

对 X 与 Y 投票	对 Y 与 Z 投票	对 Z 与 X 投票
A 投 X	A 投 Y	A 投 X
B 投 Y	B 投 Y	B 投 Z
C 投 X	C 投 Z	C 投 Z
通过 $X>Y$	通过 $Y>Z$	通过 $Z>X$

现在按照少数服从多数的原则来选择小组偏好的方案。从表 9-1 中可以看出,当三个决策成员同时面临其中的任意两个备选方案时,投票的结果能顺利地做出选择。如对 X 与 Y 投票时,最后的决策将是选择方案 X;如果对 Y 与 Z 投票,大多数人会更偏好方案 Y;当在 Z 与 X 这两个方案之间进行选择时,方案 Z 最终会被通过。然而,如果决策小组要同时在三种方案中进行选择的话,我们发现投票的结果是无法做出最优的选择。因为成员 A 和 C 在方案 X 和 Y 中,更偏好方案 X,记为 $X>Y$,然后我们来看方案 Y 与 Z 的

比较,此时成员 A、B 对方案 Y 更加偏好,因此 Y＞Z。这样,集体选择的顺序是:X＞Y,Y＞Z。根据前面讨论消费者偏好时的结论,我们普遍接受偏好具有传递性的性质,根据这一性质,我们可以推导出 X＞Z 的结论。但是,如表 9-1 所示,在方案 X 和 Z 之间进行投票时,成员 B、C 认为方案 Z 更好一些,集体表决的结果是选择方案 Z,即 Z＞X。这个结论与前面的推论明显是矛盾的。

因此,通过多数投票的方法加总单个决策者的偏好,从而得到集体一致的偏好顺序是行不通的,因为我们发现多数人投票决定的社会偏好不具备偏好的传递性这一良好性状。因为这些偏好不是可传递的,所以在集体决策集中不存在最好的选择,这一现象被称作投票悖论。投票悖论说明,在个人偏好不同时,任意加总或者综和这些偏好时,其结果可能是不相容的。

(二) 阿罗不可能定理的内涵

既然多数票规则往往导致结果的不相容,那么是否存在一种政治机制或社会决策规则,能够消除这种投票悖论的现象呢? 美国经济学家肯尼斯·约瑟夫·阿罗(Kenneth J. Arrow)在其经典著作《社会选择与个人价值》一书中,对此问题进行了阐述。阿罗采用数学的公理化方法对通行的投票选举方式能否保证选举出合乎大多数人意愿的领导者,或者说"将每个个体表达的先后次序综合成整个群体的偏好次序"进行了研究。结果他得出了一个惊人的结论:在绝大多数情况下"将每个个体表达的先后次序综合成整个群体的偏好次序"是不可能的!

阿罗认为,要将各不相同的个人偏好加总成为一致的社会偏好或建立社会福利函数,至少需要以下四个条件。

(1) 偏好的完备性 当备选方案大于或等于 3 个时,任何个人对决策集中所有方案的偏好关系都是可以排序的。即对于任意两个方案 X 和 Y,所有个人必然会在 X＞Y,Y＞X 或 X 与 Y 无差异这三种排序中做出一个选择。

(2) 弱帕累托原理或社会价值与个体价值正相关 当每个社会成员都认为方案 X 比方案 Y 更好时,社会偏好也会认为方案 X 比方案 Y 更好。即若对于任何社会成员 i 都有 $X_i＞Y_i$,社会选择也将是 X＞Y。

(3) 不相关选择对象的独立性 任何两个备选方案的社会偏好排序仅仅依赖于社会成员对它们的偏好排序,即使出现了新的可行的社会选择,也不会影响原有方案的社会排序状态。即如果原来的社会选择是 X＞Y,当出现选择方案 Z 时,方案 X 和 Y 的排列顺序不发生改变。

(4) 非独裁性 社会上不存在任何一个个人能把他的个人偏好强加给社会。这其实是说,社会偏好是所有个人偏好的加总,因而它不可能与某个人的偏好完全一样。

阿罗用数学证明了上述四个条件的矛盾,由此认为,满足前三个条件就可以得出一个社会福利函数,但它必然与第四个条件相左,因此同时满足上述四个条件的社会选择机制是不存在的。这就是著名的阿罗不可能定理。换句话说,阿罗不可能定理说明,如果一个社会决策机制满足上述前三个条件的话,那么它必然是一个独裁的社会,此时独裁者的个人偏好顺序就是社会偏好顺序。

阿罗不可能定理对福利经济学是一个沉重的打击，因为福利经济学的任务就是要使社会福利最大化，但如果连社会偏好都无法得到，那么，如何做出合意的社会选择就成为一个难题。不过，如果我们放松一些阿罗不可能定理的假定条件，社会仍然可以在一定程度内进行社会选择。实际上，罗尔斯的社会福利函数、功利主义的社会福利函数就是在放松阿罗不可能定理的一些假设之后得到的。

第三节 社会福利与收入分配

一、社会福利、效率与公平

对比一下上述介绍的几种不同的社会福利函数，我们可以发现，西方经济学除了关心效率外，社会公平问题也是不可忽视的。效率与公平是福利经济学研究中最重要的两个基本概念。

经济学上所指的效率是指资源配置达到了帕累托最优标准的状态，以致人们不可能通过调整资源配置来实现无损害的改善。经济学家经常用帕累托效率标准作为检验经济系统的运行效率和社会福利大小的标准。然而，我们已经知道，帕累托最优是一个十分严格的概念。举一个十分极端的例子，当一个饥肠辘辘的穷人从一个挥霍无度的富人手中获得一份晚餐时，也不是一种帕累托的改进，因为作为社会成员之一，这个富人的处境是变坏了的。因此，将效率作为社会福利的唯一指标是与社会发展和伦理道德相悖的，人们认为，即使一些人的处境变坏了，也可以提高社会的整体福利水平。他们看重的是社会福利的另外一面，即公平问题。

然而，公平是典型的价值判断问题。公平与否很难度量，也很难形成客观和普遍接受的标准。大多数经济学家利用平等这一个概念作为公平的近似替代，原因在于相对于公平，平等是较为容易观测到的指标。在这里，我们也只是用平等来衡量社会财富分配的平均程度，从这个角度来看，平均主义的社会福利函数标准最强调平等。但要注意的是，平等只是公平的一个方面，是不是完全平等就是达到了社会的公平呢？人们可能有不同的看法，这取决于不同人的价值判断。

在资源配置与收入分配问题上，效率与公平在很多情况下是社会福利面临的两难选择。一方面，为了提高效率，往往需要忍受一定程度甚至是很大程度上的不公平；另一方面，为了增进社会的公平会引致效率的损失。因此，如何在效率与公平之间进行权衡，如何找到二者在给定条件下的组合，是福利经济学的一个重大课题。社会总是希望找到一种可以兼顾公平与效率的收入分配方式。

二、收入再分配的措施

(一) 税收政策

税收是政府通过政策力量来改变收入分配状况的一项重要工具,这里我们重点讨论对收入分配起直接改善作用的个人所得税问题。个人所得税可以是累进的,也可以是累退的或比例税。绝大多数发达国家都是采用的累进税制,即个人所得税的平均税率将会随着个人收入水平的上升而增加,或者说个人所得税的边际税率是递增的。所谓边际税率是指纳税人所赚取的最后一单位收入用于纳税的比例,递增的边际税率意味着政府对富人的征税比重要高于穷人。

税收的再分配政策,可以通过对富人和穷人征收有差别的所得税从而直接地改变人们的收入分配。同时,它还可以通过改变要素市场的价格,如工资,来影响个人的收入状况,从而间接地改善社会劳动阶层的福利水平。当然,税收也会造成产品市场上的价格变化,从而进一步影响人们的福利。

(二) 政府支出

与税收政策不同,政府支出是通过直接支付的方式为社会中收入最低的那一部分群体进行收入再分配的方式。如各种社会保障支出,包括对残疾人、丧失劳动能力者、退休人员和失业人员的保险津贴等。政府支出对收入再分配的影响还包括各种能够提高社会整体福利的其他计划,如我国政府为每个公民提供的九年义务教育。上述这些政府支出项目常常能够在一定程度上增加贫困人口的实际收入,降低整个社会层面的收入不平等程度。然而,并不是处于良好愿望的收入再分配政策总是有益的,有一些政府补助计划的初衷本是改善穷人的福利水平,却也可能会起到相反的效果。

(三) 其他措施

案例 9-1
收入失衡

除了通过所得税和政府支出这两种手段直接改变国民收入分配以外,政府也可以通过其他途径来实现收入的再分配。如通过制定最低工资立法来保障劳动者的收入,通过对产品价格的管制来间接提高穷人的收入水平。因为,不论是要素市场还是产品市场的价格变化,总能使一些人从中受益,一些人遭受损失。但是上述这些收入再分配措施的实施效果,并非是绝对的,有可能带来其他的社会福利损失,如最低工资立法和《中华人民共和国劳动法》,虽然增加了在岗低收入工人的收入,却也有可能会造成部分工人失业。

复习思考题

1. 福利经济学的研究目的和对象是什么？福利经济学是实证研究还是规范研究？为什么？

2. 试推导效用可能性曲线，并说明曲线上及其周围的点所代表的经济含义。

3. 什么是阿罗不可能定理？该定理说明了什么问题？

4. 下表给出了某国的收入分配数据，根据这些数据绘制该国的洛伦兹曲线，并分析该国收入分配的状况。

全国人口按照收入由低至高排序，每20%为一组，共分为五组	1	2	3	4	5
收入分配中所占的比例/%	5	12	18.5	25	41

5. 收入再分配的措施有哪些？

本章关键术语

福利效应（welfare effect） 效用可能性曲线（utility possibility curve） 效用可能性边界（utility possibility frontier） 社会福利函数（social welfare function） 阿罗不可能定理（Arrow's impossibility theorem） 收入再分配（redistribution of income）

第十章 博弈论

本章概述 一旦经济代理人之间变得相互依赖,就形成了一种策略性的环境。在策略性环境中,经济代理人的决策取决于对方的反应,双方相互作用,选择使自身利益最大化的策略。本章的主要任务是掌握博弈论的基本概念,理解博弈论的主要思想及其模型,熟悉一些重要的博弈策略。

第一节 博弈论概述

一、博弈论的发展及其价值

博弈论又称为对策论,主要研究策略性环境中的决策问题。所谓策略性环境,主要是指两个或两个以上的个人或组织存在高度的相互依赖关系,每一方的决策都会影响到另一方的收益,因而每一方都会在考虑对方反应的情况下做出决策。这种策略性环境不仅存在于政治、军事、社会,也广泛地存在于经济领域,例如,我们非常熟悉的寡头垄断企业的产品价格与产量决策问题,就是一个典型的博弈问题。

博弈的思想其实古已有之,我国战国时期产生的《孙子兵法》可以算得上是最早的一部博弈论专著,其中论述的军事理论不仅被古今中外的军事家们用来指导战争,而且在当今更是被运用到了现代经营决策和社会管理等方面。"齐王赛马"是其中最经典的博弈例子,但更广泛的应用是象棋、桥牌、博彩等领域。最初人们对博弈局势的把握只停留在经验上,没有向理论化发展。1710年,德国数学家莱布尼兹提出了博弈论的概念。1713年,詹姆斯·瓦尔德格雷夫首次提出了博弈论中的极大极小定理(minimax)。但真正建立系统理论的是 1944 年冯·诺依曼(John von Neumann)和奥斯卡·摩根斯坦(Oskar Morgenstern)合著的《博弈论与经济行为》。此后,博弈论被广泛地应用于经济学领域,并成为微观经济学的一个重要组成部分。

博弈论研究决策主体相互作用时的决策问题。博弈论与传统经济学中有关决策理论的区别在于,后者涉及的个人决策是在给定价格参数和收入约束下追求效用最大化的决策,个人效用只依赖于自己的选择,而与他人的选择无关。也就是说,个人最优决策函数中只包括产品价格和个人收入,而不对其他人的选择做出反应。例如,消费者只根据自己的收入和产品的价格决定自己的消费量,而不会考虑其他消费者或生产者的行为。而博弈的语境中,个人效用不仅依赖于自己的选择,也依赖于他人的选择,个人最优决策函数应包括其他人选择的函数,所以,一个消费者必须考虑其他消费者行为对他的影响,以及他的行为对其他消费者的影响。

博弈论包括合作博弈和非合作博弈两种类型,二者的区别主要在于当博弈参与者的行为相互依赖时,他们是否能达成一个有约束力的协议。如果能够形成一个有约束力的协议,就是合作博弈,否则,就是非合作博弈。例如,消费者在市场上购买商品,虽然会进行讨价还价等博弈活动,但最终在某个价格上达成交易,购买商品,因而消费者与商家的交易活动就是一种合作博弈。然而,当两个厂商进行价格竞争,或者两个国家进行贸易战时,往往是因为没有达到协议,结果导致两败俱伤。

从一般意义上来说,合作博弈强调的是集体理性和效率,而非合作博弈则强调个人理性,博弈的结果可能是有效率的,也可能是无效率的。现代博弈论一般讨论的是非合作博弈,如象棋游戏、网球比赛等。这不仅是因为非合作博弈在现实中广泛存在,而且因为非合作博弈更好地反映了博弈的本质特征。

【案例 10-1】 "城中村"改造:村民与政府的博弈

"城中村"经常出现在报纸上,特别是在深圳和广州的报纸上。因为,改造城中村是城市政府的既定政策,自然要大力宣传。但是,什么是城中村?为什么改造城中村?如何改造城中村?在没有实地参观考察以前,笔者的概念是笼统的、模糊的、想象的,以为城中村就是城市中的几个村落,村中有几排瓦房,一些草舍,也许还有几栋小楼,残垣断壁,一片破败景象。改造城中村就是把这些瓦房和草舍拆掉,建起一幢幢大楼。没有到过城中村的人,不会有与此不同的印象。然而,这次考察使我大跌眼镜。

那么,到底什么是城中村?原来,城中村是一个巨大的城市社区。这里真正是高楼林立,大部分都在七八层以上,而且是一幢接着一幢、一排连着一排,岂止是几栋几十栋,而是成百上千栋。一层全部是店铺商家,各色各样的商品和服务应有尽有,二层及其以上基本上是村民和打工者的住宅。这里既无残垣断壁,也无破败景象,反而是熙熙攘攘,红红火火,一派繁荣景象。白天川流不息,交易繁忙,夜晚灯火通明,胜似白天。就以岗厦村为例,该村占地面积 9.6 万平方米,有私人楼房 881 座,建筑面积 39.5 万平方米,居住人口 10 万人,是城中村中的龙头老大。在深圳,像这样的城中村有 320 个,502 万人,占地面积9 349万平方米,建筑面积10 561万平方米。据最近到过越南的朋友告诉我,这样的城中村比越南的大城市至少要先进10年。

然而,就是这样的城市社区,我们的城市政府却要取缔它、消灭它。于是,围绕着城中村的去留存废,村民与政府展开了一次又一次的博弈和争夺,而且随着城市的发展,博弈双方的对策、出价也不断变化,真可谓道高一尺,魔高一丈。事实上,城中村是随着城市的发展而发展的,改革开放以后,大批外商进入和大批工业区兴起,随之而来的是大量农民工流入。面对如此巨大的商机和盈利机会,城中村的村民自然也参与了竞争,利用自己的宅基地盖起了工业厂房和打工楼,为城市的建设和工业的发展做出了巨大的贡献,政府也无暇顾及。1993年,深圳市政府出台了《深圳市人民政府关于处理深圳经济特区房地产权属遗留问题的若干规定》,开始了城中村建设的高潮,初期是3、4层,继而是5、6层,1999年深圳发布了《深圳市人民代表大会常务委员会关于坚决查处违法建筑的决定》,出现了抢建的高潮和向更高层发展的趋势。面对这种情况,2004年政府制定了《深圳市城中村(旧村)改造暂行规定》及其实施办法,并据以拆除了几个,改造了几处,但遇到的阻力太大,改造的成本极高,一度陷入僵局。据笔者亲眼所见,城中村的楼房建设仍在继续进行,而且都是钢筋水泥,高高的塔吊,大型水泥翻斗车,有的还有政府的建设批文。

据说,改造城中村的依据是城市规划,但城市规划是政府按照自己的需要和意志制定和不断修订的,其科学性如何,似乎大可质疑。这里有两点支持:一是以修建人民广场为名,把市政府从原址迁到现在的新址,且占地如此之大,建筑如此豪华,自然要修订城市规划;二是二线关外260平方千米土地全部征收和实行国有化,也离不开修订城市规划。因此,从一定意义上来说,城市规划是城市政府经营城市、圈占土地、与民争利的工具和手段。

在修改城市规划和改造城中村的背后,人们看到的首先是政府官员的好大喜功。因为要实现建设现代化、国际化的大都市的宏伟目标,就要美化城市和装点城市,就不能有贫民窟和棚户区,也不能有城中村,这些都有碍城市观瞻,有损城市形象,是给政府脸上抹黑,也使官员面上无光。因此,限期拆除棚户区,彻底消灭城中村,就成为城市政府"面子工程"的必然要求。其实,实践证明,这里拆除了棚户区,城市周边兴起了更多的棚户区;这里改造了城中村,那里的城中村还在扩展。发达国家尚且消灭不了棚户区和城中村,何况我们发展中国家。

其实,在改造城中村的背后主要是利益使然。顾名思义,城中村自然是在城市里面,甚至是城市中心地带。在城市地价飞涨、寸土寸金的情况下,城中村的地理位置自然让房地产商垂涎欲滴;不仅如此,在深圳1 000多万的外来人口中,有将近一半(502万)住在城中村,改造城中村就是要为502万人建设新住宅,即使按每人20平方米和每平方米1万元计算,也是1亿平方米和10 000亿元,这是多么大的一笔买卖,开发商岂能等闲视之;很多大地产商都有官方背景和官员后台,政府也可以从中取利。于是,官商合谋自然会积极推行改造城中村的政策。

摘自:《张曙光:误读"城中村"》,腾讯网,2008年10月08日. http://view.qq.com/a/20081004/000003.htm,原载中国经济网。

【分析】 "上有政策,下有对策",村民与政府在拆迁过程的博弈随着地价的上涨而愈演愈烈。这种博弈围绕着土地拆迁利益的分配而展开,其中涉及多个过程与多种博弈策略的应用。分析这些策略与过程正是本章的主题。

非合作博弈理论创立于 20 世纪 50 年代。1950 年普林斯顿大学的约翰·纳什(John F. Nash)发表了两篇划时代的论文《N 个人对策的均衡点》和《讨价还价问题》,不仅介绍了合作博弈与非合作博弈的区别,而且阐明了一般性的纳什均衡解的概念。阿尔伯特·塔克(A. Tucker)发表了《两个之谜》对"囚徒困境"作了明确的定义,1951 年纳什又发表了《非合作对策》一文,由此奠定了现代非合作博弈理论的基石。

20 世纪 60 年代中期,德国波恩大学经济学家莱茵哈德·泽尔腾(Reinhard Selten)将动态分析引入纳什均衡之中,在 1965 年发表的《需求减少条件下寡头垄断模型的对策论描述》中提出了"子博弈精炼纳什均衡"这一概念,选择了更具说服力的均衡点,由此进一步拓展了纳什均衡分析。加州大学伯克利分校的约翰·海萨尼(John C. Harsanyi)在 20 世纪 60 年代末把不完全信息引入博弈分析,1967 年发表《由贝叶斯局中人参加的不完全信息博弈》,重新给出了不完全信息的定义,并提出了"贝叶斯-纳什均衡"的概念。他将纳什均衡中包含的不可置信的威胁策略剔除出去,要求参与者的决策在任何时点上都是最优的,决策者需随机应变,向前看,而不是固守旧略。由于剔除了不可置信的威胁,在许多情况下,精炼纳什均衡也就缩小了纳什均衡的个数,这一点对预测分析是非常有意义的。

1994 年,瑞典皇家科学院将该年度诺贝尔经济学奖颁给了纳什、海萨尼和泽尔滕这三位学者,因为他们在非合作博弈的均衡分析理论方面做出了开创性的贡献,对博弈论及其在经济学中的应用研究产生了重大影响。

进入 20 世纪 80 年代以后,斯坦福大学商学院的经济学教授戴维·克雷普斯(David M. Kreps)和罗伯特·威尔逊(Robert Wilson)则对不完全信息动态博弈的研究做出了突出的贡献,并提出了"完美贝叶斯均衡"的概念。

从本质上说,博弈论不是经济学的一个分支,而是一种解析工具,它从数学角度给出了一个关于具有不同理性程度的参与者如何行动的集合。在现实经济中,博弈论也被用于预测人们的行动,例如我们在后面章节中会介绍到的拍卖问题就是博弈论应用的经典实例。基于对拍卖规则和竞价者出价行为的严格假设,拍卖理论能推导出理性竞价人的最优支付价格。同时,由于博弈论有较强的解释和分析能力,目前也被广泛应用于生物学、国际关系学、计算机科学、政治学、军事战略和其他很多学科之中。

二、博弈论的基本概念

博弈论的基本概念包括参与者、信息、策略、行动、支付、均衡、结果等七大要素。虽然其中涉及的相互影响包括了多个参与者及其可能出现的多种策略,为了简化分析,在下面的讨论中,我们仅考虑最简单的两人博弈情况。

第一,参与者,也叫局中人,在一场博弈中,每一个有决策权的参与者都是一个局中人。他的目的是通过选择行动(或策略)以最大化自己的支付水平。博弈的参与者可以是个人,也可以是组织(例如企业、国家,甚至是国际组织),并且每个参与者必须有可供选择的行动集。

第二,信息,是参与者有关博弈的全局知识,特别是有关"自然"选择、其他局中人的行动特征和行动的知识。众多信息形成的信息集被理解为参与者在特定时刻有关变量值的知识。从信息的角度划分,信息可以分为完全信息与不完全信息两类。所谓完全信息是指每一个局中人对于自己以及其他局中人的知识有完全的了解,否则博弈就是不完全信息的。

第三,策略,是博弈中每个局中人采取的实际可行的、完整的行动方案。也就是说方案集不是阶段性的,而是指导整个博弈全局的一个行动集合。局中人的一个可行的、全局筹划的行动方案,称为局中人的一个策略。策略也叫战略,是参与人在给定信息集的情况下行动的一个完整说明。策略中包含了参与者及其他局中人的行动知识,并且告诉参与者如何应对其他局中人的行动,因而策略又称为参与者的相机行动方案。如果在一个博弈中,参与者只有有限个策略,则称为有限博弈,否则称为无限博弈。

第四,行动。面对各种可供选择的策略,每个参与者选择使自己最大化的策略称为行动,是选择的过程。比如面临降价、涨价或保持价格不变三个策略,参与者的行动就是通过选择其中的一个策略使自己获得最大支付。

第五,支付,是指在一个特定的战略组合下参与者得到的结果,这个结果可能是收入,也可能是支出。例如,对企业而言博弈的支付可能是利润,也可能是亏损。当然,一个博弈的收益可以是有形的物质或货币收益,也可以是效用水平,或者是参与者得到的期望效用水平。每个局中人在博弈结束时的支付,反映了他参与博弈所带来的损益,这不仅与他自身所选择的策略有关,还与其他参与者所选定的策略有关。因此,单个参与者的支付是所有参与者的策略或行动的函数,是每个博弈局中人真正关心的要素。

第六,博弈的均衡,是所有参与者的最优策略组合或行动组合。一个博弈可能出现多个均衡,一旦达到均衡,各个参与者都在约束条件下实现了最优化。

第七,结果,是指各个参与者采取不同策略时所获得的支付,这种支付可能是利润,也可能是效用,或者是成本。

第二节　占优策略与纳什均衡

博弈的基本形式是策略型博弈,也称为标准形式博弈,其中参与者的策略是相互依存相互作用的,每个参与人选择且仅选择一次行动,并且所有参与者的决策是同时做出的。也就是说,在选择某种策略时每个参与人并不知道其他参与人的策略。

一、占优策略

一般说来,由于每个参与者的支付是博弈中所有参与者策略的函数,因此,每个参与者的策略选择都要依赖于其他人的选择结果。但在一些特殊的博弈中,单个参与者选择的策略可能并不依赖于其他参与者选择的策略。这种不论其他参与者的策略如何,参与者自身都有最优选择的策略叫做占优策略。

例如,在两人博弈的模型中,我们通常可以用一个收益矩阵来表示双方的策略与支付,习惯上我们用左边的数表示支付矩阵左侧的局中人支付,右边的数代表矩阵上方的局中人支付。

为了说明问题,我们不妨假设中国移动与中国电信这两个通信巨头,面对着巨大的中国无线通信市场,准备筹划各自的竞争性广告推广活动。在这种竞争博弈中,每个企业必须在电视广告和网络广告中选择其一。每一种策略组合下企业的支付用它们各自的市场收益来表示,可以得到如图10-1所示的收益矩阵。

	中国电信	
中国移动	电视广告	网络广告
电视广告	12,10	14,9
网络广告	8,12	10,9

图 10-1 移动与电信的广告竞争

在上述矩阵中,左上角的支付(12,10)表示当移动和电信两个企业同时选择电视广告为推广媒介时各自的收益分别为12和10。相应地,右上角的支付(14,9)表示当移动选择电视广告为推广媒介而同时电信通过网络广告进行宣传时,它们的收益分别为14和9;左下角的支付(8,12)则说明当两个企业正好选择与右上角相反的广告推广方式时,它们各自的收益分别为8和12。同理,右下角的支付则表明了当两个企业都选择网络广告进行推广时,各自的收益分别为10和9。

在这个例子中,每个企业都有一个占优策略,因为无论电信公司怎样选择广告推广方式,中国移动选择电视广告所获得的收益都比选择网络广告所得的收益要高,因而选择电视广告是中国移动的占优策略。同样,对电信公司也是如此:无论中国移动选择怎样的广告宣传途径,它选择电视广告所获收益都要高于选择网络广告能够得到的收益,因此,选择电视广告也是中国电信的占优策略。

通过上述分析我们发现,两个企业都选择各自的占优策略,即都采取电视广告的推广方式,这一组合构成了该博弈的占优策略均衡,此时博弈均衡点对应的支付水平为(12,10)的组合。

需要说明的一点是,并不是所有博弈中对参与者都有占优策略,在有些博弈中,任何参与者都没有可供选择的占优策略,如配币博弈(matching pennies)。在抛硬币猜正反的游戏中,假设有两个参与者 A 和 B,他们每个人都可以选择抛出的硬币结果为正或者反。若两个参与者选择不一样,则参与者 A 支付给 B 一元钱;若两者选择相同,则参与者 B 支付给 A 一元钱。无论参与者 A 还是参与者 B 关心的都是他们自己能从对方手中获得的货币。该博弈的支付矩阵如图 10-2 所示,在该博弈中,参与者的利益是完全相反的。在这种被称为严格竞争的配币博弈中,一方的收益必然意味着另一方的损失,对任何一个参与者而言,都不存在占优策略。

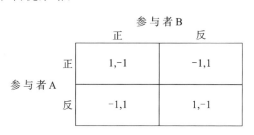

图 10-2　配币博弈

二、纳什均衡

纳什均衡是以数学家纳什的名字命名的,是博弈论中使用得最多的解的概念之一。这一概念描述了策略博弈行动的稳态。在纳什均衡状态下,每个局中人都能够准确地预测其他局中人的行动,并在此基础上做出理性的决策。

纳什均衡是完全静态博弈的一般解,它具有这样一种特点:每一个参与者为了最大化自己的收益(或效用),所采取的策略都是在假定其他参与者策略一定时所做的最佳反应。也就是说,在纳什均衡策略下,没有一个参与者会轻易地偏离这个策略组合,因为偏离有可能会使自己的收益下降甚至遭受损失。

我们仍以移动公司与电信公司的广告竞争为例来说明纳什均衡的形成问题。为此,我们对图 10-1 中的支付矩阵稍作修改得到如图 10-3 所示的新支付矩阵。在这个新的支付矩阵中,两个企业都选择网络广告时的市场收益被更改为:移动获利 10 个单位,而电信获利 13 个单位,其他的支付与原支付矩阵完全相同。根据这个新的支付矩阵,不难发现选择电视广告仍然是移动公司的占优策略,即无论中国电信采取哪种广告策略,选择电视广告对移动都是有利的。但对中国电信来说,在该博弈中没有占优策略,其最优策略取决于中国移动的最终决策。如果中国移动选择电视广告,则电信选择电视广告的收益将高于选择网络广告的所得;而如果移动公司选择网络广告,电信选择网络广告而不是坚持选用电视广告,将会得到更多的收益。

为了做出对自己最有利的决策,电信公司必须了解移动公司最有可能采取怎样的策略。因为电信的最优支付与移动的决策是相互依存的,它必须根据移动的决策来做出最佳反应。在这个例子中,中国移动有一个占优策略,即选择电视广告为推广媒介,在完全信息条件下,电信公司也知道这一支付,它能够很容易地做出自身行动的决策,即也选择电视广告。因此最终的博弈结果是两个企业都选择电视广告为自己的推广方式。

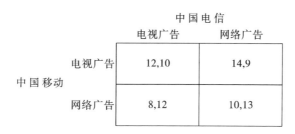

图 10-3 移动与电信的广告竞争

这个结果就是一个纳什均衡的解。一旦达到纳什均衡,竞争双方都不会改变其策略,因为一旦偏离均衡对自身是不利的。因而,纳什均衡是一种稳定的解,博弈的参与者没有改变这一结果的动力。

在上述广告竞争的例子中,只存在一个纳什均衡解。需要指出的是,在许多博弈中可能同时存在多个纳什均衡解。下面我们以著名的性别战博弈来说明这一点。

假设一对恋爱中的男女希望一起共度周末,男的最想去看足球比赛,女的则最想去听音乐会,但他们都宁愿在一起而不是分开,此时的支付矩阵如图 10-4 所示。

		女	
		足球	音乐会
男	足球	2,1	0,0
	音乐会	0,0	1,2

图 10-4 性别战

很显然,这个博弈有两个纯策略的纳什均衡解,即都去看足球比赛,或者都去听音乐会。但是这两个均衡解又都是有缺陷的,因为两人在一起的选择虽然比不在一起更好,但总会对一方不公平。每个局中人都可以有更好的选择(如果得到对方的配合的话)。不过,该博弈中的每个纳什均衡解都是帕累托有效的,因为其他任何一个策略组合都不可能在不降低其他人的支付条件下提高另一参与者的支付水平。

至此,我们可以将纳什均衡策略与占优策略的关系进行简单的比较。占优策略是指不管其他局中人如何行动,每个局中人都有一个对自己来说是最优的选择;而在纳什均衡策略中,必须给定其他局中人的行动集,每个局中人才能做出对自己最好的决策。因此,这两种策略的区别在于:在占优均衡中,"我所做的是不管你做什么我所能做的最好的,你所做的是不管我做什么你所能做得最好的";在纳什均衡中,"我所做的是给定你所做的我所能做的最好的,你所做的是给定我所做的你所能做的最好的"。不难看出,占优策略均衡是纳什均衡的特例,占优均衡必然是纳什均衡,但纳什均衡却不一定是占优的策略。下面的囚徒困境很好地说明了这一点。

三、囚徒困境

纳什均衡解的一个问题在于它并不一定导致帕累托最优。博弈论中著名的囚徒困境深刻地揭示了这一问题。

两个嫌疑犯 A 和 B 共同作案而被警察抓获,为了防止他们串供,他们被警察关在不同的房间里接受审讯。在互不知晓对方如何做出决策的情况下,每个嫌疑犯都面临两种选择:坦白或抵赖。同时,警方也向他们开出了奖惩条件:如果两个人都选择坦白,各判刑 5 年;如果两个人都抵赖,则各判刑 1 年,因为证据可能不足;如果两个嫌疑犯中一人坦白而另一人选择抵赖,则选择坦白的嫌犯将被作为对另一个嫌犯的证人而释放,而抵赖的一方则将被判长达 10 年的徒刑,如图 10-5 所示。

图 10-5　囚徒困境

在这个博弈中,唯一的纳什均衡是(坦白,坦白),因为每个人都会选择使自己收益最大化的策略(在这里是受到的处罚最小化),由此坦白就成为每个人的占优策略。然而,按照帕累托最优标准,此时双方的支付劣于(抵赖,抵赖)所产生的支付。图中的收益矩阵是对称的,我们可以具体考察一下嫌疑犯 A 的决策过程。

对 A 来说,如果嫌犯 B 选择与警方合作而坦白罪行,那么 A 也选择坦白交代的话将会被判刑 5 年,这显然比他因抵赖而被判 10 年徒刑好。如果嫌犯 B 选择抵赖,对 A 而言,采取与警方合作坦白罪行并指证 B 的结果(被释放)也将比他选择抵赖而获刑 1 年来得好。因此,无论嫌犯 B 选择什么策略,对 A 而言,坦白的策略总是他的最优选择。相应地,嫌犯 B 的情况也是一样的,坦白也会使他自身的情况比其他选择好一些。因此,两个嫌疑犯都选择坦白是唯一的均衡解。并且,两个嫌疑犯都选择坦白不仅是占优策略均衡,也是他们的纳什均衡解。只是对占优策略来说,(坦白,坦白)是唯一均衡解,而对纳什均衡来说,(抵赖,抵赖)也是一个均衡解。即在囚徒困境中,有两个纳什均衡解。其原理是,如果 A 选择坦白,那么 B 也会选择坦白;如果 A 选择抵赖,那么 B 也会选择抵赖。但如果每个人不知道对方会选择什么,那么占优策略(坦白,坦白)就成为最优选择,并由此陷入"困境"。

囚徒困境反映了个人理性与集体理性的冲突,因为如果两个嫌疑犯都选择抵赖,那么他们的境况就会比纳什均衡的策略下有所改善,每个人的支付为-1,这是帕累托改进的。然而,即使两个嫌疑犯在被捕之前建立攻守同盟,约定都选择抵赖,上述帕累托改进也不一定能达到,因为它不满足个人理性的要求,任何一方都有背叛事前约定的动力。

囚徒困境模型展示的博弈问题在我们的经济、政治和日常生活中广泛存在。例如,在双寡头模型中,两个企业选择产量的博弈就陷入了囚徒困境。如果两个企业能够联合起来形成卡特尔,选择垄断利润最大化的产量,则每个企业都能得到更多的利润,这显然是一个双赢的结果。然而,如前所述,卡特尔协定不是纳什均衡解,双方都面临违背约定而提高自身收益的激励,最后每个企业都只在纳什均衡产量下从事生产,获得的利润小于卡特尔产量下的水平。

再如,前世界超级大国苏联与美国之间的扩军与裁军问题也是一个典型的囚徒困境案例。在裁军计划中,竞相扩大军力的双方都很清楚,如果都遵守裁军的约定,就可以减少大批军费开支,对双方都是有利的。但其中的问题在于,裁军不裁军无法监督。如果一方裁军而另一方不裁军,则选择不裁军的一方将拥有军事优势,而选择裁军的一方则容易受到威胁,最终可能丧失发言权。鉴于这种前景,两国最终都会选择增加军费、大量扩军的纳什均衡策略。

在日常生活中,我们也常常将自己陷入囚徒困境的窘况。例如当我们去食堂就餐时,如果每个人都能够自觉地排队,显然可以节省时间。然而,每个人都会想,如果其他人都遵守排队的秩序而我插队的话,对我是有利的。因此,每个排队等候的个人都有插队的冲动。而一旦有人插队,大家都会跟着插队,现场就会混乱,结果大家都会浪费时间。

【案例 10-2】 "烧钱式"教育的囚徒困境

英文 1.2 万元,逻辑数学 1.4 万元,舞蹈 7 000 元,看图说话 1.1 万元,绘画 6 000 元……一年各类补课费就要 5 万元。近日,网上晒出的一张补习账单令人咋舌,晒账单的母亲感叹:"养的不是孩子,是台碎钞机。"

毫不夸张地说,课外培训虽然是一个老生常谈的话题,但每一次都会触痛公众的神经,引发热议。根据孩子的特点,本着个性化教育的初衷,有选择地参加某些社会培训班,弥补学校教育、家庭教育的不足,本来无可厚非。但问题是,现在的社会培训机构与学校教育严重同质化,甚至就是提前上完并深化学校课程而已。如此培训,就不是简单的"烧钱"的问题了。

同为家长,我很能理解这种教育焦虑。很多家长之所以争先恐后将孩子送到校外教育机构,并非不近人情,实在是大环境使然。由于"赢在起跑线"的理念深入骨髓,一个孩子从幼儿园开始,学业竞争被不断提前。当别的孩子大多去了补习班,你怎么敢做"异类",让自己的孩子独享"快乐"?即便有一颗超然淡定的心,在全民机构式补课中,在考试及各种大赛的热闹中,都会被冲洗得面目全非,甚至荡然无存。

一位家长曾以博弈论解释校内减负、校外增负的怪圈。教育部门呼吁减负,对于家长及学生来说,选择有以下三种:所有人都减负(合作),大家站在同一起跑线上;其他人减负你增负(背叛),你将取得相对优势;其他人增负你减负(背叛),你就会处于弱势地位。权衡利弊后的家长有可能选择合作吗?绝无可能,只能互相主动增负,这便是典型的囚徒困境。

"烧钱式"教育既源于培训班的炒作,也有社会用人制度的唯学历问题、公办教育管理的僵化教条问题,更与家长的焦虑、攀比心理相关,但本质上是人们对优质教育资源的需求,对多元化教育模式的期待,对深化教育改革的呼唤。

因此，从根本上讲，要想有效刹住课外补习风，必须进一步均衡教育资源，改变以分数为标准的单一评价体系，切实建立招考分离制度等。如不能将招录制度改革做足做透，不能坚定推进教育资源均衡化工作，教育难题就得不到根本解决，校内减负、校外增负和校内放羊、校外厮杀的状况，就会变着花样持续上演。

然而，教育是一项牵涉方方面面的复杂系统工程，深化教育改革毕竟不可能一蹴而就，家长也不能坐等变革，理应有所作为。过于焦虑的家长们需要好好思考这样一个问题：人生不是短跑比赛，而是一场马拉松，总想着赢在起跑线上、拼命地冲刺，效果就一定好吗？让孩子一直保持着紧张的状态就真能得偿所愿吗？毕竟，我们要的不是一台学习机器，而是一个德智体全面发展的人。

资料来源："烧钱式"教育的囚徒困境.人民日报，2017-08-01.

四、混合策略

到目前为止，在我们所研究的博弈中，局中人都会做出确定的选择，或者采取明确的行动策略。例如在广告竞争中，企业会选择电视广告或网络广告；在性别战中，男女双方会分别选择看足球比赛或听音乐会；囚徒困境中的嫌疑犯则会向警方明确表达坦白或抵赖的意思，等等。这种博弈中的参与者只做出一个选择并始终坚持这一选择的策略，被称为纯策略。然而，有一些博弈是不存在纯策略均衡的，如前面讨论过的配币游戏就是如此，我们找不到一组策略组合能够代表均衡的结果。

但如果我们从随机的角度来处理局中人的策略选择，仍能够找到博弈中的均衡解。考虑博弈的参与者对面临的每种选择都指定一个概率，并根据这些概率来做出他们的抉择，这种策略称为混合策略。例如，在配币博弈中，当硬币抛出后，局中人 A 可以按照 1/2 的概率选择正和 1/2 的概率选择反；局中人 B 也可以采取完全相同的策略。这样一来，我们可以得到该博弈的一个纳什均衡解，即当两个局中人 A 和 B 都按照上述混合策略行动时，双方的期望收益都是零。

需要注意的是，混合策略中计算的是局中人的期望收益，博弈的结果是随机的。用随机决策的方法来求博弈的解，一个重要的原因是有些博弈本身不存在纯策略纳什均衡，而混合策略为每个博弈提供了至少一个均衡解。容易理解的是，每一个纯策略其实是特殊的混合策略，只不过它们对应的概率分布为 (0,1) 或 (1,0) 而已。

下面我们再来看一个不存在纯策略的纳什均衡博弈，进一步说明如何找到这类博弈的混合策略纳什均衡。假设在一个博弈中的参与者是政府和流浪汉。流浪汉有两种策略：寻找工作或游荡。政府也有两种策略：救济或不救济。在流浪汉努力去找工作的前提下，政府愿意帮助流浪汉，否则不对其予以救济；而流浪汉则只有在得不到政府救济时才愿意去寻找工作。该博弈的收益矩阵如图10-6所示。

这个博弈不存在纯策略的纳什均衡。假设政府按照概率 p 选择救济流浪汉，则不救济的概率为 $(1-p)$；流浪汉以概率 q 选择寻找工作，则选择游荡的概率就是 $(1-q)$。在

	流浪汉	
	寻找工作	游荡
政府 救济	3,2	-1,3
不救济	-1,1	0,0

图 10-6　社会福利博弈

求解混合策略纳什均衡时,我们可以证明每个参与者的行动选择必定产生相同的支付①。对于流浪汉的决策,政府选择救济或不救济所得到的收益是相同的,用数学式可以表达为 $2p+(1-p)=3p$,容易求得 $p=0.5$。也就是说,政府的混合策略是以 0.5 的概率分别选择救济与不救济,这是政府对流浪汉所选择混合策略的最优反应。

同样,对于政府的选择,流浪汉选择寻找工作或游荡也能够得到相同的收益,用数学式表达为 $3q+(-1)\cdot(1-q)=-1\cdot q$,容易求得 $q=0.2$。也就是说,流浪汉的混合策略是以 0.2 的概率选择寻找工作,以 0.8 的概率选择游荡,这是流浪汉对政府所选择的混合策略的最优反应。这样,我们得到了一个混合策略组合:政府以 0.5 的概率分别选择救济和不救济,流浪汉以 0.2 的概率选择寻找工作,以 0.8 的概率选择游荡。每一个参与者的混合策略都是给定对方混合策略的最优选择。因此,这个混合策略组合是一个纳什均衡。

我们已经讨论的是不存在纯策略纳什均衡但存在混合策略纳什均衡的博弈。有些博弈既有纯策略纳什均衡又有混合策略纳什均衡,如前面讨论过的性别战。回顾前面讨论该博弈的两个纯策略纳什均衡——两个人一起去看足球赛或者两个人都去听音乐会,这个博弈也有一个混合策略均衡:男的以 2/3 的概率选择看足球比赛,1/3 的概率选择听音乐会;女的以 1/3 的概率选择看足球比赛,2/3 的概率选择听音乐会。读者不妨尝试用上面分析社会福利博弈的方法,验证这个博弈的混合策略的概率分布情况。

第三节

重 复 博 弈

前面讨论的都是参与者之间仅进行一次博弈的情况,而在现实生活中,同一些参与者反复进行相同博弈的情形十分普遍。当博弈重复进行时,支付将会与以前分析的结果

---

① 证明参考马丁·J.奥斯本,阿里尔·鲁宾斯坦.博弈论教程[M].魏玉根译.北京:中国社会科学出版社,2000:31-32.

有所不同。这是因为当双方多次博弈时,每个参与者都会面临可供选择的新策略的可能性。重复博弈理论可以用来考察参与者长期相互作用的关系。如果博弈只进行一次,局中人关心的是一次性的支付;但如果博弈重复多次,他们就会在长期利益和短期利益间做出权衡,从而选择不同的策略。

重复博弈的基本思想可用两人重复进行囚徒困境的博弈为例来说明。我们已经分析过在一次性的囚徒困境中,博弈唯一的纳什均衡解是两个嫌疑犯都选择坦白。也就是说,对每个局中人而言,尽管他们选择合作(即同时选择抵赖的策略)会为每个人带来更高的支付水平,但他们不确定对方会如何选择,而坦白是每个人的占优策略,所以(坦白,坦白)是稳定的均衡结果。重复博弈理论则认为,多次博弈会解决这一困境。若每个参与人都相信在前一次博弈中背叛对方,将会导致合作的破裂,并且自己会在下一次博弈中被对方报复,其长期的收益损失会更大,那么,他们就会考虑进行合作,以使长期利益最大化。因此,当博弈重复进行时,对局中人来说效用更高的结果,即(抵赖,抵赖)的组合,在每个时期都是稳定的。

在重复博弈中,每次博弈的条件、规则和内容都是相同的,但由于引入了奖惩机制或"针锋相对"的策略,为了长期利益的最大化,局中人在博弈中要考虑到当前的策略不能引起其他局中人在下次博弈中的对抗、报复或恶性竞争,即不能如同在一次性静态博弈中那样毫不顾及其他参与者的利益。此时,一个参与者做出合作的姿态,能使其他参与者在重复的博弈中采取合作的态度,从而实现共同的长期利益。

在下面将要讨论的重复博弈理论中,对博弈期限的界定是十分必要的。根据博弈期限的不同,重复博弈可以分为无限次重复博弈和有限次重复博弈。

一、无限次重复博弈

囚徒困境博弈如果进行无数次,那么一方就有办法影响其对手的行为:如果一个嫌疑犯此次拒绝合作,对方就会在下一次拒绝合作,直至对方开始选择合作,然后双方永远选择合作。其实只要双方都充分关心各自将来的支付,那么将来不合作的威胁就足以说服他们,使他们采取帕累托有效的策略。

罗伯特·阿克塞罗(Robert Axelrod)在一个实验中用令人信服的方法证明了这个论点。他要求几十名博弈论专家为囚徒困境提出各自认为最能取胜的策略,然后在计算机上进行使这些策略相互竞争的博弈。每个策略在计算机上都要和其他各个策略进行比较,然后由计算机记录下全部支付。取胜(具有最高总支付)的策略结果被证明是最简单的,即"针锋相对"策略:该博弈以合作(嫌疑犯都选择抵赖)的策略开始,以后每一局的选择都是对方上一局所选的策略。也就是说,如果对手在上一局中选择不合作,那么参与者会在下一局中予以报复。

"针锋相对"的策略非常令人满意,因为它能立即对背叛施以惩罚。它也是一种宽恕的策略,对于对手的每一次背叛,只惩罚他一次。如果对手选择合作策略,那么该策略就会以合作作为对他的回报。显然,这是能够在无限次重复博弈中提高参与者收益的有效机制。

下面我们用一个产品定价的例子来进一步说明该机制的意义,并分别对重复博弈期限差异带来的不同支付做出分析。假定在一个寡头垄断行业中,两个企业(1 和 2)在产品定价策略中都有两种选择:高价或低价。在这个定价策略的博弈中,如果两个参与人都定低价,则每个参与人的收益都是 20 个单位;如果两人都定高价,则每人的收益各为 40 个单位;如果其中一个参与人定低价,而另一个参与人定高价,则定低价的参与人因占有更多的市场份额而获得 50 个单位的收益,定高价的参与人由于失去一部分市场份额只能够获得 10 个单位的收益。

如果这个定价博弈是一次性的,其收益矩阵如图 10-7 所示,两个参与者的占优策略都是选择定低价,该博弈的纳什均衡解是(定低价,定低价)。博弈的均衡结局对两个寡头而言并不是利润最大化的,此时他们陷入了定价的囚徒困境之中。那么,企业能够找到摆脱该困境的方法,从而达成垄断的协调与合作吗?

	企业2 定高价	企业2 定低价
企业1 定高价	40,40	10,50
企业1 定低价	50,10	20,20

图 10-7 寡头垄断企业定价博弈

在实际经济运行中,两个企业的定价博弈是不断重复进行的,在囚徒困境的每次重复中,各个企业都会形成有关自身行为的声誉,并且以此来研究竞争者的行为。我们先来分析该博弈重复无限次的情况。

如果两个寡头选择合作,都保持定高价的策略,则双方能够持续获得 40 个单位的收益。如果有任何一个寡头在实际定价中选择背离合作,在某一次定价中选择定低价使得对手受损,而自己在当期获得更高收益。则此次受到损失的寡头会在下一期也选择定低价予以报复,这样一来,双方的收益都将会降至 20 个单位。并且,只要两个企业一直都定低价,(定低价,定低价)的策略组合就会一直持续到其后的各期。由于该博弈是无限重复的,显然,企业的总收益会小于选择合作而维持高价的情形。首先选择不合作的一方所减少的收益必然会超过第一次采取投机行为而获得的利益。因此,在该博弈中不合作是非理性的。

【案例 10-3】 快递巨头为何不打价格战

包括申通快递、圆通速递、中通快递、韵达快递的国内快递业龙头"三通一达"近日都在企业内部酝酿调整收入分配结构,其中加大了对派送环节的扶持力度,以此提升派件积极性和派件质量。几家的派费调整方案如出一辙,即在原有派费基础上上调 0.15 元/单。几家快递巨头酝酿从下月开始推行这一新政策。

有业内人士表示,这种内部分配机制的调整与面对客户的快递费用上涨完全无关,影响仅限于企业内部。尽管如此，本是竞争激烈的行业，为何在内部管理的变革上如此同步，还是引发了人们的兴趣。另据北京青年报记者了解到，此前天天快递已经率先对快递员的派费政策进行了改革，目前正处于效果评估阶段，不排除未来再次进行修正。

人们不难发现，快递行业虽然竞争激烈，但很少爆发自相残杀的价格战，而且在很多时候几家都对价格采取统一政策，从这次步调一致的内部流程调整就能看出一斑。

事实上，在目前国内的快递行业中，除了顺丰以服务质量高比较超群外，其他快递品牌的同质化较高，很多客户甚至分不出几家"通"的区别，因此在很大程度上价格决定着各家业务的座次，哪家压一下价格或许就会业务量大增。但是，也正是由于行业内随时有爆发价格战的风险，"三通一达"似乎一直对价格体系抱有默契，很少有行业乱价现象的出现，因此行业价格一直保持稳中有升的趋势。而这次几大快递巨头对比内部提高派单价格，也遵循着这种价格默契。

"如果不这样同步，势必会造成本来就组织松散的加盟快递网点和快递员队伍的大震动。"一位业内人士认为，几大快递巨头虽然在内部有份额之争，但这几家其实已经共同对外形成了一个行业壁垒，因此他们也得益于这种内部的默契，减少内部厮杀并共同抵御外来者。

摘自：《快递业巨头为何不打价格战？老大位置轮流坐庄》，张钦，搜狐新闻，2017年5月13日，原载《北京青年报》。

【分析】这是典型的重复博弈结果。快递巨头都意识到价格战只能导致自相残杀，因而相互之间进行合作对各方都是有利的。当然，这种合作可以采取多种形式，公开协议易受指责，甚至会受政府反垄断法的制裁，心照不宣的默契就是更有效的结果了。

二、有限次重复博弈

有限次重复博弈与无限次重复博弈之间的区别在于，所有参与者都明确知道该博弈重复的次数，即可以准确地预测最后一次博弈在什么时候发生。在上述定价博弈中，如果参与者知道该博弈何时结束，则原有的结论将不再成立。

现在假设上述定价博弈重复有限次数，如一共10期。我们从第10期即最后一次的博弈开始分析。在最后一次博弈中，如果所有企业都是理性的话，他会知道此次选择不合作，即定低价，不会遭到对手的报复，因为双方不会有下一次的博弈了。因此，在第10次博弈中（双方的最后一期博弈），两个寡头都会选择自己的占优策略，即定低价。

既然双方都在第10期博弈中选择不合作，那么在第9期的博弈中，任何一方也就没有必要担心由于自己的不合作而导致对手下一期选择报复的策略。因此，他们在第9次博弈时，也都会选择不合作的策略（定低价），即第9期的博弈中，双方都会选择自己的占优策略。依此类推，可以得到以下结论：在有限次重复博弈中，每一期博弈的均衡都是一次性博弈的纳什均衡解。在寡头垄断企业的定价博弈中，当重复博弈的次数是有限次时，每一期博弈的纳什均衡都是（定低价，定低价）的策略组合，这与一次性博弈的结局相同。

最后,需要强调的是,无限次重复博弈可以解决囚徒困境也是有条件的,这就是,合作的结果必须可以观察到或验证。在定价博弈中,定高价还是定低价是可以观察到的,因而奖惩机制可以起作用。但在研究与开发博弈中,合作的行为或结果一般观察不到,因而竞争双方无法进行有效的合作。一方选择背叛不容易被对方察觉,因而"针锋相对"的策略可能变得无效。这就解释了为什么现实仍然存在囚徒困境的原因。

第四节 序贯博弈

在上述讨论中,我们实际上还假定博弈中的每个局中人都是同时做出各自的策略选择的,但在实践中,另一种情况也大量存在:参与者在选择策略时是有先后顺序的,某些局中人可能率先采取行动。这种博弈被称为序贯博弈或序列博弈(sequential game),它是动态博弈的另外一种形式。在序贯博弈中,各博弈方依次行动,先行动的局中人必须考虑第二个局中人将对其可能做出的每一种行动的反应。前面章节中讨论过的斯塔克博格模型中,一个企业会先于另一个企业确定自己的产量,就是一个序贯博弈的典型例子。

我们可以用博弈树图形来表示序贯博弈中局中人的行动次序及其策略。博弈树是由结(node)与枝(branch)组成的图,树中的每一个结点表示局中人 i 的决策点,枝则表示局中人可能采取的行动,枝连接两个结并且展示了从一个结到另一个结的方向。博弈树上的不同分支则表示,给定局中人可以选择的各种可能的策略,可能会出现的各种结果。

我们以市场中的产品选择为例来说明序贯博弈的一般特征。假设饮料市场中有两个企业(1 和 2),在它们推出各自的饮料产品时,面临着一个产品选择问题,即生产碳酸型饮料或者果汁型饮料。如果两个企业各推出一种不同于对方的饮料产品,则它们都可以从两类饮料产品的市场中获利;如果两个企业提供同一类型的饮料,则会因为供给过剩而使得双方都遭受亏损。该博弈的收益矩阵如图 10-8 所示,若它们必须独立地、同时宣布各自的市场策略,此时两个企业都会选择推出果汁型饮料——双方都面临亏损!

现在假设企业 1 可以先推出自己的产品,我们就可以得到一个序贯博弈:企业 1 推出一种类型的饮料产品,然后企业 2 推出一种饮料产品,博弈可能的结果可用图 10-9 所示的博弈树表示。该图表明企业 1 可能的策略选择,即生产碳酸型饮料或果汁型饮料,接下来是企业 2 对企业 1 的策略选择可能的反应。例如,当企业 1 推出果汁型饮料后,企业 2 仍然还是选择生产果汁型饮料时,两个企业都将亏损 8 个单位;若企业 2 选择推出碳酸型饮料,则二者的收益组合为(20,10)。

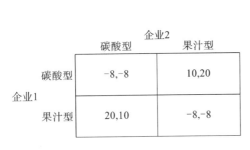 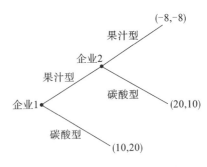

图 10-8 产品选择博弈　　　　图 10-9 产品选择的序贯博弈

值得说明的是,图 10-9 中的博弈树是自左向右展开的,有些书上也出现自上而下展开的博弈树,这两种表达方式的含义是一样的。

为了做出自己最优的决策,企业 1 将会选择对博弈树进行从后向前的推导(博弈树的终点结列出了支付)。最好的结果是它能够获得 20 单位的收益,而企业 2 获得 10 单位的收益。因此,企业 1 会选择生产果汁型饮料,此时企业 2 的最优反应是生产碳酸型饮料。

在上述产品选择博弈中,首先行动的企业具有明显的优势。通过选择生产收益更高的果汁型饮料,企业 1 造成了一种既成事实。为了使利润最大化,企业 2 必须根据企业 1 的策略来做出自己的决策,但留给它的选择余地较小,即它只能选择生产碳酸型饮料。这非常像我们在斯塔克博格模型中所分析的先行者优势。在斯塔克博格模型中,先行动的企业可以选择一个较大的产量进行生产,从而迫使竞争对手选择生产较小的产量。

在序贯博弈中,首先做出策略选择和采取行动的局中人通常可以占据更有利的地位,获得较高的支付。这是因为在先行者做出最优选择后,其他理性的局中人只能在既定的限制条件下进行选择。

第五节　子博弈精炼纳什均衡

前面我们分析了用混合策略来解决不存在纳什均衡的博弈中的求解问题,我们提到过,在一些博弈中也有可能有两个或者更多的纳什均衡,在这种情况下很难说究竟哪个均衡解会在实际中发生。在纳什均衡中,参与人在选择自己的战略时,把其他参与人的策略当作给定的,不考虑自己的选择如何影响对手的策略。实际上,在序贯博弈中,当一个人的行动在前,另一个人的行动在后时,后者自然会根据前者的选择而调整自己的选择,前者在做选择时也自然会理性地考虑这一点,都不可能不考虑自己的选择对其对手的影响。由于在纳什均衡中,不考虑这种影响,事实上便允许了不可置信威胁的存在,于是增加了纳什均衡的个数。

在完全信息静态博弈中,我们分析局中人同时行动的博弈结果,即使局中人采取行动的时间不一定一致,但每个局中人都不知道也无法观察到其他局中人的行动。假定在时间上稍微滞后一些采取行动的局中人知道了其他局中人之前的行动,出于理性的决策,此时他的决策集将比静态博弈时的选择小一些。例如,在囚徒困境中,如果嫌疑犯 A 知道嫌疑犯 B 已经选择了抵赖,那么他也会毫不犹豫地选择抵赖来提高自己的支付水平。显而易见的是,当博弈中引入动态分析后,博弈的结果可能会发生根本性的改变。

泽尔腾在 20 世纪 60 年代中期将纳什均衡概念引入动态分析。1965 年,他在《需求减少条件下寡头垄断模型的对策论描述》一文中提出了"子博弈精炼纳什均衡"的概念。这一概念对纳什均衡进行了第一次改进,选择了更具说服力的均衡点。这个概念的意义是将纳什均衡中包含的不可置信威胁的策略剔除出去,它要求参与者的决策在任何时点上都是最优的,决策者要"随机应变"、"向前看"。由于剔除了不可置信的威胁,在许多情况下,精炼纳什均衡也就减少了纳什均衡的数量。

与标准型博弈相比,序贯博弈包括了五个要素:参与人;每个参与人选择行动的时点;每个参与人在每次行动时可选择的行动集合;每个参与人在每次行动时有关对手过去行动选择的信息;支付函数。并且序贯博弈分成了许多个过程,形成了多个前后继起、连续进行的子博弈。下面我们用产业组织学中有关市场进入阻扰为例来说明如何通过对子博弈进行精炼而求解纳什均衡的问题。

假设企业 1 是市场上的垄断生产者,称为在位者。受到高额垄断利润的吸引,企业 2 也打算进入该行业。此时,企业 1 面临两种策略选择:积极应对,阻止企业 2 进入,该策略称为斗争;或者按兵不动,称为默许。斗争的方法是企业 1 将选择降低产品价格使潜在的进入者无利可图,即收益为 0;默许则意味着继续维持市场的高价格。企业 2 的策略集为:进入或者不进入。假定进入之前行业的垄断利润为 300 个单位,进入之后形成的双寡头总利润为 100 个单位(两个企业各得 50),进入的成本是 10 个单位。上述四种策略组合下的支付矩阵如图 10-10 所示。

	企业2 进入	企业2 不进入
企业1 高价	50,40	300,0
企业1 低价	0,-10	300,0

图 10-10 行业进入阻扰博弈

从收益矩阵不难看出,该博弈有两个纳什均衡:(高价,进入)和(低价,不进入)。也就是说,如果企业 1 对新企业的进入采取默许的态度,继续维持市场的高价,那么,为了获得 40 单位的收益,企业 2 会选择进入该行业,这是它的最优策略,此时两个企业的支付为(50,40),而当企业 2 决定进入时,高价策略也是企业 1 的最优决策。如果企业 1 宁可牺牲利润,也要选择与新进入的企业进行斗争,则进入对企业 2 是无利可图的(收益为

0),它会选择不进入该市场;一旦企业 2 不进入该市场了,原有企业将继续独享 300 个单位的垄断利润,所以(低价,不进入)是另一个纳什均衡,而(高价,不进入)不是纳什均衡。这是因为,尽管企业 2 选择不进入时,原有垄断企业采取任何一种策略都是一样,但只有当它选择低价策略时,不进入才是潜在进入者的最优选择。

使用静态分析方法,我们得到了两个纳什均衡。然而,究竟哪一种情况会实际发生呢?我们需要运用动态博弈的分析来对此问题做进一步的讨论。如图 10-13 所示,企业 2 先行动,它面临两个选择:进入或不进入;企业 1 后行动,它将决定是默许企业 2 进入还是与它斗争,最后的数字是支付水平。图 10-13 的扩展型博弈清楚地展示了参与者行动的先后顺序,每位参与人可以选择的策略以及不同行动组合下的支付水平。在该博弈中,如果企业 2 选择进入,企业 1 默许的话,双方的支付为(50,40)。

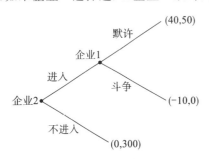

图 10-11 市场进入阻扰博弈的扩展型

在动态博弈中,如果所有以前的行动成为"共同知识",也就是说,每个人都知道过去发生了什么(如什么人在什么时候选择怎样的行动),那么给定"历史",从每一个行动选择开始至博弈结束就又构成了一个博弈,这就是所谓的"子博弈"。在图 10-11 中,企业 2 选择进入之后,从企业 1 选择行动开始就是一个子博弈。只有当参与人的策略在每一个博弈中都构成纳什均衡时才叫作精炼纳什均衡。或者说,组成精炼纳什均衡的策略必须在每一个子博弈中都是最优的。

在市场进入博弈中,给定企业 2 已经进入的情况下,原来在行业中生产的企业选择斗争,即高价策略已不是最优的。这种斗争是一种不可置信的威胁,因为斗争的结果对自己没有任何好处(利润为 0);而默许可以保留 50 单位利润。所以(低价,进入)不是一个精炼纳什均衡,因此(低价,不进入)也不是纳什均衡。可以证明,(高价,进入)是唯一的子博弈纳什均衡。应该强调的是,一个精炼纳什均衡首先必须是一个纳什均衡,反之不然,即只有那些不包含不可置信威胁的纳什均衡才是精炼的纳什均衡。

有些纳什均衡之所以不是精炼均衡,是因为它们包含了不可置信的威胁。然而,参与人能否在博弈之前采取某种措施改变自己的行动空间或支付函数,使不可信的威胁变得可信呢?这里需要用到信息经济学中的重要概念——承诺行动来分析。承诺行动是指当事人如果不施行这种不可置信的威胁,就会付出更大的代价。尽管这种代价不一定发生,但承诺行动会给当事人带来很大好处,因为它会改变均衡结果。在市场进入博弈中,如果企业 1 通过某种承诺行动使自己的斗争威胁变得可置信,企业 2 就不敢进入了。如企业 1 可以与第三者打赌:如果企业 2 进入后它不斗争,它就付给第三者 100 单位。这时,斗争就变成了可信的威胁。因为如果新企业进入后,原有企业不斗争可以保留 50 单位的寡头利润,同时也会因此而输掉 100 单位的赌注,净收益只有 -50。而它斗争时虽无利可图,但至少不会有亏损,所以斗争比不斗争好。有了这个赌注,新企业就不敢进入了,原有企业实际上无需赔付赌注就可以得到 300 单位的垄断利润。一般来说,承诺行动的成本越高,威胁的可信度就越高。

第六节 策略性行为：威胁与置信

一、策略性行动

在序贯博弈中，企业希望给自己带来优势，为了阻止潜在竞争者的进入或者使已有的竞争者不背离对他们有利的约定（公开的或非公开的），企业会通过限制自己的行动，去达到限制对手行动的目的。能够给企业带来这种优势的行为称为策略性行动。根据托马斯·谢林（Thomas Schelling）的定义，"策略性行动是博弈中的一方通过影响其他博弈方对自己行为的预期，以促使其他局中人采用对自己有利的选择的行为，是一方通过限制自己的行动来限制其他人的选择。"

我们仍以寡头垄断企业为例来说明策略性行动。寡头垄断者的利润不仅取决于竞争对手的策略选择，在很大程度上也取决于自己的行动选择。这是因为企业自身的行动会影响对手对自己行动的预期，从而影响对手对该企业行动的反应。上述饮料市场的产品选择博弈表明，先行动的企业通过造成既成事实，获得了较之后行动者更为有利的市场优势，从而迫使竞争对手不得不选择生产另一种类型的产品。

企业可采取各种类型的策略性行动，其结果大致可以分为两类。一类是不会对竞争对手构成威胁的策略性行动。如在阻止进入博弈中，在位者虚张声势的威胁不会对潜在的进入者构成实质性的阻止，因为斗争也会使在位者的支付水平降至零。另一类策略性行动的结果会对竞争对手构成实质性的威胁。如某一企业率先开发出市场中的换代型产品，并准备将它推出，就会对其他企业构成实质性的威胁。此时，先行者厂商就需要考虑推出换代型产品这一策略性行动时，其他企业的可能性反应，如遭到竞争者的报复行动。

为了防止竞争对手实施有威胁的策略性行动，企业通常会通过各种渠道使对手相信，一旦他实施这种威胁行动就会被其他企业报复，以警告先行者不要轻易采取策略性行动。另一方面，如果实施策略性行动的企业能够使竞争对手相信他将对自己的行动进行明确的承诺，此时对手也不会轻易地采取报复行动。因为他们知道，此时的损失可能会大于收益。

二、威胁与置信

在行业进入博弈中，对垄断者而言，为了保持其垄断地位就必须设法阻止潜在竞争对手的进入。我们在前面已经分析过，若博弈是一次性的，原有企业将选择与新企业合作,共同分享市场收益。因为对垄断企业而言,选择合作是它的占优策略,尽管这一结局不是它所期望的。然而,垄断者的自然反应还是试图去阻止潜在的进入者进入该行业,它会以价格战来进行威胁,以阻止对手的行动。但是这种威胁会影响新企业的最终决策吗?答案是否定的,因为新企业知道博弈可能的结果。即如果它选择进入,对原有企业而言,与之合作是最优的策略,打价格战不符合垄断者的利益,因而企业的威胁是不可置信的。不可置信的威胁也被称为虚张声势。

在虚张声势无效的情况下,垄断者通过承诺,即通过采取某种行动使其威胁成为一种令人置信的威胁,来阻止新企业的进入。当市场进入博弈变为重复博弈时,这种情况就会发生。假设垄断企业不断面临新企业的进入问题,那么对潜在进入者实施攻击性的价格战或做出防止进入的大量投资是符合企业长期利益的,尽管在短期中该企业会因此而遭受损失。

每当有新企业进入市场时,垄断企业选择"非理性"的策略同对手进行斗争,这样做会为在位者赢得一种强硬的声誉,这将使其未来的威胁变得可置信。根据这种策略进行行动的企业可能会牺牲短期利润,但通过将潜在竞争者排除在外,能够使得垄断者获得更高的长期利润。

【案例10-4】 善意的绑匪

在世界上的某些地区,绑架并勒索赎金是一笔风险很大的交易。在哥伦比亚,据预测每年大约发生2 000起绑架勒索案。在俄罗斯,绑架勒索案从1992年的5起上升到1999年的105起,许多受害人都是西方的商人。

在有些国家,如意大利,颁布了禁止支付赎金的法律。它们的理由是,如果受害人的家庭或者雇主能够承诺不支付赎金,那么,绑架者最初就不会有动机绑架受害人。

当然,问题是一旦绑架已经发生,受害人的家庭将偏好于向绑架者支付赎金,即使这样做是违法的。因此,惩罚向绑架者支付赎金的行为并不是一个有效的承诺工具。

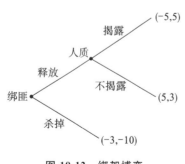

图10-12 绑架博弈

假定几个绑匪绑架了一名人质,但接下来他们发现他们得不到任何赎金,他们应该释放人质吗?当然,人质会发誓不揭露绑匪的身份。但是,人质会信守这个承诺吗?一旦人质获得释放,他就不再有遵守承诺的激励,于是他将努力惩罚这些绑匪。因此,即使绑匪想释放人质,但因担心暴露身份,他们也不会这样做。

图10-12显示了这个博弈可能的收益。绑匪会因杀掉人质而感到沮丧,从而得到收益-3;人质的境况将更加糟糕,他此时的收益为-10。如果人质获得释放,并且对绑匪的身份守口如瓶,那么,人质获得收益3,绑匪获得收益5。但是,如果人质揭露了绑匪的身份,则他的收益为5,绑匪的收益为-5。

现在轮到人质面临一个承诺问题:他如何能够使绑匪相信他不会违背自己的诺言而揭露绑匪的身份呢?

人质需要合计出一个办法以改变博弈的收益。具体地说,他需要找到一个方法,使得如果他揭露绑匪的身份,他就要承担某种成本。

经济学家托马斯·谢林曾经对动态博弈的策略分析作过广泛的研究,他建议,人质可以让绑匪对他们的不雅行为拍照,并保留这些照片。这有效地改变了人质将来揭露绑匪身份时的收益,这是因为,绑匪此时可以曝光这些照片。

这种策略就是所谓的"交换人质"。在中世纪,当两位国王想保证某个条约的实施时,他们就会把自己的家人当作人质交换。如果任何一方违背条约,他的人质就会被杀害。任何一方都不想牺牲自己的家人,所以,每一位国王都具有恪守条约的激励。

在绑架的情形中,令人难堪的照片如果曝光就会增加人质所承担的成本,从而保证他遵守协议,不揭露绑架者的身份。

摘自:《微观经济学:现代观点》,[美]范里安著,费方域等译,英文第 6 版,上海:上海三联书店,2006 年第 1 版,第 431-432 页。

【分析】绑架案中人质的对策很好地说明了策略性行为的本质。只能承担某种成本,承诺才变得可信,由此绑匪才会相信人质,进而保全人质的性命。在其他类型的讨价还价中,交易双方也可使用策略性行为来达到自己的目的。

复习思考题

1. 假设企业 A 和 B 都是垄断竞争市场上的两家手机生产商,他们可以选择生产不同档次的手机产品,如高档和中档手机,但是他们都不知道对方会怎样选择。不同选择下厂商的盈利水平如下图 10-13 的支付矩阵所示。

		企业B	
		高档品	中档品
企业A	高档品	1 000,1 000	1 300,1 200
	中档品	1 200,1 300	1 100,1 100

图 10-13 手机生产企业的博弈

(1) 企业 A、B 是否有各自的占优策略?如果有,他们各自的占优策略是什么?

(2) 这个手机市场中产品细分的博弈存在纳什均衡吗?如果有的话,请具体说明。

2. 上述题 1 中,假设企业 A 能够在企业 B 之前先行一步公布自己的产品定位。请用博弈的扩展形式来分析该博弈的纳什均衡解。

3. 出现囚徒困境现象的根本原因是什么？请举一个发生在你身边的囚徒困境实例。

4. 在一项市场开发的合作项目谈判中，参与者1和2面临如下支付矩阵（图10-14）：

图10-14 市场开发的博弈

(1) 谈判双方是否处于囚徒困境中？
(2) 如果该博弈只进行一次，纳什均衡解是什么？
(3) 如果双方的此类博弈会进行无数次，谁都不知道哪一次是最后一次的话，博弈解的性质又会如何？

5. 求出图10-15的支付矩阵所表示的博弈是否存在纳什均衡？如果有，请指出；如果没有，请求出该博弈的混合策略纳什均衡。

		参与人2	
		左	右
参与人1	上	4,2	0,3
	下	2,4	6,0

图10-15 存在混合策略的博弈

6. 两家企业1和2，各有一个岗位空缺，假设他们支付的工资不同：企业i给的工资为w_i，且$\frac{1}{2}w_1 < w_2 < 2w_1$。现在劳动力市场上有两个正在找工作的工人，每人只能申请一份工作并且他们必须同时做出决定，去企业1求职还是去企业2求职。如果企业只收到了一份求职信，则求职者必定得到这份工作；如果两个工人同时向同一个企业求职，则企业随机选择一个工人，另一个人则面临失业（假设收益为0）。两个工人的支付矩阵如图10-16所示。

(1) 该博弈的纳什均衡是什么？
(2) 该博弈的结果有多少种可能性？各自的概率是多大？

	工人2	
	向企业1申请	向企业2申请
工人1 向企业1申请	$\frac{1}{2}w_1, \frac{1}{2}w_1$	w_1, w_2
向企业2申请	w_2, w_1	$\frac{1}{2}w_2, \frac{1}{2}w_2$

图 10-16　求职的博弈

本章关键术语

博弈论(game theory)　合作博弈(cooperative game)　非合作博弈(noncooperative game)　纳什均衡(Nash equilibrium)　占优策略(dominant strategy)　囚徒困境(prisoner's dilemma)　混合策略(mixed strategies)　子博弈精炼纳什均衡(subgame perfect Nash equilibrium)　信息(information)　共同知识(common knowledge)　重复博弈(repeated game)　序贯博弈(sequential game)　威胁与可置信(threat and credible)　策略性行动(strategic moves)

第十一章
信息经济学

> **本章概述** 交易一方的信息比另一方更多的情况称为信息不对称。一旦出现信息不对称,市场不再有效率。逆向选择和道德风险的出现表明资源配置的无效率,由此需要相应的制度安排或政府干预解决信息不对称问题,以提高市场交易的效率。本章旨在介绍当代信息经济学的基本知识,要求掌握信息不对称的含义及信息不对称对资源配置的影响,了解各种信息不对称问题的解决方法。重点掌握逆向选择、信号传递、道德风险、委托-代理和信息搜寻等问题的相关思想与模型。

到目前为止,我们都假定企业和消费者在决策时具有完全信息。这是因为我们假设价格凝结了所有的市场信息,并且获得这些信息不会产生额外的成本,因而它们能够为所有的市场参与者自由运用,市场参与者都能够掌握市场运行的完全信息。所谓完全信息,是指市场交易主体都对称地掌握了所需要的、有关交易对象的过去、现在与未来的一切信息,因而消费者知道选择什么样的商品组合可以获得最大效用,生产者了解相关的技术信息,可以找到能实现利润最大化的产量与价格。但是,在实际经济运行中,交易主体们面临的情况往往并不简单。我们常常可以看到这样一些现象:消费者对购买的商品或服务并不了解,生产者难以预测市场行情的变化趋势,雇主无法或很难监督员工工作的努力程度,投资者对项目风险的预测与事实存在着较大的偏差,等等。在这些情况下,对于交易主体而言,尽可能获得更多的信息就显得至关重要。然而,如果交易双方的信息是不完全的,或者一方比另一方具有更多的信息,或者获得信息的成本极其高昂,其结果又会如何呢?本章将围绕这些问题展开,以揭示信息在经济运行中的作用。

第一节 信息经济学概述

一、信息经济学的产生和发展

信息经济学的启蒙思想出自索尔斯坦·凡勃伦(Thorstein Veblen)的《资本的性质》(1919)一书中关于知识的增长构成财富的主要来源的论述。1944年冯·诺依曼和摩根斯坦创立的预期效用理论和1959年杰拉德·德布鲁(Gerard Debreu)提出的不确定条件下的选择理论,为信息经济学的产生提供了重要的基础理论。在这个时期(1919—1959),奈特、米塞斯和哈耶克从市场信息角度,马夏克、阿罗和西蒙从统计决策和管理决策角度,鲍莫尔从福利经济学角度,里斯曼和皮克勒从信息论角度,分别对信息经济学的思想启蒙做出了贡献。

在创建初期,信息经济学的研究重点多种多样,有的学者侧重于基础理论研究,有的学者则侧重于应用研究,这两种研究互相补充、互相促进,奠定了信息经济学的理论基础。进入20世纪70年代以后,信息经济学的理论体系基本形成,这一时期涌现出了大量有关信息经济学的论文和著作。1970年美国经济学家乔治·阿克洛夫(George Akerlof)以旧车市场的交易为例提出了著名的"柠檬市场"理论。1973年和1974年斯宾塞(M. Spence)提出市场中介通过使用信号可以抵消逆向选择效应,由此形成了信号发送模型。1976年,当代信息经济学创始人之一的斯蒂格利茨(J. E. Stiglitz)与合作者一起发表了《竞争性保险市场均衡:论不完备信息经济学》,提出处于信息劣势的一方在信息不对称的市场可以通过让对手自我选择的方式来改善自身处境,由此建立了信息甄别模型。在同一时期,另一位创始人阿罗则把信息作为市场中的一种商品来构造其一般理论,相继发表了《信息价值与信息需求》《信息与经济行为》《垂直一体化与信息交流》等多篇论文。至此,信息经济学成为一门具有国际影响力的新兴经济学分支。

信息经济学的研究从一开始就有两条主线。一条是以弗里兹·马克卢普(Fritz Machlup)和马克·尤里·波拉特(Mac U. Porat)为创始人的宏观信息经济学。宏观信息经济学又称情报经济学、信息工业经济学,以研究信息产业和信息经济为主,是研究信息这一特殊商品的价值生产、流通和利用以及经济效益的一门新兴学科,是在信息技术不断发展的基础上发展建立起来的重要经济学领域。二是以斯蒂格勒和阿罗为最早研究者的微观信息经济学。微观信息经济学又被称为理论信息经济学,是从微观的角度入手,研究信息的成本和价格,并提出用不完全信息理论来修正传统的市场模型中信息完全和确知的假设。由于这一部分重点考察运用信息提高市场经济效率的种种机制,同时研究了在非对称信息情况下,当事人之间如何签定契约,以及对当事人行为的规范问题,故又称契约理论或机制设计理论。这里我们主要介绍微观信息经济学的内容。

早在1961年,美国经济学家、信息经济学的创立者之一的斯蒂格利茨就在《政治经济学》杂志上发表了题为"信息经济学"的论文,其中对信息的价值及其对价格、工资和其他生产要素的影响进行了研究,认为获取信息要付出成本,不完备信息会导致资源的不合理配置。美国的维克里教授和英国的米尔利斯教授立足于不对称信息导出了委托-代理理论。他们把掌握信息多的一方称为代理方,另一方称为委托方,通过引入激励相容等概念,把不对称信息问题转化成制度安排和机制设计问题。他们还从不对称信息条件下的契约理论入手,研究信息的搜寻匹配,以及信息的成本及市场的交易成本等问题,为激励理论广泛应用于各个领域提供了基础。

二、不对称信息

信息经济学认为,价格是在搜寻中获得的,是以付出成本为代价的。这意味着信息是不完全的。这种不完全决定了竞争是不完全的,决策个体之间存在直接的相互作用和影响,私人信息发挥着重要作用。在信息不完全和非对称条件下,完全理性退化为有限理性,即经济个体是自私的,按照最大化原则行事,但他通常并不具有做出最优决策所需要的信息,因此,经济个体的能力是有限的,理性也是有限的。个人理性选择的结果可能是非理性的,个人理性并不必然导致集体理性。这样,各个决策个体之间直接的相互作用和影响成为经济分析的出发点。通过对信息,尤其是私人信息作用机理的分析,信息经济学表明,价格并不能囊括全部的市场经济关系,因此,市场价格制度不再是激励约束的全部内容和手段,"非价格"机制成为激励约束不可或缺的内容。信息经济学就是运用机制设计理论来设计"非价格"制度以解决这个问题的。

所谓不对称信息,是指参与交易的一方拥有但另一方并未掌握的信息。人们通常说"只有买错的没有卖错的",实际上是指信息不对称,因为卖者对所售商品的真实价值比较清楚,而消费者对此却所知甚少,因此难以做出准确的判断。在劳动市场上,求职者比招聘单位更加了解自己的工作能力;在医疗保险中,相对于保险公司,投保人掌握了更多自己身体健康状况的信息;在旅游景点这种信息不对称以更直观的形式展示出来了,玉石、茶叶、中药材等等,琳琅满目,但很难估价,因而漫天要价,大幅杀价,几可预期;股票市场更是信息不对称的场所,各种股票,眼花缭乱,但价值很难度量,因而价格随机游走,跌宕起伏。在这些信息不对称的情况下,市场很难有效地运转。信息经济学研究,就是要通过最优合约的设计或机制设计来解决信息不对称的问题,以提高市场交易的效率。

【案例11-1】 中小企业融资难

实业如木,金融如水。木离不开土,也离不开水。水太多,则通胀,木就会被淹没;而水太少,则通缩,木就会干涸而死。实业是经济发展的根基和支柱。当大风来的时候,如果房子根基和支柱牢固厚重,就能抵抗各种危机的破坏。金融业则像房顶,无论怎样创新,如果没有实业经济做支撑,就成了无本之木、无源之水。2008年国际金融危机袭来之时,很多国家吃了苦头,经济"去工业化"的结果,就像是脆弱的支柱无法承载厚重的房顶,飓风把房顶吹倒了,经济就千疮百孔。

中小企业数量占比大,是国民经济发展的重要生力军。但是,由于各种原因,金融实际上并没有很好地服务于中小企业。要让金融回归本源、结构优化以及服务实体经济,中小企业都是绕不过的。

金融服务于实体经济,首先就要解决中小企业尤其是小微企业融资难的问题。中小企业融资难的根源,除了制度供给因素外,最主要的原因在于银行和中小企业之间存在着信息不对称问题。信息不对称导致银行对中小企业无法产生信任,继而无法产生信用关系。

对于大多数中小企业来说,积累起来的自有资金难以满足自身发展的需求,随着企业规模的扩大,需要更便捷的外部融资。而在外部融资中,信用问题至关重要,这是中小企业能否成功融资的重要因素,并最终影响到中小企业的生存与发展。但是,大多数中小企业由于财务制度不健全,很少同商业银行建立结算关系,使得商业银行同中小企业间存在着一定的信息不对称,银行比较难判断中小企业的真实经营状况,导致金融机构在向中小企业提供授信时出现惜贷现象。

企业融资是一种信用关系和信用行为,其发展有赖于信用制度的建立和完善。市场经济是信用经济,由一定的伦理制度来规范。经济活动中,如供求、竞争等各种关系,都隐含在双方的契约伦理之中。市场是商品经过"惊险的跳跃"实现自身价值的场所,是连接生产与消费、供给和需求的中间环节。成为市场主体就意味着对市场基本规范的认可与遵守,对他人、对市场有最起码、最基本的信任,没有这种信任则无法完成交易。

马克思信用理论揭示商业信用是银行信用的基础,而商业信用的建立,与商品交换中人与人之间的信任直接联系。银企关系出现问题,实际上是商业信用建设中的诚信问题,所以良好的信用关系和健全的信用制度,是中小企业生产经营活动顺利进行的基本保证。解决我国中小企业融资难的重要一点,就在于降低企业和银行之间的信息不对称以及由此引发的道德风险和逆向选择。减少信息不对称的最直接方法,就是加强中小企业的征信体系建设,优化中小企业内部信用管理,让中小企业树立诚实守信的良好形象。这样,才能让金融服务于实体经济的通道更好地打开。

摘自:王俊.人民日报新论:中小企业融资难如何破题.人民日报,2017-07-31.

信息的不对称性可以从两个角度考虑:一是信息发生的时间不对称;二是信息发生的内容不对称。

从不对称信息发生的时间来看,不对称信息可以发生在当事人签约以前,也可以发生在当事人签约之后,它们分别被称为事前的不对称信息和事后的不对称信息。研究事前不对称信息的模型,称为逆向选择模型;研究事后不对称信息的模型,称为道德风险模型。

从不对称信息的内容来看,不对称可以是指某些参与者的行动,也可能是某些参与者的知识。研究不可观测行动的模型称为隐藏行动模型;研究不可观测知识的模型称为隐藏知识或隐藏信息模型。

在信息经济学文献中,通常将拥有私人信息的一方称为代理人,没有掌握私人信息的一方称为委托人。根据这种委托-代理模型,信息经济学的基本模型可以概括为五大类:隐藏行动道德风险模型、隐藏信息和知识道德风险模型、逆向选择模型、信号传递模型和信息甄别模型。这五个模型分别说明了不同情况下的信息不对称问题。表 11-1 分别列出了这些情况的应用实例①。

表 11-1 信息不对称模型的应用实例

模　　型	委托人	代理人	行动、类型或信号
隐藏行动道德风险	保险公司	投保人	防盗措施
	保险公司	投保人	饮酒、吸烟
	地主	佃农	耕作努力
	股东	经理	工作努力
	经理	员工	工作努力
	员工	经理	经营决策
	债权人	债务人	项目风险
	房客	房东	房屋修缮
	房东	房客	房屋维护
	选民	议员或代表	是否真正代表选民利益
	公民	政府官员	廉洁奉公或贪污腐败
	原告或被告	代理律师	是否努力办案
隐藏信息和知识道德风险	股东	经理	市场需求/投资决策
	债权人	债务人	项目风险/投资决策
	企业经理	销售人员	市场需求/销售策略
	雇主	雇员	任务的难易/工作努力
	原告/被告	代理律师	赢的概率/办案努力
逆向选择	保险公司	投保人	健康状况
	雇主	雇员	工作技能
	买者	卖者	产品质量
	债权人	债务人	项目风险
信号传递和信息甄别	雇主	雇员	工作技能/教育水平
	买者	卖者	产品质量/质量保证期
	垄断者	消费者	需求强度/价格歧视
	投资者	经理	盈利率/负债率/持股比例

---

① 张维迎.博弈论与信息经济学.上海:上海三联书店,1997:401.

下面我们将重点讨论其中的三种情况,具体说明逆向选择、信号传递和道德风险模型的应用及其经济含义。在此基础上,对委托-代理理论进行系统说明,并简单介绍信息搜寻的理论。

第二节 逆向选择

一、旧车市场与逆向选择

逆向选择是信息经济学中最重要的概念之一。这个概念首先由诺贝尔经济学奖得主阿克洛夫在《柠檬市场:质量不确定与市场机制》一文中提出。阿克洛夫在文章中建立了一个二手车市场的逆向选择模型,他发现在一个二手车市场上,即使一辆没有任何质量问题的新车,一旦转卖,其价值也会大打折扣。这是因为,在二手车交易市场上,买卖双方的信息是不对称的。一些汽车的质量会比另一些差,但购买二手车的买方只有在使用了一段时间之后才能发现。结果是,虽然卖方知道一辆车的质量非常好,而买主对此总会心存疑虑。当然,买方也可以通过搜集有关该车质量方面的信息,或者直接请一个内行人来验车,但这样做是有成本的,而且有时并不一定能够得到准确的质量信息。在这种信息不对称的情况下,买方就会根据二手汽车市场的平均质量对产品进行估价,并只愿意支付平均价格或更低的价格。这样做会对市场交易造成怎样的影响呢?下面我们用简单的模型推导对此问题做一个阐述。

假设旧车市场上有 1 000 个卖家希望卖掉他们的旧车,1 000 个买主想买旧汽车,并且买卖双方都知道市场中高质量和低质量的二手车各占 50%。如果每类车都按质论价,则每一辆高质量的车价值 20 000 元,而低质量的车只值 10 000 元。如果交易双方的信息是对称的,高质量的汽车将卖高价,低质量的汽车将卖低价,市场交易将是有效率的。问题是,在信息不对称的条件下,卖方知道汽车的质量,而买方却不知道。对买方而言,此时的汽车就成了一个"柠檬",他不得不对即将买入的旧车质量进行估计。假定高质量和低质量的汽车各占 50%,那么,买者会根据这一估计计算汽车的期望值,由此得出他应该出的价格:$0.5 \times 20\,000 + 0.5 \times 10\,000 = 15\,000$(元)。

可以看出,这个价格比高质量汽车的真实价值低,而比低质量汽车的真实价值高。在买者无法区分汽车质量的情况下,卖者发现,以这一价格出售低质量的汽车是合算的。结果,高质量的汽车由于卖不到其应有的价格而退出市场,实际成交的都是低质量的旧车。长此以往,整个旧车市场中高质量车的比例会下降,低质量车的比例就会上升。买者以等于期望值的价格或平均价格买到汽车以后,却发现实际上是低质量的汽车。当多个买者发现这一点后,就会降低对整个旧车市场的总体估价,比如说,由原来认为高质量的汽车和低质量的汽车各占1/2,降低到高质量的汽车只占2/5,而低质量的汽车占3/5。在新的估计下,买者愿意支付的期望价格或平均价格进一步下降。当然,在这一价格下,卖者依然只出售低质量的汽车。最后市场上几乎看不到高质量的二手车。

旧车市场的例子说明,由于信息的不对称,市场不能按质论价,低质量的商品会逐渐将高质量的商品驱逐出市场,这就导致了市场失灵。在经济学中,这种由于卖方掌握较多信息,而买方拥有较少信息引起高质量产品退出市场的现象被称为逆向选择。因为这种现象违背了自然选择中优胜劣汰的规律,也不符合人工选择中那些将合意事物保留下来而把不合心意的清理出去的做法。这就使得买卖双方的利益都受到了损害,因为实际上消费者是愿意付出高价格而得到高质量产品的。显然,如果能够设计一种机制,解决信息不对称问题,让高质量产品也能够按质论价地交换,是可以提高市场运作效率的。

【案例11-2】 消费者轻信"好评"上当,守信卖家"失分"被挤出市场

"买之前看用户评价,都齐刷刷说质量特别好,可打开快递盒子一看根本就没法吃!"云南昆明的大学生小曹不久前在淘宝上购买了一盒玫瑰糖,拆开后却发现盒子中的糖块都粘在一起,糖纸散落一旁。"跟图片差得太远了,连糖纸都没包好,这多不卫生呀。可对方说食品售出概不退货!"

让小曹无法理解的是,这家店在淘宝同类商家中综合排序第一,销量和评分都挺高,大部分用户都给了好评。"我之前网购都是看销量、评分和用户评价来挑选物品,这些信息真是越来越不靠谱了。"小曹说。

与小曹相比,经常网购的山东潍坊白领邱某对于"刷单"已经习以为常,她还总结了一些辨别"刷单"的网购技巧:"如果每一条评价都在一二百字,还都配上图片,这家店就不可信了。要不是卖家请求,有几个人会写那么长的评价还配上图片呢?连措辞、语气都一模一样。"除此之外,短时间内追加评价,评价内容空洞、不直接描述商品,都是她判断"刷单"的依据。

刚从福建厦门某大学毕业的林某告诉记者,为了避免被虚假评价欺骗,她在网购时会尽量选择固定的几家店铺。而在陌生的网店购物时,她还会使用淘宝开通的"问大家"功能,向之前买过这款商品的顾客直接提问,以获得最真实的评价。

"在网购环境中,由于信息不对称程度较大,消费者在决策时只能依赖接触到的外部信息,也就是销量、评价等数据来做出判断。"厦门大学国际经济与贸易系副教授张耕说,"刷单"行为扭曲了消费者的判断基础,诱使他们做出错误决策,消费者的网购体验必然受到极大的影响。

现实中,"刷单"行为在影响消费者购买决策的同时,也严重扰乱网商经营秩序,甚至形成劣币驱逐良币的恶性循环。

山东济南的黄女士经营一家母婴用品店已经半年多了,但生意一直不太好。"同样品牌、质量的母婴用品,有些店铺的标价贵很多,销量却更高。我敢说他们都是通过'刷单'提高关注度,可我没有证据,没法举报。"黄女士说,如今在网商这一行,"刷单"已是公开的秘密,特别是刚开业的店铺,要想在短时间内吸引顾客、打开市场,"刷单"是最有效的办法。淘宝网也推出了直通车、每日特价等促销手段,但实际效果都没有"刷单"好。

"花几百元就能买来销量和好评,增加店铺的搜索权重,还是很诱人的。"黄女士坦言她考虑过"刷单",但忌惮淘宝平台的管理和处罚,一直没付诸行动。

"守信卖家会因其他商家的'刷单'造假行为遭受业绩损失,最终要么退出市场,要么同流合污。"张耕说,对于电商平台来说,"刷单"行为使得他们无法获得可信的第三方数据,所以无法对网店做出公允评价,其结果将挤出诚信卖家,长此下去,消费者将不再信赖网购平台,最终网购市场将沦为低劣商品汇集的次品市场。

摘自:吴秋余,郑嘉璐. 网购,你还敢信"好评"吗?. 人民日报,2016-07-29.

二、逆向选择的其他实例

旧车市场只是逆向选择的一个典型例子,逆向选择现象也经常地出现在其他市场之中,下面我们来看几个相关的例子。

(一)保险市场

我们以健康保险为例来说明这个问题。假设一家保险公司为人们提供健康保险,然而,潜在投保人的身体健康状况各不相同。假设存在两种类型的投保人:身体很健康的人属于低风险型的投保人;健康情况比较差的人属于高风险型的投保人。即使保险公司要求投保人提供体检证明,购买保险的人也比保险公司掌握更多有关他们自身健康状况的信息。如果保险公司决定根据潜在投保人的平均健康水平提供保险,市场上会出现什么情况呢?

试想一下,哪一种类型的人会按平均费率购买保险公司提供的健康保险呢?显然,身体健康的人认为自己的风险很低,他们会觉得保险费率太高而选择不投保;而身体健康状况不佳的人则会偏好于购买此类保险。如此一来,市场上最想购买健康保险的人是那些高风险的人群,而低风险的人将退出保险市场,这就使整个市场中高风险人群的比例提高。高风险投保人比例提高将给保险公司造成损失,由此保险公司必须提高保险的价格,这就进一步使低风险的投保人退出市场。最后的结果是,购买保险的几乎都是身体健康状况不好的高风险型投保人,保险公司会发现自己从事了一项赔本的买卖。于是,保险公司将不再提供此种类型的健康保险业务。在这个例子中,如果保险公司清楚地知道每个投保人的健康状况,并据此收取不同的保险费,对买卖双方都是有利的。而信息不对称阻碍了这种行动,由此造成了市场消失。

财产保险也有类似的问题。假设保险公司想为盗窃所导致的财产损失提供保险。容易理解的是,居住在安全保障环境较差条件下的居民会选择购买此类保险,因为这正是他们所需要的;居住在安全状况较好环境中的居民不会购买该保险,因为他们面临失窃的可能性非常小。结果绝大多数的保险将被居住在高风险社区的消费者买走,保险公司发现他们的保险只赔不赚,因而将被迫提高保险费率,最后得到的结果将与健康保险一样。

(二) 信贷市场

信贷配给是信贷市场上普遍存在的现象。在当前的市场贷款利率条件下,所有贷款申请者中,只有一部分人可以获得贷款,而另一部分人则被拒绝了。这说明信贷市场是非均衡的,此时存在过度需求。根据新古典经济学的价格理论,利率自动调整就应该可以平衡信贷资金的供求关系。但实际情况是,信贷配给长期存在。这是为什么呢?斯蒂格利茨和温斯(Stiglitz,Weiss)用信息不对称对此现象做出了解释。

根据他们的看法,在信贷市场上,银行面临的是仅承担有限责任的借款人,一旦借款人到期违约无法偿还贷款,银行就会损失全部本息。因此,银行不仅关注贷款的利率水平,也关心贷款人还款的概率,即贷款的风险。换句话说,银行的期望收益取决于贷款利率和借款人的还贷风险。而贷款人是否会遵守贷款合约到期归还本息是他的私人信息,银行无法观测到,即银行与贷款人之间存在信息不对称。

现在假设市场上有两种类型的借款人,一种是投资项目收益率较低但风险较小,不太可能违约的低风险客户,另一种是投资项目投机性强,潜在收益大但风险很高,到期无法偿还贷款可能性大的高风险客户。从银行的角度来看,前者属于高质量的客户,后者属于低质量的客户。如果银行按照客户的平均质量来设定贷款利率,此时的信贷市场上又会出现"柠檬问题"。对于高质量客户而言,他们违约的风险小、潜在收益率较低,无法承担较高的贷款利率,他们会选择退出信贷市场。而高风险、高收益的借款人仍然会选择向银行贷款,因为违约的损失是有限的,比起潜在的高收益,他们可以接受较高的贷款利率。因此,高质量的客户会减少借贷的规模,而低质量的客户则一如既往地借贷。为了保证自身的收益,银行会被迫提高利率水平,这会使得更多的高质量客户退出市场,最后留在信贷市场上的都是低质量的客户群体。在这个例子中,由于信息不对称,银行无法区分客户的质量水平,妨碍了银行根据不同客户的信用差异来设置利率和借贷条款,造成了信贷市场的低效率运行。

(三) 劳动力市场

假设在一家企业中,雇佣了 100 位员工,他们的工作能力(或生产效率)是参差不齐的,有些人能干又勤快,有些人则又笨又懒。由于监督管理不可能是全面高效的(因为完美的监督体系需要支付较高的成本),因此,在制定工资标准时,企业主只能根据全体员工的总体表现和生产效率情况来做出判断,给所有工人提供一个不太高也不太低的工资,而不是对每个工人按质论价。但是每个员工对自己的工作能力是很清楚的。一旦企业的工资标准实际实施后,劳动付出得多却没有得到相应回报的员工,马上就会认识到,自己的付出很多,而收入一定,选择偷懒或跳槽去其他企业是明智的。接下来,能干的员工也开始偷懒或者干脆离开了企业,员工整体的工作水平必然会呈现出下降的趋势,企业的生产效率就会降低,这是容易被观察得到的。企业主会根据观察到的工作业绩下降的情况降低工资标准。如此一来,剩下的员工中最能干的那一部分人,又会陷入上述的情境中,认为自己的付出大于降低后的收入,结果他们也选择偷懒或者离职。最终留下来的员工,将会是生产效率最低的那一部分人。因此,劳动力市场的逆向选择与旧车市场的情况本质上是一样的。员工相当于旧车市场上的卖方,工人的生产效率体现的是劳动力商品的质量。

三、逆向选择的解决方法

上述讨论已经充分地说明了逆向选择问题的存在导致市场失灵,那么,有没有解决这类问题的办法呢?实际上,在经济体系的运作过程中,市场已经演化出一系列的制度安排来解决上述信息不对称导致的逆向选择问题。下面我们仅列举一些在经济生活中广泛使用的解决机制。

(一) 声誉机制

在大多数情况下,卖方比消费者掌握了更多有关所售商品的信息。从卖方的角度出发,为了在长期中维持交易双方的买卖关系,解决信息不对称问题的一个有效方式,就是建立声誉。对于买方而言,通过试探性的消费发现有信誉的商家也是值得的,因为这将便于他在将来能够更高效地买到高质量产品。

为了建立和维护良好的声誉,企业会通过各种方式使消费者能够对其进行识别,如选择固定的经营场所,设计容易记忆和辨识的商标图案,投放大规模的广告宣传等。卖方这样做都是为了将自己与竞争对手在消费者心目中区别开,事实证明这样做是有效的。正如我们容易观察到的那样,有些人只到固定的几家商场购物,有些人则偏爱某些品牌的产品。有吸引力的广告能劝说人们去尝试购买,这些都是消费者基于自身经验的判断。卖方一旦建立了这种声誉,就等于是以可信的方式将产品的质量信息告诉了消费者,由此解决了信息不对称问题。

但是,在无法建立长期交换关系的场合,声誉的建立是很困难的。比如,位于车站、码头或公路旁的餐馆旅店,每天人来客往,大多数客人的消费都是一次性的。对于这类消费者来说,最好的取信方式就是将产品标准化。标准化消除了顾客对产品质量的疑虑,也可以解决此类信息不对称问题。这就是为什么在火车站和机场,麦当劳快餐如此受欢迎的原因。

(二) 政府的规制

通过政府的强制性规定,也能解决一部分信息不对称导致的逆向选择问题。例如,我国的劳动法和其他相关法律明文规定,企业必须为所有的城镇职工购买医疗保险,这实际上就避免了身体健康状况更好的那一部分人退出保险市场的情况发生。类似的例子还有所有购车的消费者必须购买车险,向银行申请贷款的借款人必须提供过往的信用记录等。

另外,对于普遍存在于证券市场的信息不对称问题,各国政府和证券监管部门会要求上市公司严格执行信息披露制度。这是为了保护上市公司投资者利益、接受公众监督而依照法律规定的,上市公司必须对其财务变化、经营状况等信息和资料向管理部门报告并向社会公告,以便使投资者充分了解公司情况。它既包括公司股票发行前的披露,也包括上市后定期的信息公开。信息披露制度,降低了投资者信息搜寻的成本,在一定程度上降低了投资者、上市公司和政府三者间信息不对称而导致的低效率。

(三) 信号发送与信息甄别

逆向选择的问题源自交易各方的信息不对称,那么降低这种不对称的程度是这个问题最直接的解决之策。只要为交易对手传递信息的成本不是太高,无论是希望获得高质量商品的买方,还是要将商品销售出去的卖方,都会有动力去这样做。

在现实生活中,很多企业会为自己销售的产品随附各种质量保证书,包退、包换和保修的承诺书等。这些都是成本低廉,且在短期内能够迅速将信息传递给消费者的方法。另外,在产品或服务市场中的品牌,也是一种典型的市场信号。卖方选择通过这些方式向消费者传递信息,是因为真正的优质品因质量原因导致退换或维修的概率非常小,这既能使自身与低质商品区分开来又不会增加太多的额外成本。这种拥有私人信息的一方向交易方传递信息的方式被称为信号发送。

同样的,拥有私人信息较少的一方,也可以主动设计某种机制来识别对方的私人信息,从而达到去粗求精的目的,这就是信息甄别机制。例如,企业通过试用期时的表现,来判断新入员工的工作能力;政府或企业通过招标的方式决定某一项目的合作方时,可以通过竞标者对招标材料的响应情况来判断合作方的状况。

第三节 信号发送与信息甄别

我们已经指出信号发送与信息甄别如何解决信息不对称的问题,实际上,这两种交易主体主动解决信息不对称问题的办法是一种有效的机制。在这一节中,我们将具体考察这两种机制如何缓解信息不对称导致的市场失灵问题。需要指出的是,与完全信息情况相比,在这两种机制下还是可能存在市场效率损失。

一、信号发送

信号发送是指,在市场中拥有更多信息的一方主动将所掌握的信息,通过某种方式或某种信号提供给信息较少一方,以促成市场交易的行为。迈克尔·斯宾塞(Michael Spence)通过对劳动力市场的分析发现,在竞争性的劳动力市场中,具有高技能和高生产效率的劳动者能够通过某些有成本的方法进行信号发送,从而解决劳动力市场中的逆向选择问题。下面,我们先以劳动力市场为例来讨论信号发送机制,然后将分析扩展到产品市场。

1. 劳动力市场的信号发送

前面我们已经提到过劳动力市场上可能存在的逆向选择问题,下面我们进一步分析这一问题并提出解决办法。

假设在一个劳动力市场上,存在低生产效率和高生产效率两类工人,他们的平均边际产出分别为1个单位和2个单位。与劳动力需求方的雇主相比,工人更清楚自己的劳动效率和工作努力程度,即在劳动力市场上工人是拥有私人信息较多的一方。在竞争性的劳动力市场上,如果雇主能够准确地识别上述两类劳动者,他们就会根据劳动者不同的生产效率提供与各自边际收益产出相等的工资,那么高生产效率的劳动者得到的工资水平就会高于低生产效率的劳动者。然而,如果雇主对劳动者的生产能力进行鉴别是困难的,或者由于鉴别成本太高而行不通,那么,工人就不能按其生产效率获得相应的工资。假设劳动力市场上两类工人各占一半,则企业会选择按照他们的平均生产率支付每人1.5单位的工资。这样一来,高效率工人的能力被低估,所得不足以弥补其投入;而低效率工人的能力被高估,其收入也与效率不成比例。在这种情况下,高生产效率的工人要想留下来继续工作,就有激励通过发送某种信号主动将自己与低生产能力的工人区别开来。

那么,工人通过什么办法发送信号呢?身高、长相、种族这些因素要么是先天的,要么不可改变,而且与生产效率没有直接关系,显然不能用作发送信号的工具。经济学家们认为,在劳动力市场中,工人的受教育程度或学历是一个很强的信号。由于发出信号需要付出代价,当代价太大时,发送信号是不合算的。可以假定能力强的人接受教育的收益会大于成本,而能力较弱的人则正好相反。因此,工人的生产能力与其受教育程度正相关,雇主可以根据工人的受教育程度或学历来判定其生产效率并支付相应的工资。由此,用劳动者的学历来对其进行区分就有一定可信度,通常情况下能力强的人具有较强的学习能力,在接受同等教育时,较之能力一般或较差的人,他们的成本付出会较低。由此看来,即使教育本身对提高生产效率没有太大的作用,学历也是一个具有可信度的市场信号,因为它能够起到证明劳动者学习能力的作用。

劳动者接受教育的成本由本人承担,其中既包括物质成本,如学费、书本费等,也包括因受教育而放弃工作的机会成本和承受各种压力的心理成本。现假设能力较低的工人获得教育水平y的成本为C。由于能力越高,接受同等水平的教育会更轻松一些,所付出的成本也将更低,假设为$1/2C$。如图11-1所示,分别用C_L和C_H表示低能力和高能力劳动者接受教育的成本。假设雇主愿意对受教育水平达到或高于y^*的劳动者支付2单位的工资,对没有达到y^*这个教育水平的劳动者仅支付1单位的工资。根据这一决策规则,工人获得的工资$w(y)$如图中的间断线所示。

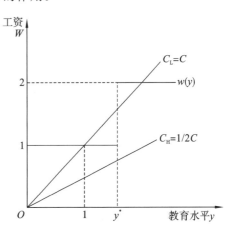

图11-1 劳动力市场信号发送模型

在知道了雇主预先设定的区分点y^*后,劳动者会选择最优的受教育水平来实现自身的收益最大化。劳动者的收益是其获得的工资扣除受教育成本后的差额,在图中表示

为工资线 $w(y)$ 与成本线的差距。从图中可以发现，低能力的劳动者会发现接受更多的教育是不值得的，对于高能力的人而言，接受教育能够为他们带来更高的收益。因此，只有生产效率高的人会用接受更多教育的方法向劳动力市场发出他们的信号，雇主也据此向他们提供更高的工资。

与信息不对称导致逆向选择情况相比，信号发送机制能有效地减少低能力劳动者在劳动力市场中滥竽充数的情况。但是当整个劳动力市场中高能力劳动者比例增加时，他们为了证明自己不是那一小部分人而增强信号，从而选择接受更多的教育时，也是一种社会浪费。我们从身边的变化也能感受到这一点。在高等教育还不普及的年代，拥有大学学历是一种高能力劳动者的信号。当这一层次的教育逐渐普及，伴随着普通高校的扩招，各种成人教育和网络教育的出现，获得大学学历变得相对容易。高能力的人只有通过增强信号，通过激烈竞争获得名牌大学的学历（这提高了他们受教育的成本）才能使自己脱颖而出。而现在，当大学生就业也变得不那么容易时，考研热逐渐呈现出高烧不退的现象。这或许表明，只有接受更高难度的教育，才能增强劳动者的市场信号。

【案例 11-3】 为什么客户更倾向于聘请穿着华贵的律师？

假设你最近被人控告涉及一宗恶性犯罪案件，无故蒙冤的你不得不寻找律师为自己开脱罪名。你有两名律师可供选择，他们两人除了消费水平以外其他方面给人的感觉完全相同。其中一位穿一件廉价的人造纤维西服，开着一辆 10 年前生产的现在已锈迹斑斑的道奇小马（DodgeColt）轿车来到法庭。而另一位律师穿的是一件用料上乘、剪裁讲究的高档西服，驾驶的是一辆崭新的宝马 745i。如果你在进行选择的时候只能获得上述信息，你会聘请谁作为你的辩护律师？

对从事法律专业的人士而言，他们获得的薪金与最受客户重视的能力之间存在非常强的正相关性。一位经常令当事人在法庭上胜诉的律师会比一位常常导致当事人败诉的律师更受人们的欢迎，而这一点会在他们的报酬中反映出来。尽管某位律师的消费水平明显高于其同行这一事实并不能证明他一定是最好的律师，但如果这是你所能获得的唯一信息，那么你显然不会对它视而不见。

摘自：Robert H. Frank, Ben S. Bernanke. 微观经济学原理. 李明志, 等译. 北京：清华大学出版社, 2007：368.

2. 产品质量的信号发送

在产品市场中，消费者所掌握的产品质量信息没有生产者多。如果消费者按照市场上的平均质量水平来出价，则又会出现类似于旧车市场的逆向选择问题。当有了信号发送机制后，出售旧车的一方可以向潜在的买者提供有关车辆质量的保证书，并承诺对一定期限内出现的质量问题予以维修或赔偿，就可以解决信息不对称问题了。

当消费者无法对市场中的产品质量予以区分时,生产优质品的企业不会甘心被劣质品逐出市场,它们会选择主动向消费者传递自身产品质量的信号,以改善交易双方信息不对称的情况,降低逆向选择造成的不利影响。

企业向消费者发送信号的方法有很多种,如我们前面提到过的质量保证书和各种销售承诺、品牌建设等。企业还可以通过选择高信誉度、专业化的中间商间接地告诉消费者其提供的产品质量是优质的。此外,在信息传递方式多元化的今天,广告推销也是很多企业向市场传递信号的有效手段。

企业使用各种手段向市场发送信号的一个结果是能够建立起良好的声誉,通过创立有价值的品牌来使自己的产品能够长期保持具有竞争力的市场优势,在不被劣质品赶出市场的同时获得更高的收益。这是因为建立和维护一个品牌需要企业付出长期的努力,支付大量的成本,一旦做假,这支出将付诸东流,这就使得劣质品的生产者不会选择这么做。因此,品牌本身就传递了其代表的产品是优质品的信号,好的品牌自然会有其相应的市场价值(见表11-2)。

表 11-2　全球最佳品牌排行榜前 20 名(2010 年)

排名	品牌	行业	国别	品牌价值/百万美元		品牌价值变化幅度
				2010 年	2009 年	
1	可口可乐	饮料	美国	70 452	68 734	2%
2	IBM	商业服务	美国	64 727	60 211	7%
3	微软	计算机软件	美国	60 895	56 647	7%
4	谷歌	互联网服务	美国	43 557	31 980	36%
5	通用电气	多种经营	美国	42 808	47 777	−10%
6	麦当劳	餐厅	美国	33 578	32 275	4%
7	英特尔	电子	美国	32 015	30 636	4%
8	诺基亚	电子	芬兰	29 495	34 864	−15%
9	迪士尼	媒体	美国	28 731	28 447	1%
10	惠普	电子	美国	26 867	24 096	12%
11	丰田	汽车	日本	26 192	31 330	−16%
12	梅赛德斯-奔驰	汽车	德国	25 179	23 867	6%
13	吉列	消费品	美国	23 298	22 841	2%
14	思科	商业服务	美国	23 219	22 030	5%
15	宝马	汽车	德国	22 322	21 671	3%
16	路易威登	奢侈品	法国	21 860	21 120	4%
17	苹果	电子	美国	21 143	15 433	37%

续表

排名	品牌	行业	国别	品牌价值/百万美元		品牌价值变化幅度
				2010 年	2009 年	
18	万宝路	烟草	美国	19 961	19 010	5%
19	三星	电子	韩国	19 491	17 518	11%
20	本田	汽车	日本	18 506	17 803	4%

摘自《2010 年 Interbrand 全球最佳品牌 100 强排行榜》,2010 年 9 月。

二、信息甄别

斯宾塞的研究引发出另一个问题,即处于信息劣势的一方能不能通过采取某些有成本的行为对交易对手的信息进行甄别呢?针对这一问题,1976 年,迈克尔·罗森查尔德(Michael Rothschild)和斯蒂格利茨在他们发表的论文《竞争性保险市场均衡:论不完备信息经济学》一文中,提出了解决逆向选择的信息甄别机制。他们以保险业为研究背景,认为处于信息劣势的保险公司可以率先采取行动,设计出一种具有信息甄别功能的保险合约,然后向市场提供这些有差别的合约,让具有信息优势的潜在投保人自我选择来实现均衡,从而最终达到使保险公司能够对投保人风险状况进行甄别的目的。

现在假设一家保险公司面临高风险和低风险两类投保人,他们的收入 y 和可能遭受的损失 d 都是一样的,且 $d<y$。但是两类投保人遭受损失的概率不同,高风险类投保人造成损失的概率为 p_H,而低风险类投保人遭受损失的概率为 p_L,且满足 $1>p_H>p_L>0$。如果保险公司不能区分这两类风险概率不同的投保人,按照平均发生损失的概率给所有的投保人设定相同的保险费,就会出现高风险者买保险、低风险者不买保险的逆向选择问题。

为了避免上述逆向选择问题的出现,保险公司将根据投保人的类别分别设计不同的保险费 a 与赔偿金 b 的合约组合 (a,b) 对其进行甄别。这是因为高风险者与低风险者对保险价格与赔偿比例的态度有很大的差别。保险公司为市场提供两种保单:一种是面向高风险者的,保单的保险费较高但可以得到全额赔偿;一种是为低风险者设计的,保单的保险费较低但只提供部分赔偿。这两类合约组合分别表示为:(a_H,b_H) 和 (a_L,b_L),其中,$a_H>a_L$,$b_H=d$,$b_L<d$。当保险公司将这两种保单供投保人自己选择时,风险高的人由于出事的概率较大,他们会选择保险费高但全额赔偿的合约;而风险低的人由于出事的概率较小,他们宁愿选择只提供部分赔偿但成本较小的那份合约。两类投保人都没有去模仿对方的激励,结果保险公司就可以甄别出哪些是高风险的投保人,哪些是低风险的投保人。

上述两种合约之所以能够有效地甄别出投保人的类别,其经济学原理在于:无论投保人是高风险还是低风险的,他们都是根据出事和不出事概率下的期望收益来决定是否投保。在保险公司提出的保险合同中,如果高保费和低保费保单对高风险的投保人来说效用相同,鉴于投保人规避风险的心理,他们会自由选择高保费的保单。同样的道理,对于低风险的投保人而言,低保费保单给他们带来的效用会更高,因此,他们不会选择高保费保单。这样,保险公司就成功地将风险高的投保人和风险低的投保人区别开来了,并且使他们各取所需。

信息甄别机制在现实生活中的运用十分广泛,雇主为劳动者支付不同的劳动报酬就是另一个例子。当雇主同时实行计件工资与计时工资制时,生产率高于平均水平的工人会选择计件工资制,而生产率相对较低的工人则更愿意选择计时工资制。这样一来,雇主就能有效地区分出工人的工作能力,避免了逆向选择问题的出现。

第四节 道德风险

一、道德风险的产生

信息不对称导致的另一个问题是道德风险。道德风险是指交易双方在达成交易协议后,为了使自身效用最大化,一方利用自己拥有的信息优势有目的地损害另一方利益的行为。道德风险作为一种普遍存在的经济现象,其实与经济代理人的个人品质没有太大关系,而只是经济人利用自身的隐藏信息所采取的理性行为。

与发生在合约签订之前的逆向选择不同,道德风险多发生在合约签订之后。在具有下面所说的委托-代理关系的一类交易中,例如招投标、雇佣经理和员工,委托人通过合约将一定的工作任务委托给代理人,在合约签订后,代理人可能会利用自己拥有而委托人观察不到的隐藏行动或隐藏信息,追求自己的利益而损害委托人的利益。但委托人却不能完全监督或控制其行为,或者是监督与控制成本很高。拥有隐藏行动能力的代理人在改善自身利益的同时也损害了委托人的利益。这种损害给委托人带来一种成本,被称为委托-代理成本。如果委托-代理成本太高,可能会妨碍委托人与代理人之间的交易,而这种交易在信息对称的情况下,或者存在有效合约安排的情况下对双方都是有利的。因此,与逆向选择会导致市场失灵现象一样,道德风险问题的产生也会造成市场运行的低效率。

保险的例子可以更清楚地说明上述思想。在保险市场中,投保人通过购买保险公司提供的保险合约而转移了风险,保险公司则从风险分散中获得收益。但是,投保人在买了保险后,其行为方式会发生改变。例如购买了火灾险的消费者,就不会像没有买保险以前那样小心地收藏易燃材料,这将导致发生火灾的概率上升,进而直接导致保险公司赔偿率的上升。又比如购买了医疗保险的人,会让医生多开一些并不必要的药品;买了汽车保险的人,开车会没有以前那样小心翼翼等。这些行为都属于道德风险,如果上述情况足够严重的话,保险公司将会发现为市场提供保险无利可图,而选择不再出售此类保险或干脆退出市场,这就造成了无效率的情况。

我们来看一个具体的例子。假设某企业的仓库内储存了价值50万元的服装,如果企业自己主动采取一系列防火措施将花费2 000元,仓库发生火灾的概率为0.005。如果企业没有防火措施或疏于防范,发生火灾的概率将增加,假设为0.008。如果保险公司以有预防措施时火灾发生的概率来设计保险合同,则将以500 000(元)×0.005＝2 500(元)出售一份保给该企业。然而,一旦购买了保险后,企业就不再有动力继续实施原来的防火措施了。因为即使真的发生了火灾,他的全部损失也可以得到补偿,而实施防火措施将增加2 000元的开支。结果,火灾发生的概率上升,保险公司实际面临的损失期望为500 000(元)×0.008＝4 000(元),出售一张保险单会损失1 500元。保险公司不得不将保单的价格提高。

二、道德风险的简单模型——以保险市场为例

我们仍然以保险市场为例,构建一个简单的道德风险模型。假设一个风险厌恶型的个人A,其初始财富为W_0单位,其中L单位的财产面临着被盗的可能,这种损失发生的概率为π。现用$U(W)$表示此人的效用函数,分别用W_U和W_L表示他的财产没有被盗和遭受盗窃而发生损失的两种状态。在这种情况下,A有两种办法规避L单位财产被盗的风险,一是他自己主动采取防范措施降低被盗的概率,这将产生C单位的支出;二是A花费P单位货币向保险公司投保,以求在财产被盗后获得赔偿。下面我们来看A将如何决策。

如果A不购买保险,则在两种状态下的财富余额分别为:

$$W_U=W_0-C; W_L=W_0-C-L$$

A的期望效用为:

$$EU(W)=(1-\pi)U(W_U)+\pi U(W_L)$$

他的期望效用最大化的条件为:

$$\frac{\partial EU(W)}{\partial C}=-U(W_U)\frac{\partial \pi}{\partial C}-(1-\pi)U'(W_U)+U(W_L)\frac{\partial \pi}{\partial C}-\pi U'(W_L)=0$$

由于$\frac{\partial \pi}{\partial C}<0$,将上式整理后可以得到:

$$(1-\pi)U'(W_U)+\pi U'(W_L)=[-U(W_U)+U(W_L)]\frac{\partial \pi}{\partial C}$$

这个式子说明,对于A而言,当他不购买保险而自己采取防范措施时,防范成本增加1单位的期望效用损失应该等于1单位财富本身能达到的期望效用损失的减少值。

相应地,如果A购买了保险,当损失发生时,他可以从保险公司得到R单位的赔偿。如果保险公司能够监督投保人的防范行为且知道发生损失的可能性,则购买保险的费用$P=\pi R$。此时,在没有发生盗窃和遭受盗窃两种情况下,A的财富结构分别为:

$$W_U=W_0-C-\pi R; W_L=W_0-C-L+(1-\pi)R$$

如果保险公司为客户提供财产遭窃的全额保险,即$L=R$,且盗窃事件发生和不发生这两种情况是相互独立时,就应该有$W_U=W_L$。A通过设定一定单位的R来实现自身的

期望效用最大,即购买了保险后的 $EU(W)=(1-\pi)U(W_U)+\pi U(W_L)$ 最大化。此时的期望效用最大化条件为:

$$\frac{\partial EU(W)}{\partial C}=-U(W_U)\frac{\partial \pi}{\partial C}-(1-\pi)U'(W_U)\left(1+L\frac{\partial \pi}{\partial C}\right)+U(W_L)\frac{\partial \pi}{\partial C}-\pi U'(W_L)\left(1+L\frac{\partial \pi}{\partial C}\right)=0$$

又由于 $W_U=W_L$,代入上式整理后得到 $1=-L\frac{\partial \pi}{\partial C}$。

A购买了全额保险时的边际条件与他仅仅采取自我防范措施时的边际条件相似。为了实现期望效用最大,他为采取防范措施的边际成本应该等于边际支出所能实现的期望损失的减少额。

上述分析有一个重要的假设,即保险公司能够有效地监督投保人采取防范措施的行为,并且准确地掌握了投保人财产遭窃的概率,并以此为依据来设定保险费。但是我们已经知道,这些假定在实践中很难成立。因为保险公司不可能观察到所有投保人购买保险后的行为,更不用说监督每一个投保人的事后行为了。而且,保险公司也不会根据每个投保人的行为差异而收取不同的保险费,他们只能根据损失发生的平均概率来设定保险合约的价格。也就是说,保单的价格与投保人是否主动采取防范措施而积极防盗的行为无关。对于投保人来说,既然发生损失时能够得到保险公司的全额赔偿,为了实现自身效用的最大化,他们就不会有动力去主动地采取防范措施。因为投保人A的效用函数是随着其财富总量的增加而上升的,当他选择放松警惕而非积极防盗时,能够减少 C 单位的支出,从而提高总体效用水平。因此,A的理性选择是不再主动采取防范措施。这样一来,保险公司就面临了道德风险带来的不利影响。最终的结果是,保险公司要么退出市场,要么被迫提高合约价格但无人购买,由此导致市场消失。

三、道德风险的解决方法

对于道德风险问题,目前人们也提出了一些解决办法。例如,设计一些合约安排,让具有隐藏行动的一方承担其道德风险造成的损失。一个例子是,在财产保险中,让财产所有者也承担一部分损失,就可以促使他们采取防范事故发生的措施。可行的合约可以这样来设计:在损失发生时,保险公司最高赔偿额为投标的价值的 $a\%$,余下的 $1-a\%$ 的损失由投保人自己承担。沿用上述保险市场的简单模型,a 值到底应该设定为多少,有兴趣的读者可以借助高等数学的相关知识求出结果。

除了财产保险,在车类保险、房屋保险和健康保险中,也都可以依此方法来设计合约。只要财产所有者采取保护措施的成本低于预期的损失,投保人就有动力采取保护措施。在一般的情况下,采取保护措施的成本当然会低于预期的损失,这就使得投保人即使买了保险也能积极采取保护的措施,如此一来,道德风险问题就能够大大减少甚至消失。

这样设计的保险合约在现实中确实广泛存在。例如在各类车险中,都规定了车主应负的责任;在银行贷款中,都要求提供担保和抵押;在房屋按揭中,银行最高只提供 80%的贷款,等等。此外,在医疗保险中,约定病人也要承担一定的医疗费用等。通过这些安排,道德风险问题就能够得到相当程度的缓解。

解决道德风险的另一个办法是提供有效的激励。接下来让我们在委托-代理理论的框架下更深入地研究这一问题。

第五节 委托-代理问题与激励

委托-代理理论的研究源于20世纪40年代,在70年代获得迅速发展,目前已形成了比较成熟的理论。经济学中的委托-代理关系泛指任何一种涉及信息不对称条件下产生的交易。根据交易双方掌握不对称信息的情况进行区分,将拥有信息优势的一方称为代理人,另一方称为委托人。一般来说,只要存在雇佣安排,当一个人的福利取决于另一个人的行为时,委托-代理关系就存在了。在委托-代理关系下,委托人将一定的任务委托给代理人完成,因而二者类似于一种雇佣安排。但二者的信息不对称,且目标不一致,因而代理人可能在这种安排下为追求自己的利益而损害委托人的利益,由此导致效率损失。

一、委托-代理关系

委托-代理关系在现实生活中处处可见,如医生与患者、老师与学生、股东与经理、选民与政府等,都是广义上的委托-代理关系。就现代公司来看,至少存在着几种委托-代理关系。一方面,股东是委托人,经理是代理人,股东将企业的财产委托给经理进行经营管理。另一方面,经理是委托人,企业员工是代理人,经理雇佣员工为其工作。如果再细分的话,在公司构架中实际上存在着一条委托-代理链条。链条的最上层是公司的所有股东,他们是财产的所有者,将自己的财产委托给少数大股东,由大股东组成董事会,负责经理的选聘和重大投资项目的决策,因而大股东实际上成为广大中小股东的代理人;链条的最末端是基层管理者(如车间主任、部门经理、分支机构负责人等)和员工,基层管理者是委托人,员工是代理人,员工在基层管理者的指导下工作。在中国国有企业中,这种委托-代理关系的链条更长,因为官员本身是公众的代理人,而作为国企的主管官员,它又成了委托人,而经理成了代理人。在私有制的农业经济中,土地所有者是委托人,佃农是代理人,土地所有者将自己的土地委托给佃农耕种,由此形成与现代公司类似的委托-代理关系。

委托-代理关系的形成需满足两个基本条件。第一,市场中的代理人和委托人是相互独立的个体,他们都是在约束条件下追求自身效用最大化的理性人。其中,代理人必须在许多可供选择的行动中选择一项预定的行动,该行动既会影响他自身的收益,也会影响委托人的收益。委托人则具有付酬能力且拥有制定付酬方案的权力,即委托人在代理人选择既定行动之前就能与他们确定某种合同,明确规定代理人的报酬是委托人观察代理行动结果的函数。第二,委托-代理的双方都面临着市场的不确定性,且他们之间所拥有的信息状态是不对称的。首先,委托人不能直接观察代理人的具体行为,即委托人不可能对代理人的行为进行完全的监督;其次,代理人不能完全控制选择行动后的最终结果。因此,委托人不能完全根据对代理人行为的观察结果来判断代理人的努力程度。以股东和经理的委托-代理关系为例,股东委托经理管理公司,股东希望低成本高收益,经理则盘算着钱多事少,双方都是谋求自身效用的最大化。但是,股东无法准确判断经理工作的绩效。这是因为,公司的绩效不完全取决于经理的工作能力和努力程度,其他因素对产出绩效的影响也是不可忽视的。

另外,需要注意的一点是,委托-代理关系并不局限于单个个体之间,也可以是多个委托人与多个代理人的形式。在表11-3中,我们根据这一特点,列举了委托-代理关系的五种基本模式。

表 11-3 委托-代理关系的基本模式

基本模式	事例	委托人	代理人
单个委托人与单个代理人	医生与病人	病人	医生
单个委托人与多个代理人	中央政府与多家寡头垄断性企业	中央政府	寡头垄断企业
多个委托人与单个代理人	家庭用户与自来水公司	数以亿万计的家庭用户	自来水公司
多个委托人与多个代理人	保险市场上多家保险公司争夺众多投保人	众多投保人	多家保险公司
互为委托-代理关系	老师和学生	老师、学生	老师、学生

在这些委托-代理关系中,交易双方实际上存在着一种就业安排,根据这种就业安排,一方委托另一方负责完成某种工作。一方的福利水平取决于另一方的工作努力情况。假如监督是完全的,那么代理人就会完全根据委托人的意愿行事,双方的交易会达到一种帕累托有效的状态:代理人得到了自己全部努力的报酬,委托人也实现了最大利益。但如果委托人不能完全监督代理人,代理人就可能会为了自己的利益而损害委托人的利益;而委托人为了防止这种情况发生,就需要花费资源提高监督效率或寻求其他的解决办法。实际上,二者的信息不对称,监督成本有时很高,因而,设计特定的合约安排来解决委托-代理问题引起的效率损失,是研究委托-代理关系的核心所在。

二、委托-代理的简单模型

下面我们用简化后的股东与经理人之间的委托-代理关系来建立模型,通过对这个模型的分析展示其中的理论机制。我们将股东与经理的委托-代理关系视为双方的一种合约关系。

(一) 模型设定

为简化分析,假设企业只有一个股东,他聘用了一个经理来管理公司,即他们是一对一的委托-代理关系。经理上任后,可以选择努力工作或是偷懒,股东无法直接观察他的行为。假设 $e=1$ 代表经理努力工作,$e=0$ 代表他选择了偷懒。经理工作的成本,即劳动给他带来的负效用为 $c(e)$,他是自己付出的努力水平 e 的函数,且 $c(1)=\varphi(\varphi>0)$,$c(0)=0$,即偷懒时经理损失为零。股东通过观察企业的产出水平间接地评价经理的努力程度,虽然企业的产出并不完全取决于经理的努力,两者的关系如表 11-4 所示。其中 π_H、π_L 分别代表企业最终的产出水平是高还是低,p_H 和 p_L 则分别代表每类产出水平(高、低)出现的概率。虽然,经理努力工作并不必然带来高产出,偷懒也不一定就会导致低产出,但是,从概率分布上来看,努力工作从平均意义上来说是能够提高产出水平的。

表 11-4 企业不同产出水平的概率分布

产出水平	努力程度	
	$e=1$	$e=0$
高产出 π_H	p_H	p_L
低产出 π_L	$1-p_H$	$1-P_L$

假设股东是风险中性的,在支付了经理工资 w 后获得所有的剩余;经理是风险规避的,其效用水平取决于他的工资扣除工作成本后的净值,效用函数可表达为 $U(w-c(e))$,且满足 $U'>0,U''<0$。因此经理努力工作和偷懒的效用分别为 $U(w-\varphi)$ 和 $U(w)$。如果经理不受雇于股东,其保留效用为 $U(w_0)$。

在上述假定条件下,股东们会根据能够观察到的结果,提供一份委托-代理合约给经理,约定在高产出水平时,股东支付经理的工资为 w_H,在低产出水平时,支付经理的工资为 w_L,且 $w_H>w_L$。经理只能对这份合约做出接受或拒绝的选择,这里不讨论双方存在议价的情况。下面的问题是,可行的工资合约应该满足什么条件,才能促使经理选择努力工作呢?

(二) 可行的委托-代理合约

当代理人的努力程度无法观察时,一方面,委托人不能判断高产出是经理努力工作的结果还是碰巧他运气好而带来的;另一方面,当面临低产出时,股东也不能证明是经理偷懒而造成的结果。于是,在股东与经理的委托-代理关系中就会存在道德风险问题。即使股东愿意支付高薪激励经理努力工作,为了追求个人效用的最大化,经理也不可避免地会选择偷懒,且把可能的低产出结果归咎于其他原因。为了让代理人自愿地付出努力,委托人提供的工资合约必须使代理人意识到,努力工作要比偷懒更好一些,即经理努力时的效用至少不低于偷懒时的效用:

$$p_H U(w_H-\varphi)+(1-p_H)U(w_L-\varphi) \geqslant p_L U(w_H)+(1-p_L)U(w_L)$$

这个式子被称为激励相容的约束条件。同时,为了让代理人愿意接受工作合约,应该使代理人明白,接受合约比拒绝好,即接受合约的效用大于经理的保留效用:

$$p_H U(w_H-\varphi)+(1-p_H)U(w_L-\varphi) \geqslant U_0$$

上式是代理人的参与约束条件。

激励相容约束和参与约束共同决定了在不对称信息情况下,能使代理人主动选择努力工作应满足的条件。

(三) 合约的特征

在上述激励相容约束和参与约束同时得到满足的情况下,理性的委托人总是希望尽可能地少给经理报酬,因此,股东提供的委托-代理合约一定会让参与约束中的等号成立。我们用图11-2来进一步说明可行的委托-代理合约的特征。图中的横轴表示经理的工资水平,纵轴代表相应的效用水平,图中凹向原点的效用曲线 $U(w-\varphi)$ 说明经理是风险规避的。

在信息对称的情况下,经理获得的效用水平为 U_0,股东支付的工资为 $w_0+\varphi$(如图中 A 点所示)。在信息不对称情况下,股东为了激励经理努力工作的成本,是股东支付给经理的期望工资 $E(w)$,即

$$E(w) = p_H w_H + (1-p_H) w_L$$

由于股东也会追求自身利益的最大化,他不会给经理更高的工资,所以不对称信息的条件下,经理的期望效用也就等于他的保留效用,此时有

$$E(w) > w_0 + \varphi$$

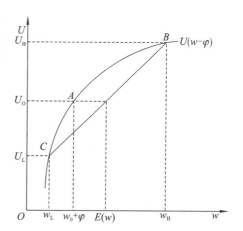

图 11-2 经理(风险规避)的效用函数

也就是说,处于不对称信息时,委托人要用更高的成本才能激励代理人努力工作,增加的这部分成本可以理解为不对称信息导致的代理成本。

三、委托-代理框架下的激励

在股东与经理的委托-代理模型中,我们其实已经给出了设计激励机制的两个约束条件:一是委托人必须使代理人的效用水平不低于其保留效用 U_0;二是委托人必须使代理人有动力努力工作,即意识到工作比偷懒好。

委托人要设计一套激励机制,能够使代理人在决策时不仅需要参考原有的信息,而且需要参考由信息激励机制发出的新信号,它使得代理人不会因为隐瞒私人信息或因隐藏行动而获利。这将使得代理人不论是否采取信息欺骗的行为,所获的收益都一样。结果是最终也保证了委托人的利益,即实现委托人与代理人之间的激励相容。

下面我们来考察在满足激励机制的两个约束条件下,信息经济学中四种典型的激励合约。假设代理人的劳动量为 x,产量 y 与他的劳动投入高度相关,有 $y=f(x)$;$s(y)$ 是委托人根据产量对代理人支付的报酬,委托人希望 $y-s(y)$ 最大。代理人的劳动成本为 $c(x)$,代理人的效用水平为 $s(y)-c(x)=s(f(x))-c(x)$,保留效用为 U_0。

根据上述假设,满足激励机制的参与条件为:

$$s(f(x)) - c(x) \geqslant U_0$$

激励相容的约束条件为：

$$s(f(x^*)) - c(x^*) \geqslant s(f(x)) - c(x)$$

其中 x^* 是代理人获得最大效用时的努力水平。

最优的 x^* 可以从图 11-3 求得。x^* 将出现在产出曲线 $f(x)$ 与代理人的成本曲线 $c(x)$ 之间垂直距离最大的点上。此时两条曲线对应的切线平行。

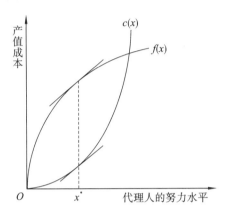

图 11-3　代理人的最优努力水平

下面我们来看如何设计下列四种激励合约。

(一) 收取租金

在信息对称时，土地所有者（委托人）按一定的价格 R 将土地租给农民（代理人）耕种，农民能够获得除去地租后的所有剩余。这一激励机制可以用函数表达为：

$$s(f(x)) = f(x) - R$$

农民的参与约束决定了地租的价格。因为农民的总效用必然等于其保留效用 U_0，所以，

$$f(x^*) - c(x^*) - R = U_0$$

地租为：

$$R = f(x^*) - c(x^*) - U_0$$

这时的地租使农民自愿地付出 x^* 水平的努力，代理人在为自己的利益最大化努力工作的同时也实现了委托人希望的产出水平。

当信息不对称时，如果委托人将土地租给代理人，那么代理人得到支付固定租金后的全部剩余。这时代理人承担了随机因素可能带来的风险。如果代理人比委托人更不愿意承担风险的话，那么就会降低上述激励机制的效率，代理人不会接受这样一种激励安排的合约。为了规避风险，代理人宁愿放弃预期的剩余而将风险转移给委托人。如果希望激励代理人去承担风险，必须要给他更高的预期收益作为补偿，即此时的租金应低于 R。

(二) 劳动工资

在信息对称时，如果土地所有者采用雇用劳动的合约，则他除了一次性支付给农民

报酬 K 以外,还可以工资率 w 对农民的单位劳动支付报酬。此时农民的劳动报酬由两部分构成,即

$$s(f(x))=w\cdot x+K$$

在这里,工资率 w 等于农民付出 x^* 水平劳动时的边际产值 $MP(x^*)$。K 是一个固定报酬,在约束中可以视为常数,且它只需要满足参与约束即可。现在就是要确定 w,使它能够实现代理人恰好愿意付出 x^* 水平的劳动。于是,问题转化为:

$$\max_x[w\cdot x+K-c(x)]$$

对此式求农民工作努力水平 x 的一阶导数,容易得到,农民选择的 x 将使他的边际成本等于工资率,即 $w=MC(x)$。又由于工资是 $MP(x^*)$,所以农民对 x^* 的最优选择是使得 $MP(x^*)=MC(x^*)$,这正好是土地所有者所希望的理想水平。通过参与约束 $w\cdot x^*+K-c(x^*)\geqslant U_0$ 可确定农民的固定报酬 K:

$$K=c(x^*)+U_0-w\cdot x^*$$

当信息不对称时,委托人只能观察到代理人的劳动投入时间,而不能观察到代理人的劳动努力程度,那么,这种激励工资的合约安排是不可行的。

(三) 目标产量承包

当信息对称时,委托人给代理人一项简单的选择,代理人要么接受,要么拒绝。如果代理人付出 x^* 的劳动水平,委托人就给予其报酬 B^*;否则,报酬为零。这是不容讨价还价的单点报酬激励机制。B^* 的水平由参与约束条件 $B^*-c(x^*)=U_0$ 给出,即

$$B^*=c(x^*)+U_0$$

如果农民偷懒而使得劳动投入水平 $x\neq x^*$,则他得到的效用为 $-c(x)$;如果他接受合约并严格执行合约,那么代理人的效用就是 U_0。因此,农民不会偷懒,他会严格遵循合约要求的劳动水平数量,即最优选择为 $x=x^*$。

当信息不对称时,结果与劳动工资的情况一致。如果代理人的努力程度无法监督,而报酬又取决于最终的产量的话,实际上是由代理人承担了全部风险。当其他原因造成结果与目标产量稍稍偏离时,代理人将一无所获。因此,与前两种合约相比,目标产量承包制的风险更大一些。

在信息对称的条件下,上述三种激励机制是等价的。当产量由代理人的劳动努力程度决定时,最终的结果是,代理人付出 x^* 水平的劳动后,恰好得到保留效用 U_0 代表的收益。同时,代理人的付出也实现了委托人的效用最大化。在一般情况下,不需要在这三种激励计划中再做选择。

(四) 次优激励机制——分成制

当信息对称时,在分成制度下,委托-代理的双方都按照一定比例从最终的收益中获得各自的利润。假设农民的收益为:

$$s(x)=\alpha f(x)+F$$

其中:$\alpha<1$ 是他获得的产值比例,F 是一个常数,代表他的固定收入。这样一来,代理人的最大化收益是:

$$\max_x[\alpha f(x)+F-c(x)]$$

因此，代理人将选择劳动水平 x^*，使其满足 $\alpha\text{MP}(x^*)=\text{MC}(x^*)$。显然这与委托人利润极大化的目标 $\text{MP}(x^*)=\text{MC}(x^*)$ 不一致，即出现了激励不相容。因此，对称信息下的分成制不是有效的激励机制。

然而，在不对称信息条件下，分成制却是一种有效的折中方案。虽然代理人的报酬部分依赖于最终的产量，但代理人与委托人却共同分担了产量波动带来的风险。这样一来，分成制既对代理人形成激励，又使他不需要承担所有的产量波动风险。可见，在信息不对称时，有效的激励机制必须使代理人的报酬随劳动信号的波动而波动，同时又能分担代理人的风险。因此，在分成制下，为了提高自身的效用水平，代理人仍然会选择努力工作。

第六节 信息搜寻

一、价格离散

如果你有逛超市的习惯，你会发现同样一件商品在不同的超市价格不会完全一样，有的商品差价无几，但是有的商品差价巨大。即使有两家超市相邻而设，这种情况仍然会出现，因此我们不能将观察到的价格差异归因于地理位置或服务质量等因素。这种现象在经济学中被称为价格离散。

价格离散现象的出现，一般来说源于三个方面的原因。第一，市场价格是变化和分散的。在各个分散的市场中，价格以不断变化的形式在一定幅度内发生波动，没有人能够对这种波动做出瞬间的反应。这是因为买卖双方在市场中搜寻信息都是有成本和其他例如时间或地域限制的，而且市场参与者的数量也在时刻发生改变，使得信息在连续变化。第二，同质商品市场价格的离散也部分归咎于经营过程中销售条件的差异。例如某些品牌的连锁店能够为顾客提供更好的服务或更多的选择。第三，商品的异质性。产品质量的不确定性导致市场价格的离散。具备同等功能的商品之间的质量差别，往往成为市场价格离散的主要因素。可以理解的是，商品质量差别的离散程度与其市场价格离散程度呈正相关变化。当然，价格离散不仅与商品本身的品质相关，还与市场运行中的许多因素有关。价格离散也会随市场规模的变化而变化。市场规模的扩大，会扩大价格离散的程度，在劳动市场上，工资率的离散程度就与市场规模呈现出这种关系。

随着市场规模的扩大，价格离散现象的增加，激发了人们搜寻信息的动机并提供了信息搜寻的可能。

在市场中存在大量不对称信息的情况下，一个基本的问题是：如何搜寻尽可能多的信息,以达到最优状态?由于同一种商品在不同的地点与不同的时间会以不同的价格销售,因而,基于货比三家的常识,在选购商品时理性的消费者都会先了解所需商品的质量、价格和相关的优惠信息等。企业在制订生产计划前,也会通过各种方式去了解真实的市场需求,以及所需投入要素的价格。也就是说,作为市场参与主体,无论是消费者还是企业都面临着搜寻信息和建立信息集合的问题。然而,这样做是有成本的,那么,最优的搜寻将如何决定呢?

二、信息搜寻

如果寻找市场中现行的所有价格是没有成本的,消费者将进行搜寻直到发现最便宜的商品为止,而且任何一家定价高于最低价的商家将不再有人光顾。相应地,企业家将搜寻要素市场上最便宜的投入品,而且任何高于此价的投入品将不会进入生产过程。但实际情况是,搜寻信息是有成本的,即使搜寻成本为零,由于时间偏好的不同和搜寻次数的有限性,也使得卖方能够按照高于最低价的定价来销售商品或要素。价格离散现象的存在,迫使消费者和企业都必须花费大量的精力进行信息搜寻。消费者寻找物美价廉的商品;劳动者寻找好的工作;企业寻找有效的员工。

搜寻是一项普遍存在且成本很高的经济活动。正是由于搜寻的成本很高,往往在还没有找到最优信息之前,理性的人就会停止搜寻活动。例如,你知道五千米之外有便宜的商品,但是由于你有更重要或更有经济效益的工作要做,你会放弃搜寻。一般说来,搜寻的预期边际收益会随搜寻次数的增加而下降。因为,人们总是最先搜寻最有希望发现最优信息的层面,随着搜寻范围的扩大,得到此类信息的机会就越来越少。例如,当我们要买一部空调时,首先会翻开报纸或上网看看有没有优惠信息,然后去附近的家电超市和品牌专卖店逛逛,在对它们的价格进行比较后,一般就可以做出是否购买的决定了。另外,搜寻的边际成本随搜寻次数的增加而上升。这个道理很简单,我们花在搜寻上的时间越多,机会成本就越大,因为你原本可以用搜寻的时间来做其他事情的。因此,最佳的搜寻量应该是使得搜寻的边际成本与搜寻的边际预期收益相等时的搜寻次数。这就是为什么离退休的老人经常可以买到物美价廉的商品的原因。他们搜寻的机会成本小于在职人员,他们在搜寻活动中处于优势地位。而且,当价格离散扩大时,搜寻到最低价格的预期收益将会增加,即人们买到物美价廉商品的可能性提高了。

复习思考题

1. 什么叫信息不对称?信息不对称为何会导致资源配置的无效率?

2. 请从信息不对称的角度来解释劳动力市场上,女大学生求职更加困难的原因。

3. 试分析证券市场中上市公司与投资者之间的信息不对称产生的原因。

4. 有一位农民种植了一大片水稻,如果地里缺水则水稻会歉收,农民面临着是否对庄稼进行灌溉的抉择。如果他主动灌溉或有雨水的话,水稻的产值将达到5 000元;如果稻田缺水则会使得产量下降,产值仅为3 000元。进行人工灌溉的成本是500元,该农户追求期望利润的最大化。

(1) 如果农民认为下雨的概率是60%,他会进行灌溉吗?

(2) 假设天气预报的准确率为100%,农民愿意为获得这种准确的天气信息最多支付多少费用?

5. 请说明逆向选择与道德风险的区别,并举出两个实例进行说明。

6. 什么是信号发送?请列举一些生活中有关市场信号传递的例子。

7. 什么是信息甄别?企业在招聘员工时是如何进行信息甄别的?

8. 什么是委托-代理问题?解决委托-代理问题的激励机制有哪些?

9. 甲乙两人分一块蛋糕,什么样的分配方案才能使双方都满意?试用信息经济学原理解释该方案的合理性。

10. 试用价格离散与信息搜寻的关系解释,为什么讨价还价最激烈的地方是菜场而不是商场?

本章关键术语

信息不对称(informational asymmetry)　隐藏行动(hidden action)　隐藏知识(hidden knowledge)　隐藏信息(hidden information)　逆向选择(adverse selection)　信号发送(signaling)　信息甄别(screening)　道德风险(moral hazard)　信贷配给(credit rationing)　委托-代理问题(principal-agent problem)　激励(incentive)　价格离散(price dispersion)　信息搜寻(informational search)

第十二章
外部性与公共物品

> **本章概述** 外部性是市场失灵的重要表现形式,当外部性发生时,经济代理人的收益与成本不再成比例,由此导致产品的供给不足或者过度。这就引出了通过特定安排或政府干预解决市场失灵的必要性及相关措施。本章重点掌握外部性的含义及分类,理解外部性如何导致资源的错误配置,以及各种解决外部性尤其是解决环境问题的政策和办法;把握科斯定理的含义及其应用,掌握公共物品的基本概念及相关理论。

本书绝大部分内容都是以理想市场状态为前提,说明价格机制是如何在市场中调节和配置资源的。在这样一个没有市场失灵的理想经济社会中,价格机制能够使得经济活动的收益与成本相等,即每一个人从自己的努力中获得完全对等的收益,同时会为自己造成的损害负完全的责任。但是,在实际经济运行过程中,常常会出现这样的情况:产品的价格并没有完全反映它的社会价值;个人或组织没有对他们的有害行为负完全的责任。例如,一个居民在自己的花园里种植花草树木,使他的邻居们不仅可以欣赏花草树木,还可以享受更加新鲜的空气,但他却不能向他的邻居们索取报酬;上课迟到的同学,显然会影响其他同学的学习和老师授课的情绪,但他并不会因此支付成本;吸烟者的吸烟行为让周围的人被动吸烟,这会造成对他人健康的危害,但吸烟者却没有为此承担任何责任,等等。上述这些情况都是私人收益和社会收益不完全相等的例子,其中私人成本和社会成本也往往不一致。在经济学中,我们将这些情况称为外部性。本章首先探讨什么是外部性,然后说明外部性对资源最优配置的影响,并针对上述问题,提出相应的解决方法。在此基础上本章继续考察外部性的一种极端表现形式:公共物品。这一部分首先会对物品进行分类,然后具体描述公共物品基本特征,以及社会对它们的需求和供给的特殊规律,最后探讨如何实现公共物品的有效供给问题,其中会重点讨论消费公共物品中存在的免费搭车者问题及其解决办法。

第一节 外部性的概念及分类

一、外部性的基本概念

外部性的思想最早可追溯到福利经济学家庇古关于边际私人纯产品和边际社会纯产品之间差异的分析。庇古认为，私人成本与社会成本可能出现背离，私人收益和社会收益也可能出现不一致。所谓私人成本就是生产者或消费者在从事某一活动时个人所支付的成本，所谓社会成本就是社会为这一活动支付的成本；而私人收益就是生产者或消费者个人从某项活动中得到的收益，社会收益则是整个社会从该项活动中得到的收益。例如，燃煤排出烟尘，污染了空气，影响了居民的健康，但燃煤者并没支付赔偿；园丁绿化了环境，路人享受到好处，但没有付出代价。庇古认为，私人和社会在成本和收益上的这种不一致为政府干预经济提供了理由。此后，关于外部性的文献大量涌现，外部性的问题几乎成了福利经济学的主题。这里，只简单概括一下当代经济学家关于外部性问题的基本观点。

当代经济学把外部性定义为一个人的行为影响了其他人的福利，但却没有根据市场等价交换的原则来平衡这种影响。外部性通常发生于生产和消费过程中给他人带来的非自愿成本或收益，也就是说，成本或收益被强加于他人身上，而这种成本或收益并未由引起成本或接受收益的人加以偿付。更为确切地说，外部性是一个经济活动的主体对它所处的经济环境或另一经济主体的福利所产生的影响，而这种效果并没有从货币上或市场交易中反映出来。

从外部性的效果来看，既有正的外部性，也有负的外部性。在现实经济中外部性的例子比比皆是，以下几个外部性的例子有助于对此概念的理解。

首先我们来看有关正外部性的例子。某个居民区有一名住户在自己的院子里种植花草树木。该住户不仅需要投资金钱购买这些植物，而且要付出精力经常照看它们，这些都是该住户付出的私人成本。显然，他的这种行为使左邻右舍都从中受益，因为邻居们不仅可以欣赏花草树木，获得美的享受，还可以享受更加新鲜的空气。邻居们都在某种程度上得到了收益，但是没有一个邻居需要为此分担该住户付出的成本。又如，某人在自己的门前安装了一盏路灯，当他每天使用时，其他路过的人也可以免费使用而不用付费。一家企业在研究与开发新产品上花费了大量成本，但是研究带来的创新成果常常难以受到保护而被其他企业抄袭，别的企业从中获益却没有承担该企业的研发成本，等等。在这些例子中，社会收益显然大于私人收益，因为其他人获得的好处不包括在私人收益中,却包括在社会收益中,因此存在正外部性。

负外部性的一个著名例子是,在一条河流的上游建有一家炼钢厂,河流的下游居住着以打鱼为生的渔民。炼钢厂在炼钢时不断排出废水污染河流,造成鱼的数量减少,由此可供渔民打捞的鱼就减少了。然而,炼钢厂并没有因为污染河水而向渔民支付赔偿,虽然渔民确实因为炼钢厂的废水而受到了损失。另一个例子是,一个位于居民区的化工厂在生产时排出废气污染空气,周围的居民受到损害但没有得到任何补偿。还有,位于火车站或飞机场附近的居民并没有因为这些交通工具的噪声而得到补偿,等等。这些例子的一个共同特点是,私人成本都小于社会成本。例如,在炼钢厂的例子中,私人成本是私人为炼钢而支出的一切费用,包括矿石、人工、水电等支出,但不包括排出废水对下游造成有害影响的成本。而社会成本则除了上述私人成本以外,还包括这种有害影响的成本。在这些场合,由于私人并没有为这种成本付出相应的代价,社会成本大于私人成本,因而存在负的外部性。

在很多情况下,外部性的作用也许很小,以致人们可以忽略,但在另一些情况下,外部性的作用也许很大,以致于社会必须对它们采取措施。在下面这个例子中,负外部性超过了人们可以忍受的限度,人们就不得不采取法律措施来保卫自己的福利。

【案例 12-1】 施工扰民

2006 年 5 月某日清晨,村民刘某、李某等 10 余人来村委会反映,该市机场东扩工程,每天都施工到夜里 12 点以后,由于施工工地与村民住宅很近,噪声很大,严重影响了村民的正常休息,特别是还有正在复习备战高考和中考的学生。村民对此意见很大,情绪非常激动,声称如不及时解决,全村就一起上访,找市建委及有关部门反映,找媒体曝光。

听到村民反映后,调委会立即召开了全体调解员参加的会议,讨论如何解决居民反映的问题。此次施工扰民涉及 30 余户 100 余人的切身利益,如果不及时解决,造成的后果不堪设想。为防止矛盾激化,防止村民集体上访和群体性事件的发生,调委会立即组成了专门领导小组。

调委会找到机场东扩指挥部的有关领导,对此施工扰民之事进行调解和协商。开始施工单位对此事不屑一顾,并声称没有施工到那么晚。为了让施工单位领导心服口服,找到切实的证据,调委会全体成员晚上放弃休息,亲自来到现场了解情况,看看晚上是否还在施工。到施工现场后发现,他们不仅在施工,而且声音特别大,尤其浇灌水泥的声音与装卸石子的声音严重影响了村民的正常休息。调委会立刻找到工地施工的负责人,提出让他们立即停止施工。施工人员仍然坚持工期很紧,不能停工。当调委会要求他们拿出夜间施工的批文时,他们也无法提供该批文。在调委会的一再要求下,工地负责人很不情愿地停止了施工,并威胁道:"耽误了工期,你们负得了责任么?"调委会则坚持施工方无相关施工手续,并且严重影响了村民的正常休息,必须先停工再与对方领导协商。

第二天一早,调委会再次来到施工单位,找到施工单位负责人,反映昨天看到的情况。这次在事实面前他们的态度有了改变,答应与调委会及村民一起协商如何解决施工扰民问题。

经过多次协商,最终,施工方与调委会达成协议:①按照法律的相关规定,施工最晚不能超过 20:00;②高考前两周,白天及晚上均不能施工;③依法给予村民经济补偿金每户 300 元,补偿金由调委会负责及时发送给每一户受扰村民家中。

至此一起施工扰民纠纷,在调委会成员的共同努力下,得以圆满解决。

【分析】在这个例子中,由于施工严重影响了居民的利益,他们安静的休息环境被破坏,使得居民无法忍受而上告。在上述事件中,社会成本大于私人成本,其中私人成本仅仅是施工单位因施工活动而支付的成本,而社会成本除了上述施工成本外,还包括施工噪声对村民安静的休息环境的破坏。在这里,由于不存在市场机制的作用,就产生了负的外部性。当这种负外部性超过了人们的忍受限度时,他们就会主动寻找解决办法。在这里,村民是通过调委会与施工单位的协调来消除这种负外部性影响的。

二、负的外部性和无效率:社会成本与私人成本

一般来说,资源的有效配置要求满足边际收益等于边际成本的条件。外部性的存在显然使资源配置达不到最优状态,原因很简单:在正的外部性的情况下,由于外部性的造成者没有得到相应的报酬,因而不会根据社会的利益最大化原则行事,无法使具有正外部性的活动达到社会最优的水平;而对负外部性来说,由于负外部性的造成者没有为此支付代价,因而他不会把具有负外部性的活动控制在社会所期望的范围之内。这两种情况都使得边际效益与边际成本不相等,所以无法实现资源的有效配置,造成经济的无效率。

下面以炼钢厂的例子来讨论负的外部性及其带来的经济后果。如果炼钢厂不对排出的废水负责任或产生额外的成本,在做生产决策时他将仅仅考虑自己投入的生产成本,而不会考虑到这种行为对渔民造成的损失,这样就引发了私人成本和社会成本的问题。对于炼钢厂来说,其私人成本就是生产的各种投入成本,而社会成本则是钢厂的投入成本与渔民所受的损失之和。炼钢厂仅根据炼钢的私人边际成本与私人边际收益相等的原则决定产量,这就使钢产量超过了社会资源最优配置所要求的钢产量。图 12-1 说明了此例中负的外部性带来的经济后果将会是钢产品的过量供给。

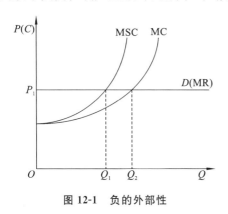

图 12-1 负的外部性

在图 12-1 中,纵轴代表炼钢厂的价格 P 和成本 C,横轴代表产量 Q。P_1 是完全竞争条件下炼钢厂的需求曲线和边际收益(在完全竞争条件下二者重合);MC 为炼钢厂的边际成本曲线;MSC 则是炼钢厂生产的社会边际成本线。如图所示,MSC 大于 MC,二者

的差额就是炼钢厂在生产时产生的负外部性,即炼钢厂没有承担责任的那部分成本,也就是生产者在炼钢过程中排出的废水对下游所造成的损害。在完全竞争条件下,炼钢厂根据边际成本等于边际收益的原则确定产量,得到产出水平 Q_2,价格为 P_1。但是,对社会来说,生产的边际成本实际上是 MSC,因此根据边际成本等于边际收益的原则,社会的最优产出应为 Q_1。这意味着炼钢厂根据私人边际成本等于边际收益而确定的产出量大于社会的最优产出量。因此,负外部性使炼钢厂生产了太多的产量。造成这种状况的主要原因是炼钢厂没有对其生产的一部分成本(排出废水带来的危害)负责。如果炼钢厂把产量从 Q_2 压缩到 Q_1,将使得社会的总体福利增加,换言之,产量从 Q_2 压缩到 Q_1 的行为是帕累托改进的。

三、正的外部性和无效率:外在收益

当生产者的生产活动成本没有得到全部补偿时,其提供的产品产量也可能小于社会的最优产量,即正的外部性也会导致无效率。一个正的外部性的例子就是企业在研究与开发上所花费的费用,研究带来的创新常常难以受到应有的保护,而不可避免地使别的企业从中获益。

在正的外部性例子中,由于生产者没有得到其活动的全部报酬,因而其提供的产量可能小于社会最优产量。下面用图 12-2 来分析某住户在自家院子里种植花草树木的例子,说明正的外部性的经济后果是产品的供给不足。

在图 12-2 中,横轴表示花草树木种植的面积 Q,纵轴表示价格 P。假定该住户雇佣园艺工人来种植花草树木的报酬是每单位面积付给 P_1 元。MSB 代表种植花草树木的边际社会收益曲线,D 为需求曲线,同时也是该住户的私人边际收益曲线。在图中该住户的私人边际成本线 MC=P_1,它是水平的,表示种植花草的边际成本不随产量的增加而上升。当存在正的外部性时,边际社会收益 MSB 大于边际私人收益 D,二者之间的差额就是边际外部收益。如图 12-2 所示,这一差额越来越

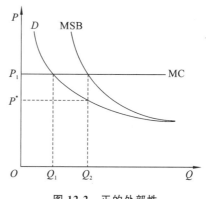

图 12-2 正的外部性

小,代表种植花草树木的面积从无到有、从小到大的过程中,邻居们得到的边际收益会越来越小。住户根据私人边际成本等于私人边际收益的原则,选择种植面积大小为 Q_1,而从整个社区的角度来看,根据边际社会成本(此时为该住户的边际私人成本)等于边际社会收益的原则,种植面积应当扩大为 Q_2。Q_1 小于 Q_2 的原因在于私人边际收益 D 小于社会边际收益 MSB,而这又是由于该住户种植花草树木的活动有一部分没有得到报酬,因而与每一产量相对应的私人边际收益小于社会边际收益。显然,如果该住户的每一活动都得到了报酬,他愿意将种植面积从 Q_1 扩大到 Q_2,其扩大产量的行为也是帕累托改进的。

第二节 纠正外部性的方法

前面已经举了一些例子来考察外部性对经济社会的各种影响。无论外部性带来的是正面的影响还是负面的影响,都会造成社会经济效率的损失,因为它们都没有达到资源配置的最优状态。既然如此,那么如何减少或者消除外部性造成的经济效率的损失呢？这一节将讨论这一问题。

解决市场失灵的方法可能有很多,常见的思路是引入政府的干预,另一种思路仍然通过市场机制来解决,这是因为外部性实际上是市场缺失,因而只要创造条件,建立相关的市场,依然可以解决外部性问题。这里首先讨论政府干预的解决办法,下节讨论市场的解决办法。

当今政府或者用直接控制的方式,或者用财政刺激的方式来引导企业减少有害的外部性或增加有益的活动,以此来解决外部性的问题。污染这一类有害活动是外部性导致市场失灵的一个典型例子,在本节中,我们将以政府对污染采取的几种常见的干预措施如征税和补贴、排放标准和排放收费、颁发可转让排放许可证、鼓励再生利用等为例进行分析。

一、税收和补贴

政府可以直接采取税收或补贴等经济手段,向私人提供相应的经济制裁或激励,以达到解决外部性问题的目的。具体来说,政府通过征税来抑制具有负外部性的活动,通过补贴来激励具有正外部性的活动。这种解决办法是福利经济学的奠基人庇古教授最先提出来的,因而被称为庇古税。例如,在环境污染的问题中,政府可以通过征税的办法来限制企业的排污行为,以减少污染。下面,我们将详细说明这一思路。

回到图 12-1,炼钢厂的最优产量是 Q_2,社会的最优产量是 Q_1。为了克服外部性带来的产品过度供给,解决方案之一是对其征税,让炼钢厂承担其污染的成本,从而使其外部经济效果内部化。炼钢厂每多生产 1 单位的钢,政府就征 T 单位的污染税,这样该厂的边际成本就变成 $MC+T$,其供给曲线就会上移,产量就随之减少。假如政府的征税计划使炼钢厂承担的总成本增加到正好等于社会成本 MSC,其结果就是,污染造成的负的外部性得到了完全的解决,而且产量达到了社会最优水平。当然,征税的方法在理论上似乎很有吸引力,但在实践中,政府很难把握 MSC 与 MC 的差额,即边际污染的成本到底是多少很难确认。而且,政府征税的过程,也是代价极大的。税收征管的行政成本、官员可能贪污的成本,都有可能使征税带来的收益抵消,甚至成本大于收益。

那么,补贴的情况又将如何呢?如果说税收是要缩小或消除社会成本和私人成本之间的差距,那么补贴则是要缩小或消除社会收益和私人收益之间的差距。以前面住户种植花草树木的例子来看,为纠正正的外部性造成的产品供给不足,政府可以为该住户提供一定的补助 S,使住户的边际收益达到 $D+S$,同时需求曲线上移,种植面积也就扩大了。如果政府的补贴使住户的边际总成本达到 MSB 的水平,那么种植面积正好可以达到社会最优水平 Q_2,即正的外部性带来的供给不足的问题得到了解决。同样的,由于很难测量 MSB 与 D 的差额即边际外在收益 MEB,所以补贴措施在实际操作上也存在缺陷。

二、排放标准和排放收费

随着工业生产的发展,环境污染问题逐渐成为一个全球性公害。当今各国政府一般都设有专门的环境保护机构来控制和解决污染问题。对社会来说,完全控制污染是不现实的,但污染太大也是不行的,因而最佳的污染控制应该是使排污水平控制在社会边际成本等于社会边际收益的有效排放范围之内。下面将考察政府纠正外部性造成的效率损失可采用的方法。

(一) 排放标准

排放标准是对企业可以排放多少污染物的法定限制。一般是政府规定一个可承受的最高排污标准,如果企业超过标准,它就会面临经济惩罚甚至刑事惩罚。那么,排放的标准应如何制定才是最有效呢?在图 12-3 中,最优的排放标准当然是定在 E^* 点上。

如图 12-3 所示,纵轴代表减污成本,横轴代表排污水平,MCA 为边际减污成本曲线,它自左上方向右下方倾斜,表示随排污水平的提高,边际减污成本是下降的;而当排污水平下降时,边际减污成本是上升的。MSC 是排污的社会边际成本曲线,它自左下方向右上方倾斜,表示随着排污水平的增加,排污引起的社会边际成本是上升的。当在 E^* 点减污的边际成本等于排放引起的社会边际成本时,社会就达到了有效率的状态。因为当

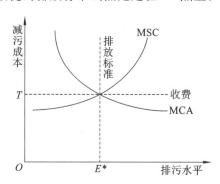

图 12-3 制定排污标准和排放收费

排污水平超过 E^* 时,MSC 大于 MCA,此时减少污染将会使社会福利增加;当排污水平小于 E^* 时,MSC 小于 MCA,此时增加污染(同时提升产量)也会同时增加社会的福利;只有当排污水平达到 E^* 时,无论怎样改变排污水平也无法增加社会福利。为纠正企业过度排污造成的外部不经济,政府可以通过法律条文规定企业的排污量不得超过 E^* 点的水平。企业可以通过安装减少污染的设备来达到这一标准。因为如果达不到这一标准,企业将面临着严厉的经济处罚,甚至承担刑事责任。当然,如果对超标行为处罚所造成的成本低于企业安装减污设备的成本,排放标准将不起作用,除非政府采取强制手段。

当然,排放标准这一工具也存在着很大的缺点。排放标准无法区分工厂的规模,也

无法区分地域是城市还是乡村,更无法区分排放的是剧毒物质还是轻微的有害物质。这就使得排放标准无法有针对性地消除污染。这种统一的国家管制无法在各企业中有效率地安排清污活动,往往使清除污染的边际成本最少的企业做出最多的清除。大量研究表明,由于污染标准的这一缺点,与有效率地减少污染的其他方法设计相比,社会对于相同的污染减少实际上付出了更高的代价。

(二)排放费

上述 E^* 点的排污水平也可以通过收排放费来达到。如果政府收取 T 的排放费,企业也会把污染控制在 E^* 的水平,因为收费后企业的排污水平如果高于 E^* 点所代表的水平,就意味着它将支付更多的排放费,而这时它减少污染的成本是低于排放费的,故企业宁愿减少污染。但为了少交排放费而将排污水平降低到低于 E^* 的水平,对企业而言也是不合算的,因为在低于 E^* 的排污水平上,减少 1 单位污染的成本要高于排放费,所以企业宁愿交纳排放费而不愿减少污染。

(三)排放标准与排放费的比较

虽然制定排放标准和收取排放费都可以使企业达到有效的排放水平,但二者还是有一定的区别。在信息不完全时,排放标准使排放水平比较确定而使减污成本不很确定;另一方面,排放收费使减污成本比较确定而使排放水平的降低不确定。因此,哪一种政策更好取决于不确定性的性质和各成本曲线的形状。

假定每单位污染不论由哪家企业排出都给社会带来相同的成本,而政府为了使管理成本最低,对每家企业都实行相同的排污标准或征收相同的排污费。在这两个假定下,当每个企业的减污成本不一样时,征收排污费要优于实行排放标准。因为在这种情况下,对于同样 1 单位的污染,有的企业要花更多的成本才能减污,有的企业只需要花较少成本就可以达到减少污染的目的。在统一收费政策下,社会用较小的成本就能达到有效的减污水平,因为减污成本低的企业可以更多地减少污染,而减污成本高的企业可以较少地减少污染。但如果实行统一的排污标准,由于每类企业都要达到相同的排污标准,因而需要较大的成本才能达到有效的污染水平,原因在于,减污成本较低的企业在统一的排放标准下不会更多地减少污染,而减污成本高的企业也必须花高成本才能达到相同的排放标准。

然而,当排放污染的社会边际成本曲线较陡(即污染的较少增加就给社会带来很大的成本),而边际减污成本曲线较平坦(即随着排放水平的降低,减污成本上升得较慢)时,实行排污标准效果较好。图 12-4 分析了这一情况。

在图 12-4 中,MSC 较为陡峭,表示随着排污水平的提高,污染给社会造成的成本上升得很快;MCA 较为平坦,表示随着污染水平的提高,减污成本下降得较慢。如果政府对此有足够的信息,能够将排放标准定在有效排放点 E^* 的水平,或将排放收费定在 C^* 的水平,则都可以使污染的社会边际成本等于减污的边际成本,即都是有效率的。但如果政府没有足够的信息,在采用排放收费的时候,排放费定在 C_0,偏离了有效的排放费 $1/10$,则得到的污染水平是 E_1,这时污染的边际社会成本为 E_1C,而治理污染的边际成本为 E_1B,给社会造成的效率损失是 $\triangle ABC$ 的面积。而如果实行排污标准,则当排污标准

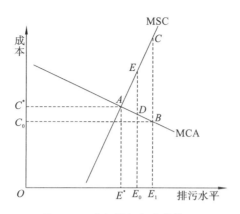

图 12-4 实行排污标准的情况

偏离正常标准的 1/10 时,我们发现社会的排放水平为 E_0,此时给社会造成的效率损失是 △ADE 的面积。显然 △ADE 的面积小于 △ABC 的面积。这说明,在信息不完全时,一旦偏离正确水平,采取排污标准比排放收费能给社会带来更小的效率损失。

三、可转让排放许可证

在可转让排放许可证制度下,每家企业都必须有许可证才能排放。每张许可证都明确规定了企业可以排放的数量。任何企业没有排放许可证而排放污染,或者排放量超过许可证规定的数量,都将受到处罚。许可证在企业间分配,许可证规定的总排放量恰好等于有效的排放水平——使污染的社会边际成本等于污染的边际治理成本。许可证是可以转让的,这样,那些减污成本高而需要大量排污的企业就要花钱购买排污许可证,而那些减污成本低而排污量小的企业就可以把自己的排污许可证卖给别人,由此各得其所。

假定有两个炼钢厂 A 和 B,它们的排污量都是 3 吨。现在政府颁发给每个企业一张排污许可证,每张许可证允许持证者排放 1 吨的污水,如果有企业超标排污,那么它将受到巨额罚款。换言之,政府希望将总的污水排放量控制在 2 吨。假定钢厂 A 清除第 1 吨污水的边际成本是 1 000,清除第 2 吨污水的边际成本是 2 000,清除第 3 吨污水的边际成本是 3 000;钢厂 B 清除第 1 吨污水的边际成本是 4 000,清除第 2 吨污水的边际成本是 5 000,清除第 3 吨污水的边际成本是 6 000。如果许可证是不可交易的,那么钢厂 A 必须清除 2 吨的污水,其总成本是 3 000;钢厂 B 也必须清除 2 吨的污水,其总成本是 9 000;全社会为清除这 4 吨污水共花费 12 000。如果排放许可证是可转让的,钢厂 B 相比于钢厂 A 来说,其减污边际成本太高,故它希望与钢厂 A 协商以一定的价格购买钢厂 A 的许可证,这样钢厂 B 就可以排放 2 吨的污水,而钢厂 A 必须清理 3 吨的污水。现在的问题是,许可证将以怎样的价格交易。由于钢厂 B 清理第 2 吨污水的边际成本是 5 000,钢厂 A 清理第 3 吨污水的边际成本是 3 000,如果双方关于许可证的转让价格是 4 000,结果是双方将取得收益 1 000。此时各自的减污成本是,钢厂 A 是 2 000(1 000+2 000+3 000−4 000),钢厂 B 是 8 000(4 000+4 000);社会总的减污成本是 10 000。这比许可证不能交易的情况节约了 2 000。实际上,许可证的价格只要在 3 000 至 5 000 之间都可

以节约成本,具体成交价格取决于双方的谈判能力。

四、再生利用:押金制度

在实际生活中,如果消费者或生产者对废弃物的处理都不承担相应的成本,社会就必须处置太多的废弃物。对原始材料的过度利用以及对再生材料的利用不足是导致市场失灵的原因之一,这就需要政府的干预。只要对可再生废弃物的循环利用给予适当的刺激,这一市场失灵的问题就可以被纠正。一种曾经被利用并取得一定成功的鼓励再生的政策办法就是押金制度。在押金制度下,当消费者购买玻璃容器内的物品时,必须为该玻璃容器向店主支付押金,当容器退回到商店或者再生中心时,押金被退回给该消费者。这种押金制度产生了一种理想的刺激方式,通过选择每单位的押金数额,促使家庭(或企业)再生利用更多的材料,减少环境污染。

第三节　外部性和产权——科斯定理

为什么炼钢厂会肆无忌惮地向河流排放污水呢?其原因在于,河流不属于任何人所有,渔场不能因为炼钢厂向该河流排放污水而要求其支付一定的费用。也就是说,导致这一外部性的原因在于产权不清。本节提出另外一条解决外部性问题的思路,即通过清楚地界定产权来改善资源的配置效率。

在讨论产权界定之前,有必要了解产权的含义是什么。从狭义来讲,产权是描述个人或企业可以对他们的财产做什么的一组权利,包括使用权、收益权、转让权等,例如:当人们对土地拥有产权时,他们可以在上面建房子、种植粮食,或者直接出售土地,并得到不受他人干扰的保护。经济学里讨论的产权的含义更为广泛,它还包括一些其他法定的权利,如在炼钢厂的例子里,它还包括按照某种规定使用河流的权利、禁止他人向河流排污的权利、河流遭受污染索赔的权利,甚至包括人权(如劳动者是否拥有自身劳动力的产权),等等。

1991年诺贝尔经济学奖得主罗纳德·科斯在考察社会成本问题时指出,在交易费用为零时,只要产权初始界定清晰,并允许经济当事人进行谈判交易,就可以使资源达到有效配置。这一结论被称为科斯定理。科斯定理说明,只要假设条件成立,市场力量就能够解决经济学中的外部性问题,而不需要政府的干预。下面仍然以炼钢厂和渔场为例来说明这一点。

由于炼钢厂排出的废水给渔民带来了损害,有两个办法解决这一损害问题:炼钢厂自己可以安装一个废水处理系统来减少污染;或者由渔民投资来安装一个废水处理系统。在这两种情况下，都可以达到有效率的资源配置。首先假定炼钢厂有权向河中排出废水，并假定渔民的收益是100，炼钢厂的收益是500。通过建立一个污水处理厂，渔民的收益增加到200，因此，二者的总收益是700。进一步假定渔民愿意向炼钢厂支付300来安装一个过滤器（这等于有过滤器时的收益500与只有处理厂时的收益200之差）。由于炼钢厂在安装过滤器后只损失200，因而它愿意这样做，结果它所得的收益在补偿损失以后有剩余。通过合作，双方得到的额外总收益为100，即渔民得到的收益300减去过滤器的成本200。如表12-1所示。

表12-1 不同排放选择下的收益

状态	炼钢厂的收益	渔民的收益	总收益
无过滤器，无处理厂	500	100	600
有过滤器，无处理厂	300	500	800
无过滤器，有处理厂	500	200	700
有过滤器，有处理厂	300	300	600

现假设炼钢厂和渔民同意分享这一收益，即渔民向工厂支付250安装过滤器，结果如表12-2所示。

表12-2 不同产权下的讨价还价

	（炼钢厂）有倾倒权	（渔民）有清洁水权
不合作：		
炼钢厂的收益	500	300
渔民的收益	200	500
合作：		
炼钢厂的收益	550	300
渔民的收益	250	500

摘自：[美]Robert S. Pindyck, Daniel L. Rubinfeld. 微观经济学. 北京：清华大学出版社，2009：639.

表12-2说明讨价还价得到了一个有效率的结果。在不合作时，如果炼钢厂有倾倒权则炼钢厂得到500，渔民得到200，共计700；如果渔民有清洁水权则炼钢厂得到300，渔民得到500，共计800。在合作时，如果炼钢厂有倾倒权，则炼钢厂得到550，渔民得到250，共计800；如渔民有清洁水权则炼钢厂得到300，渔民得到500，共计800。这说明，当双方能够无成本地讨价还价时，无论产权（在这里表现为倾倒权和清洁水权）如何界定，资源配置的最终结果都是有效的，因为这时双方都不可能再通过讨价还价增加收益。

上述分析实际上建立在假定渔民和炼钢厂之间协商成本为零或很小的基础上。这一假定在现实中不一定成立，渔民和炼钢厂之间的协商成本可能很高，有时双方可能会采取一些博弈论中策略性行为。如果出现这些情况，结果就不会达到帕累托最优状态。

【案例 12-2】 全国碳排放交易体系正式启动

12月19日，备受关注的全国碳排放交易体系正式启动。当天，国家发展改革委召开电视电话会议，就贯彻落实《全国碳排放权交易市场建设方案（发电行业）》（以下简称《方案》）进行部署，全国统一碳市场建设就此拉开帷幕。

作为碳市场建设的指导性文件，《方案》明确了我国碳市场建设的指导思想、主要原则及将其作为控制温室气体排放政策工具的工作定位，强调分阶段稳步推行碳市场建设。

1. 推动三大制度建设，构建四大支撑系统

全国碳市场建设启动后，将首先推动三大制度建设，即碳排放监测、报告、核查制度，重点排放单位配额管理制度和市场交易相关制度，在此基础上，将尽快构建碳排放数据报送、碳排放权注册登记、碳排放权交易和结算四大支撑系统。

2. 以发电行业为突破口，逐步扩大市场覆盖范围

根据《方案》，全国碳市场将以发电行业作为突破口来开展建设，这主要是考虑到发电行业数据基础比较好、行业碳排放量大等因素。

在先期启动发电行业的基础上，其他高耗能、高排放行业也将逐步纳入碳市场中。全国碳排放交易体系将覆盖钢铁、电力、化工、建材、造纸和有色金属等重点工业行业，这也是我国积极应对气候变化和供给侧结构性改革的任务要求。

3. 促进企业加强内部管理，审慎考虑产品结构调整

全国碳市场的启动，意味着我国节能减碳工作将更加依靠市场化手段，这将对企业产生影响。首先将会对企业的内部管理产生深刻影响。过去很多企业用了多少煤、气、电是一笔糊涂账，碳市场启动后，纳入碳交易的这些企业就要加强内部管理，从班组的台账到企业的会计注册表，对各项管理指标进行全面衡量。

其次，对企业的经营决策和投资也将产生深刻影响。碳交易启动后，企业超排或多排，都会付出相应的成本，企业会更加审慎地考虑产品结构的调整。

总体来看，肯定会有企业因为碳交易而增加负担，也有一部分会因碳交易而获利。从长远看，管理水平更高的企业将进一步发挥其产能优势，其单位产品的碳排放将有所下降，对全行业来说，总体成本是下降的。

资料来源：顾阳. 全国碳排放交易体系正式启动（有删减）. 经济日报，2017-12-20(3).

案例 12-2 分析

【案例12-3】 一个关于产权和外部性的案例①

在云南省泸西县一个叫做"城子"的古村落,城子村的住宅叫做"土掌房"。土掌房建筑以土为主,墙厚屋顶也厚,吸热慢散热也慢,有利于调节昼夜及冬夏气温。城子村人口众多,土地宝贵。这里的主要种植物是玉米和稻谷,成熟时节需要晒场晾晒。依山建筑土掌房,前面人家的房顶可以成为后面人家的晒场,而左右毗连的房顶还可以成为通道,这样可以提高建筑密度,节省土地。城子村土掌房的建筑模式基于其特殊的地理环境和建筑材料优势,有其技术和经济上的合理性,但是其中涉及的某些与产权和外部性有关的问题可能是传统经济学无法解释的。

城子村的土掌房在经济学上最令人感兴趣的地方在于其屋顶。就产权来说,每一户人家的屋顶和整个房屋作为一个整体,权利的内涵和边界都是清晰的。当每一户人家的屋顶都成为后面一家人的晒场或者村庄的通道时,按照我们对传统经济学的理解,外部性问题就产生了。当然,每一户人家向别人提供屋顶作为晒场,同时也得到前面一户人家的屋顶,这相当于一种交易。但更直接而真实的原因是,城子村所在地区属于多雨区域,其水平的房顶需要不断踩压才能保证其板结,才能防止漏水。所以,每一户人家将自己房顶提供给后面人家作为晒场,一方面为他人提供了外部性,另一方面也是在维护和实现自己的利益。在这里,每户人家都在主动向他人提供外部性,这符合他的直接利益;同时,每一户人家也在接受他人提供的外部性,这既符合自己利益也符合他人利益。人们的这样一种行为模式,并没有否认经济学的自利性假设。实际上,在住址选择上,人们更愿意将自己的住房盖在自己亲戚住房的前后,这实际上体现的是将外部性内部化的追求,这其中当然也体现着人们对自身利益的强调。

城子村土掌房建筑所体现的思维和行为模式表明,人们依然在追求自身利益,而且人们对自身利益的追求确实推动了整体利益的实现。不过,这样一种从自我利益到社会利益的实现机制不同于斯密的无形之手。斯密的无形之手,是市场竞争之手。基于自利的竞争是否能促进社会利益的实现,需要很多复杂而严格的条件。至少,由于产权界定的不完全性,外部性的存在可能影响资源配置最优化的实现。这是竞争经济学的逻辑。但是,在城子村村民的逻辑中,这样的问题并不存在。在这里,产权是清晰的,但在清晰的产权之下却出现了外部性;外部性是存在的,但资源配置效率不是受到损害,相反却得到了实现和提高。问题的关键可能在于,城子村村民不是现代经济学的信奉者,他们思考问题和处理问题的方式也就不同于现代经济学。比如,从城子村村民的行为方式中可以

案例12-3分析

---

① 本文刊载于《经济学消息报》2009年8月28日。

了解到,即使出于自我利益考虑和处理问题,他们也没有将竞争看成是人与人之间行为关系的唯一方式,在这样一种宽容而可塑的思维背景之下,合作可能成为他们考虑和处理人际关系的一种选择。当他们以合作而不是竞争的思维来考虑和处理问题的时候,传统经济学意义上的外部性问题就不再进入他们的思维了。

当然,城子村的建筑模式及其背后所体现的人们的思维和行为模式,只是一个特例。不过这个特例也许蕴涵着可以帮助我们拓展认识空间的某些因素。

第四节 公共物品的生产

在很多情况下,仅仅依靠清晰地界定产权是无法解决外部性带来的无效率的。本节将要讨论的公共物品的生产就属于这种情况。

一、物品的分类

人们所消费的物品(商品和服务)一般都会产生一定的外部性。但这里所介绍的外部性又具有某种特性。一般来说,我们从以下两个特性来区分不同的物品:其一是排他性,如果某人在使用某种物品时,其他人就不能再使用它,那么这种物品就具有排他性;其二是竞争性,如果一个人对某种物品的使用减少了其他人对该种物品享用的数量或程度,那么这种物品就具有竞争性。物品的这两个特性都与它的外部性程度有关,具有完全排他性和完全竞争性的物品就没有外部性,而随着物品的排他性和竞争性的逐渐减弱,它的外部性就会逐渐增强。根据所有物品在这两个特性方面的表现不同,我们可以将它们分为以下四类:私人物品、纯公共物品、准公共物品与共有资源。

(一)私人物品

私人物品就是那些可得数量将随着消费或使用的增加而减少的物品,这类物品既具有排他性,又具有竞争性。显然,它们是我们在前面市场理论分析中一直暗含假定的研究对象,也是在市场中最为常见的一类物品。人们日常消费的衣服、食品、汽车等都是属于这种类型的物品。这类物品一旦为某一消费者所拥有或消费,其他人就不可能再拥有和消费,并且,随着消费增加,它们的数量也会减少。即使在共享经济或分享经济的条件下,这些物品虽然可以供不同的人消费,但也能在闲置的间隙充分利用,而不能同时进行。这就决定了这些物品要增加消费,就要增加生产与供给,而且谁付费,谁消费。

(二) 纯公共物品

纯公共物品是可以供社会成员共同享用的物品,通常同时具备非竞争性和非排他性,如国防,一个公民多消费并不会减少其他人从国防中得到的保护程度,原有公民也不能阻止该新成员对该国国防的享用;再如海洋中的灯塔,从它周围路过的任何船只并不需要为灯塔的修建付出什么,却都能从它的引导指示中受益。

(三) 准公共物品

纯公共物品在现实生活中并不多见,其非排他性和非竞争性都不会因消费者数量的增加而改变,而准公共物品则存在一个数量上的转折点。在消费者的数量未达到该点之前,该物品或服务的消费是非排他和非竞争的。但是,当消费者的数量超过该规模后,消费者之间就会存在竞争性,新增加的消费将减少全体消费者的效用。公路桥梁就属于这类物品,当行人或车辆的数量未超过设计的通过能力时,行人和车辆就会拥挤在一起,从而降低每个人的效用水平。可以归类为准公共物品的还有图书馆、公园、警察、消防服务、基础科学研究、社会卫生保健、传染病免疫措施等。鉴于准公共物品的这种特性,有的学者又将之称为"有限的公共物品"或"俱乐部经济"。

【案例 12-4】 为什么维基百科能够成功?

2001 年,吉米·威尔和拉瑞·桑格创办了维基百科,一个完全由用户自愿贡献知识的免费在线百科全书。贡献者不会得到报酬也无人监督,任何人都可以编辑维基百科,任何人都可以阅读其中的内容而无需做出任何贡献。换句话说,维基百科是一种典型的公共物品:具有非排他性,因为所有人都可以免费使用它;并且具有非竞争性,因为一般来说,某个人对网页的浏览并不会影响其他人的浏览。

考虑到我们对公共物品的了解,很容易想到维基百科可能失败的多种原因。我们所能料想的最好的情况是,词条会供给不足。毕竟,会有多少人愿意免费浪费自己的时间编辑百科内容呢?我们所能料想的最差情况是,贡献者会用自利的或误导性的信息填满维基百科。讽刺新闻评论节目"科尔伯特报道"的主持人史蒂芬·科尔伯特一度遭受维基百科的封杀,因为他要求自己的观众编辑维基百科上关于大象的词条,声称大象的数量在 3 个月内变成了原来的 3 倍。当然,科尔伯特的问题是维基百科所面临的不可避免的"事实",它有时会受到贡献者的心血来潮和偏见的影响。

在维基百科的初创期,此类预言似乎会将其置于万劫不复的境地。词条内容少得可怜、充满错误,讨论电影《星际迷航》的词条比讨论哲学家弗雷德里希·尼采的热烈得多。然而,10 年之后,维基百科拥有 350 万个词条,这一数量是《大英百科全书》的 7 倍。通过对一般科学主题抽查的 45 个词条,发现维基百科与传统的同行评审的百科全书一样精确。维基百科是如何克服供给不足和滥用等公共物品通常面临的问题的呢?

我们可以将问题重新表述为:在编辑维基百科时能够获得哪些收益,超过了时间成本和努力?通过调查直接询问时,绝大部分贡献者列出了听起来十分利他的理由,例如,为了"修正一个错误",或者"为知识的分享做出贡献"。全部贡献者中只有2%的人将名誉和报酬列为编辑的动机。然而,我们在某种程度上对这一数字持怀疑态度。毕竟,许多贡献者都会注册一个用户名,并且在主页上列出他们的编辑历史供他人浏览。

无论贡献者的真实动机是什么,维基百科的设计方式有助于它克服作为一种公共物品面临的挑战:既然贡献的成本相对较低(只需点击"编辑",输入改动之处,再点击"提交"),那么纠错滥用就易如反掌。从结果来看,根据最近一次统计,英文版面的不足5 000名专职编辑(他们每个月的编辑量超过100次)在纠正蓄意破坏和滥用上做出了卓有成效的工作。此外,维基百科将"分享知识有利于全社会"这一观念发挥到了极致,这激发了使用者奉献一己之力并自发监督彼此。

随着维基百科和其他免费的开放源代码资源日益风行,经济学家也开始修正他们关于公共物品供应,以及驱动人们奉献知识的动机的观点。

资料来源:迪恩·卡尔兰,乔纳森·默克多.经济学(微观部分)[M].贺京同,徐璐,贺坤,译.北京:机械工业出版社,2017:452-453.

(四)共有资源

共有资源是那些任何人都可以自由得到的资源,它们没有排他性,但具有竞争性。绝大多数不具备私有产权的自然资源都属于这类物品,例如海洋中的鱼类、草原上的野生牛羊、公共牧场、河水、城市中的清洁空气等。由于是公共所有(没有私有产权),所以消费者对它们的消费是非排他的。但是,这类资源在数量上又是有限的,一些人对它们的消费必然会减少其他人对它们的消费,所以它们是竞争性的。

二、公共物品的供给问题:搭便车

私人物品供给的有效水平是通过比较增加同一单位的边际收益与生产该物品的边际成本决定的,在边际收益与边际成本相等时达到均衡。同样的原则也适用于公共物品。不同之处在于,对于私人物品来讲,增加一单位产品的边际收益完全由某个消费者决定,而对于公共物品,必须加总所有享用到该产品的个人对增加一单位该产品的评价,这样才能得到其边际收益。

如图12-5所示,横轴表示产量,纵轴表示价格。假定只有两个消费者,需求曲线 D_1 代表消费者1对公共物品的需求,实际上也就是消费者1在每一单位公共产品的消费上获得的边际收益,D_2 表示消费者2对公共产品的需求。图中的需求曲线 D 是这样得出的,即在每一单位公共产品的消费水平上获得的边际收益等于两个消费者在同一消费水平上的边际收益的加总。从图12-5中可以看到,当公共产品的数量为 Q_1 时,消费者1的边际收益是 P_1,消费者2的边际收益是 P_2,全社会的边际收益是 P_3,并且有等式 $P_3 = P_1 + P_2$ 成立。我们还假设提供公共产品的边际成本是图12-5中的水平线 MC。不用赘述,可以马上得到公共产品有效率的供给量应是曲线 MC 和 D 的交点所对应的产量 Q_1。

当然,公共产品的有效供应只在理论上可行,实际中会存在很多困难。因为想要弄

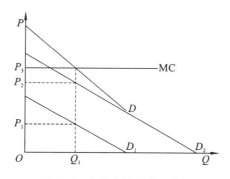

图 12-5　公共产品的有效供给

清楚每个消费者对于公共产品的真实评价几乎是不可能的,每个消费者都有隐瞒自己真实评价的动机。例如在一个村庄里要修一条柏油马路,修路的费用将从每个村民手里征收。如果征收的标准是根据每个人对于马路的评价(也就是马路对每个人的效用)而定的,即评价高的人将征收更多的费用,那么每个人都会有动机低报自己的真实评价。每个人都希望能享用马路又少花钱,结果是征收的钱不够修路。事实上,每个人都想成为免费搭车者。免费搭车者在生活中比比皆是,例如,股份公司的小股东不用费太多精力去关注公司的经营,因为他们知道大股东会替他们管理公司。

对于公共物品,由于存在搭便车问题,市场很难或者不可能有效地提供商品。如果涉及的人数很少,分摊计划又相对便宜,所有家庭会自愿同意分摊成本。然而,当涉及的家庭很多,自愿的私人协议常常是无效率的。且不说其中涉及的协商成本过高,在自利原则驱使下,消费者总是希望不断地扩大公共物品的范围,以便自身免费或者少付费来享受更多的社会福利。所以,公共物品的外部性会导致市场失灵,公共物品如要有效率地生产就必须由政府补助或者政府提供。

那么,政府如何决定公共物品的生产呢?这是一个公共选择问题。公共选择一般通过投票来决定。投票制是公民表达他们对公共物品偏好的一种方法。在多数票决定的规则下,投票结果所提供的支出水平将是中间投票人偏好的水平。多数票原则让中间投票人的偏好决定公民投票的结果,但是这些结果并不一定就是经济上有效率的。根据多数票原则进行决策可能是无效率的,因为它对每个公民的不同偏好给予相同的权重,有效率的结果应该基于每个公民不同的偏好强度给予不同的投票权重。对这些问题研究将经济学引向投票问题,战后的公共选择学派对这一问题提供了一些有益的观点。

1. 什么是外部性?外部性的表现有哪些?
2. 外部性是如何导致资源的错误配置的?
3. 政府解决外部性有哪些方法?解决外部性问题只能靠政府干预吗?
4. 在一个完全竞争的产业中,某企业研发了一种生产新工艺,从而降低了该企业的平均成本曲线,使得该企业在长期内也能获得利润。

(1) 如果市场价格为20元,企业的边际成本MC＝0.4Q,Q为每天的产量,则该企业每天生产多少产品?

(2) 假如政府发现这种新工艺会污染空气,边际社会成本SMC＝0.5Q。在市场价格仍为20元的情况下,对企业来说,每天的社会最优产量应是多少?为了使该企业达到这个产量,政府应该如何征税?

5. 什么是搭便车问题?它是如何产生的?如何解决搭便车的问题?

6. 公共物品生产的帕累托最优条件是什么?与私人物品有何不同?

7. 在一个三人社会中,个人对公共物品的需求函数分别为P_1＝200－7Q,P_2＝200－9Q,P_3＝400－10Q。需求函数表达了每个人愿意为每一单位的公共物品支付的最大数额。如果公共物品的边际成本为20元,则公共物品的社会最优产量是多少?

本章关键术语

外部性(externality)　科斯定理(Coase theorem)　产权(property rights)　公共物品(public goods)　免费搭车者(free rider or free-riding)　边际社会成本(marginal social cost)　边际私人成本(marginal private cost)

第十三章
拍 卖 理 论

> **本章概述** 市场不完全也体现在独一无二的买方或卖方的情形。在独一无二的买方或卖方的市场上,为了克服市场失灵,拍卖成为一种有效的价格发现方式。英式拍卖、荷式拍卖、密封第一价格投标和密封第二价格投标是现已发展起来的4种标准拍卖方式。在独立的私人估价模型下,4种拍卖方式带来不同的竞价行为,但都能获得相同的期望收益。通过本章的学习,了解4种标准的拍卖方式以及机制设计的一些基本概念与理论,能够用拍卖的基本理论来理解一些拍卖实际问题。

微观经济学研究又称价格理论,主要研究价格机制的形成及其作用。作为世界上最古老的价格发现机制之一,拍卖的交易方式已经有两千多年的历史了。古巴比伦人在婚姻市场上拍卖新娘;古埃及则拍卖采矿权。除了臭名昭著的奴隶拍卖外,古罗马人还拍卖战利品、军服、武器、生活用品及各种商品。在中国,最早见诸文字记载的拍卖出现在唐朝,拍卖的标的主要是典当行过期的典当物。在现代社会中,大量的经济交易尤其是公共交易是通过拍卖完成的。政府通过拍卖的方式来销售债券、外汇、油田、土地使用权、公共工程以及国有企业等。随着电子商务的出现,通过网上竞价而出售的商品大为增加。在过去的十多年中,在能源、交通、排污权、无线通信牌照等新市场中,拍卖这种通过竞争发现价格的交易方式被广泛地应用。

拍卖不仅是一种日益重要的经济资源配置方式,拍卖理论也是经济学理论中少有的具有实用价值的学问。通过分析非常简单的交易模型,拍卖理论为我们理解复杂的经济制度和环境提供了一种颇有价值的工具。

第一节　拍卖理论概述

一、拍卖理论的产生和发展

与拍卖实践相比,拍卖理论进入经济学文献的时间却相当晚。最早的拍卖模型是由劳伦斯·弗里德曼(Lawrence Friedman)于1956提出来的,他运用运筹学的分析方法,提出了一个求解第一价格密封拍卖中的最优竞价策略模型。弗里德曼指出,投标者可以通过研究竞争对手过去的投标行为预测他们未来的投标策略,他强调从竞价者的角度考虑最优的出价策略。威廉·维克里(William Vickrey)则从拍卖组织者和机制设计者的角度分析了拍卖的价格形成机制。维克里在1961年发表的《反投机、拍卖与竞争性密封拍卖》一文中,首次运用博弈论的方法,分析了信息不对称情况下拍卖合约的设计问题。维克里在拍卖理论研究领域的开创性贡献,使他荣获了1996年的诺贝尔经济学奖,他的文章也成为拍卖理论的奠基之作。

维克里分析并比较了单物品拍卖的4种标准机制:英式拍卖、荷式拍卖、第一价格密封投标拍卖和第二价格密封投标拍卖(又称为维克里拍卖)。他指出,无论投标者是否具有对称信息,英式拍卖和第二价格密封投标拍卖都能够产生一个较高的期望价格,而第一价格投标拍卖和荷式拍卖则不易诱导出这种最高价格。因为英式拍卖最显著的特征是,每个投标者的占优战略都是按其真实支付意愿出价,一直到价格达到自己的估价才会退出拍卖,估价最高的投标者最终能够以近似等于次高估价的价格赢得标的物。这种拍卖机制显然是激励相容的,由于拍卖的标的物最终归支付意愿最高的人得到,它也是一种帕累托有效的配置机制。

维克里对拍卖理论的另一个重要贡献是,他提出了著名的"收益等价定理",该定理是整个拍卖理论研究的基石。该定理说明,在一些严格假设的条件下,上述四种拍卖机制的期望收益都是相等的。需要注意的是,收益等价定理并不是说四种标准拍卖形式的实际结果总是一样的。在英式拍卖和第二价格密封拍卖中,成交价等于次高估价;在第一价格密封拍卖和荷兰式拍卖中,成交价是最高估价者对次高估价的期望值,它们的期望值相等,但实际值通常不等。

20世纪70年代末期以后,拍卖理论获得了快速发展。迈尔森(Myerson)、赖利和萨缪尔森(Riley and Samuelson)在1981年几乎同时证明,维克里有关不同拍卖机制会产生相同期望收益的结论具有一般性。这一结论既适用于买方价值仅依赖于私人信号的私人价值模型,也适用于更一般的信号独立的共同价值模型。同时,其他许多"非标准"拍卖如共同支付拍卖,也会产生相同的结果。

"收益等价定理"被证实后,引出了拍卖理论中另一个更为重要的问题:那么,在所有可能的拍卖机制中,卖主最优的选择是哪一种?也就是对卖者而言,哪种拍卖机制是最优的?迈尔森借助于"显示原理"将最优机制的搜寻范围缩小到激励相容的机制上,并将最优拍卖机制问题转化为一个双重约束下的线性规划问题,即在参与约束和激励相容约束下求卖主的最大期望剩余。沿着这一思路,他证明,可以将最优拍卖机制概括为两套规则。

（1）配置规则:要求每个竞价者报出自己的估价,卖主计算相应的边际收益,然后将拍卖品卖给边际收益最高者,除非最高的边际收益低于卖主的估价（边际成本）。如果所有报出的价格都低于卖主的估价,卖主将保留拍卖品。

（2）支付规则:赢得标的物的竞买人实际支付的价格既不是他的边际收益也不是他的报价,而是使其边际收益等于或高于所有竞争对手的边际收益以及卖主边际成本的最低估价。下面我们来看几个案例。

二、拍卖案例

在正式进入拍卖理论的研习之前,我们先看两个新近发生的拍卖案例,帮助读者建立有关拍卖的基本范畴。

【案例 13-1】 全国最大单司法拍卖

昨天,全国有史以来最大单司法拍卖在阿里巴巴旗下拍卖平台诞生。虽然只有两人报名,但位于我省盐城市的四幅国有用地,经过 6 小时 34 分 11 秒、783 次延时、901 轮竞价,还是拍出了高达 26.328 亿元人民币的价格,溢价率高达近 58%。记者获悉,竞拍成功者为盐城市房屋投资经营有限公司。

此次拍卖标的物为江苏东达集团股份公司位于盐城市区纺园路,盐纺路 20 号以及规划双元路南,人民路东、西两侧四块土地的土地使用权（含地上建筑物、附属设施及其他不可移动财产）。土地面积共 211 823.9 平方米,土地用途分别是商住用地和城市用地（具体以不动产登记中心登记为准）。拍卖底价为 16.668 亿元人民币。

此次拍卖于 2017 年 8 月 9 日 10 时至 2017 年 8 月 10 日 10 时止在盐城市中级人民法院淘宝网司法拍卖网络平台上进行公开拍卖。记者登录淘宝司法网拍平台发现,整场拍卖只有两名竞拍者报名,编号分别为"I6261"和"S6262"。

为什么报名拍卖的人这么少?对此,阿里拍卖有关负责人告诉记者,这是因为此次拍卖的门槛相当之高,光保证金就要交纳两亿,每次加价幅度则达到 100 万元。如果最终拍得土地者没有按照最终成交价交钱,不管是主观还是客观原因,则其两亿保证金将会被没收。所以没有一定的资金实力,是不敢参与到拍卖中来的。

拍卖开始后,两名竞拍者之间你争我夺,双方不断出价,加价幅度从 100 万元一度跳升至千万级别,出价时间间隔一度只有 7 秒左右。最终,经过 901 轮竞价,该标的成交金额定格在了26.328亿元,吸引了35 447次的围观。

拍卖结束后,盐城中院在拍卖网页上宣布,本次拍卖的胜出者为盐城市房屋投资经营有限公司。那么,它的对手到底是谁?记者联系了盐城中院,但对方表示,他们对于此次拍卖不方便发表评论。

从最终数据看,此次拍卖一共经过了783次延时,才决出花落谁家。所谓延时,是淘宝司法拍卖的一种制度,设置了出价延时的拍品,在竞拍结束前规定好的时间内,如果有用户在最后5分钟内出价竞拍,那么该次拍卖时间将自动延时5分钟,循环往复直到最后5分钟没有用户出价竞拍时,拍卖结束。

"在10点以前,出价的轮数只有118轮,10点以后才真正是双方角力的开始,而最胶着的时间则出现在16:01—16:29之间,双方咬得非常紧,几秒钟就有一次出价。"阿里拍卖有关负责人说。

摘自:罗双江、韩琪、沈忱.《26亿! 全国最大单司法拍卖昨诞生》,载《扬子晚报》2017年08月11日 第A06版。

【案例13-2】 印度3G牌照拍卖

2009年4月,再三延期的印度3G牌照拍卖这次终于修成正果,进入具体流程。

本次3G频谱牌照拍卖始于4月9日,共有9家运营商参与竞拍,经过前后34天183轮的激励角逐,拍卖于19日正式结束。此次拍卖总共给政府带来6771.9亿卢比(约合155亿美元)的收入,远远高于电信部和财政部此前的预计。

3G拍卖的9家投标者分别为:巴帝电信(Bharti Airtel)、沃达丰埃莎(Vodafone-Essar)、塔塔电信(Tata Teleservices)、阿联酋电信(Etisalat)、STel、Videocon、Reliance Communications、Idea Cellular 和 Aircel。

据了解,印度计划将在22个电信服务区域中每区域分配2.1GHz上的3到5个无线频谱牌照,每家投标者仅限投标一个2X5MHz频谱牌照。旁遮普邦、西孟加拉邦、喜马偕尔邦、比哈尔邦和查谟和克什米尔4个区域将拍出5张3G牌照,其余18个电信服务区域每区域将有3张牌照产生。每张牌照的拍卖底价为5MHz 350亿卢比。

在印度电信部对印度22个电信服务区的3到4个可用3G频段进行拍卖过程中,由于3G牌照数量有限,竞拍价格一路飙升。就在印度的3G无线频段拍卖进入第四天,WCDMA频段的竞拍价格已经达到458亿卢比(约合10.3亿美元),与印度电信部设定的350亿卢比(约合7.91亿美元)的起拍价相比溢价31%。在经过22轮出价之后,古吉拉特邦的3G牌照出价已达46亿卢比(约合1.04亿美元),德里地区的3G牌照竞拍价格达到43.8亿卢比(约合9900万美元),孟买地区的3G牌照竞拍价达到41.7亿卢比(约合9400万美元)。

根据印度电信部的规定,获胜的3G牌照竞拍者应在拍卖结束后10天之后付清相关款项,这些获胜的运营商将可以从 2010 年 9 月 1 日启动 3G 服务的商用,并应在获得 3G 牌照起五年内在 90%的服务区域部署 3G 服务。

摘自:腾讯通信,科技新闻:http://tech.qq.com/tele/index.htm。

从上述 2 个案例中,我们可以对拍卖涉及到的基本要素做一个总结。每一场拍卖都有一套完整的规则,拍卖规则应当表明:哪些人或组织可以参加竞拍?什么样的出标可以被接受?应该以什么样的方式竞标(密封递交还是口头公开表达)?在拍卖过程中,哪些信息是公开的,哪些是保密的?当拍卖结束时,如何决定获胜者?获胜的竞拍者对标的物支付什么价格?下面,我们围绕着这些问题对拍卖理论作一简介。

案例 13-3
商铺拍卖

三、拍卖的分类

根据划分标准的不同,市场中的拍卖机制可以进行如下的分类。

第一,根据竞标者的资格限定,可以分为开放的拍卖与封闭的拍卖两种类型。如果对竞标者没有进入门槛的拍卖是开放的拍卖;如果只有受到卖者邀请或符合一定限制条件,才能参与竞标的拍卖就是封闭的拍卖。一般说来,艺术品、金融资产的拍卖,较多采用封闭式的拍卖方式。比如,路权或某种执照的拍卖,卖方就要求潜在的竞标者先缴纳一笔保证金。卖方往往会对标的物持有一种"保留价格",即如果所有竞标人的出价都达不到该价格,卖方就不会接受竞价而出现"流标",保留价格的设置能够在一定程度上防止竞标者之间的勾结。

第二,根据出价方式的不同,拍卖可分为密封投标拍卖与口头拍卖两类。密封拍卖是指,竞标者以密封的形式将自己的出价交给拍卖者,在事先约定的某一时间,拍卖者以公开拆标的形式,报出每个竞标人的出价。而在"口头拍卖"过程中,每个竞价者都是公开地喊出自己的标价,这也是我们最熟知的一种拍卖方式。

第三,根据标价的变化方向,拍卖可分为升价拍卖和降价拍卖。升价拍卖又称英式拍卖,即拍卖人首先报出一个开拍价,竞价按照事先规定的单位标准逐步提高的拍卖方式。降价拍卖又称荷式拍卖,即标的物的报价从某个高价开时,竞价一点点往下降直到有竞标人接标为止。

第四,根据支付价格的不同,拍卖可分为第一价格拍卖与第二价格拍卖。如果成交后的支付价格按赢者自己的报价执行,就是第一价格拍卖。如果成交的支付价格是以竞价中的次高价为准,就是第二价格拍卖。

市场上主要的拍卖形式及其过程见表 13-1。

表 13-1 市场上主要的拍卖形式及其过程

拍卖类型		拍卖过程
四种标准拍卖形式	英式拍卖	又称升价拍卖,它是指拍卖标的物的竞价由低至高依次递增,直到以最高价成交的一种拍卖方式。
	荷式拍卖	又称降价拍卖,源于荷兰人拍卖果蔬和鲜花时所使用的方法。卖主从某个高价开始出价,然后逐次降价,直到第一个竞买者应价,并以其应价作为成交价的拍卖方式。
	第一价格密封投标拍卖	由拍卖人事先公布拍卖标的物的具体情况和拍卖条件,然后竞买者在规定的时间内将密封的标书递交给拍卖人,由拍卖人在事先确定的时间公开拆标,出价最高者获得标的物,并按照自己的叫价进行支付的拍卖方式。
	第二价格密封投标拍卖(维克里拍卖)	是指由拍卖人事先公布拍卖标的物的具体情况和拍卖条件,然后竞买者在规定的时间内将密封的标书递交给拍卖人,由拍卖人在事先确定的时间公开拆标,出价最高者以第二高竞价者的出价为交易价格获得标的物的拍卖方式。
其他拍卖形式	有底价拍卖	在拍卖前,委托人与拍卖机构双方经共同协商并以书面合约的形式先行确定拍卖品的底价(也称保留价)。在拍卖过程中,若竞价者的最高出价达不到该保留价格的,则拍卖不能成交。
	无底价拍卖	在拍卖前,委托人与拍卖机构并不先行确定拍卖品的底价,在拍卖时最高叫价即为成交价的拍卖方式。
其他拍卖形式	速胜式拍卖	是增价式拍卖的一种变体。拍卖标的物的竞价也是按照竞价阶梯由低到高、依次递增,不同的是,当某个竞买人的出价达到(大于或等于)保留价时,拍卖结束,此竞买人成为买受人。
	定向拍卖	为特定的拍卖标的物而设计的拍卖方式,有意竞买者必须符合卖家所提出的相关条件,才可成为竞买人参与竞价。
	反向拍卖	为满足会员个性化需求而设计的拍卖方式。注册会员可以提供希望得到的产品的信息、需要服务的要求和可以承受的价格定位,由卖家之间以竞争方式决定最终产品提供商和服务供应商,从而使注册会员以最优的性能价格比实现购买。
	双重式拍卖	买卖双方均出价,然后将出价从高到低排列起来,以显示大致的供求状况。根据供求状况,最大限度交易量可通过将卖方报价(从最低价开始向上取)与买方出价(从最高价开始向下取)相平衡的方法来确定的拍卖方式。

然而,这种分类是不完整的,为了防止合谋,实践中的拍卖呈现更多样化的趋势。

四、拍卖的基本模型

传统的拍卖模型主要有独立私人估价模型、共同价值拍卖模型与关联价值模型三类。在独立的私人估价模型中,每一个买方都知道标的物对自己的价值,但这一价值是他的私人信息,其他买方并不知道。例如一幅油画,在每个收藏者的眼里价值都是不一样的。而在共同价值模型中,标的物的价值对每个竞买人都是一样的,但不同的竞拍者对该标的物的实际估价并不一样。例如一块待拍卖的矿山,其价值取决于区内矿藏的储藏量,不论谁取得这一矿区的开采权,最终的价值都是相同的。由于竞拍人都能够得到有关该地区矿藏的地理特征和历史资料,如果某一买方能够了解到其他竞争对手的信息,那么,他会调整自己对该矿山资源的估计值。与此相对,在私人估价模型中,每个竞买人的信息对于决定他自己的估价,完全不会受到其他人的私人信息的影响。关联价值模型则假定每个竞买者对标的物的估价相互影响,那怕一个人通过竞拍获得了标的物,他的估价也要受到周围人的影响。这主要是由于竞买人购买标的物是为了转卖,因而当别人估价高时,他的估价也高;当别人估价低时,他的估价也低。

在实际应用中,大多数拍卖都同时受到私人估值因素和共同价值因素影响,因而必须根据具体情况,设计最优的拍卖方式,以实现收益最大化。下面,我们以独立私人估价模型和共同价值模型为基础,介绍在不同的模型下竞买者的叫价行为及其资源配置含义。

第二节 独立私人估价模型

一、模型的基本假设

当竞买者对标的物的估值是独立的,且估价为私人信息时,同时假定买卖双方都是风险中性的,由此得到的分析模型称为独立私人估价模型。具体来说,对称的独立私人估价模型可以从四个方面来描述:

第一,一个风险中性的卖方希望把单件不可分的标的物,卖给拍卖市场中的 n 个竞买人中出价最高的买方。

第二,每个竞买人都有自己的估价 v_i,其他竞争对手不知道这一估价(私人估价信息),同时他也不知道竞争对手对标的物的估价 $v_j(i \neq j)$。但是他们都会把 v_i 看作是均匀分布在 $[a,b]$ 区间的连续随机变量,并且概率分布函数为 $F_i(v_i)$,对应的密度函数为 $f_i(v_i)$。这种分布函数是大家都知道的共同信息。

比如说，对于某一标的物，投标人的估值 v_i 可能是零到一千元之间的任何一个数值，他们出现的可能性是相等的。

第三，随机变量竞买人 i 对标的物的估值 $v_1, v_2, \cdots, v_n$ 是独立的（独立估值），那么，他们的联合分布函数为：

$$F(v_1, v_2, \cdots, v_n) = F_1(v_1) F_2(v_2) \cdots F_n(v_n)$$

独立性意味着，每个竞买者的私人估值不受其他竞买者估值的影响，即使投标人 i 知道了 $v_j, (i \neq j)$ 的值，他也不会改变自己对物品的估值。

第四，每个投标人的概率分布函数①是完全相同的，即，对所有 $i = 1, 2, \cdots, n$，和所有的 $v \in [a, b]$，$F_i(v) = F_j(v) = F(v)$。

根据概率论，当变量 v 服从 $[a, b]$ 区间的均匀分布时，概率分布函数为：$F(v) = (v - a)/(b - a)$，密度函数为：$f(v) = 1/(b - a)$。n 个独立取自该区间上均匀分布的随机变量的第 k 高值的期望为 $a + [(n + 1 - k)/(n + 1)](b - a)$。如果分布区间在 $[0, 1]$ 上，则第 k 高值的期望为 $(n + 1 - k)/(n + 1)$。如果没有特别说明，下面我们都将假设变量 v 服从 $[0, 1]$ 区间的均匀分布。

在拍卖理论中，竞买者的收益与拍卖机制有关。在第一价格密封投标拍卖中，投标人 i 的竞价函数为 $b_i(v_i)$，以下均简写为 b_i。当他的报价为最高时，他将获得标的物，收益为 $v_i - b_i$；如果还有投标人比他的报价更高，则他将竞标失败，此时的收益为零。在第二价格密封投标拍卖中，情况有一点不同。赢得标的物的投标人 i 的收益为 $v_i - b^{(2)}$，这里 $b^{(2)}$ 为拍卖中报出的次高价；竞标失败的收益仍然是零。由于 v_i 是私人独立决定的随机变量，因此每个投标人追求的是期望收益的最大化。

下面我们来看，在独立的私人估价模型下，四种标准的拍卖如何导致各个竞买人具有不同的竞价行为，或者说竞买者在不同的拍卖机制下是如何决定自己的最佳出价的。然后在此基础上比较四种标准拍卖所产生的收益，得出著名的"收益等价定理"。

二、英式拍卖和维克里拍卖

在英式拍卖中，竞买者的叫价从一个低价（俗称起拍价）开始，然后不断增加，直到没有人再叫出更高价为止。由于报价是递增的，因而这种竞价又叫增价拍卖。

假如一个投标人 i 认为拍卖的物品价值 500 元，如果对手出价低于这个数，报一个比对手高的价格是有利可图的；反之，如果对手的报价已经高于 500 元了，那么投标人 i 会选择退出竞价。因此，在英式拍卖中，任意一个投标人 i 的最优策略是：在达到自己的估值之前一直参加竞价，在报价达到自己的私人估值时退出竞争。

在第二价格拍卖中，每个投标人 i 都被要求以密封的形式将自己的报价交给拍卖方。仍然假设他对标的物的估值为 500 元，此时他只关心自己的报价是否是最高的，如果不是最高的，他将竞标失败且收益为零。此时投标人 i 该如何出价呢？假设所有投标人中报出的最高价为 $b^{(1)}$，但是投标人 i 不知道最高价到底是多少，因为对他而言，$b^{(1)}$ 也是一个随机变量。如果投标人 i 报价低于他的真实估价 500 元，不妨认为他的报价为 400 元。

---

① 为了分析的简化，可以进一步假设每个竞买人的估值是均匀分布在 $[0, 1]$ 的，那么 $F(v) = v, f(v) = 1$。

此时的情况就是,如果 $b^{(1)}$ 介于 400 和 500 之间,他错失了赢得标的物的机会,因为如果他报出自己的真实估价 500 元的话,将获得 $500-b^{(1)}>0$ 的收益;如果 $b^{(1)}$ 低于 400 或大于 500 的话,投标人 i 报价 400 元或 500 元的结果是一样的。同样的,如果他按照高于自己估值的方式报价,假设报出 600 元,结果也是相同的。如果 $b^{(1)}$ 介于 500 和 600 之间,他能够赢得标的物,但此时的收益 $500-b^{(1)}<0$ 是一个负值;如果 $b^{(1)}$ 低于 500 或大于 600,出价 500 元和 600 元的结果又是无差异的。因此,对投标人 i 而言,当他不知道其他竞争对手的报价时,如实地报出自己的真实估价是最优选择。

从博弈论的角度看,在第二价格拍卖机制中,讲真话是投标人的占优策略。从卖方收益的角度进行考察,他的收益等于所有竞买人对标的物的真实报价的次高值。如果卖方知道每个竞拍者私人价值的概率分布,则可以计算其期望收益。

因此,在英式拍卖和第二价格拍卖中,卖方的期望收益[①]都是 $E[b^{(2)}]$,其中 $b^{(2)}$ 也是一个随机变量,且 $E[b^{(2)}]=(n-1)/(n+1)$。

三、荷式拍卖和第一价格拍卖

在荷兰式拍卖方式中,每个竞价者都知道自己对标的物的真实估值,竞价从一个高价开始,逐次降低,直到有人应叫为止,故这种竞价又叫减价拍卖。在减价拍卖中,每个竞价者的最优策略是,当拍卖价格降至他认为合理的价位时选择应价,否则会继续等待。最后,应价者以自己的出价赢得标的物。这种拍卖机制和下面介绍的第一价格密封投标拍卖的结果是等价的,因此荷兰式拍卖又被称之为公开的第一价格拍卖。

现在我们来看第一价格密封投标。在第一价格拍卖中,假定投标人 i 对拍卖品的估值仍然是 500 元,这也就是他可能报出的最高价格。假设他报出最高价格,如果他中标,他就要支付这一价格。假设他报出较低价格,他又可能失去中标的机会。因此,他既希望中标,也希望以尽可能低的价格中标,以便获得更多的收益。换言之,对于投标人 i 而言,报价越高,中标的机会越大,但收益会随之下降;报价越低,中标的可能性越小,如果一旦胜出则收益会增加。在这种情况下,每个竞买者都面临着如何权衡中标的概率与收益的问题。

与第二价格密封投标不同,在第一价格拍卖中参与投标的竞买人没有占优策略,我们只能通过计算每个报价人的期望收益来找到他们的均衡策略。仍然假设每个投标人 i 的私人估价是 v_i,他的策略竞价是 b_i,且随机变量 v_i 服从 $[0,1]$ 区间的均匀分布。投标人 i 的收益不仅取决于自己的报价 b_i,也取决于其他人的报价 b_j,其中 $j\neq i,j=1,2,\cdots,n$。这样一来,投标人 i 的期望收益函数为:

$$\pi(b_i,v_i)=(v_i-b_i)Pr(b_i>b_j,j\neq i)$$

其中,$Pr(\cdot)$ 是 b_i 在所有报价中最高的概率。

对上式求 b_i 的一阶条件,有

[①] 证明过程参考:Geoffrey A. Jehle and Philip J. Reny. 高级微观经济理论(第二版)[M]. 王根蓓译. 上海:上海财经大学出版社,2003:375-382.

$$\frac{\partial}{\partial b_i}\pi(b_i,v_i)=(v_i-b_i)Pr'(b_i>b_j)-Pr(b_i>b_j)=0$$

由于在独立的私人估价模型中，每个投标人都具有自己的私人信息，因而具有不同信息的人，其出价是不同的。而每个投标人 i 会将其他人的报价策略视为函数 $b_j=B_j(v_j)$，其中 $v_j\in[0,1]$。则存在一组均衡策略 $\{B_1^*(v_1),B_2^*(v_2),\cdots,B_n^*(v_n)\}$ 时，每个投标人 i 认为其他人都会使用均衡策略 $B_j^*(v_j),j\neq i,j=1,2,\cdots,n$ 时，他也采用自己的均衡策略 $B_i^*(v_i)$。又因为每个投标人的出价是独立同分布的随机变量，因此有 $B_i(v_i)=B_j(v_j)=B(v)$。此时，如果投标人 i 的私人估价是 v，他的策略竞价是 $b\in[0,1]$ 的最大化期望收益

$$\pi(b,v)=[v-B(b)]F^{n-1}(b)$$

这个优化问题的一阶条件为：$\dfrac{\mathrm{d}B(v)}{\mathrm{d}v}=\dfrac{(n-1)f(v)}{F(v)}[v-B(v)]$。

如果投标人出价 $v=0$，当然他不会出如此低的价格，而同时有 $n-1$ 个竞买人也出如此低价时，第 n 个人稍微报高一点点价格就能胜出获利。因此，$B(0)=0$ 是上述微分方程的初始条件。运用简单的常微分方程方法，能够得出该微分方程的解：

$$B(V)=V-\int_0^V F^{n-1}(t)\mathrm{d}t/F^{n-1}(v)$$

其中，$v\in[0,1]$。计算后得到 $B(V^*)=v(1-1/n)$，这就是在第一价格密封投标拍卖或荷式拍卖中，投标者的均衡报价。这一报价实际上是相当于竞价者对第二高价的估计值（或期望值）。这里，$B(V)$ 是一个单调递增的函数。均衡的报价与私人的估价正相关，即私人估价越高则均衡报价越高，但该报价小于私人的估价。均衡的报价 $B(V)$ 受到竞价的人数 n 的规模和分布函数 $F(v)$ 两方面因素的影响。当竞价的人数 n 增加时，均衡的报价 $B(V)$ 也增加，这是因为，竞争者人数增加时，每个投标人中标的可能性降低了，因此他会选择宁愿减少收益也要提高赢得投标的机率。随着人数 n 逐渐趋于无穷大时，均衡价格 $B(v)$ 也逐渐趋于竞价者自己对标的物的真实估价 v。

卖方的期望收益为：

$$\pi(n,v)=\int_0^1 Pr(\bullet)B(v^*)\mathrm{d}v=\int_0^1 F^{n-1}(v)\frac{n-1}{n}v\mathrm{d}v=\int_0^1 v^n\frac{n-1}{n}v\mathrm{d}v=\frac{n-1}{n+1}$$

四、收益等价定理

从上面的计算，我们已经得到 4 种拍卖的期望收益相等的证明。因此我们可以说，在对称的独立私人估价模型中，4 种标准拍卖机制产生的期望收益是相等的，即卖方的期望收益都是 $\dfrac{n-1}{n+1}$。

四种拍卖机制之所以可以得到相同的期望收益，是因为它们都是一种激励相容的直销机制。尽管竞价时考虑的因素不同，但在严格假设下，四种机制都使最终的价格定在第二高的保留价格附近，这就导致了相同的期望收益。然而，一旦放松假设条件，四种拍卖机制得到的收益将不会相同，由此在不同的条件下，只有设计不同的拍卖机制，才能保证收益最大化。

第三节
共同价值拍卖与"赢者诅咒"

上节讨论的独立私人估价模型刻画的是一种极端的信息环境,另一种极端的情况是共同价值模型。在纯粹的共同价值拍卖中,标的物的事后价值 v 对所有竞价者都是一样的。然而在拍卖之前,竞买人并不知道标的物的价值到底是多少,他们只能依据自己所掌握的与标的物价值有关的私人信息来估计其价值。我们设这一估价为 x_i,然后来考察一下共同价值拍卖的价格形成。

假定共同价值 v 是一个服从概率分布 $G(v)$ 的随机变量,其密度函数为 $g(v)$,且 $v\in[\underline{v},\overline{v}]$。进一步假设,在给定了共同价值 v 的条件下,$(x_1,x_2,\cdots,x_n)$ 是独立且对称的。每个 x_i 的条件概率分布函数为 $H(x_i|v)$,对应的密度函数为 $h(x_i|v)$,其中 $x_i\in[\underline{x},\overline{x}]$。因此,随机变量 $(x_1,x_2,\cdots,x_n)$ 的联合分布密度函数为:

$$f(x_1,x_2,\cdots,x_n,v)=h(x_1|v)h(v_2|v)\cdots h(x_n|v)g(v)$$

如果条件密度函数 $h(x_i|v)$ 满足统计上的单调似然比性质,即对于任何 $x_i<x_i'$ 和 $v<v'$,有:

$$\frac{h(x_i|v)}{h(x_i'|v)}\geqslant\frac{h(x_i|v')}{h(x_i'|v')}$$

也就是说,对于任何 $x_i<x_i'$,似然比 $h(x_i|v)/h(x_i'|v)$ 随共同价值 v 而单调减少。似然比单调性的含义是,当投标人 i 的估值 x_i 较大时,共同价值 v 比较大的可能性就大。反之,当共同价值 v 比较大时,投标人 i 的估值 x_i 较大的可能性也大。

在共同价值拍卖中,往往会出现一个特殊的问题,即赢者诅咒(winner's curse)。这个概念最早是由卡潘、克拉普和坎贝尔(Capen,Clapp and Campbell)在 1971 年提出来的。他们三个人都是石油工程师,他们发现在 20 世纪 60—70 年代,石油公司的租赁销售收益率都很低。造成这一现象的原因是因为在油田租赁拍卖中,获胜的竞买者忽视了所提供的获胜信息,即竞价人认为他们的竞价是基于标的物本身的,即他们自己估计的价值。然而他们忽略了一个重要的事实,即获得油田租赁权的人一定是所有竞拍者中出价最高的那个人。如此以来,在这种竞价策略下,获胜时的租赁价格往往超过了标的物的实际价值,使得中标者实际上得不偿失。这就带来了逆向选择的问题。赢得竞标的人的收益水平下降甚至是负值,这种由于逆向选择而造成的制度性失灵被称为赢者诅咒。

举一个简单的例子,在一个玻璃瓶中装满硬币,现在公开拍卖这一瓶硬币。显然,这瓶硬币的价值取决于里面有多少枚硬币,这对所有人都是一样的。参加拍卖的每个人都试图估计瓶中所有硬币的总值 v。每个参与者的估值 x_i 不会绝对的准确,有些人会高估，有些人则会低估。我们用如下公式来表达：
$$x_i = v + \varepsilon_i$$
其中 ε_i 表示参与者 i 估值的误差，假定平均误差为零。

如果我们用第一价格拍卖机制来拍卖这瓶硬币，会出现什么样的结果呢？如果每个竞标者都报出他的真实估值 x_i，那么只有估计最乐观的，也就是出最高报价的竞价者才能中标。由于平均误差是零，中标者一定是一个价值高估者，即他的 $\varepsilon_i > 0$。由此，中标者不仅无利可图，反而会有所损失。赢得了标的物却输了钱，他在赢了之后会觉得后悔，甚至会咒骂。在这里，竞标成功不是一个好消息，因为中标者必然是过高估计了拍卖物品价值的人。

鉴于"赢者诅咒"现象的存在，因而在这种共同价值模型中，竞买人的最优策略是出价低于自己的估价，并且当竞争者越多时，他出价可能越低。在竞标之前，每个人在自己私人信息基础上估值为 x_i 的条件下计算共同价值 v 的条件期望值 $E(v|x_i)$；可是在获胜后实际检查瓶中硬币之前，其他竞标者能获得更多的信息，包括中标者的信息 x_i 大于所有其他人的估值 x_j。因此，人们会重新计算条件平均值 $E(v|x_i > x_j, j \neq i, j = 1, 2, \cdots, n)$。在单调似然比的假设下，可以证明：
$$E(v|x_i) \geqslant E(v|x_i > x_j, j \neq i, j = 1, 2, \cdots, n)$$

换句话说，当投标人知道自己的估值最高时，其物品的平均价值没有他知道这一信息之前的平均价值高。因此，理性的投标人在认识到这一点后，会在这一结果的考虑基础上计算他的竞价策略。

在共同价值模型中，由于存在赢者诅咒现象，几种基本拍卖机制下的对称均衡策略出价策略可能随 n 增加而下降。也就是说，当竞价的人数增加时，每个竞价者可能出价更低。进一步，拍卖者的平均收益也可能随 n 增加而下降。这在对称的独立私人估价模型中是不可能的。因此，区分这两类模型十分重要。

共同价值模型的另一个重要结论是，在第一价格拍卖中，其均衡竞价取决于参与拍卖的人数 n。可以证明，在一定的假设条件下，当 n 趋于无穷大时，最高均衡出价趋近于共同价值 v。因此，第一价格拍卖机制下的价格可以综合各种信息，反映真正的共同价值。这一结果最初由罗伯特·威尔逊（Robert Wilson,1977）和保罗·米尔格罗（Paul Milgrom,1979）证明。

第四节 拍卖与机制设计

拍卖设计最重要的因素还是传统竞争策略所关心的问题，即防止竞买人合谋、掠夺和进入阻止等。其中英式拍卖更容易产生上述问题，因此在拍卖的机制设计中，有效地应对合谋是很重要的议题。很多著名的拍卖灾难，如无线通信牌照拍卖、电视转播权拍卖等，都与合谋的问题有关。由于拍卖设计的成败与否取决于设定的拍卖环境，因此，拍卖的机制设计没有千篇一律或放之四海而皆准的套路。在这一节中，我们不打算用高深的数学推演机制设计整个过程，而是简要地概括其关键要素。有兴趣的读者可以阅读有关拍卖理论或机制设计的专著。我们仅介绍拍卖的机制设计中可能出现的问题，并针对这些困难提出一些有效的缓解对策。

一、拍卖设计的问题

（一）合谋

所有的标准拍卖理论都暗含着竞买人之间不存在合谋的假设前提。然而，在现实世界中，合谋是十分普遍的现象。在中国，这一现象通俗称为"围标"。其实，合谋远比围标范围更广，合谋可发生在素不相识的人之间。拍卖设计的第一个难题就是，为了避免互相抬高标的物的成交价格，竞买者可能会采取公开或隐性的合谋行动。这种合谋行动减少了竞争，降低了卖者的收益。从理论上说，合谋的结果将会对拍卖机制的资源配置效率、竞标策略、卖方的保留价格及其参与者的收益产生重要影响。另一个问题是，在现实经济中很多合谋行为都难以甄别，从而造成对合谋者进行惩罚也存在困难。如果为了预防拍卖中的合谋行为设立繁琐的规则，可能又会限制竞标者出价策略的灵活性，甚至导致拍卖机制的无效率。因此，设计有效率的拍卖方案就显得尤为重要。下面我们来看一个合谋的真实案例。

【案例13-4】 合谋内定中标价

拍卖会前，竞买人秘密开起"地下会议"，通过内部竞价的方式确定中标价。近日，金华市工商局依法查处了一起特大拍卖违法案件，自以为天衣无缝的竞买人，被处罚款300多万元。

去年年底，长城信托投资有限公司委托金华宝丰拍卖公司对原金华市铜业有限公司的土地使用权及地上建筑物进行拍卖。拍卖消息一经公布，金华市区、武义、永康三地的7名竞买人表现出了浓厚的兴趣，决定参加竞买。

经过多次"私下沟通"，2004年12月29日，7名竞买人坐到一起，抢在拍卖会前自行召开了内部竞价会。内部竞价的结果是，吕某以390万元"中标"。为此，他们作出了如下约定：其他竞买人保证吕某在拍卖会上能以350万元中标，而作为交换条件，吕某要拿出40万元好处费，也就是390万元和350万元之间的差价，分给其他6名竞买人。

此时，长城信托投资有限公司和金华宝丰拍卖公司仍被蒙在鼓里。在拍卖会上，其他6名竞买人果然"守信"，当拍卖价喊到350万元时，原本激烈的争夺气氛荡然无存，只有吕某一人举起了手愿意应价。最终，吕某如愿以偿地以350万元的低价中标。随后，

在永康宏泰咖啡馆,吕某向其中一名竞买人支付了 7 万元好处费,并把余下的 33 万元好处费平均分给了其他 5 名竞买人。

对这次拍卖,长城信托投资有限公司原本十分看好,但拍卖结果让他们惊愕不已;而拍卖会上的不寻常表现也引起了他们的怀疑,于是他们向金华市工商局举报了这一情况。

若要人不知,除非己莫为。经过半年多的调查,金华市工商局终于掌握了这起特大拍卖违法案的所有证据。近日,金华市工商局对这一案件做出了处罚,7 名竞买人受到了 35 万元至 80 万元不等的罚款,罚款金额共计 308 万元。

摘自:丽水市政府网站,金华查处一起特大拍卖违法案. 2005 年 8 月 10 日

【分析】在这一案例中,拍卖之前,7 名竞买人显然已经就价格与中标人达成了协议,因而后来的竞价成了一种形式。这种寡头垄断式的价格合谋,实际上使拍卖失去了应有的意义。

(二) 进入阻扰和掠夺

拍卖机制设计的第二个难题是如何吸引更多的竞买者参与拍卖。因为如果买方太少,卖方可能会无利可图,甚至出现显失公平的成交价,从而导致拍卖的无效率。英式拍卖在这一问题上显得尤为突出,它从某种程度上允许买方阻止竞争对手进入和打压竞争对手的价格。这是因为,在这种拍卖机制中,对标的物估价最高的买方才能赢得拍卖,这就会使得具有优势的买方能够有效地阻止弱势买方的进入。如果进入会产生参与成本时,将会极大地打击其他买方参与拍卖的积极性,甚至有可能使得他们干脆选择不参与。这样一来,势必会造成不合意的拍卖结果,造成资源配置的无效率。另外,在有些拍卖中,组织者会对竞争者设置一定的进入门槛,可能是价格方面的,也可能是非价格方面的。此类门槛的设立,有助于筛选合格的竞争者,但也有可能会将潜在的优质买家拒之门外,甚至通过买卖双方的合谋而滋生腐败现象。例如,在 2000 年 11 月,瑞士政府举行了 4 张"3G"无线通信牌照的拍卖,事后的结果证明,这场拍卖是灾难性的。此次拍卖的每个 3G 经营执照起价 5000 万瑞士法郎(约合 2900 万美元),政府希望通过拍卖"弄到" 56 亿美元。最初很多的潜在买方对该牌照表示了极大的兴趣,其中不止一家公司聘请了专业的竞标咨询顾问。这种强势的举动最终吓退了不少竞争对手,在出价人的数量减少到 4 个以后,瑞士政府于 13 日宣布将 4 张新一代移动电话执照的拍卖无限期推迟。虽然拍卖最后还是举行了,但是 4 家公司竞争 4 个经营执照,没有任何悬念。拍卖总价为 2.05 亿瑞士法郎(约合 1.2 亿美元),与政府的保留价相差无几,还不到政府期望值的零头。与欧洲其他国家 3G 牌照的销售价格相比,该价格的人均收入只有英国和德国的 1/30。

二、解决的方法

虽然拍卖实践中出现了各种问题,并不意味着拍卖是一种无效的资源配置机制。实际上,绝大多数拍卖还是有效的。例如,国企产权交易是一个难题,但引入拍卖之后,创造了令人惊叹的"雪津神话",使国有资产在改制中获得了巨大的增值。问题主要在于,

我们如何根据具体情况，设计有效的拍卖方案。如卖方可以要求买方以整数报价，并设定合理的加价的单位额度；买方也可以采取匿名报价的方式等。近来的网上竞价，完全屏蔽了除叫价以外的竞价者的一切信息，使竞争的效率大大提高。这些措施将加大竞争对手间传递价格信号的难度，消除或缓解合谋或参与者人数过少而造成的竞争不足等问题。

另外，采用密封价格拍卖也是可取的。优势买方即使能够赢得标的物，但他必须在不知道竞争对手出价策略的情况下，决定自己的报价。这样就可能会提高拍卖的效率，甚至为弱势买方带来胜出的机会。

在私人价值拍卖中，尽可能降低进入门槛，鼓励更多的人参与竞争；在共同价值拍卖中，揭示更多的信息，采用公开而不是密封投标的方式拍卖，以减少赢者诅咒等，都可以起到增加拍卖收入、提高拍卖效率的作用。

当然，最重要的一点是，拍卖的机制设计应该因地制宜。如前所述，世界上实际上不存在适用于任何情况的最优拍卖机制，好的拍卖机制是最切合当时状态的机制。例如，在我国国有企业改制过程中，拍卖机制被频繁使用。但一些拍卖达到了效果，一些拍卖则失败了。究其原因，在于拍卖机制的设计没有很好地切合企业的发展需要。国企产权拍卖的主要动机在于改制。"引进一个好东家，塑造一个好机制"是改制的目的所在。因此，在国企产权拍卖中，价格因素并不是衡量拍卖效率的唯一指标，其他如企业职工与领导层的安置问题，企业品牌的保护和提升问题，企业未来的发展方向等，都必须予以考虑。这就使得国有产权要综合考虑多种因素，而不是单纯地通过"价高者得"的简单法则获得最大拍卖收入。

总之，拍卖的机制设计中最为重要的还是如何防止合谋和阻止潜在竞争者进入的问题。拍卖方案的设计不可能千篇一律，应该因地制宜。

【案例 13-5】 土地出让偏爱拍卖的背后

拍卖是市场配置资源的一种方法，它能够最好地使用资源。所以中央政府提出土地使用权要经过拍卖，谁也无法反对，因为这符合市场法则。但是，如果没有招标而只有拍卖，土地价格非但不能正确形成，反而将极大地被扭曲。

拍卖，即拿出一块土地，由需求方来竞价，看谁出价高就卖给谁。换言之，拍卖只会将价格提高。招标则相反，是买方提出购买要求，征求卖方来竞价，看谁出价低就买谁的。故招标能将价格降低。拍卖和招标都是市场行为。

为什么各地政府更偏爱拍卖而不是招标？其原因在于拍卖比招标更容易将土地卖个好价钱。而地方政府作为卖家，当然卖价越高越好。

拍卖常常是对某种唯一的商品，即不可替代商品的定价办法。如一幅名画，一件古董，他们没有可替代性。通过拍卖，可以最合理地定价，也就是商品转移到最能够利用它的人手里，资源得到了最佳配置。从经济学上讲，拍卖是沿着需求线定价，且定在需求线的最高点。拍卖过程中只有一个卖方，其他的卖方不出面，他们没有任何发言权，买方看不见其他卖方，因为不存在别的卖方，交易缺乏卖方竞争。拍卖之所以能够防止别的卖方竞争，或者是因为商品具有唯一性，或者商品虽然不是唯一的但是较为稀缺，市场居于卖方市场，卖方稀少而买方众多。拍卖是对供给方最有利的交易方式，能够获得最高价。对于有众多供应者的商品，或可替代商品，如粮食、石油、黄金等，卖方无法进行拍卖，因为有众多卖方，你能拍卖，我也能拍卖。

而土地转让仅仅用拍卖方式，就会把低价竞争者排除在外，这是非常不公平的。比如讲，一块土地拍卖成交价一个亿。但是可能会有别的索价较低的竞争者，土地条件相类似，愿意拿九千万成交。可是，由于交易只有拍卖，低价竞争者无法进入竞争。因此，光靠拍卖并不能正确地确定价格，而且这种价格的扭曲一定是抬高了价格。

招标则相反，是由购买方出面公开招标，吸引卖方来竞争。买方从众多的出卖者中，寻求索价最低者。招标和拍卖相反，这儿没有买方的竞争，只有卖方的竞争，所以最后的成交价为最低价。单纯的招标只有买方垄断，或者至少是买方市场才有可能，这时候买方特别稀缺，没有买方之间的竞争，只有卖方的竞争，就可实施招标。

对于普通大宗商品，既有许多需求者，又有许多供应者，光用拍卖或光用招标都不能正确定价。这时，必须拍卖和招标同时进行。像上面提到的黄金、石油、粮食等商品，同时有许多买方和卖方。它们的定价方法是由一个报价中心，收集买方和卖方的价格和数量信息，构成需求线和供给线，找出二者的交点，由此决定价格。每天都在波动的股票价格也是这样决定的。

现在，对高地价导致高房价的抱怨很多。其实土地供应的稀缺性是人为造成的。土地到处都有，问题在人为管制。要使土地的价格合理化，从根本上讲要增加土地的供应。

但是，即使不改变供应状况，只改变交易方式也能降低土地价格。其办法就是拍卖和招标一起进行。比如先按招标方式公布所有准备出让的土地面积、位置和最低价格，把信息传递给需要土地的人，如开发商。

然后对每块特定土地进行拍卖。此时的拍卖出价不会过高，因为有其他可替代的土地可供选择。这样的土地交换方式比只拿出一块土地拍卖好得多，它可以防止价格因竞争不充分而造成的扭曲。就某一特定的土地而言，它具有不可替代性。但是从开发商的总体目标而言，并不是只能开发这一块土地，此地和那地之间有替代性。

这样一来，地价自然下跌。

摘自茅于轼：土地出让偏爱拍卖的背后．财经网（2010年4月2日）．

【分析】虽然在国外的文献中，密封投标与公开竞价都称为拍卖，但在国内的官方文件中，拍卖与投标被区分为两种不同的竞争性交易方式。一般来说，如果只对标的物进行价格竞争，那么，英式或荷式拍卖就已足够（当然要防止可能存在的合谋）。但如果要进行价格维度以外的竞争，那么，密封投标是必要的，以详细规定标的物的非价格条件。在国有土地的交易中，关键是每次作为标的物的土地被严格限制了数量，在住房价格看涨的预期下，开发商之间的激烈竞争使地价被抬到非常高的地步。而高的地价又反过来推动了房价的上涨，进一步强化了未来看涨的预期。显然，土地财政下的竞价交易已超出了拍卖理论的有效范围。

复习思考题

1. 根据不同的划分标准,可以对拍卖进行哪些分类?
2. 拍卖的基本模型有哪些?
3. 什么是独立的私人估价模型?其主要问题是什么?
4. 什么是收益等价定理?为何存在收益等价?
5. 什么是共同价值拍卖?
6. 什么是"赢者诅咒"?如何解决"赢者诅咒"?
7. 拍卖机制设计应该注意哪些问题?针对这些问题有哪些解决的方法?
8. 如何设计国有企业的产权拍卖机制?

本章关键术语

英式拍卖(English auctions) 荷兰式拍卖(Dutch auctions) 第一价格密封投标拍卖(first price, sealed-bid auctions) 第二价格密封投标拍卖(second price, sealed-bid auctions) 维克里拍卖(Vickery auctions) 独立私人估价模型(independent private values model) 收益等价定理(revenue equivalence theorem) 共同价值拍卖(common value auctions) 赢者诅咒(winner's curse)

参考文献

[1] 高鸿业.西方经济学[M].5版.北京:中国人民大学出版社,2011.

[2] 约瑟夫·斯蒂格利茨.经济学(上册)[M].2版.梁小民,黄险峰,译.北京:中国人民大学出版社,1997.

[3] 迈克尔·帕金.微观经济学[M].张军,等译.5版.北京:人民邮电出版社,2003.

[4] 麦克尔 L 卡茨,哈维 S 罗森.微观经济学[M].3版.谢新华,罗喻臻,刘华林,等译.北京:机械工业出版社,1999.

[5] 斯蒂格利茨.《经济学》小品和案例[M].王则柯,等译.北京:中国人民大学出版社,1998.

[6] 张维迎.博弈论与信息经济学[M].上海:上海三联书店,上海人民出版社,1996.

[7] 罗伯特 S 平狄克,丹尼尔 L 鲁宾菲尔德.微观经济学[M].6版.北京:中国人民大学出版社,2009.

[8] 林毅夫.制度、技术与中国农业发展[M].上海:格致出版社,上海三联书店,上海人民出版社,1992.

[9] 林毅夫.再论制度、技术与中国农业发展[M].北京:北京大学出版社,2000.

[10] 郑风田.制度变迁与中国农民经济行为[M].北京:中国农业出版社,2000.

[11] 平新乔.微观经济学十八讲[M].北京:北京大学出版社,2001.

[12] [美]哈尔 R 范里安.微观经济学:现代观点[M].8版.费方域,译.上海:格致出版社,上海三联书店,上海人民出版社,2011.

[13] [美]曼昆.经济学原理[M].7版.梁小民,梁砾,译.北京:北京大学出版社,2017.

[14] 钱颖一.企业理论.现代经济学前沿专题[M].北京:商务印书馆,1989.

[15] David M. Kreps. A Course in Microeconomic Theory[M]. Birmingham:Harvester Wheatsheaf,1990.

[16] Andreu Mas-Colell,Michael D. Whinston,Jerry R. Green. Microeconomic Theory[M]. Oxford:Oxford University Press,Inc,1995.

[17] 田国强.高级微观经济学(上、下册)[M].北京:中国人民大学出版社,2016.

[18] 杰弗瑞 A 杰里,菲利普 J 瑞尼.高级微观经济理论[M].2版.王根蓓,译.上海:上海财经大学出版社,2003.